全国高等院校财务会计"专业+证书"改革创新示范规划教材

# 管理会计

(1+X系列教材)

主　编　刘　娜　陈海艳
副主编　郑　敏
参　编　张　秀　姜志超
主　审　隋旺梅

中国商业出版社

图书在版编目(CIP)数据

管理会计/ 刘娜,陈海艳主编.——北京：中国商业出版社，2022.1
1＋X会计系列教材
ISBN 978－7－5208－2012－7

Ⅰ.①管… Ⅱ.①刘…②陈… Ⅲ.①管理会计－教材 Ⅳ.①F234.3

中国版本图书馆CIP数据核字(2021)第256052号

责任编辑：李 华

中国商业出版社出版发行
010－63180647　www.c－cbook.com
(100053　北京广安门内报国寺1号)
新华书店经销
北京广达印刷有限公司印刷

＊

787毫米×1092毫米　16开　18.5印张　400千字
2022年1月第1版　2022年1月第1次印刷

定价：68.00元

＊　＊　＊　＊

(如有印装质量问题可更换)

# 前 言

为贯彻落实《关于在院校实施"学历证书＋若干职业技能等级证书"制度试点方案》(教职成〔2019〕6号)有关精神,在校实施"教师、教材、教学"改革,黑龙江商业职业学院会计系特推出适用"1＋X"证书的教材。本系列教材后期共有2个分册:《成本会计》《管理会计》。教材内容紧扣工作实际与"X"证书需求,能同时满足工作岗位、工作领域、技术技能三个方面要求,可以实现专业教育与"X"证书培训同步进行。本系列教材是黑龙江商业职业学院会计系"教材"改革的验证成果,也是黑龙江商业职业学院会计系实施教"三教"改革,推动课堂革命的关键所在。

本书是在基于"1＋X"证书制度下,融入了"X"职业技能等级证书相关内容,结合教师、教材、教法改革编写而成,体系完整、注重实践、充分体现"1＋X"证书内容。

本教材由黑龙江商业职业学院会计系教师刘娜、陈海艳主编,黑龙江商业职业学院会计系教师郑敏副主编、黑龙江商业职业学院会计系教师张秀、姜志超参编,具体分工如下:刘娜编写第一章、第五章、第九章、附录部分,陈海艳编写第六章、第七章、第十章部分,郑敏编写第四章、第八章部分,张秀编写第二章部分、姜志超编写第三章部分,由黑龙江商业职业学院会计系教师隋旺梅担任主审。

本书完成只是我们在基于"1＋X"证书制度下进行"三教改革"阶段性的探索总结,在编写过程中难免存在不足,我们期待着听取同行的意见和建议,并在以后的编写过程中不断改进。

# 目 录

**项目一 认知管理会计** (1)
    任务一 管理会计概述 (3)
    任务二 管理会计活动与工具方法 (8)
    任务三 管理会计师行为准则和具体内容 (13)

**项目二 战略管理** (21)
    任务一 战略管理概述 (25)
    任务二 战略地图 (32)

**项目三 预算管理** (39)
    任务一 预算管理概述 (41)
    任务二 预算编制方法 (45)
    任务三 全面预算编制 (51)

**项目四 成本管理** (73)
    任务一 成本管理概述 (76)
    任务二 变动成本法 (86)
    任务三 标准成本法 (92)
    任务四 作业成本法 (101)
    任务五 目标成本法 (107)

**项目五 营运管理** (116)
    任务一 营运管理概述 (118)
    任务二 本量利分析 (122)
    任务三 边际分析 (129)
    任务四 敏感性分析 (133)

**项目六 经营预测分析** (143)
    任务一 经营预测概述 (145)
    任务二 销售预测 (149)
    任务三 成本预测 (157)
    任务四 利润预测 (163)
    任务五 资金需要量预测 (166)

**项目七 短期决策** (171)
    任务一 决策分析概述 (174)
    任务二 短期经营决策的相关概念 (179)
    任务三 短期经营决策分析的基本方法 (183)

任务四　生产经营决策分析……………………………………………………(188)
　　任务五　存货决策分析……………………………………………………………(200)
　　任务六　定价决策分析……………………………………………………………(203)

**项目八　长期投资决策**…………………………………………………………………(213)
　　任务一　长期投资决策概述………………………………………………………(215)
　　任务二　长期投资决策的影响因素………………………………………………(217)
　　任务三　长期投资评价方法及应用………………………………………………(225)
　　任务四　长期投资决策应用………………………………………………………(233)

**项目九　风险管理**………………………………………………………………………(241)
　　任务一　风险管理概述……………………………………………………………(243)
　　任务二　风险矩阵…………………………………………………………………(249)
　　任务三　风险清单…………………………………………………………………(252)

**项目十　管理会计报告**…………………………………………………………………(259)
　　任务一　企业管理会计报告概述…………………………………………………(262)
　　任务二　管理会计信息系统………………………………………………………(269)

**附录一　管理会计基本指引**……………………………………………………………(277)
**附录二　复利终值系数表**………………………………………………………………(280)
**附录三　复利现值系数表**………………………………………………………………(282)
**附录四　年金终值系数表**………………………………………………………………(284)
**附录五　年金现值系数表**………………………………………………………………(286)

# 项目一 认知管理会计

**【知识目标】**
1. 熟悉和理解中西方对"管理会计"所作的定义。
2. 掌握我国"管理会计"的定义。
3. 熟悉中西方管理会计的产生和发展历程,充分认识经济越发展,管理会计越重要的含义。
4. 了解管理会计与财务会计的区别和联系。

**【能力目标】**
1. 能够对管理会计有初步认知。
2. 能够区分财务会计与管理会计的异同点。
3. 通过学习管理会计职业道德行为准则,能树立正确的职业道德观,为以后从事管理会计工作奠定素质基础。

**【素质目标】**
1. 能遵循管理会计师行为准则。
2. 具备自主学习能力。
3. 具备良好的沟通与协调能力。

**【思维导图】**

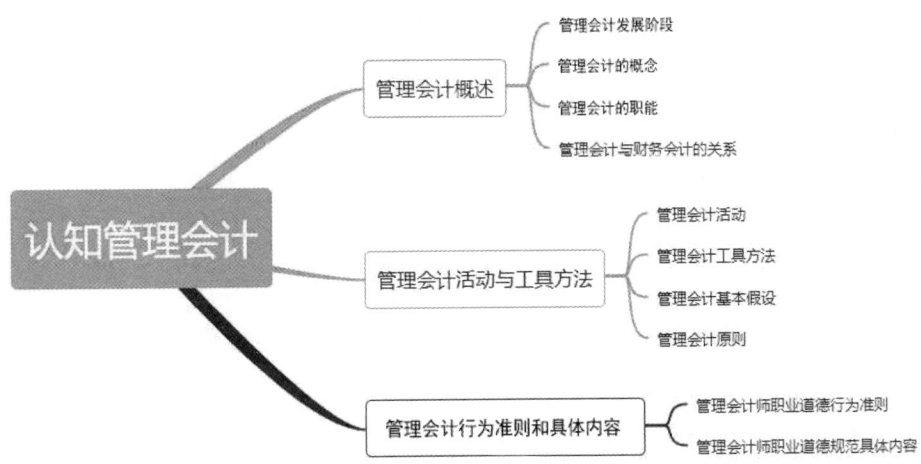

**【引导案例】**

### 扁鹊兄弟的故事与管理会计的运用

魏文王问扁鹊曰："子昆弟三人其孰最善为医？"扁鹊曰："长兄最善，中兄次之，扁鹊最为下。"魏文王曰："可得闻邪？"扁鹊曰："长兄于病视神，未有形而除之，故名不出于家。中兄治病，其在毫毛，故名不出于闾。若扁鹊者，镵血脉，投毒药，副肌肤，闲而名出闻于诸侯。"

管理会计人员就像扁鹊大哥一样，医术精湛，但为什么管理会计的名气不大，没有像财务会计和审计人员一样，受到人们的青睐呢？这可能与扁鹊的大哥不出名的原因是一样的，管理会计的职责主要是为管理者的决策提供依据，主要对上面，对内则默默无闻的工作，就像一个无名英雄。如果把管理会计看成是事前控制，则财务会计和审计可算是事中控制和事后控制。

财务会计借助会计的反映职能，通过财务报告对一个企业的财务状况、经营成果和现金流量信息的揭示，反映经营者受托责任的履行情况。财务报告要取得公众的信任，就必须接受公认（注册）会计师的审核，以检查其编制是否符合统一的会计规范，这就是审计的重要工作和任务。管理会计的目标在更大程度上被视为协调合约各方利益关系、促使合约各方降低代理成本、实现各方利益的有效信息系统。其作用是接受经营者的委托，参与预算、控制、决策工作，是经营者的军师，履行"管理咨询"的职能。正如重视了扁鹊大哥的工作（事前控制），扁鹊二哥及扁鹊的工作（事中控制、事后控制）就会变得轻松而简单一样，如果军师英明、决策正确，则财务会计的工作就轻松、顺利，无须弄虚作假，从而也减轻了审计工作的负担。由此来看，管理会计对于经营者是格外重要的，他们是同一条船上的人，命运息息相关，管理会计直接对经营者负责。

**【任务引例】**

大学毕业生张琳应聘弘霖公司的管理会计岗位，在面试时，考官提出让她对管理会计的理解进行叙述。以下是她对管理会计进行的叙述：

1.管理会计与财务会计的职能一样，主要是核算和监督，对相关人的利益进行协调。

2.管理会计与财务会计是截然分开的，无任何联系。

3.管理会计报告要在会计期末以报表的形式上报。

4.管理会计的信息质量特征与财务会计的信息质量特征完全不同。

5.在提供管理会计信息时可以完全不用考虑成本效益原则。

6.与财务会计一样，管理会计同样提供货币性信息。

7.一个管理会计师可以将手中掌握的信息资料随意提供给他人。

要求：

1.张琳会被弘霖公司录取吗？

2.她对管理会计的认知是否正确？

# 任务一　管理会计概述

**【任务准备】**

管理会计是一门综合性学科,将"管理"和"会计"这个两个主题融合在一起的边缘性学科。其主要目的是加强企业内部经营管理、提高经济效益服务。

## 一、管理会计的发展阶段

管理会计从传统的、单一的跨级系统中分离出来,成为与财务会计并列的独立领域,经历了一个逐步发展的过程。从客观内容上看,管理会计的实践最初萌芽于19世纪末20世纪初,其雏形产生于20世纪上半叶,正式形成和发展于第二次世界大战之后,20世纪70年代后在世界范围内得以迅速发展。

### (一)管理会计的萌芽阶段

管理会计的形成可以追溯到19世纪末。英国在产业革命的影响下,经济快速发展,由于企业所有权与经营管理权分离,因此企业对簿记提出更高的要求:不仅能记账、算账、报账,而且能审核账目,查错防弊;不仅能解释经济信息,说明问题,而且能研究对资产的评估方法及有关理论。

1911年,泰罗发表《科学管理原理》,提出对生产过程进行标准化管理,开创科学管理新纪元,管理从经验走向科学。会计为配合科学管理的实施和提高生产效率,便产生了标准成本、预算控制和差异分析。这些用于企业内部管理方面的会计方法的出现,为管理会计的形成奠定了基础。

由美国会计学者奎因斯坦在1922年出版的《管理的会计:财务管理入门》一书中,首次提出了"管理会计"这一新词汇。1924年麦金西出版的《管理的会计》一书中介绍了会计进行标准成本计算和实施预算控制的经验,也就是会计师如何运用标准成本和预算控制参与企业管理。

### (二)管理会计的雏形阶段

随着世界经济的迅猛发展,企业不断扩大生产规模,跨国企业不断出现,市场竞争力急剧加大。在这种大形势下,很多企业家被迫将企业的管理中心从对外向对内转变,对企业内部的管理与控制有了更高的要求。与此同时,现代管理科学也得到了发展,现代管理科学的创立及其在企业管理中的应用,也推动了会计科学的发展。

正式提出"管理会计"一词是在1952年伦敦举行的会计师国际代表大会上,此后管理会计在美、英等西方发达国家得到重视。这一时期的管理会计由生产管理转向经济决策,由关注劳动生产效率的提高转向全局性经济效益的提高。

### (三)管理会计的发展阶段

1972年,美国成立了专门的管理会计机构——管理会计师协会,专门组织管理会计师(CMA)资格考试。并出版了专门的管理会计刊物,相关教材也开始进入学校。此时的管理会计与财务会计的不同也逐渐显现并逐步规范。

1979年,我国机械工业部组织翻译出版了第一部《管理会计》。厦门大学是我国第一个将《管理会计》引入教学的高等学府。

1980年在法国巴黎召开了世界各国管理会计联合会议,专门研究了管理会计的应用和推广问题。之后管理会计进行了一系列的创新与改革,针对原有的知识体系进行了改造,并在内容上进行了扩展,比如加入了作业成本计算法、平衡计分卡业绩评价系统、战略地图、战略管理会计等。这里的"战略管理会计"一词最早是由著名管理学家西蒙于1981年提出的,他认为战略管理会计应该侧重于本企业与竞争对手关于市场份额、定价、成本、产量等方面的信息,研究内容为成本管理、投资决策、业绩评价等。

1982年,国家有关部委委托国内著名专家、教授编写了两本《管理会计》教材用于各类财经院校教学使用,此后也出版了很多关于管理会计的读物,并在我国会计学领域掀起了学习管理会计、应用管理会计、建立具有中国特色的管理会计体系的热潮。2012年2月召开的全国会计管理工作会议,提出建设"会计强国"的宏伟目标。2013年《企业产品成本核算制度》的发布,拉开了管理会计体系建设的序幕。2014年1月,根据《会计改革与发展"十五"规划纲要》,并在总结我国管理会计理论发展与实践经验的基础上,财政部印发《关于全面推进管理会计体系建设的指导意见(征求意见稿)》。经过广泛征求意见和修订,该指导意见于2014年10月正式发布,在全国范围内部署推进。2014年3月,财政部启动了管理会计咨询专家选聘工作;2016年6月,又公开选聘第二届管理会计咨询专家。为指导单位管理会计实践应用和加强管理会计体系建设,制定发布《管理会计基本指引》的任务被纳入财政部《会计司2016年工作要点》。该指引于2016年6月正式发布。2016年10月,财政部制定发布《会计改革与发展"十三五"规划纲要》,明确了推进管理会计广泛应用的三大具体任务:(1)加强管理会计指引体系建设;(2)推进管理会计广泛应用;(3)提升会计工作管理效能,确立了"2018年年底前基本形成以管理会计基本指引为统领、以管理会计应用指引为具体指导、以管理会计案例示范为补充的管理会计指引体系"的目标。

## 二、管理会计的概念

管理会计不同于传统的财务会计,它不是核算,也不是做会计分录。管理会计是利用财务会计提供的资料,来预测企业的未来。管理会计主要侧重于为企业内部管理服务,也被称为企业内部管理会计。

管理会计是会计的重要分支,主要服务于单位(包括企业和行政事业单位,下同)内部管理需要,是通过利用相关信息,有机融合财务与业务活动,在单位规划、决策、控制和评价等方面发挥重要作用的管理活动。

管理会计是一个信息系统,也是一个决策支持系统。中国经济发展已经进入常态化,经济增速平稳,企业的获利变化幅度不大。企业需要"精细化管理",以求"降低成本、增加效益",而管理会计是企业实施"精细化管理"的有效工具,也是应对常态化的重要工具。

## 三、管理会计的职能

管理会计的主要职能是管理与决策。它既可以分析过去,同时又可以控制现在,还可以筹划未来。管理会计的具体职能有以下几点。

**1.分析职能**

分析职能是管理会计的一项重要职能。它是指管理会计参与经济活动的事后分析,总结经验教训,提出新的经营目标,开展事后分析。

**2.预测职能**

管理会计在预测过程中,主要使用历史数据,并通过把这些历史数据进行科学的加工与整理,来预测未来经济活动的发展变化,以减少企业经营管理决策中的盲目性。

**3.决策职能**

决策职能是管理会计的一项重要职能。决策的正确与否关系到一个企业的成败。管理会计的决策职能按照时间长短可以划分为长期决策和短期决策。

长期决策主要是分析时间因素对决策的影响,以货币的时间价值为基础,归集和分析现金流量;研究时间价值对现金流量的影响,分析现金流量与相关影响因素之间的关系,从而给出选择最优长期投资决策方案的依据;短期决策主要是运用经济学的有关理论,运用具体的增量分析法、差量分析法和本量利分析法等,对影响企业利润的相关成本与收入进行分析对比,为企业经营过程中一些非常规性的短期决策提供依据。

**4.计划职能**

只有缜密的计划和控制才能够让所选择的目标得以实现,才能更好地完善决策方案。控制是否能够得以实施,最主要还是通过预算来完成,也就是全面预算。全面预算是经营管理决策的具体化,主要是指对各项工作以及目标进行细化,具体到每一个关键的环节,利用专门方法(比如因素分析法)将数据进行比较,及时发现数据的偏差之处,找出原因,对影响最大的因素进行有效的控制,并且及时沟通使之落到实处,让计划与预算达到最终要实施的方案的每个步骤和目标。

**5.控制职能**

控制职能就是按照全面预算的完成情况纠正预算执行过程中的偏差,最终确保预算目标的实现。管理会计通过跟踪企业预算的执行,来完成经营活动中各方面数据资料的归集,并对预算数据与实际数据的差异进行比较与分析,及时分析发现的问题并做出合理的修正,对预算实施过程中的差异进行合理的控制,以便保证经营活动原定目标的实现。

**6.考核职能**

管理会计的另一个基本职能是实施责任会计,定期进行考核。每一项预算的执行都必须依靠员工的通力配合,企业要想获得更高的收益,就需要企业凝聚力,这就需要企业员工发挥主动性和自觉性。管理会计要对企业员工进行全面的评价和考核,根据各自的业绩给予相应的奖惩,采取激励机制提高员工的敬业精神和工作积极性。

## 四、管理会计与财务会计的关系

管理会计是管理信息系统的一个分支,是决策支持系统的重要组成部分,它吸收和借鉴了管理学、经济学、统计学和现代数学的相关理论,打破了传统会计的固有模式,生动地解释了企业生产经营活动中的资金运行情况;而传统的财务会计则是对企业的经营活动进行计量、记录和报告,主要服务于外部会计信息使用者。财务会计所提供的会计信息虽然也被企业内部使用者所使用,但是它并不以内部使用者的意志为转移,要受会计准则所约束,财务会计侧重于对过去事项的反映。为了能够准确地理解管理会计的内涵,可以通过管理会计与财务会计的关系来完成。

### (一)管理会计与财务会计的联系

管理会计与财务会计都属于企业会计范畴,二者之间有着千丝万缕的关系。

1.根源相同

管理会计与财务会计是现代企业会计的两个分支,二者都是在传统会计中形成、发展并分离出来的,财务会计与管理会计都是以现代企业经济活动所产生的数据为依据,通过科学的程序和方法,提供用于经济决策与控制的,以财务信息为主的经济信息,从本质上来看是一致的。

2.目标相同

管理会计服务的对象是企业内部的管理者,为他们的管理和决策提供有关的财务信息;而财务会计服务的对象是企业的外部信息使用者,主要是为了让外部信息使用者能够及时地、如实地掌握企业的经营情况。由此可以看出二者的最终目标是一致的,都是向企业的利益相关者提供财务信息,提高企业的经济效益,实现企业价值最大化。

3.信息相同

管理会计所形成的各种信息资料,有许多是来源于财务会计信息。管理会计利用财务会计提供的财务信息经过一系列的统计、分析,形成企业的业绩评价资料、薪酬激励计划资料、财务预算和盈利预测数据等。

### (二)管理会计与财务会计的不同

管理会计与财务会计的区别主要体现在服务对象、依据标准、提供信息的类型、主要内容、所运用的程序和方法、报告的形式和时间范围、成本计算方法及国际化内容等方面。

1.服务对象

是二者的根本区别。管理会计主要为企业的内部管理当局服务,为其提供加强经济管理、提高企业全面经济效益和社会效益的信息,是一种个性化的会计;财务会计以企业外部使用者为服务对象,提供企业履行和完成经济责任的信息,以满足外部使用者的需要,因此,财务会计是一种社会化的会计。

2.依据标准

管理会计是企业内部个性化需求的产物,提供的信息不受会计原则、会计制度的约束,服从管理需要,在工作中灵活运用,强调的是符合逻辑;财务会计严格遵守《企业会计准则》和行业统一会计制度,提供的信息受《企业会计准则》、会计制度及其他法规的约束。

3.提供信息的类型

管理会计主要以预计企业要发生的和企业未来的经济行为为加工对象,所产生的信息是为了支持决策、面向未来的,货币性和非货币性信息并重;财务会计则主要以已完成或已发生的交易和事项作为加工对象,所产生的信息面向过去,以货币信息为主。

4.主要内容

管理会计以预算会计和责任会计为主要内容;财务会计以准则为指导,主要考虑有关经济事项的确认和报告问题。

5.所运用的程序和方法

管理会计的程序一般不固定,有较大的选择自由,大量运用概率论、微积分等现代数学方法;财务会计的程序包括确认、计量、记录和报告,比较固定,且具有强制性,采用简单的数学计算方法。

6.报告的形式和时间范围

管理会计提供的报告不受固定期间的限制,报告形式也比较自由;财务会计按照公认会计准则的要求,以一定的期间(年、季、日)来编制,报告的形式较为固定。

7.成本计算方法

管理会计领域成本计算的方法比较灵活,根据不同目的可选择变动成本法和作业成本法等;财务会计领域中成本的计算是严格按照公认会计准则所采用的方法来进行的,采用的是全部成本法(制造成本法)。

8.国际化内容

管理会计的国际化研究是在跨国经营活动的环境和条件下进行的,不要求实现协调化和趋同化;财务会计的国际化主要研究各国不同的国际惯例,以致力于国别会计的协调化和趋同化。

# 任务二 管理会计活动与工具方法

## 一、管理会计活动

尽管21世纪的管理会计强调战略思维,但是,从总体上说,管理会计的基本框架依然主要包括决策与计划会计和绩效评价会计两部分。这里的决策会计主要解决"该做什么事情",体现战略制定或战略思维;计划会计是决策会计的具体化,也是连接决策会计与绩效评价会计的桥梁,主要解决"如何做好事情";而绩效评价会计主要解决"事情做得如何"。计划会计与绩效评价会计体现了战略实施。由此,管理会计就是基于战略思维,将该做的事情做好,即有效地实施战略。

管理会计涉及经理人的行为问题。然而,基于经理人的"有限理性",企业必须通过绩效评价与激励机制,引导甚至改变经理人的行为,使"有限理性"经理人的行为有助于实现企业的目标。这样,企业的绩效评价与激励机制就纳入了管理会计基本框架。

管理会计处处体现业财融合的跨界合作,管理会计报告就是各级经理人跨界交流的载体。因此,管理会计的基本框架如图1-1所示。

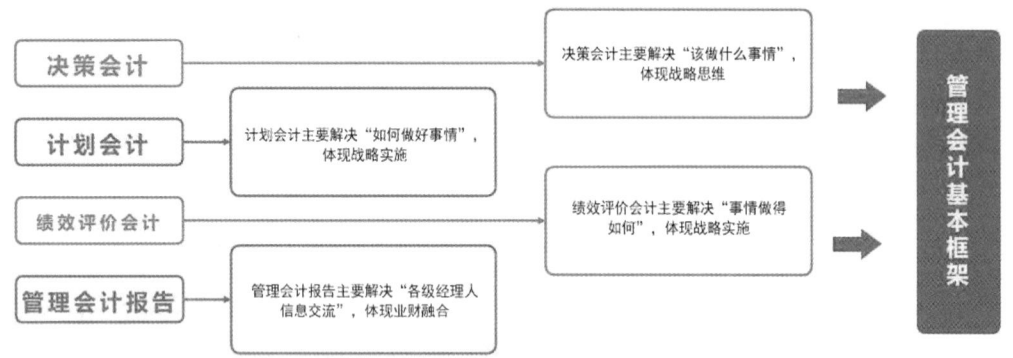

图1-1 管理会计基本框架

基于"事事强调战略定位,时时强调战略定位"的管理情境,可以说,不存在没有战略的企业,也不存在没有企业的战略。企业就是一个"战略制定—战略实施—战略调整—战略实施"无限循环的实体。作为企业的决策支持系统,管理会计是企业经营管理流程的重要组成部分。从管理会计的基本目标来看,管理会计与企业的战略制定、经营决策、管理控制、绩效评价以及激励机制等经营管理流程紧密联系。

《管理会计基本指引》第十三条归纳了管理会计活动。所谓管理会计活动,是企业利用管理会计信息,运用管理会计工具方法,在规划、决策、控制、评价等方面服务于企业管理需要的相关活动,具体地说,管理会计活动包括以下方面:

（1）规划。企业应用管理会计，应该做好相关信息支持，参与战略规划拟订，从支持企业的战略定位、目标设定，实施方案选择等方面，为企业合理制订战略规划提供支撑。

（2）决策。企业应用管理会计，应该融合财务和业务活动，及时充分地提供和利用相关信息，支持企业各层级根据战略规划作出决策。

（3）控制。企业应用管理会计，应该设定各种定量和定性标准，强化分析、沟通、协调、反馈等控制机制，支持和引导企业持续高质高效地实施其战略规划。

（4）评价。绩效评价与激励机制是一个题的两个侧面。没有绩效评价，激励机制就缺乏依据；而没有激励机制，绩效评价则形同虚设。因此，企业应用管理会计，应该合理设计评价体系，基于管理会计信息，评价企业战略规划的实施情况，并以此为基础开展绩效评价，完善激励机制。与此同时，企业应用管理会计还要评估和完善管理会计活动，持续改进管理会计的应用。

## 二、管理会计工具方法

管理会计工具方法是实现管理会计目标的具体手段，我国《管理会计基本指引》第二十条明确规定："管理会计工具方法主要应用于战略管理、预算管理、成本管理、营运管理、投融资管理、绩效管理、风险管理等领域。战略管理领域应用的管理会计工具方法包括但不限于战略地图、价值链管理等；预算管理领域应用的管理会计工具方法包括但不限于全面预算管理、滚动预算管理、作业预算管理、零基预算管理、弹性预算管理等；成本管理领域应用的管理会计工具方法包括但不限于目标成本管理、标准成本管理、变动成本管理、作业成本管理、生命周期成本管理等；营运管理领域应用的管理会计工具方法包括但不限于本量利分析、敏感性分析、边际分析、标杆管理等；投融资管理领域应用的管理会计工具方法包括但不限于贴现现金流法、项目管理、资本成本分析等；绩效管理领域应用的管理会计工具方法包括但不限于关键指标法、经济增加值、平衡计分卡等；风险管理领域应用的管理会计工具方法包括但不限于单位风险管理框架、风险矩阵模型等。"

目前，我国财政部发布的《管理会计应用指引》，涉及的管理会计工具方法见表1-1。

表1-1　　　　　　　　　　　　管理会计工具方法

| 应用领域 | 管理会计工具方法 |
| --- | --- |
| 战略管理 | 战略地图、价值链管理等 |
| 预算管理 | 全面预算管理、滚动预算管理、作业预算管理、零基预算管理、弹性预算管理等 |
| 成本管理 | 目标成本管理、标准成本管理、变动成本管理、作业成本管理、生命周期成本管理等 |
| 营运管理 | 本量利分析、敏感性分析、边际分析、标杆管理等 |
| 投融资管理 | 贴现现金流法、项目管理、资本成本分析等 |
| 绩效管理 | 关键指标法、经济增加值、平衡计分卡等 |
| 风险管理 | 单位风险管理框架、风险矩阵模型等 |

值得注意的是:
(1)管理会计工具方法具有开放性,随着实践发展不断丰富完善。也许,未来的管理会计实践创新可以总结提炼出新的管理会计工具方法。
(2)各种管理会计工具方法有其适应性和针对性,不能生搬硬套。
因此,企业应用管理会计,应该结合自身实际情况,根据管理特点和实践需要选择适用的管理会计工具方法,并加强管理会计工具方法的系统化、集成化应用。

## 三、管理会计基本假设

管理会计基本假设是指为了实现管理会计目标,合理界定管理会计工作的时空范围,统一管理会计操作方法和程序,满足信息收集与处理的要求,从纷繁复杂的点带企业环境中抽象概括出来的,组织管理会计工作不可缺少的一系列前提条件的统称。

管理会计的前提假设不仅是构成管理会计完整理论体系的重要组成要素,也是实现管理会计目标的条件,更为管理会计实践起到了指导作用。

1.会计主体

管理会计的主体假设规范了管理会计活动的空间范围。与财务会计的核算主体不同的是,管理会计主要是对内部管理者提供有用的决策信息的内部会计,无须遵循公认的会计准则,因而,管理会计的主体能够具有层次性,根据企业内部不同的管理需要,管理会计的主体可以是整个企业,也可以是企业内部各个责任层次的责任单位。

2.持续性经营

管理会计的持续性经营是企业或是各级责任单位的生产经营和筹资、投资活动将无限制地延续下去,以保证管理会计的各项工作有序进行。这一前提假设与财务会计的前提假设是一致的,一般是假定会计主体在可预见的未来不会破产、终止、被清理。

3.会计分期

管理会计的分期假设是界定管理会计的时间范畴。可以根据企业的实际需要灵活地进行分期,可以是一天、一周、一个月,也可以是一个季度、半年或是一年,还可以是十年、二十年分期编制内部报告。管理会计的会计分期具有很大的灵活性和不确定性。

4.计量方式

管理会计在进行规划、控制、决策与业绩评价活动时,其计量方法除利用货币计量之外,还可利用其他非货币计量方法。在当今大量非货币存在的社会经济活动中,为了满足各个方面不同的管理需要,除货币计量之外,还可以使用实物计量、时间计量和相对数计量等方式。多计量单位是管理会计与财务会计最显著的一个不同之处。

5.成本多样

成本性态假设是指一切成本都可以按成本性态划分为固定成本和变动成本。与财务会计将企业的成本简单地划分为产品生产成本和期间成本不同,管理会计中主要是根据企业内部管理者的需要对成本进行分类。比如,在进行本量利分析时,可根据成本习性将企业的成本划分为变动成本和固定成本;进行决策分析时,又可以划分为相关成本和无关成本;实施责任会计制度时,又可以根据成本的可控性将企业的全部成本划分为可控成本和不可控成本;实施作业成本法时,又可以划分为短期变动成本、长期变动成本和固定成本等。成本分类的多样性充分体现了管理会计的"因不同目的,而采用不同成本"的特点。

#### 6.时间价值

货币时间价值假设是指等量货币在不同时点上具有不同的价值。与财务会计的币值不变假设不同,管理会计在进行投资决策时,必须考虑货币的时间价值,尤其是在进行长期投资决策时,需要将若干年后取得的投资报酬根据货币时间价值折为现值,以便同原投资额的现值进行比较;反之,为了确定一项投资方案的未来报酬,又需要按货币时间价值计算该项投资额的终值。由此可见,货币时间价值是保证决策质量的一个重要的前提条件。

#### 7.技术性假设

技术性假设是指应用于某一具体管理会计事项、直接约束和规范个别管理会计程序与方法的应用性命题。它具有较强的务实性和解决具体问题的针对性,需要根据各种技术方法的特点和在实践中的应用情况来加以确定。

比如,为了应用本量利分析法来预测保本点、目标销售量和目标销售额,规划企业的目标利润和编制利润预算等,就必须假设某些有关因素为不变的常量,否则就无法找出有关变量之间的函数关系。因此,本量利分析法的假设条件是在一定时间和一定业务量范围内,企业产品的销售单价、单位变动成本、固定成本总额、生产能力和产品品种结构都保持不变。再如,在推行责任会计制度时需要假设各层次的责任单位能够保持整个企业经营目标的一致性。如果各责任中心都各自为政,只顾及各自的小团体利益,则责任预算指标的分解、落实、执行、考评等就无法正常进行,推行责任会计制度也就成了一句空话。

前六种假设因为都是具有普遍意义的对一些外部不确定因素的假定性命题,所以也可以统称为基础性假设,是管理会计原则的理论基础。

### 四、管理会计原则

管理会计的原则是管理会计实践的经验总结和管理会计理论的概括总结,规范管理会计的实务操作,也是管理会计理论体系的重要组成部分。

《管理会计基本指引》第四条规定:企业应用管理会计,应遵循下列原则:

#### 1.战略导向原则

管理会计的应用应以战略规划为导向,以持续创造价值为核心,促进企业可持续发展。管理会计主要侧重于为企业内部的战略制定、经营决策与管理控制服务。

#### 2.融合性原则

企业是一个不断运转的主体。在企业的经营过程中,业务催生财务,财务推动业务,业务与财务共生互动,业务与财务相融合,即"业财融合"。管理会计的本质就是"业财融合"。可以说,"业财融合"是管理会计永恒的主题。管理会计处处体现"跨界合作"的"业财融合"。因此,管理会计应该嵌入企业的相关领域、层次、环节,以业务流程为基础,利用管理会计工具方法,将财务和业务有机融合起来。唯有如此,才能发现管理会计信息背后的价值,更好地发挥管理会计的作用。

#### 3.适应性原则

如果说财务会计是一种社会化的会计,那么,管理会计就是一种个性化的会计。管理会计的个性化特征,决定了某个企业的管理会计实践经验不能简单地移植或复制到其他企业。管理会计的应用必须避免"淮南为橘,淮北为枳"的"水土不服"问题。企业所处的行业不同、规模不同、发展阶段不同,管理会计的具体应用也相应不同,企业需要根据自身情况,因地制宜。因此,管理会计的应用应该与企业的应用环境和自身特征相适应。企业自身特征包括企业性质、所处行业、规模、发展阶段、管理模式、治理水平等方面。

4.成本效益原则

企业应用管理会计可能产生预期效益,但也会产生实施成本,实施成本与预期效益必须相匹配。在推进管理会计的过程中,不论是业务流程再造,还是管理会计信息系统的设计开发和财务共享中心的建设等都需要付出大量的人、财、物的成本,企业要结合自身实际,权衡成本效益,稳步推进,切忌急于求成,以免造成人、财、物的浪费。企业不能漠视或不顾实施成本和预期效益而强行应用管理会计。因此,应该权衡实施成本和预期效益,合理、有效地推进管理会计的应用。

# 任务三 管理会计师行为准则和具体内容

1983年,美国管理会计实务委员会发表了一份公告——《管理会计师道德行为准则》,它是目前世界上较为完整的关于管理会计师职业道德的规定。

## 一、管理会计师职业道德行为准则

### (一)专业能力

专业能力包括:
1. 通过不断发展其知识和技能,以保持适当的职业胜任能力。
2. 依据相关的法律、法规和技术标准履行自己的职责。
3. 在对相关的和可靠的信息进行分析后,编制完整、清晰的报告与建议书。

### (二)保密

保密包括:
1. 除法律规定外,未经批准,不得披露工作过程中所获取的机密信息。
2. 告知下属应重视工作中所获取信息的机密性,并且监督下属的行为以保证其保守机密。
3. 禁止利用或变相利用在工作中所获取的机密信息为个人或通过第三方谋取不道德非法利益。

### (三)诚实正直

诚实正直包括:
1. 避免事实上或表面上可能引起的利益冲突,并对任何潜在冲突的各方提出忠告。
2. 不得从事道德上有损于履行职责的活动。
3. 拒绝接受影响或将影响他们作出正确行动的任何馈赠、优惠或接待。
4. 不得积极地或消极地破坏企业合法的、符合道德的目标。
5. 找出妨碍业务活动的可靠判断或顺利完成工作的限制与约束条件,并与有关方面进行沟通。
6. 告知有利和不利的信息以及职业的判断及意见。
7. 不得从事或支持各种有损企业的活动。

### (四)客观性

客观性包括:
1. 公正而客观地传达信息。

2.充分披露相关信息,帮助信息使用者对所公布的报告、评论和建议获得正确的理解。

管理会计人员报告的会计信息对管理人员的前程有重要影响,会计人员可能迫于管理者的压力披露不实的财务业绩信息,这样的行为是不道德的。在道德行为准则应用中,管理会计师在确认非道德行为或解决道德冲突中可能会遇到一些问题。当面对重大道德问题时,管理会计师应该遵循企业制定的解决冲突的相关政策。如果这些政策不能解决道德冲突问题,管理会计师应采取下列行动:

(1)应先同直接上司讨论问题,除非直接上司也牵扯其中。在这种情况下,应该直接将问题递交给更高一级上司。如果在递交问题的时候,没有达成满意的决议,要将问题递交给更高一级的上司。

(2)如果直接上司是首席执行官,可认可的评估权威可以是审计委员会、执行委员会、董事会、托管人委员会或者所有人等组织。假设直接上司没有牵扯到事件中,应在直接上司知道的范围之内,同其更高一级的上司联系。

(3)除非法律另有规定,将这些问题递交给非雇佣的机构或者个人是不合适的。

(4)秘密会谈职业道德顾问或者其他中立的顾问等,讨论有关的职业道德问题,以更好地理解可能的行为过程。

### (五)同律师讨论职业道德相关的法律职责和权利

如果在重大问题上尝试过各种办法后,道德冲突仍然存在,管理会计师除了辞职并递交一份书面报告给企业的某位合适的代表外,也许没有其他更好的办法。

## 二、管理会计师职业道德规范具体内容

### (一)职业认知和价值观

管理会计从业者应具备最基础的职业道德,要端正职业认知和树立正确的价值观,包括热爱职业、诚实守信、客观公正、保守职业秘密和廉洁自律五个方面。

1.热爱职业

从事管理会计职业,首先要热爱自己的管理会计岗位,安心于本职岗位,恪尽职守地做好本职工作。如果一个管理会计从业人员对其所从事的会计工作不热爱,就很难在工作中作到尽心尽力、尽职尽责。热爱管理会计职业具体表现如下:

(1)正确认识管理会计职业,认识管理会计的职业特点。

管理会计的目标是通过运用管理会计工具和方法,参与所服务机构的规划、决策、控制、评价活动并为之提供有用信息,推动单位实现战略规划。这些管理工作,都是难度较大、要求较高,甚至需要一定程度创新和具有挑战性的管理性工作。

(2)热爱管理会计职业,通过做好管理会计工作创造价值。

在正确认识管理会计工作的性质、特点和挑战性的基础上,要发自内心地热爱这个工作,才会产生真正做好该工作的内在驱动力,才能克服困难。通过做好管理会计工作,为所服务的机构创造价值。

2.诚实守信

诚实,是指在管理会计职业中,不弄虚作假、欺上瞒下,也包括不为单位利益或其他目的而

故意制造和传播虚假信息,以损害他人利益作为自己牟利的手段。守信,是指信守承诺。不但自己信守承诺,还要运用这种价值观去影响他人。

诚信从业具体要求如下:
(1)不弄虚作假,不为利益或其他目的而造假。
(2)实事求是,无隐,不为谋取私利或其他目的人为地选择信息或有选择地工作。

3.客观公正

管理工作可以带有个人的管理特点,但不能带有偏向特定利益方的倾向。所谓客观公正,是指作为管理会计师,因其所参与的管理工作往往会涉及不同的参与方和利益团体,如一个工程项目涉及单位内不同的参与部门、一个投资计划涉及不同的投资人等,在推进管理会计工作的过程中,应该持客观公正的态度。

客观公正的具体要求如下:
(1)从主观上,客观公正地推进工作。
(2)从客观上,顶住各种不正当压力。
(3)遵守国家法律法规推动单位向政策和法律法规所鼓励和引导的方向发展。

4.保守职业秘密

由于工作的关系,管理会计师必然会掌握企业诸多经营管理信息,甚至包括战略决策方面的信息,这些信息都是企业的商业机密。作为管理会计师,对于工作中获取或知晓的企业机密信息,必须秉持保密的原则,未经单位许可,不得向他人泄露。

保密的具体要求如下:
(1)保守工作中的秘密。
(2)不利用工作中所获得的相关信息为自己或相关人员牟利。

5.廉洁自律

廉洁自律要求管理会计人员公私分明、不贪不占、遵纪守法、清正廉洁。廉洁自律是会计职业道德的前提,也是会计职业道德的内在要求,这是由管理会计工作的特点决定的。

廉洁自律的具体要求如下:
(1)不行贿。
(2)不利用职务之便谋取私利或受贿。
(3)不支持他人行贿受贿或谋取私利,并推动单位的监控体系进行防范。
(4)推动积极正面的价值观。

## (二)能力准备与自我提高

管理会计师作为管理的参与者,至少应具备以下几方面的能力:专业技能,职业技能对业务、行业、宏观政策的把握能力,创新意识和学习意识。具备了优秀的能力,才能在职业认知和价值观的引导下,真正为所服务的机构作出应有的贡献。

1.专业技能

作为管理会计师,由于其从事的工作层级较高,因此对其要求也高。为了能够更好地满足工作的要求,管理会计师必须具备充足的专业技能。

管理会计师的专业技能包括:
(1)熟悉法律法规、财税法规及规则。

(2)具备管理能力,利用财务的工具和思维参与企业管理。

(3)战略决策支持、投融资支持与管理。

2.职业技能

管理会计的很多工作属于管理工作,在参与单位规划、决策、控制、评价活动中,其工作带有很强的职业性,为了做好该项工作需要充足的职业技能。

管理会计师的职业技能包括:

(1)领导力。

(2)计划、总结能力。

(3)沟通能力。

(4)监督、检查、执行能力。

3.对业务、行业、宏观政策的掌握能力

除了专业能力和职业能力外,为了做好管理工作,管理会计师还需要学习和关注相关知识和信息。

其具体包括:

(1)对业务的深度认知。

(2)对行业的深度认知。

(3)对宏观环境政策的深度认知。

4.创新意识和学习意识

管理会计工作中,因为各种工具方法的使用比较难,对职业技能、业务、行业与宏观环境需要学习和理解的内容非常多,也有一定的深度和难度。这些都需要管理会计师具有继续学习的意愿并不断总结学习方法。

其具体包括:

(1)具有不断学习提高技能的意识和愿望。

(2)掌握科学的学习和提升方法。

(3)提升执行力。

## (三)努力工作与恪尽职守

有了正确的认知和价值观,具备了相应的能力和技能,还要在工作中努力工作、恪尽职守,真正把管理会计工作落到实处。

1.克服困难,努力工作,恪尽职守,为企业利益尽最大努力

克服各种困难,执着前行。首先,管理会计工作人员要克服职业与专业上的困难。管理工作的难点包括对职业技能和管理目标要求高,也包括以往与财会工作性质和习惯的不同所带来的转型困难。其次,管理会计工作人员要克服管理冲突带来的困难,单位的管理工作,通常会遭遇到各种管理冲突或时间上冲突带来的工作困难,需要管理会计师尽职尽责,通过沟通、说服、推动单位使用科学管理方法进行管理和决策。最后,管理会计工作人员要克服显性或隐性利益冲突带来的工作困难,协调各方冲突,为企业的最大利益而努力。

2.用专业的方法和工具为企业工作,提供深入有效的管理支持

管理会计师要最大程度地利用管理会计工具,提供深入有效的管理支持使管理和决策科学化,提高工作效率,提升工作效果。同时,管理会计师需要结合管理会计的工作特点,在不同

工作中做好相应的角色使管理持续深入、有效。

3.敢于承担责任,敢于坚持正确的观点

参与管理和决策,要敢于承担责任。在履行管理会计责任的过程中,管理会计师应通过专业的工具、方法和判断,深度参与管理和决策,而不是躲避和被动接受。同时,管理会计师要敢于坚持正确的观点,在管理和决策过程中,依据专业的工具和方法,提出自己的判断和建议,并且要学会把这些判断和建议传输给其他管理者。

4.综合企业各种情况,推进管理会计工作,不能过于超前或滞后

因为各单位内部和外部环境不同,管理会计师推进管理会计工作需要结合企业的实际情况,根据企业自身的管理特点,结合管理会计原则,选择适用的管理会计依据和方法,并按照适当的进度推进。

【视野拓展】

### 美国管理会计师协会

美国管理会计师协会(The Institute of Management Accountants,IMA)是一家全球领先的国际管理会计师组织,一直致力于支持企业内部的财会专业人士推动企业的整体绩效和表现。IMA成立于1919年,由美国成本会计师协会衍生而来,总部设立在美国新泽西州,拥有遍布全球265个分会的超过80 000名会员。在国际上,IMA在管理会计、公司内部规划与控制、风险管理等领域均参与到全球最前沿实践。此外,IMA还在美国财务会计准则委员会和美国证券交易委员会等组织中起着非常重要的作用。

美国注册管理会计师(Certified Management Accountant,CMA)是美国管理会计师协会创立的专业资格。CMA与AICPA(American Institute of Certified Public Accountants,美国注册会计师协会)是美国两个最主要、最权威的会计师资格,也是全球最权威的会计资格,国际上的会计准则和管理标准,主要是以AICPA和CMA为标准。IMA是国际上管理会计学科最具权威的机构。

CMA证书持有者主要是世界各大公司及金融机构的财务主管、财务经理、财务总监、首席执行官、成本核算师、理财师、企业管理人员。美国100强企业的财务经理几乎都具有CMA等专业资格。CMA持证者目前的平均年龄是45岁,美国的平均年薪是17.5万美元,全球平均年薪是15.5万美元,是美国年薪最高的财经专业资格之一。要成为CMA,首先必须通过CMA的考试,而且还要符合IMA制定的学历和道德操行标准,CMA的入会标准比其他专业职称要求高。

CMA证书是一个财务管理综合能力考核的证书,考试涉及经济、金融、管理、会计等多方面内容,考试主要以基础知识、实用知识为主,知识覆盖面很广,具有很强的实用性、可操作性。

现行考纲由美国管理会计师协会(IMA)于2015年底发布,考试科目有两门:

PART-1 财务报告、规划、绩效与控制(Financial Planning, Performance and Control);

PART-2 财务决策(Financial Decision Making)。

具体考核内容如表1-2所示。

表1－2　　　　　　　美国注册管理会计师(CMA)考核内容

| 科目 | PART－1<br>财务报告、规划、绩效与控制<br>(Financial Planning, Performance and Control) | PART－2<br>财务决策<br>(Financial Decision Making) |
|---|---|---|
| 内容 | 1.外部财务报告决策<br>(External Financial Reporting Decisions，15%)<br>2.规划、预算编制与预测<br>(Planning, Budgeting and Forecasting，30%)<br>3.绩效管理(Performance Management，20%)<br>4.成本管理(Cost Management，20%)<br>5.内部控制(nternal Controls，15%) | 1.财务报表分析<br>(Financial Statement Analysis，25%)<br>2.公司理财(Corporate Finance，20%)<br>3.决策分析(Decision Analysis，20%)<br>4.风险管理(Risk Management，10%)<br>5.投资决策(Investment Decisions，15%)<br>6.职业道德(Professional Ethics，10%) |
| 题型 | 100道单项选择题<br>2道简答题<br>考试时长4小时 | 100道单项选择题<br>2道简答题<br>考试时长4小时 |

值得注意的是，IMA已公布新考纲，并将于2020年执行，新考纲在难度上进一步加大。CMA考试自2009年进入我国之后，报考人数年年上升。

CMA英文考点有：北京、上海、广州、南京、济南、沈阳、西安、成都、昆明、长沙、武汉、福州。

CMA中文考点有：北京、上海、广州、成都、大连、杭州、合肥、济南、昆明、兰州、南昌、南京、青岛、深圳、苏州、天津、武汉、西安、长沙、郑州、重庆、沈阳、太原、厦门。不少单位在招聘时更明确提出CMA持证者可被优先录用，该证书的含金量和认可度不言而喻。

**【任务实施】**

张琳对管理会计的认知是错误的，管理会计是利用财务会计提供的财务会计资料，来预测企业的未来。管理会计主要为企业的内部管理当局服务，为其提供加强经济管理、提高企业全面经济效益和社会效益的信息，是一种个性化的会计；管理会计利用财务会计提供的财务信息经过一系列的统计、分析，形成企业的业绩评价资料、薪酬激励计划资料、财务预算和盈利预测数据等；管理会计提供的信息是货币性和非货币性信息并重，报告时间和形式都很自由。管理会计与财务会计既有联系也有区别。

**【任务实操】**

请登录TTC实训平台，完成模拟实训任务。

**【项目知识点巩固】**

一、单项选择题

1.下列各项中，与传统的财务会计相对概念而存在的是(　　)。
A.现代会计　　　　B.企业会计　　　　C.管理会计　　　　D.成本会计学

2.下列会计子系统中，能够履行管理会计"考核评价经营业绩"职能的是(　　)。
A.预测决策会计　　B.规划控制会计　　C.对外报告会计　　D.财务会计

3.下列说法正确的是( )。
A.管理会计是经营管理型会计,财务会计是报账型会计
B.财务会计是经营管理型会计,管理会计是报账型会计
C.管理会计是对外报告会计
D.财务会计是对内报告会计

4.下列各项中,属于划分传统管理会计和现代管理会计两个阶段时间标志的是( )。
A.19世纪90年代　　　　　　B.20世纪20年代
C.20世纪50年代　　　　　　D.20世纪70年代

5.在西方,企业内部的管理会计部门属于( )。
A.服务部门　　B.生产部门　　C.领导部门　　D.非会计部门

6.管理会计与财务会计的关系是( )。
A.起源相同、目标不同　　　　B.目标相同、基本信息同源
C.基本信息不同源、服务对象交叉　D.服务对象交叉、概念相同

7.在现代企业会计系统中,管理会计又可称为( )。
A.算呆账的报账型会计　　　　B.外部会计
C.算活账的经营型会计　　　　D.责任会计

8.从服务对象上看,现代管理会计侧重服务于( )。
A.企业的投资人　　　　　　　B.企业的债权人
C.企业内部各级经营管理者　　D.以上三项

二、多项选择题

1.下列各项中,属于管理会计职能的有( )。
A.预测经济前景　　B.参与经济决策　　C.规划经营目标
D.控制经济过程　　E.考核评价经营业绩

2.下列各项中,属于现代管理会计内容的有( )。
A.预测决策会计　　B.规划控制会计　　C.成本会计
D.预算会计　　　　E.非营利组织会计

3.下列表述中,能够揭示管理会计特征的有( )。
A.以责任单位为主体　B.必须严格遵守公认会计原则　C.工作程序性较差
D.可以提供未来信息　E.重视管理过程和职工的作用

4.通过分析管理会计职能的时间特征,可以发现管理会计信息横跨过去、现在和未来三个时态的时间特征,其中能够体现未来时态特征的职能有( )。
A.预测　　B.决策　　C.控制　　D.考核　　E.评价

5.管理会计与财务会计之间有许多不同之处,如( )。
A.会计主体不同　　B.基本职能不同　　C.依据的原则不同
D.信息特征不同　　E.观念取向不同

三、判断题

1.因为管理会计只为企业内部管理服务,因此与对外服务的财务会计有本质的区别。( )
2.管理会计是以提高经济效益为最终目标的会计信息处理系统。( )
3.在广义管理会计的范围中,管理会计既包括财务会计,又包括成本会计和财务管理。( )

4. 管理会计与财务会计的奋斗目标完全是一致的。（  ）

5. 既然企业会计中包括财务会计和管理会计两个分支,那么我国颁布的《企业会计准则》同样适用于管理会计。（  ）

6. 战略管理会计是当今管理会计理论研究的新热点之一。（  ）

7. 管理会计的职能是客观的,但它所起到的作用大小却受到人的主观能动性影响。（  ）

四、分析思考

1. 什么是管理会计？

2. 管理会计有哪些职能？

3. 什么是管理会计的基本假设？都包括哪些内容？试图解决什么问题？

4. 管理会计与财务会计之间存在哪些主要联系？

5. 管理会计与财务会计之间有哪些主要区别？

# 项目二 战略管理

【知识目标】
1.能理解战略管理的概念；
2.熟悉企业战略的层次划分；
3.熟悉战略管理的原则；
4.了解战略管理的工具。

【能力目标】
1.能进行战略管理基本程序的描述；
2.能简单分析企业战略地图；
3.能基于企业战略选择分析企业战略意图。

【素质目标】
1.具备站位整体、全局观念进行思考。
2.具备分析问题与解决问题的能力。

【思维导图】

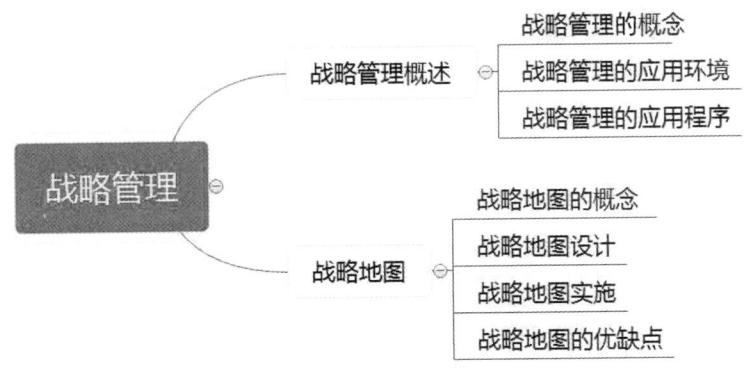

## 管理会计

**【引导案例】**

### 现代企业的战略选择:多元化还是专业化

自20世纪20年代以来,多元化一直是企业成长的普遍方式之一,在大型企业的成长中占据着重要的地位。但对于多元化,一直存在两种截然不同的观点:一种认为利用现有资源,开展多元化经营,可以规避风险,实现资源共享,产生"1+1>2"的效果,是现代企业发展的必由之路。另一种认为企业开展多元化经营会造成人、财、物等资源分散,管理难度增加,效率下降。与多元化经营相对的是专一经营或专业化经营。专一经营战略深受迈克尔·波特(Michael E.Porter)、加里·哈默尔(Gary Hamel)、汤姆·彼得斯(Tom Peters)等世界级管理、战略大师的推崇。他们认为,企业只有围绕自己的核心竞争力,专注于自己的优势,才能得到持续发展。相比来看,专一经营更多地在于战略的设置,多元化经营则侧重于资源的调配。

长期以来,中外企业都在争论是专一还是多元。但现实中,企业的多元化和专一经营实践都不是一帆风顺的。一些世界级企业在专一经营中大受挫折。一个著名的例子是世界著名的太阳镜生产商Oakley(欧克利),它在太阳镜行业极为成功,可以说是世界第一品牌。然而,由于太过专一,其成长速度远没能充分发挥其应有的潜力。因此,公司决定跨入欧克利品牌的运动服行业。

20世纪70年代后期许多石油公司在多元化方面的不幸遭遇为我们敲响了警钟。像英国石油和埃克森这样的公司相信它们可以开发它们在矿产开采、提炼和大型工程方面的竞争力,因而它们进入了采矿业。10年后,这些公司退出了这些领域。原因是:除了石油公司的能力外,采矿业需要低成本的提炼和沉淀方法,而这些都是石油公司所缺少的。再看可口可乐公司的经历,可口可乐公司熟知消费者、市场营销、品牌知识并拥有非凡的分销能力。基于这些战略资产,可口可乐公司决定在20世纪80年代早期进军葡萄酒市场,在这个市场上,这些能力是必须的。但是公司很快发现它缺少一项很重要的能力:对葡萄酒业的知识。对于可口可乐公司来说,仅拥有90%取胜的因素是不够的,因为它还缺乏剩下的10%(酿造高品质葡萄酒的能力),而这正是成功最重要的部分。

企业搞多元化经营的一个主要目的是为了避免风险。单一的主营业务不可避免地遇到发展周期性的问题。当市场变动时,企业可以及时转向,用其他业务弥补主营业务的不足,从而整体上保持前进步伐。多元化经营虽然可以分散风险,但这本身也是有风险的。多元化经营的风险就在它的"元"上,"元"太多,又没有选择标准,甚至喧宾夺主,丧失掉原来优势主业,风险就是非常骇人的。

选择专业化或多元化的发展战略,是一个企业需认真对待的重要决策,但即使是走多元化之路,企业的专业化发展仍然是十分重要的。其实,不管企业选择的发展道路是多元化还是专业化,企业都应该学会选择和放弃。现代管理学认为,企业的管理维度是有限的,如果超过限度,就会导致管理效率低下,必须重作调整。

业界曾普遍关注的一个案例,是百事可乐的战略选择。百事可乐是全球第二大饮料制造商,但是无论从市场份额还是市场认同度上,百事可乐都无法与可口可乐相抗衡:可口可乐1993年普通股流通市值和税前盈利率均约为百事可乐的两倍。百事可乐的总裁韦恩·卡洛威认为,饮料市场相当成熟,很难直接夺得对手的市场。而食品习惯的改变使快餐消费者迅速增加,此时如果依托百事可乐积累的资金实力进入快餐业,不但能改善百事可乐的业务结构,而且能够通过快餐店的营销网络,争取百事可乐的潜在消费者。因而从1977年开始,百事集团接连收购了必胜客、塔克—贝尔、肯德基三家快餐店,此举使公司迅速超过麦当劳成为全球的第一快餐商。同时,与快餐相关的食品制造也得到了发展。1993年,百事公司总营业收入250亿美元,纯利润16亿美元,虽然可口可乐汽水销售量以4∶1压倒百事可乐,但后者总收入却高出前者75%。百事可乐的多元化战术似乎取得了成功。

然而出人意料的是,1996年,百事集团突然宣布将快餐业务分离出去成立新的公司,以使自身能够专心致力于饮料市场的竞争。原因是,快餐业务的迅速膨胀,使百事集团的业务结构发生根本性改变,原来的核心业务——可乐制造只占总业务量的35%,营业收入只占1/3。快餐与饮料在经营管理方式上相差甚大,并占用了企业大量资金,使公司分散了精力,公司饮品在1996年美国市场的占有率落后于可口可乐11个百分点,是20年来差距最大的一次,同时在除中东以外的全球各大市场均遭惨败。

导致百事可乐公司失败的教训,业界和学界都认为是多元化经营战略实施失控。虽然食品制造和销售是关联度较高的产业,但是在经营管理上却是各有侧重,特别是快餐店在经营上需要大量固定资产投资和广告宣传,也需要大量的资金投入。多元化两极并重实施战略,使企业组织超越了管理的可能极限,这也就是为什么百事决定将快餐业分离出去的主要原因。通过分离快餐业,快餐业务组建新的公司,经营管理权下放到新设公司,而百事集团对该公司享有收益权,这样保证了快餐公司在资金上自主而非总部进行资金调配,解决了饮料制造和快餐业争夺资源的矛盾,也保留了快餐网络支持可乐销售的功能。通过组织结构调整,百事集团的多元化战术和其发展战略又重新合拍了。

百事可乐多元化经营案例给我们以下启示:一是专业化经营程度的提高才使多元化经营存在可能。二是注意从属业务与核心业务可能存在的资源冲突和管理跨度。三是调整企业管理组织结构,使管理层能够协调和控制各项业务发展并服从企业经营战略。四是估算多元化经营最优规模,特别注意防止从属性行业"喧宾夺主"现象的发生,从而超越核心业务所能提供的资源补充范围,导致核心业务乃至企业的市场竞争力的削弱。

中国企业中最强调专一发展的企业当数格兰仕。该集团副总裁俞尧昌认为,在专业化领域中做大、做强、做透,一定要靠规模化的支撑。规模决定了你的成本分摊,技术开发需要技术投入,技术投入需要分摊在每个商品上。"比如今年我们投了2亿元进行技术开发,平均每台20多元钱,没规模,即使你投入也没竞争力。"格兰仕所看中的规模化战略,简单地说就是扩大生产规模,通过规模经营,扩大市场,降低经营成本,增加技术投入,使企业的竞争力得以提高。当自己的规模达到100万台时,就把出厂价定在规模为50万台的企业的成本价以下。当自己的规模达到1 000万台时,就把出厂价定在规模为500万台的企业的成本价以下。规模低于这个限度的企业,多生产一台就多亏一台。结果是一大批规模小且技术无明显差异的企业退出了微波炉市场,而格兰仕则创造了市场占有率达到73.8%的壮举。这种策略拉开了格兰仕和对手的距离,为格兰仕取得和保持绝对竞争优势奠定了基础。

事实上,追问企业到底应该选择多元化还是专业化发展战略,只是涉及了问题的表面。不论是多元化还是专业化,企业的目标是追求新的增长点及获利空间。而这并不意味着放弃核心竞争力。恰恰相反,持续增长通常是专注于核心业务并不断将其强化与创新的结果。之所以出现企业陷入多元化的陷阱,是因为那些急于偏离其核心业务进行扩展以求新增长的公司会因为舍本逐末、判断失误或扩张过度而失去增长的动力。

总体而言,无论专业化还是多元化,都是企业成长的方式。针对具体企业,采用何种方式为主应该综合考虑宏观经济环境、行业技术及状况、企业自身能力等诸多因素而决定。专业化是企业经营发展的必由之路,多元化是企业进一步发展的必要手段。没有专业化就不会把企业做强,没有多元化就不会把企业做大。专业化与多元化的区分只是相对的,企业无论采取哪种方式,其成败关键在于是否围绕核心竞争力来经营管理。企业只有具备核心竞争力,才能有把握地保证多元化的成功。

资料来源:黄文夫,《中国民商》2020年第20204期。

**【任务引例】**

根据"现代企业的战略选择"案例分析影响企业战略选择的因素有哪些?可以用哪些工具进行战略分析?

# 任务一 战略管理概述

【任务准备】

## 一、战略管理的概念

### (一)什么是战略管理

战略,是指企业从全局考虑作出的长远性的谋划。战略管理,是指对企业全局的、长远的发展方向、目标、任务和政策,以及资源配置作出决策和管理的过程。

### (二)战略管理的层次

企业战略一般分为三个层次,包括选择可竞争的经营领域的总体战略、某经营领域具体竞争策略的业务单位战略(也称竞争战略)和涉及各职能部门的职能战略。

1.总体战略

总体战略又称公司层战略。在大中型企业中,特别是经营多项业务的企业中,总体战略是企业最高层次的战略。它需要根据企业的目标,选择企业可以竞争的经营领域,合理配置企业经营所必需的资源,使各项经营业务相互支持、相互协调。

2.竞争战略

公司的二级战略常常被称作业务单位战略或竞争战略。业务单位战略涉及各业务单位的主管以及辅助人员。这些经理人员的主要任务是将公司战略所包括的企业目标、发展方向和措施具体化,形成本业务单位具体的竞争与经营战略。竞争战略要针对不断变化的外部环境,在各自的经营领域中有效竞争。为了保证企业的竞争优势,各经营单位要有效地控制资源的分配和使用。

竞争战略主要包含成本领先战略、差异化战略和集中化战略。对于一家单业务公司来说,总体战略和竞争战略只有一个,即合二为一;只有对业务多元化的公司来说,总体战略和业务单位战略的区分才有意义。

3.职能战略

职能战略,又称职能层战略,主要涉及企业内各职能部门,如营销、财务、生产、研发(R&D)、人力资源、信息技术等,如何更好地配置企业内部资源,为各级战略服务,并提高组织效率。

各职能部门的主要任务不同,关键变量也不同,即使在同一职能部门中,关键变量的重要性也因经营条件不同而有所变化,因而难以归纳出一般性的职能战略。

在职能战略中,协同作用具有非常重要的意义。这种协同作用首先体现在单个的职能中各种活动的协调性与一致性,其次体现在各个不同职能战略和业务流程或活动之间的协调性与一致性。

三个层次的战略都是企业战略管理的重要组成部分,但侧重点和影响的范围有所不同。

### (三)战略管理的原则

企业进行战略管理,一般应遵循以下原则:

1.目标可行原则

战略目标的设定,应具有一定的前瞻性和适当的挑战性,使战略目标通过一定的努力可以实现,并能够使长期目标与短期目标有效衔接。

2.资源匹配原则

企业应根据各业务部门与战略目标的匹配程度进行资源配置。

3.责任落实原则

企业应将战略目标落实到具体的责任中心和责任人,构成不同层级彼此相连的战略目标责任圈。

4.协同管理原则

企业应以实现战略目标为核心,考虑不同责任中心业务目标之间的有效协同,加强各部门之间的协同管理,有效地提高资源使用的效率和效果。

### (四)战略管理的工具方法

战略管理领域应用的管理会计工具方法,一般包括战略地图、价值链管理等。战略管理工具方法,可单独应用,也可综合应用,以加强战略管理的协同性。

## 二、战略管理的应用环境

1.企业应关注宏观环境(包括政治、经济、社会、文化、法律及技术等因素)、产业环境、竞争环境等对其影响长远的外部环境因素,尤其是可能发生重大变化的外部环境因素,确认企业所面临的机遇和挑战;同时应关注本身的历史及现行战略、资源、能力、核心竞争力等内部环境因素,确认企业具有的优势和劣势。

2.企业一般应设置专门机构或部门,牵头负责战略管理工作,并与其他业务部门、职能部门协同制定战略目标,作好战略实施的部门协调,保障战略目标得以实现。

3.企业应建立健全战略管理有关制度及配套的绩效激励制度等,形成科学有效的制度体系,切实调动员工的积极性,提升员工的执行力,推动企业战略的实施。

## 三、战略管理的应用程序

企业在制定战略时,首先要界定其所承担的使命、构造企业的愿景,从而为企业战略的制定提供基础性的依据。企业的使命和愿景共同表达了企业的根本特征以及其所从事的领域,并指明了企业的发展方向。

企业应用战略管理工具方法,一般按照战略分析、战略制定、战略实施、战略评价和控制、战略调整等程序进行。图2-1是战略管理过程及组成要素的示意图,它给出了战略管理过程的大致构架,可以作为理解战略管理过程的向导。

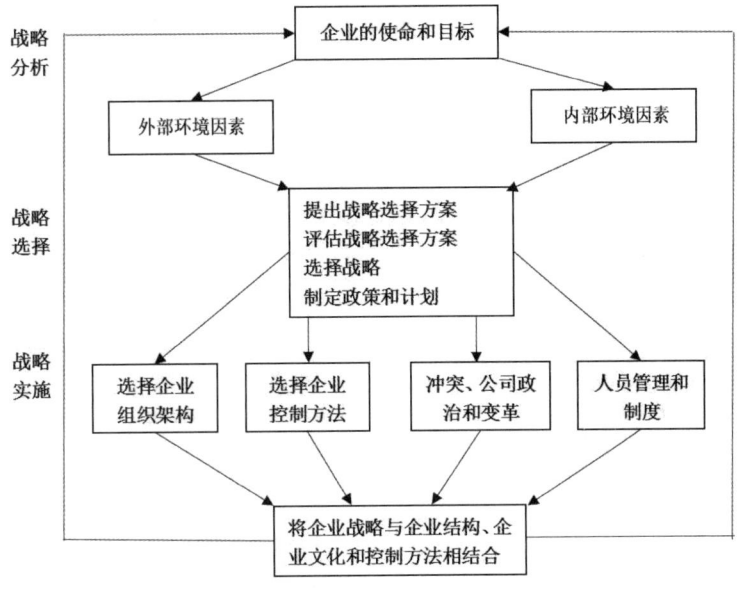

图 2-1 战略管理过程

## (一)战略分析

战略分析的主要目的是评价影响企业目前和今后发展的关键因素,并确定在战略选择步骤中的具体影响因素。战略分析需要考虑许多方面的问题,主要是外部环境分析和内部环境分析。

企业进行环境分析时,可应用态势分析法(Strength Weakness Opportunity Threat,SWOT 分析)、波特五力分析和波士顿矩阵分析等方法,分析企业的发展机会和竞争力,以及各业务流程在价值创造中的优势和劣势,并对每一业务流程按照其优势强弱划分等级,为制定战略目标奠定基础。

1.态势分析法

态势分析法(Strength Weaknes Opportunity Threat,SWOT 分析)是指基于内外部竞争环境和竞争条件下的综合分析,即将与研究对象密切相关的各种主要内部优势、劣势和外部的机会、威胁等,通过调查列举出来,并依照矩阵形式排列,然后用系统分析的思想,把各种因素相互匹配起来加以分析,从中得出相应结论,而结论通常带有一定的决策性,对制定相应的发展战略、计划以及对策起到支撑作用。图 2-2 列示了 SWOT 分析的典型格式。

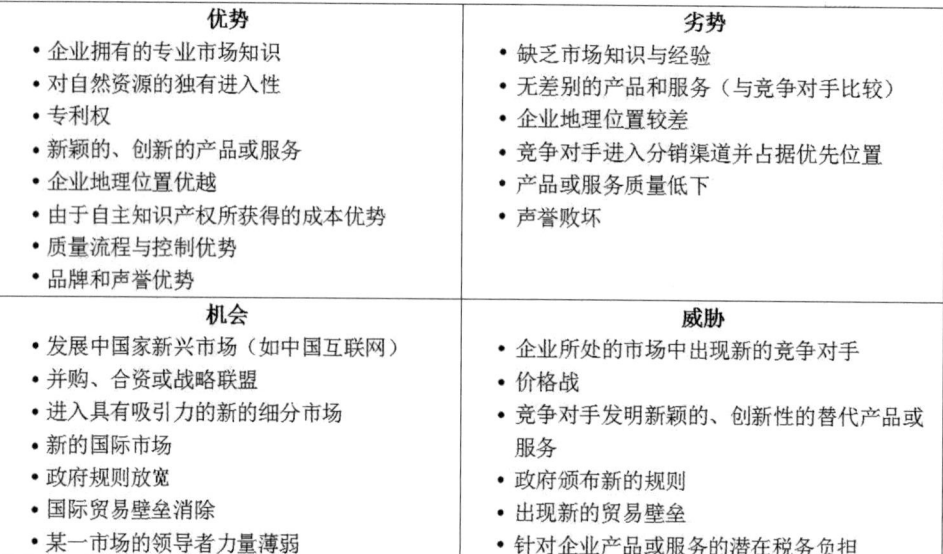

图 2-2 SWOT 分析的典型格式

2.波特五力分析法

波特五力分析法是指将供应商定价能力、购买者的讨价还价能力、潜在进入者的威胁、替代品的威胁、同行竞争者的力量作为竞争主要来源的一种竞争力分析法。

波特五力分析法可以对企业的行业竞争环境进行有效的分析,五种力量的相互影响,导致整个行业的竞争环境发生变化,也影响行业利润等诸多方面的变化。依靠波特五力分析法可以确定竞争的来源,而竞争战略的制定必须通过分析这五种力量来进行,五种力量的重要性次序由于行业以及企业的不同而有所区别。

3.波士顿矩阵分析法

波士顿矩阵分析法的基本原理是将企业所有产品从市场增长率和市场占有率角度进行再组合。在坐标图上,以纵轴表示企业市场增长率,横轴表示市场占有率,将坐标图划分为四个象限,依次为"明星类"业务、"问题类"业务、"现金牛类"业务和"瘦狗类"业务。"明星类"业务是指高市场成长率、高市场占有率的业务;"问题类"业务是指高市场成长率、低市场占有率的业务;"现金牛类"业务是指低市场成长率、高市场占有率的业务;"瘦狗类"业务是指低市场成长率、低市场占有率的业务。这样划分的目的是使企业采取不同决策,以保证其不断地淘汰无发展前景的产品,保持"问题类""明星类""现金牛类"产品的合理组合,实现产品及资源分配结构的良性循环。图 2-3 中纵坐标与横坐标的交叉点表示企业的一项经营业务或产品,而圆圈面积的大小表示该业务或产品的收益与企业全部收益的比。

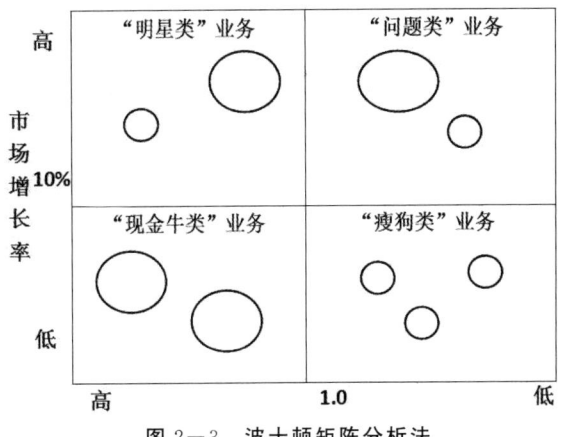

图 2-3 波士顿矩阵分析法

### 4.PEST分析

PEST分析是宏观环境分析的工具。宏观环境是对企业中长期发展具有战略性影响的因素。宏观环境因素通常是指政治法律、经济、社会文化和科学技术这四大因素。通过对这四大因素的分析,企业面临的重要发展机遇和主要生存威胁可以被揭示出来,从而为企业战略的制定奠定基础。

### 5.价值链分析法

价值链分析法是一种寻求确定企业竞争优势的工具。价值链分析法把企业内外增加价值的活动分为基本活动和辅助性活动。基本活动是指生产经营的实质性活动,分为流入物流、运营、流出物流、营销与销售及售后服务五种类型。辅助性活动分为采购、研究与开发、人力资源管理、企业的基础设施四种类型。

企业价值链分析的目的在于分析企业运营的哪个环节可以提高客户价值或降低生产成本。对于任意一个价值增加行为,关键问题在于:①是否可以在降低成本的同时维持价值(收入)不变;②是否可以在提高价值的同时保持成本不变;③是否可以在降低工序投入的同时保持成本收入不变;④更为重要的是,企业能否同时实现上述三点。

### 6.生命周期分析法

产业生命周期是每个产业都要经历的一个由成长到衰退的演变过程,是指从产业出现到完全退出社会经济活动所经历的时间,一般分为初创期、成长期、成熟期和衰退期四个阶段,每个阶段企业所选择的发展战略是不同的。识别产业生命周期所处阶段的主要标志有:市场增长率、需求增长潜力、产品品种、竞争者数量、市场占有率情况、进入壁垒、技术革新以及用户购买行为等。

**[例2-1]** 美国N航空公司通过审视他择产业,重建市场界限并开创蓝海

航空业中最有利可图的客户群就是商务旅行者。N航空公司首先研究了目前的同类市场,发现当公务旅行者要出行时,主要有两个选择:要么选择乘坐商业航空公司飞机,要么选择自己购买专机。选择乘坐商业航空公司飞机只有一个原因——成本,但是要排队去换登机牌和安检,要忙乱地去转机,在途中还不得不滞留过夜,每天在机场挤来挤去。相反,选择自己购买专机,要承担动辄上百万美元的高额飞机固定投资成本与变动成本,但可以避免商业航空公司难以避免的各种时间成本。

针对这种情况,N航空公司把飞机的所有权分成16等份,由16个顾客共同拥有,每个顾

客每年可以享用50个小时的旅行时间。顾客可以用最低375 000美元的价格(还要加上驾驶员、保养和其他固定的支出)来购买总价值为600万美元的飞机的一定份额。也就是说,顾客付出了商业航空公司机票的成本,但是得到的是私人飞机的便利,大大降低旅行时间,减少拥挤的机场带来的麻烦,使点对点飞行成为可能。

在不到20年的时间里,N航空公司的规模超过了许多航空公司,它拥有500多架飞机,在超过140个国家间经营者超过25万条航线。1993—2000年,其每年的收入增长率都在30%~35%。

### (二)战略制定

战略制定,是指企业根据确定的愿景、使命和环境分析情况,选择和设定战略目标的过程。

企业可根据对整体目标的保障、对员工积极性的发挥以及企业各部门战略方案的协调等实际需要,选择自上而下、自下而上或上下结合的方法,制定战略目标。

企业设定战略目标后,各部门需要结合企业战略目标设定本部门战略目标,并将其具体化为一套关键财务及非财务指标的预测值。为各关键指标设定的目标(预测)值,应与本企业的可利用资源相匹配,并有利于执行人积极有效地实现既定目标。

### (三)战略实施

战略实施,是指将企业的战略目标变成现实的管理过程。

企业应加强战略管控,结合使用战略地图、价值链管理等多种管理会计工具方法,将战略实施的关键业务流程化,并落实到企业现有的业务流程中,确保企业高效率和高效益地实现战略目标。

### (四)战略评价和控制

战略评价和控制,是指企业在战略实施过程中,通过检测战略实施进展情况,评价战略执行效果,审视战略的科学性和有效性,不断调整战略举措,以达到预期目标。

企业主要应从以下几个方面进行战略评价:战略是否适应企业的内外部环境;战略是否达到有效的资源配置;战略涉及的风险程度是否可以接受;战略实施的时间和进度是否恰当。

### (五)战略调整

战略调整,是指根据企业情况的发展变化和战略评价结果,对所制定的战略及时进行调整,以保证战略有效指导企业经营管理活动。

战略调整一般包括调整企业的愿景、长期发展方向、战略目标及其战略举措等。

[例2—2] **N公司的战略失效**

N公司曾是全球最大的传统手机制造商,领先优势明显,定价也高于对手20%左右。2005年开始移动互联网时代悄然来临,通信产业和信息产业边界越来越模糊,手机成为装在口袋里的互联网,P公司适时推出了互联网手机,操作和上网更加快捷,并通过开放的应用商场,吸引第三方开发手机的应用程序,经过几年的发展,P公司的应用商店已经成为世界上最大的手机应用程序平台。虽然N公司的销售部经理也发现了互联网手机是未来的方向,建议N公司全力从传统手机转型到互联网手机,但是不知何故该建议从未被提交到公司董事会讨论过,而 N 公司总经理固执地认为 P 公司的互联网手机只是在传统手机上增加了一些华而不实的东西,N 公司的手机性价比更高。截至 2012 年,P 公司凭借硬件、操作系统和应用程序的优势,成为利润最多的手机厂商。

2013 年年初,N 公司的总经理黯然下台,新任总经理决心进行公司重组,大胆裁员和压缩成本费用,要求每个部门根据未来的需求重新判断所有的费用并编制预算,实施生产互联网手机的战略导向,建立一个自己的互联网操作系统和应用程序商店来抗衡 P 公司。一年后 N 公司的操作系统被用户发现存在技术缺陷,操作困难,而且代码复杂也限制了第三方应用程序的开发,N 公司基于该操作系统的手机销售量远不及预期,导致 N 公司决定放弃该操作系统。最终 N 公司市场份额和资本市值都遭到大幅度的下降,逐步被边缘化并陷入财务困境。

# 任务二 战略地图

## 一、战略地图的概念

### (一)战略地图的定义

战略地图是以平衡计分卡的四个层面目标(财务层面、客户层面、内部层面、学习与增长层面)为核心,通过分析这四个层面目标的相互关系而绘制的企业战略因果关系图。

战略地图由罗伯特·卡普兰(Robert S. Kaplan)和戴维·诺顿(David P. Norton)提出。他们是平衡计分卡的创始人,在对实行平衡计分卡的企业进行长期的指导和研究的过程中,两位创始人发现,企业由于无法全面地描述战略,管理者之间及管理者与员工之间无法沟通,对战略无法达成共识。"平衡计分卡"只建立了一个战略框架,而缺乏对战略进行具体而系统、全面地描述。2004年1月,两位创始人的第三部著作《战略地图——化无形资产为有形成果》出版。

战略地图是在平衡计分卡的基础上发展来的,与平衡计分卡相比,它增加了两个层次的东西,一是颗粒层,每一个层面下都可以分解为很多要素;二是增加了动态的层面,也就是说战略地图是动态的,可以结合战略规划过程来绘制。

### (二)企业应用战略地图工具方法

企业应用战略地图工具方法,应注重战略地图的有关路径设计,有效使用有形资源和无形资源,高效实现价值创造;应通过战略地图实施将战略目标与执行有效绑定,引导各责任中心按照战略目标持续提升业绩,服务企业战略实施。

企业应用战略地图工具方法,应遵循《管理会计应用指引第100号——战略管理》中对应用环境的一般要求,按照战略地图设计和战略地图实施等程序进行。

## 二、战略地图设计

企业设计战略地图,一般按照设定战略目标、确定业务改善路径、定位客户价值、确定内部业务流程优化主题、确定学习与成长主题、进行资源配置、绘制战略地图等程序进行。

企业进行战略目标设定,应遵循《管理会计应用指引第100号——战略管理》的有关要求。

1.企业应根据已设定的战略目标,对现有客户(服务对象)和可能的新客户以及新产品(新服务)进行深入分析,寻求业务改善和增长的最佳路径,提取业务和财务融合发展的战略主题。

在财务维度,战略主题一般可划分为两个层次:第一层次一般包括生产率提升和营业收入增长等;第二层次一般包括改善成本结构、提高资产利用率、增加客户机会和提高客户价值等。

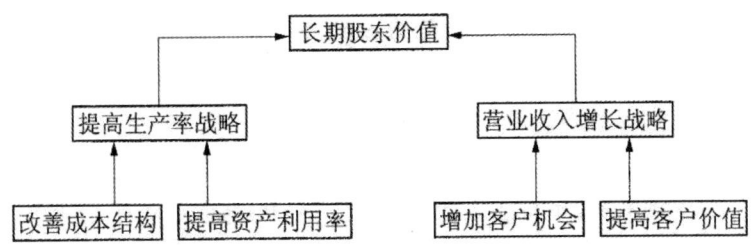

图 2-4 财务视角的战略地图

2.企业应对现有客户进行分析,从产品(服务)质量、技术领先、售后服务和稳定标准等方面确定、调整客户价值定位。

在客户价值定位维度,企业一般可设置客户体验、双赢营销关系、品牌形象提升等战略主题。

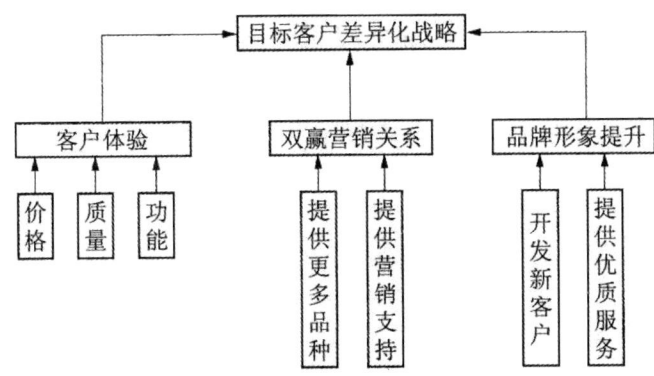

图 2-5 客户视角的战略地图

3.企业应根据业务提升路径和服务定位,梳理业务流程及其关键增值(提升服务形象)活动,分析行业关键成功要素和内部运营矩阵,从内部业务流程的运营管理流程、创新流程、客户管理流程、遵循法规流程等角度确定战略主题,并将业务战略主题进行分类归纳,制订战略方案。

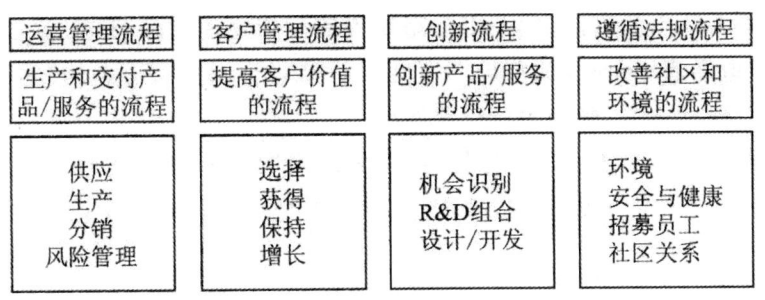

图 2-6 业务视角的战略地图

4.企业应根据业务提升路径和服务定位,分析创新和人力资本等无形资源在价值创造中的作用,识别学习与成长维度的关键要素,并相应确立激励制度创新、信息系统创新和智力资本利用创新等战略主题,为财务、客户、内部业务流程维度的战略主题和关键业绩指标(Key Performance Indicator,KPI)提供有力支撑。

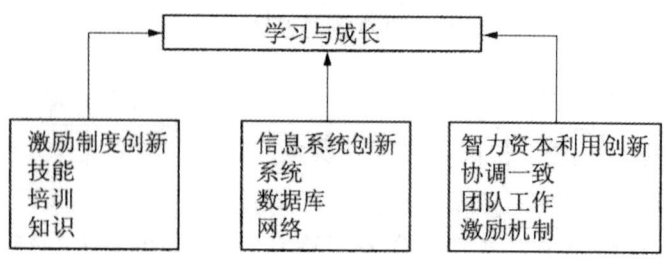

图 2-7 学习与成长视角的战略地图

5.根据各维度战略主题,企业应分析其有形资源和无形资源的战略匹配度,对各主题进行战略资源配置。同时应关注企业人力资源、信息资源、组织资源等在资源配置中的定位和价值创造中的作用。

6.企业可应用平衡计分卡的四维度划分绘制战略地图,以图形方式展示企业的战略目标及实现战略目标的关键路径。具体绘制程序如下:

(1)确立战略地图的总体主题。总体主题是对企业整体战略目标的描述,应清晰表达企业愿景和战略目标,并与财务维度的战略主题和 KPI 对接。

(2)根据企业的需要,确定四维度的名称。把确定的四维度战略主题对应画入各自战略地图内,每一主题可以通过若干 KPI 进行描述。

(3)将各个战略主题和 KPI 用路径线连接,形成战略主题和 KPI 相连的战略地图。

在绘制过程中,企业应将战略总目标(财务维度)、客户价值定位(客户维度)、内部业务流程主题(内部流程维度)和学习与成长维度与战略 KPI 连接,形成战略地图。

企业所属的各责任中心的战略主题、KPI 相应的战略举措、资源配置等信息一般无法都绘制到一张图上,一般采用绘制对应关系表或另外绘制下一层级责任中心的战略地图等方式来展现其战略因果关系。

[例 2-3]　　　　　　　　　战略地图绘制

××公司是集牧草种植、奶牛养殖和乳品加工于一体的国有独资公司,食品质量安全管理体系建设持续改进,已通过乳制品 HACCP 认证、质量管理体系认证和国家学生饮用奶审核,实现了乳品生产质量管理全过程可追溯,为消费者提供"安全、营养、新鲜、健康"的产品,通过 SWOT 分析后,结合公司实际情况,确定了"扩大乳制品的市场份额,跻身乳制品知名品牌行列"的战略主题,并绘制战略地图,见图 2-8 战略地图绘制。

资料来源:孙印《基于管理会计视角下××公司战略地图研究》,《中小企业管理与科技》(下旬刊)2021 年,(02),150-151。

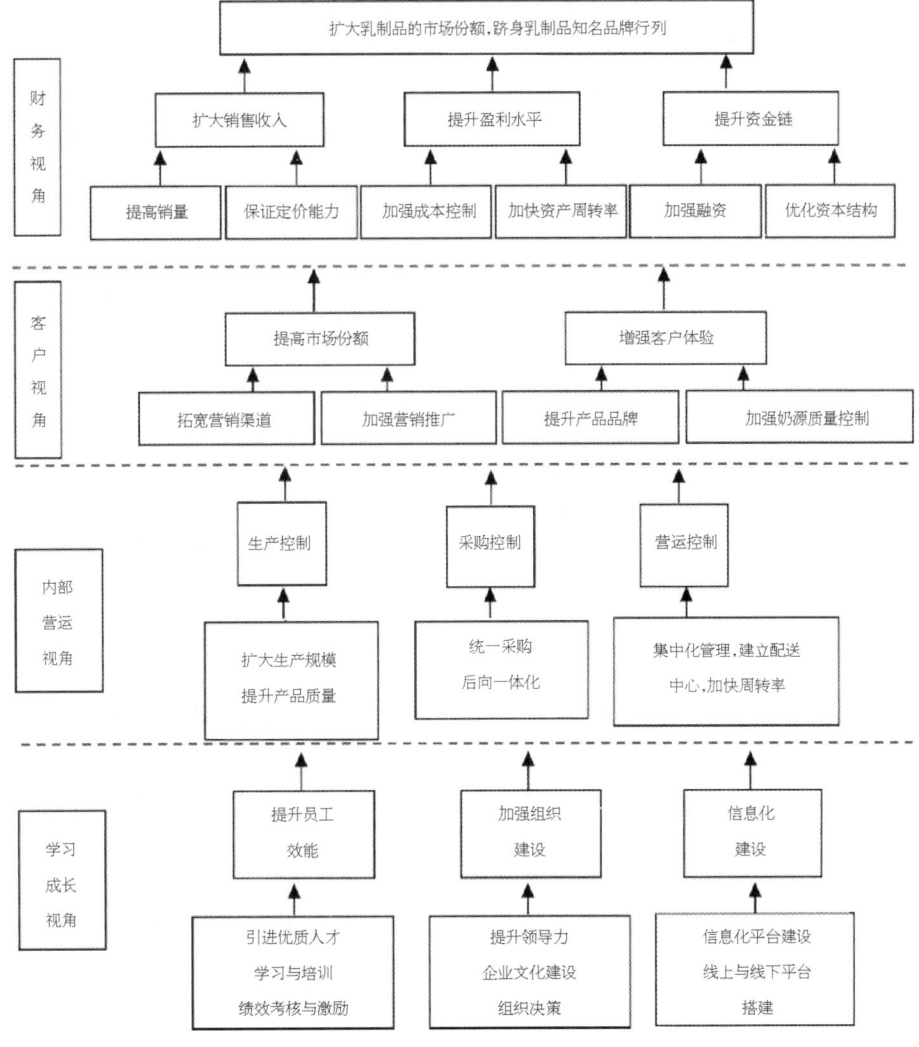

图 2-8 战略地图绘制

## 三、战略地图实施

战略地图实施,是指企业利用管理会计工具方法,确保企业实现既定战略目标的过程。战略地图实施一般按照战略 KPI 设计、战略 KPI 责任落实、战略执行、执行报告、持续改善、评价激励等程序进行。

### (一)战略 KPI 设计

企业应用战略地图,应设计一套可以使各部门主管明确自身责任与战略目标相联系的考核指标,即进行战略 KPI 设计。

### (二)战略 KPI 责任落实

企业应对战略 KPI 进行分解,落实责任并签订责任书。具体可按以下程序进行:

1.将战略 KPI 分解为责任部门的 KPI。企业应从最高层开始,将战略 KPI 分解到各责任部门,再分解到责任团队。每一责任部门、责任团队或责任人都有对应的 KPI,且每一 KPI 都能找到对应的具体战略举措。企业可编制责任表,描述 KPI 中的权、责、利和战略举措的对应关系,以便实施战略管控和形成相应的报告。

每一责任部门的负责人可根据上述责任表,将 KPI 在本部门进行进一步分解和责任落实,层层建立战略实施责任制度。

2.签订责任书。企业应在分解明确各责任部门 KPI 的基础上,签订责任书,以督促各执行部门落实责任。责任书一般由企业领导班子(或董事会)与执行层的各部门签订。责任书应明确规定一定时期内(一般为一个年度)要实现的 KPI 任务、相应的战略举措及相应的奖惩机制。

### (三)战略执行

企业应以责任书中所签任务为基础,按责任部门的具体人员和团队情况,对任务和 KPI 进一步分解,并制定相应的执行责任书,进行自我管控和自我评价。同时,以各部门责任书和职责分工为基础,确定不同执行过程的负责人及协调人,并按照设定的战略目标实现日期,确定不同的执行指引表,采取有效战略举措,保障 KPI 实现。

### (四)执行报告

企业应编制战略执行报告,反映各责任部门的战略执行情况,分析偏差原因,提出具体管控措施。

1.每一层级责任部门应向上一层级责任部门提交战略执行报告,以反映战略执行情况,制定下一步战略实施举措。

2.战略执行报告一般可分为以下三个层级:

(1)战略层(如董事会)报告,包括战略总体目标的完成情况和原因分析;

(2)经营层报告,包括责任人的战略执行方案中相关指标的执行情况和原因分析;

(3)业务层报告,包括战略执行方案下具体任务的完成情况和原因分析。

3.企业应根据战略执行报告,分析责任人战略执行情况与既定目标是否存在偏差,并对偏差进行原因分析,形成纠偏建议,作为责任人绩效评价的重要依据。

### (五)持续改善

企业应在对战略执行情况进行分析的基础上,进行持续改善,不断提升战略管控水平。

1.与既定目标相比,发现问题并进行改善。企业应根据战略执行报告,将战略执行情况与管控目标进行比对,分析偏差,及时发现问题,提出解决问题的具体措施和改善方案,并采取必要措施。企业在进行偏差分析时,一般应关注以下问题:

(1)所产生的偏差是否为临时性波动;

(2)战略 KPI 分解与执行是否有误;

(3)外部环境是否发生重大变化,从而导致原定战略目标脱离实际情况。

企业应在分析这些问题的基础上,找出发生偏差的根源所在,及时进行纠正。

2.达成既定目标时,考虑如何提升。达成战略地图上所列的战略目标时,企业一般可考虑适当增加执行难度,提升目标水平,按持续改善的策略与方法进入新的循环。

## (六)评价激励

企业应按照《管理会计应用指引第 100 号——战略管理》中战略评价的有关要求,对战略实施情况进行评价,并按照《管理会计应用指引第 600 号——绩效管理》的有关要求进行激励,引导责任人自觉地、持续地积极工作,有效利用企业资源,提高企业绩效,实现企业战略目标。

# 四、战略地图的优缺点

战略地图的主要优点是:能够将企业的战略目标清晰化、可视化,并与战略 KPI 和战略举措建立明确联系,为企业战略实施提供有力的可视化工具。

战略地图的主要缺点是:需要多维度、多部门的协调,实施成本高,并且需要与战略管控相融合,才能真正实现战略实施。

【任务实施】

影响现代企业战略选择的因素:受内部环境和外部环境影响。包括公司过去的战略、战略选择决策者对风险的态度、公司环境的应变性、公司文化和管理者的风格、竞争者的行为与反应、战略目标实现的时限等。

战略分析工具:可以采用 SWOT 分析法、波特五力分析法、PEST 分析法、波士顿矩阵分析法、价值链分析法、生命周期分析法等。

【任务实操】

请登录 TTC 实训平台,完成模拟实训任务。

【项目知识点巩固】

一、单项选择题

1.企业应用战略管理工具方法,下列说法中,不属于应用程序的有( )。

A.战略分析　　　B.战略制定　　　C.会计核算　　　D.战略调整

2.SWOT 分析法不包括( )。

A.优势　　　B.弱势　　　C.机会　　　D.成本

3.以下不属于企业进行战略管理,应遵循的原则是( )。

A.目标可行性原则　　B.资源匹配性原则　　C.责任落实原则　　D.一劳永逸原则

4.关于战略管理的相关内容,以下表述中,不正确的是( )。

A.企业应根据各业务部门与战略目标的匹配程度进行资源配置

B.企业应将战略目标落实到具体的责任中心和责任人,构成不同层级彼此相连的战略目标责任圈

C.企业应以实现战略目标为核心,考虑不同责任中心业务目标之间的有效协同,加强各部门之间的协同管理,有效提高资源使用的效率和效果

D.战略管理工具方法,必须单独应用

5.以下不属于战略地图维度主要内容的是( )

A.财务　　　B.客户　　　C.内部业务流程　　　D.内部员工

二、多项选择题

1.下列属于战略管理原则的有（　　）。
A.目标可行性原则　　B.资源匹配性原则　　C.责任落实原则　　D.协同管理原则

2.下列属于战略地图层面的有（　　）
A.财务　　B.客户　　C.内部业务流程　　D.学习与成长

3.下列可以作为客户维度战略主题的有（　　）
A.增加客户体验　　B.改善营销关系　　C.提升品牌形象　　D.提高资本回报率

4.企业进行环境分析时,可应用（　　）等方法,分析企业的发展机会和竞争力。
A.PSET分析法　　B.SWOT分析法　　C.波特五力分析法　　D.波士顿矩阵分析法

5.企业主要应从以下（　　）方面进行战略评价。
A.战略是否适应企业的内外部环境
B.战略是否达到有效的资源配置
C.战略涉及的风险程度是否可以接受
D.战略实施的时间和进度是否恰当

三、判断题

1.战略管理,是指对企业全局的、长远的发展方向、目标、任务和政策,以及资源配置作出决策和管理的过程。（　　）

2.战略,是指企业从全局考虑做出的近期性的谋划。（　　）

3.战略管理领域应用的管理会计工具方法,不包括战略地图。（　　）

4.战略管理工具方法,可单独应用,也可综合应用,以加强战略管理的协同性。（　　）

5.企业设定战略目标后,各部门需要结合企业战略目标设定本部门战略目标,并将其具体化为一套关键财务及非财务指标的预测值。（　　）

# 项目三 预算管理

【知识目标】
1. 熟悉预算管理的概念、原则及内容。
2. 掌握预算的类型及其编制的方法。
3. 认识预算管理的意义。

【能力目标】
1. 充分认识预算管理的重要作用。
2. 能够编制业务预算、财务预算。

【素质目标】
1. 能熟练运用 Excel 编制预算。
2. 具备协调沟通能力。
3. 具备分析问题及解决问题的能力。

【思维导图】

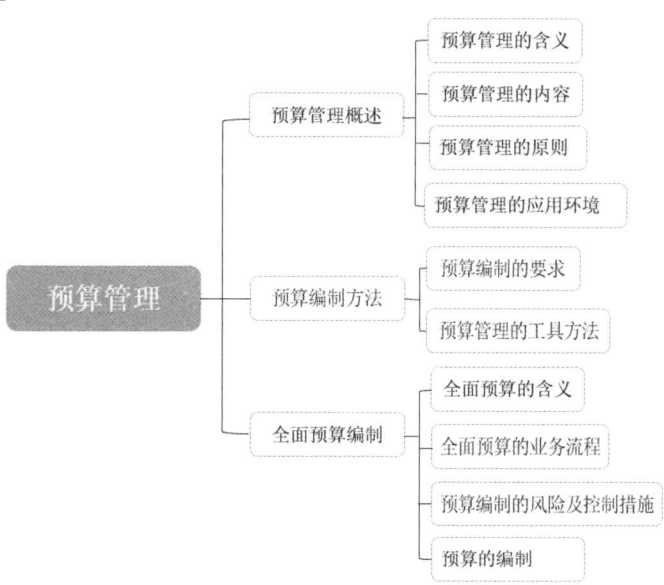

## 【引导案例】

### "优等生"企业的利润之谜

爱百辰公司(化名)是我国一家大型的制造业上市企业,它集生产业务和销售业务于一身。爱百辰公司主要业务为服装生产与销售,其市场遍布中外,涉及全球70多个国家,员工超过1.4万人,同时有超过40%的职员来自对口专业名校,综合来看是一家底蕴深厚的制造业企业。但从2017年到2019年,爱百辰公司营业收入总额和营业成本都在快速提升,而企业的营业利润却是逐年递减(如图所示)。

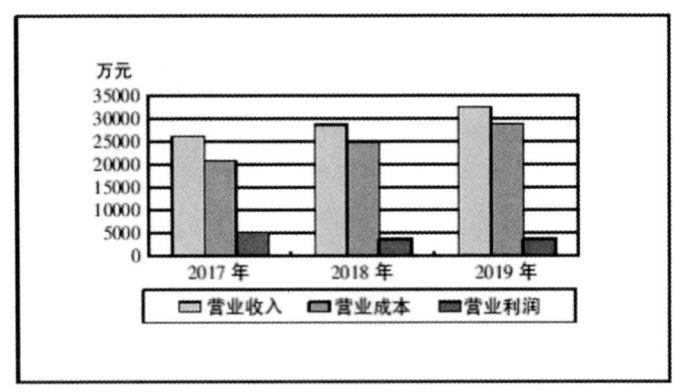

2017—2019年爱百辰公司营业收入、营业成本、营业利润情况

资料来源:王茁屹、刘赫《爱百辰公司全面预算管理案例及启示》。

## 【任务引例】

为何如此蓬勃发展,拥有众多人才,具有底蕴深厚的企业却无法实现利润与收入的同比增加?

# 任务一 预算管理概述

**【任务准备】**

## 一、预算管理的含义

预算管理,是指企业以战略目标为导向,通过对未来一定期间内的经营活动和相应的财务结果进行全面预测和筹划,科学、合理地配置企业各项财务和非财务资源,并对执行过程进行监督和分析,对执行结果进行评价和反馈,指导经营活动的改善和调整,进而推动企业战略目标实现的管理活动。

### (一)预算管理与战略目标

预算管理要以企业战略目标为导向,而企业战略目标通过预算管理来实现。

### (二)预算管理与战略执行

企业通过预算管理对战略执行进行过程控制,使战略执行得到有效贯彻落实。

### (三)预算管理与经营过程

企业通过预算管理对生产经营进行过程监控,及时把握预算目标实现的进度,对经营决策的执行与调整提供有效支撑。

### (四)预算管理与绩效考评

企业依据预算完成情况,考评业绩、查找差距、分析原因、解决问题,从而引导和促使各预算责任主体聚焦战略目标、专注执行、达成绩效。

## 二、预算管理的内容

预算管理的内容主要包括经营预算、专门决策预算和财务预算。

### (一)经营预算

经营预算,也称业务预算,是指与企业日常业务直接相关的一系列预算,通常是指在销售预测的基础上,首先对企业产品进行预算,再以"以销定产"的方法逐步对生产、材料采购、存货、费用支出等进行预算。

主要包括销售预算、生产预算、采购预算、费用预算、人力资源预算。

### (二)专门决策预算

专门决策预算,是指企业重大的或不经常发生的、需要根据特定决策编制的预算,比如,投融资的决策预算。专门决策预算可以分为资本预算和一次性专门业务预算两类。

资本预算主要是针对企业长期投资决策编制的预算,包括固定资产投资预算、权益性资本投资预算和债券投资预算。

一次性专门业务预算主要包括资金筹措及运用预算、缴纳税金与发放股利预算等。

### (三)财务预算

财务预算,是指与企业资金收支、财务状况或经营成果等相关的预算,包括资金预算、预计资产负债表、预计利润表。

## 三、预算管理的原则

企业进行预算管理,通常应当遵循以下原则。

### (一)战略导向原则

预算管理应围绕企业的战略目标和业务计划有序开展,引导各预算责任主体聚焦战略、专注执行、达成绩效。

### (二)过程控制原则

预算管理应通过及时监控、分析,把握预算目标实现的进度并实施有效的评价,对企业经营决策提供有效支撑。

### (三)融合性原则

预算管理应以业务为先导、以财务为协同,将预算管理嵌入企业经营管理活动的各个领域、层次、环节。

### (四)平衡管理原则

预算管理应平衡长期目标与短期目标、整体利益与局部利益、收入与支出、结果与动因等关系,促进企业可持续发展。

### (五)权变性原则

预算管理应刚性与柔性相结合,强调预算对经营管理的刚性约束,又可根据内外环境的重大变化调整预算,并针对例外事项进行特殊处理。

## 四、预算管理的应用环境

企业实施预算管理的基础环境包括战略目标和业务计划、组织架构、内部管理制度、信息系统等方面。

1.企业应按照战略目标,确立预算管理的方向、重点和目标。企业应将战略目标和业务计划具体化、数量化作为预算目标,促进战略目标落地。

2.企业为了保障预算目标的完成,预算管理工作各个环节应协调衔接、畅通高效。

3.企业应当设置专门的组织机构,监督、执行预算管理工作。企业在构建预算管理体制、设置预算管理机构时,应当遵循合法科学、高效有力、经济适度、全面系统、权责明确的基本原则。一般包括:预算管理决策机构、预算管理工作机构和预算管理执行单位,三个层次的基本架构。

### (一)预算管理决策机构

企业应当设立预算管理委员会,作为专门履行预算管理职责的决策机构。预算管理委员会通常由企业负责人及内部的各部门负责人组成,总会计师或分管会计工作的负责人应当协助企业负责人负责企业预算管理工作的组织领导。

预算管理委员会的主要职责一般包括:

1.制定颁布企业全面预算管理制度,包括预算管理的政策、措施、办法、要求等。
2.根据企业战略规划和年度经营目标,拟定预算目标,并确定预算目标分解方案、预算编制方法和程序。
3.组织编制、综合平衡预算草案。
4.下达经批准的正式年度预算。
5.协调解决预算编制和执行中的重大问题。
6.审议预算调整方案,依据授权进行审批。
7.审议预算考核和奖惩方案。
8.对企业全面预算总的执行情况进行考核。
9.其他全面预算管理事宜。

### (二)预算管理工作机构

由于预算管理委员会一般为非常设机构,企业应当在该委员会下设立预算管理工作机构,由其履行预算管理委员会的日常管理职责。预算管理工作机构一般设在财会部门,工作人员除了财务部门人员外,还应有人力资源、生产、销售、研发等业务部门人员参加。

预算管理工作机构的主要职责一般包括:

1.拟定企业各项全面预算管理制度,并负责检查落实预算管理制度的执行。
2.拟订年度预算总目标分解方案及有关预算编制程序、方法的草案,报预算管理委员会审定。
3.组织和指导各级预算单位开展预算编制工作。
4.预审各预算单位的预算初稿,进行综合平衡,并提出修改意见和建议。
5.汇总编制企业全面预算草案,提交预算管理委员会审定。
6.跟踪、监控企业预算执行情况。
7.定期汇总、分析各预算单位预算执行情况,并向预算管理委员会提交预算执行分析报告,为预算管理委员会进一步采取行动拟订建议方案。
8.接受各预算单位的预算调整申请,根据企业预算管理制度进行审查,集中制订年度预算调整方案,报预算管理委员会审议。
9.协调解决企业预算编制和执行中的有关问题。
10.提出预算考核和奖惩方案,报预算管理委员会审议。
11.组织开展对企业二级预算执行单位(企业内部各职能部门、所属分公司、子公司等)预算执行情况的考核,提出考核结果和奖惩建议,报预算管理委员会审议。

12.预算管理委员会授权的其他工作。

### (三)预算管理执行单位

预算管理执行单位是指根据其在企业预算总目标实现过程中的作用和职责划分的,承担一定经济责任,并享有相应权利的企业内部单位,包括企业内部各职能部门、所属分(子)公司等。企业内部预算责任单位的划分应当遵循分级分层、权责利相结合、责任可控、目标一致的原则,并与企业的组织机构设置相适应。根据权责范围,企业内部预算责任单位可以分为投资中心、利润中心、成本中心、费用中心和收入中心。预算执行单位在预算管理部门(指预算管理委员会及其工作机构,下同)的指导下,组织开展本部门或本公司全面预算的编制工作,严格执行批准下达的预算。

各预算执行单位的主要职责一般包括:

1.提供编制预算的各项基础资料。

2.负责本单位全面预算的编制和上报工作。

3.将本单位预算指标层层分解,落实到各部门、各环节和各岗位。

4.严格执行经批准的预算,监督检查本单位预算执行情况。

5.及时分析、报告本单位的预算执行情况,解决预算执行中的问题。

6.根据内外部环境变化及企业预算管理制度,提出预算调整申请。

7.组织实施本单位内部的预算考核和奖惩工作。

8.配合预算管理部门做好企业总预算的综合平衡、执行监控、考核奖惩等工作。

9.执行预算管理部门下达的其他预算管理任务。

10.各预算执行单位负责人应当对本单位预算的执行结果负责。

企业全面预算管理组织体系的基本架构如图3-1所示。

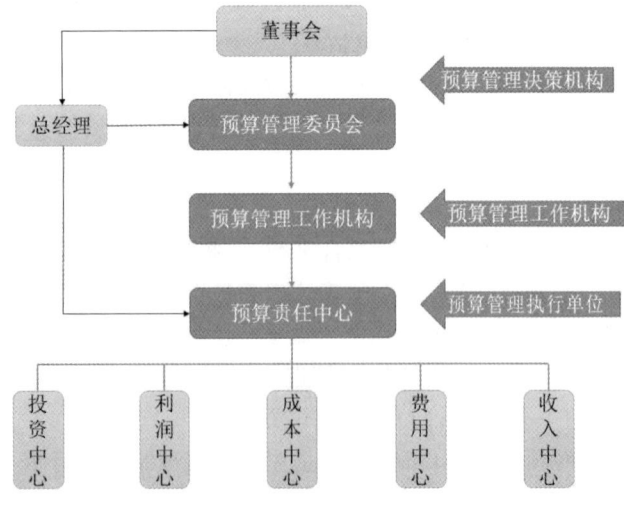

图3-1 企业全面预算管理组织体系的基本架构

# 任务二 预算编制方法

## 一、预算编制要求

企业应建立和完善预算编制的工作制度,明确预算编制依据、编制内容、编制程序和编制方法,确保预算编制依据合理、内容全面、程序规范、方法科学,确保形成各层级广泛接受的、符合业务假设的、可实现的预算控制目标。

## 二、预算管理工具方法

预算管理领域应用的管理会计工具方法,一般包括零基预算和增量预算、固定预算和弹性预算、定期预算和滚动预算、作业预算等。企业可根据其战略目标、业务特点和管理需要,结合不同工具方法的特征及适用范围,选择恰当的工具方法综合运用。

### (一)零基预算和增量预算

按预算编制的基础不同,分为零基预算和增量预算。

1.零基预算

零基预算是以"零"为基础编制计划和预算的方法,不考虑过去的预算项目和收支水平,以零为基点编制的预算。零基预算的基本特征是不受以往预算安排和预算执行情况的影响,一切预算收支都建立在成本效益分析的基础上,根据需要和可能来编制预算。

运用零基预算法编制费用预算的基本步骤为:

第一步:根据企业预算期利润目标、销售目标和生产指标,分析预算期各项费用项目,并预测费用水平。

第二步:拟订预算期各项费用的预算方案,对每一个项目所需费用和所得收益进行比较分析,权衡轻重,区分层次,划出等级,识别先后次序,预算企业的业务项目通常分为三个层次:第一个层次是必要项目,即必须实施的项目;第二个层次是有需要的项目,即有助于提高质量、效益的项目;第三个层次是改善工作条件的项目。成本效益分析的目的在于判断预算企业各个项目费用开支的合理程度、先后次序以及对企业经营活动的影响。

第三步:按照企业预算期预算费用控制总额目标,依据项目层次、等级和次序,分配资金,落实预算。

[例3-1]盛隆公司正在着手编制下一年度的经营预算,其中销售费用预算以零为基础编制。公司下一年度计划可用于销售方面的资金总额为1 000 000元。编制方法如下:

(1)经销售部门领导和员工充分讨论,一致认为按照公司下一年度的经营目标和销售部门负担的具体任务,包装费、广告费等费用是必要开支,具体明细如表3-1所示。

表 3－1　　　　　　　　　　　有关费用的开支明细表　　　　　　　　　　单位:元

| 项目 | 金额 |
|---|---|
| 包装费 | 650 000.00 |
| 广告费 | 350 000.00 |
| 折旧费 | 100 000.00 |
| 员工培训费 | 350 000.00 |
| 办公费 | 150 000.00 |
| 合计 | 1 600 000.00 |

（2）对包装费、广告费和员工培训费等固定成本项目进行成本效益分析。有关费用成本效益分析如表 3－2 所示。

表 3－2　　　　　　　　　　有关费用成本效益分析一览表　　　　　　　　　　单位:元

| 项目 | 每期平均费用发生额/元 | 每期平均收益额/元 | 收益与成本的比 |
|---|---|---|---|
| 包装费 | 700 000.00 | 14 000 000.00 | 20 |
| 广告费 | 350 000.00 | 5 250 000.00 | 15 |
| 员工培训费 | 280 000.00 | 4 200 000.00 | 15 |

（3）安排费用项目的等级和顺序

折旧费、办公费这两项为固定成本，必不可少，全额保证（表 3－3）。包装费、广告费和员工培训费等固定成本，按收益与成本比的大小进行分配。

表 3－3　　　　　　　　　　　　约定性固定成本　　　　　　　　　　　　单位:元

| 项目 | 金额 |
|---|---|
| 折旧费 | 100 000.00 |
| 办公费 | 150 000.00 |
| 合计 | 250 000.00 |

公司下一年度计划可用于销售方面的资金总额为 1 000 000 元，则：

除去全额保证的折旧费、办公费这两项固定成本，剩余资金数额＝1 000 000－250 000＝750 000（元）

（4）剩余资金在选择性固定成本中分配，分配标准按照成本效益分析来确定。

包装费预算金额＝750 000×[20÷(20＋15＋15)]＝300 000（元）

广告费预算金额＝750 000×[15÷(20＋15＋15)]＝225 000（元）

员工培训费预算金额＝750 000×[15÷(20＋15＋15)]＝225 000（元）

零基预算的优点在于能够促使经营者审查所有业务元素，不受既成事实的影响，一切都从合理性、可能性出发，有助于创造一个高效精简的企业。缺点在于一切从头开始，编制工作量大。

2.增量预算

增量预算是指以基期收入、成本、费用水平为基础，结合预算期业务量水平及有关影响收入、成本、费用因素的未来变动情况，通过调整有关原有收入、成本、费用项目而编制的预算。

增量预算以过去为基础,在以下前提条件下,主张不需要在预算期作较大的调整。

(1)企业现有业务活动是合理、必需的,不需要进行调整。

(2)企业现有的各项业务的开支水平是合理的,在预算期内予以保持。

(3)以现有的业务活动开支水平,确定预算期内各项活动的预算数。

## (二)固定预算和弹性预算

按预算与业务量的关系不同,可分为固定预算和弹性预算。

### 1.固定预算

固定预算,是指以预算期内正常的、最可能实现的某一业务量水平为固定基础,不考虑可能发生变动的预算编制方法。

[例3-2]盛隆公司只生产一种产品,销售单价为300元/件,预算年度内4个季度的销售量分别为200件、700件、500件和300件。根据上一年度经验,销售货款在当季可收到80%,其余部分在下一个季度收到。预计预算年度第一季度可收回上年的全部应收账款12 000元。根据以上资料,编制销售预算表(如表3-4所示)。

表3-4　　　　　　　　　　有关费用成本效益分析一览表　　　　　　　　　　单位:元

| 项目 | 第一季度 | 第二季度 | 第三季度 | 第四季度 | 全年 |
|---|---|---|---|---|---|
| 预计销售量/件 | 200 | 700 | 500 | 300 | 1 700 |
| 销售单价 | 300 | 300 | 300 | 300 | 300 |
| 预计销售额 | 60 000 | 210 000 | 150 000 | 90 000 | 510 000 |

根据销售预算、前期应收款的收回及预计收到当期销售货款的情况,编制预计现金收入计算表(如表3-5所示)。

表3-5　　　　　　　　　　预计现金收入计算表　　　　　　　　　　单位:元

| 项目 | 第一季度 | 第二季度 | 第三季度 | 第四季度 | 全年 |
|---|---|---|---|---|---|
| 预计销售额 | 60 000 | 210 000 | 150 000 | 90 000 | 510 000 |
| 收到本季销售货款 | 48 000 | 168 000 | 120 000 | 72 000 | 408 000 |
| 收到上季应收款 | 12 000 | 12 000 | 42 000 | 30 000 | 96 000 |
| 现金收入小计 | 60 000 | 180 000 | 162 000 | 102 000 | 504 000 |

固定预算是最传统、最基本的预算编制方法,其优点是简便易行,但可比性差,只适用于业务量水平较为稳定的企业或非营利组织。

### 2.弹性预算

弹性预算基于成本形态,依据业务量、成本、利润之间的联动关系,按照预算期可能的一系列业务量(如生产量、销售量、工时等)水平,编制一系列预算的方法。由于这种预算可以随着业务量的变化而反映各业务量水平的支出控制数,具有一定的伸缩性,因而称为"弹性预算"。从理论上说,弹性预算法适用于编制所有与业务量有关的预算,但实践中,弹性预算比较适用于随业务量变化而变化的各预算项目,如成本费用预算和利润预算。

弹性预算的关键在于把所有的成本都划分为变动成本和固定成本两大部分。变动成本主要根据企业业务量来控制,固定成本则按总额控制。成本的弹性预算的计算公式为:

**成本的弹性预算＝固定成本预算数＋Σ(企业变动成本预算数×预计业务量)**

运用弹性预算法编制预算的基本步骤为：

第一步：选择和确定企业各种经营活动的计量单位，如消耗量、人工时、机器工时等。

第二步：预测和确定可能达到的各种经营活动业务量。在确定经营活动业务量时，要与各业务部门共同协调，一般可按正常经营活动水平的70%～120%确定，也可以按过去历史资料的最低业务量和最高业务量为上下限，然后再在其中划分若干等级。

第三步：根据成本性态将企业的生产成本划分为变动成本和固定成本两个类别，并逐项确定各项费用与业务量之间的关系。

第四步：计算各种业务量水平的预测数据，并用一定的方式表示，形成某个成本费用项目的弹性预算。

[例3－3] 盛隆公司生产A种产品，销售单价为300元/件，单位变动成本为120元/件，固定成本为120 000元。公司充分考虑预算产品销售量变动发生变化的可能，因而分别编制出销售量为1 400件、1 500件、1 600件、1 700件、1 800件时的弹性利润预算表(如表3－6所示)。

表3－6　　　　　　　　　利润预算表(2021年)　　　　　　　　　单位：元

| 销售量/件 | 1 400 | 1 500 | 1 600 | 1 700 | 1 800 |
|---|---|---|---|---|---|
| 销售收入 | 420 000 | 450 000 | 480 000 | 510 000 | 540 000 |
| 减：变动成本总额 | 168 000 | 180 000 | 192 000 | 204 000 | 216 000 |
| 边际贡献 | 252 000 | 270 000 | 288 000 | 306 000 | 324 000 |
| 减：固定成本总额 | 120 000 | 120 000 | 120 000 | 120 000 | 120 000 |
| 营业利润总额 | 132 000 | 150 000 | 168 000 | 186 000 | 204 000 |

弹性预算的优点在于使预算具有可比基础，使预算控制和差异分析具有说服力；其缺点在于，如果编制预算时所确定的成本性态发生变化，就可能显著增加调整的工作量。

### (三)定期预算和滚动预算

按预算期间是否变动，有定期预算和滚动预算之分。

**1.定期预算**

定期预算是以固定不变的会计期间(如年度、季度、月度)作为预算期间而编制的预算。其优点是保证预算期间与会计期间在时期上的配比，便于依据财务报告的数据与预算进行比较，考核和评价预算的执行结果。但因预算期间固定不变，不利于前后各个期间的预算衔接，不能适应连续不断的业务活动过程的预算管理。

**2.滚动预算**

滚动预算是指企业根据上一期预算执行情况和新的预测结果，按既定的预算编制周期和滚动频率，调整和补充原有的预算方案，逐期滚动、持续推进的预算编制方法。

滚动频率，是指调整和补充预算的时间间隔，一般以月度、季度、年度作为滚动频率。预算编制周期，是指每次预算编制所涵盖的时间跨度，它一般包括中期滚动预算和短期滚动预算。

中期滚动预算的编制周期通常为3年或5年，以年度作为预算滚动频率。

短期滚动预算通常以1年为预算编制周期，以月度、季度作为预算编制频率。

企业应研究外部环境变化，分析行业特点、战略目标和业务性质，结合企业管理基础和信息化水平,确定预算编制的周期和预算的滚动频率。

滚动预算的优点是:通过持续滚动预算编制、逐期滚动管理,实现动态反映市场、建立跨期综合平衡,从而有效指导企业运营,强化预算的决策与控制职能。

滚动预算的缺点是:一是预算滚动的频率越高,对预算沟通的要求越高,预算编制的工作量越大;二是过高的滚动频率容易增加管理层的不稳定感,导致预算执行者无所适从。

[例3—4]盛隆公司实行短期滚动预算,预算周期为1年,以月度作为预算滚动频率即逐月滚动。公司每执行1个月后,就要将这个月的经营成果与预算数相比,并从中找出差距,然后对剩余11个月的预算进行调整,同时增加1个月的预算,使新的预算期仍旧保持为1年。该滚动预算的示例如表3—7所示。

表3—7　　　　　　　　　　　　按月滚动预算的编制周期

| 年　度 | 2019年 | | | | | | | | | | | | 2020年 | | | | |
|---|---|---|---|---|---|---|---|---|---|---|---|---|---|---|---|---|---|
| 月　份 | 1 | 2 | 3 | 4 | 5 | 6 | 7 | 8 | 9 | 10 | 11 | 12 | 1 | 2 | 3 | … | 12 |
| 第一次滚动 | | | | | | | | | | | | | | | | | |
| 第二次滚动 | | | | | | | | | | | | | | | | | |
| 第三次滚动 | | | | | | | | | | | | | | | | | |
| 第四次滚动 | | | | | | | | | | | | | | | | | |

若盛隆公司预算周期为1年,以季度作为预算滚动频率即逐季滚动。该滚动预算的示例如表3—8所示。

表3—8　　　　　　　　　　　　按季滚动预算的编制周期

| 年　度 | 2019年 | | | | 2020年 | | | |
|---|---|---|---|---|---|---|---|---|
| 季　度 | 第一季度 | 第二季度 | 第三季度 | 第四季度 | 第一季度 | 第二季度 | 第三季度 | 第四季度 |
| 第一次滚动 | | | | | | | | |
| 第二次滚动 | | | | | | | | |
| 第三次滚动 | | | | | | | | |
| 第四次滚动 | | | | | | | | |

编制滚动预算以会计的持续经营假设为前提,预算随着企业经营活动持续下去,并全面、动态地反映企业经营过程,滚动预算的编制要与企业的经营过程相适应。例如,如果预算期为1年,那么,滚动预算前几个月的预算比后几个月的预算更为详细和精确。随着时间的推进,原来较为粗略的预算越来越详细,并逐步细化。后面随之又及时补充新的预算,如此循环往复、不断滚动。在编制滚动预算时,预算期保持一定,往往会与会计年度脱离,随着预算的深入,滚动预算不断延伸,使之不断得到补充和完善。

### (四)作业预算

传统预算以业务量为基础编制预算,而作业预算以作业为基础编制预算。因此,作业预算的基础是作业成本法,而作业预算的编制路径正好与作业成本法的路径相逆。作业预算的目的在于预测未来期间企业的资源需求量,而这些需求量由未来期间生产的产品或劳务的数量决定。作业预算编制的起点是下一个预算期产品或劳务的需求量水平。作业预算追踪企业的流程如何生产产品或提供劳务，作业预算建立在资源消耗观的基础上，根据"作业消耗资源，成本对象消耗作业"的原理，首先预测产出量，其次预测产出消耗的作业量，最后预测作业消耗的资源量。

作业预算的基本步骤为：

第一步：预测产品或劳务（成本对象）在下一个预算期的需求量。

第二步：确定作业消耗比率，即每个企业产品或劳务消耗的作业数量。

第三步：用作业消耗比率乘以产品或劳务的预测需求量，预测出下一个预算期可以满足成本对象消耗需求的作业量。

第四步：确定资源消耗比率，即每个企业作业消耗的资源数量。

第五步：用资源消耗比率乘以作业需求量，预测下一个预算期可以满足作业消耗需求的资源量。

第六步：用资源供应量乘以资源的预计单价，就可以预测出资源需求成本数据。

第七步：将资源成本分配到预测的产品或劳务上。

作业预算的优点在于可以更合理地确定成本，从而实现企业资源的有效配置；其缺点在于编制成本较高，未必符合成本效益原则。

# 任务三 全面预算编制

## 一、全面预算的含义

全面预算,是指企业为了实现未来一定时期的经营目标,以货币及其他数量形式反映的各项目标行动计划与相应措施的数量说明。全面预算是由一系列单项预算组成的有机整体,由一整套预计的财务报表和其他附表构成,用来反映企业计划期内预期的经营活动及成果。全面预算不仅为企业确定了明确的目标,同时也提供了评价企业经营活动各项工作成果的基本尺度。

## 二、全面预算业务流程

企业全面预算业务的基本流程一般包括预算编制、预算执行和预算考核三个阶段。

### (一)预算编制阶段

1.预算编制方式

企业一般按照分级编制、逐级汇总的方式,采用自上而下、自下而上、上下结合或多维度相协调的流程编制预算。预算编制流程与编制方法的选择应与企业现有的管理模式相适应。

2.预算编制要求

企业应建立和完善预算编制的工作制度,明确预算编制依据、编制内容、编制程序和编制方法,确保预算编制依据合理、内容全面、程序规范、方法科学,确保形成各层级广泛接受的、符合业务假设的、可实现的预算控制目标。

3.预算编制审批

预算审批包括预算内审批、超预算审批、预算外审批等。预算内审批事项,应简化流程,提高效率;超预算审批事项,应执行额外的审批流程;预算外审批事项,应严格控制,防范风险。

4.预算编制批准及下达

预算编制完成后,应按照相关法律法规及企业章程的规定报经企业预算管理决策机构审议批准,以正式文件形式下达执行。企业应将预算目标层层分解至各预算责任中心。预算分解应按各责任中心权、责、利相匹配的原则进行,既公平合理,又有利于企业实现预算目标。

### (二)预算执行阶段

预算执行一般按照预算控制、预算调整等程序进行。

1.预算控制

预算控制,是指企业以预算为标准,通过预算分解、过程监督、差异分析等促使日常经营不偏离预算标准的管理活动。

企业应建立预算授权控制制度,强化预算责任,严格控制预算;建立预算执行的监督、分析制度,提高预算管理对业务的控制能力;通过信息系统展示、会议、报告、调研等多种途径及形式,及时监督、分析预算执行情况,找出预算执行差异的原因,提出对策建议。

2.预算调整

年度预算经批准后,原则上不作调整。企业应在制度中严格明确预算调整的条件、主体、权限和程序等事宜,当内外战略环境发生重大变化或突发重大事件等,导致预算编制的基本假设发生重大变化时,可进行预算调整。

### (二)预算考核阶段

预算考核主要针对定量指标进行考核,是企业绩效考核的重要组成部分。具体包括:

1.企业应按照公开、公平、公正的原则实施预算考核。

2.企业应建立健全预算考核制度,并将预算考核结果纳入绩效考核体系,切实做到有奖有惩、奖惩分明。

3.预算考核主体和考核对象的界定应坚持上级考核下级、逐级考核、预算执行与预算考核职务相分离的原则。

4.预算考核以预算完成情况为考核核心,通过预算执行情况与预算目标的比较,确定差异并查明产生差异的原因,进而据以评价各责任中心的工作业绩,并通过与相应的激励制度挂钩,促使其与预算目标相一致。

全面预算是企业加强内部控制、实现发展战略的重要工具和手段,但同时也是企业内部控制的对象。企业应结合自身管理情况制定全面预算流程。

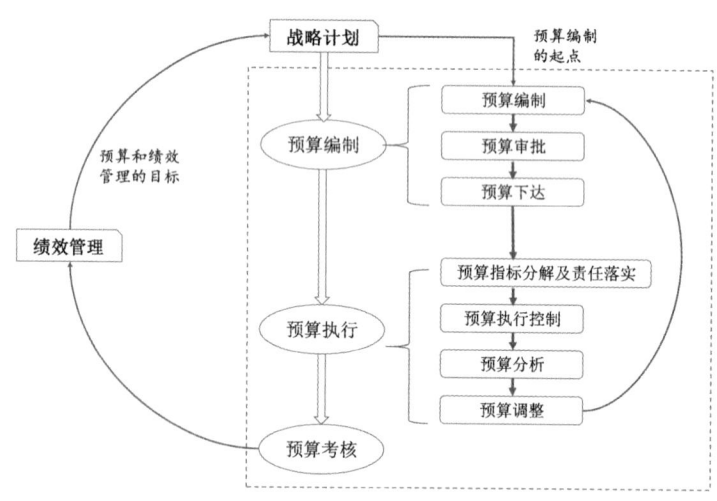

图 3-2 全面预算业务流程

## 三、预算编制风险及控制措施

### (一)预算编制风险

预算编制是企业实施全面预算管理的起点。预算编制环节的主要风险有:

1.预算编制以财务部门为主,业务部门参与度较低,可能导致预算编制不合理,预算管理责、权、利不匹配;预算编制范围和项目不全面,各个预算之间缺乏整合,可能导致全面预算难以形成。

2.预算编制所依据的相关信息不足,可能导致预算目标与战略规划、经营计划、市场环境、企业实际等相脱离;预算编制基础数据不足,可能导致预算编制准确率降低。

3.预算编制程序不规范,横向、纵向信息沟通不畅,可能导致预算目标缺乏准确性、合理性和可行性。

4.预算编制方法选择不当,或强调采用单一的方法,可能导致预算目标缺乏科学性和可行性。

5.预算目标及指标体系设计不完整、不合理、不科学,可能导致预算管理在实现发展战略和经营目标、促进绩效考评等方面的功能难以有效发挥。

6.编制预算的时间太早或太晚,可能导致预算准确度不高,或影响预算的执行。

### (二)主要控制措施

针对预算编制环节存在的各个风险点,企业应采取有效的措施予以控制。

1.全面性控制

一是明确企业各个部门、单位的预算编制责任,使企业各个部门、单位的业务活动全部纳入预算管理;二是将企业经营、投资、财务等各项经济活动的各个方面、各个环节都纳入预算编制范围,形成由经营预算、投资预算、筹资预算、财务预算等一系列预算组成的相互衔接和钩稽的综合预算体系。

2.编制依据和基础控制

一是制订明确的战略规划,并依据战略规划制订年度经营目标和计划,作为制定预算目标的首要依据,确保预算编制真正成为战略规划和年度经营计划的年度具体行动方案;二是深入开展企业外部环境的调研和预测。包括对企业预算期内客户需求、同行业发展等市场环境的调研,以及宏观经济政策等社会环境的调研,确保预算编制以市场预测为依据,与市场、社会环境相适应;三是深入分析企业上一期间的预算执行情况,充分预计预算期内企业资源状况、生产能力、技术水平等自身环境的变化,确保预算编制符合企业生产经营活动的客观实际;四是重视和加强预算编制基础管理工作,包括历史资料记录、定额制定与管理、标准化工作、会计核算等,确保预算编制以可靠、翔实、完整的基础数据为依据。

3.编制程序控制

企业应当按照上下结合、分级编制、逐级汇总的程序,编制年度全面预算。其基本步骤及其控制为:一是建立系统的指标分解体系,并在与各预算责任中心进行充分沟通的基础上分解下达初步预算目标;二是各预算责任中心按照下达的预算目标和预算政策,结合自身特点以及预测的执行条件,认真测算并提出本责任中心的预算草案,逐级汇总上报预算管理工作机构;三是预算管理工作机构进行充分协调、沟通,审查平衡预算草案;四是预算管理委员会应当对预算管理工作机构在综合平衡基础上提交的预算方案进行研究论证,从企业发展全局角度提出进一步调整、修改的建议,形成企业年度全面预算草案,提交董事会;五是董事会审核全面预算草案,确保全面预算与企业发展战略、年度生产经营计划相协调。

4.编制方法控制

企业应当本着遵循经济活动规律,充分考虑符合企业自身经济业务特点、基础数据管理水平、生产经营周期和管理需要的原则,选择或综合运用固定预算、弹性预算、滚动预算等方法编制预算。

5.目标及指标体系设计控制

一是按照"财务指标为主体、非财务指标为补充"的原则设计预算指标体系;二是将企业的战略规划、经营目标体现在预算指标体系中;三是将企业产、供、销、投融资等各项活动的各个环节、各个方面的内容都纳入预算指标体系;四是将预算指标体系与绩效评价指标体系协调一致;五是按照各责任中心在工作性质、权责范围、业务活动特点等方面的不同,设计不同的或各有侧重的预算指标体系。

6.编制时间控制

企业可以根据自身规模大小、组织结构和产品结构的复杂性、对预算编制工具的熟练程度、全面预算开展的深度和广度等因素,确定合适的全面预算编制时间,并应当在预算年度开始前完成全面预算草案的编制工作。

## 四、预算的编制

年度预算包括经营预算和财务预算。

### (一)经营预算的编制

经营预算也称业务预算,是指与企业日常业务直接相关的一系列预算,包括销售预算、生产预算、直接材料预算、直接人工预算、制造费用预算、产品成本预算、期间费用预算等。

1.销售预算

销售预算是以市场需求为基础,根据"以销定产"的原则,对预算期内产品的销售数量、销售单价、销售收入进行科学合理规划、测算而编制的预算。销售预算是全面预算体系的核心,是编制年度预算的关键和起点,是其他预算编制的基础。

销售预算的主要内容包括预计销售量、预计销售单价、预计销售收入。为了提供编制现金预算所需资料,销售预算还应包括依据收款政策预计的销售现金收入数据。销售量是根据市场预测、销售合同、企业产能等确定的;销售单价是由价格政策确定的。在实际应用中,销售预算通常要分品种、月份、销售区域,由销售部门来编制。

$$预计销售收入=预计销售单价×预计销售量$$
$$预计现金收入=该期现销含税收入+该期收回以前期的应收账款$$

[例3-5]盛隆公司预计2021年销售B产品12 500件,第一至第四季度依次分别销售B产品2 500件、3 500件、4 000件、2 500件。销售单价为720元/件。收款条件为当季现收占销售额的75%,余款在后两个季度依次分别收回15%和10%。不考虑坏账影响,2020年第三、第四季度的销售额分别为2 600 000元和1 750 000元。

根据上述资料,编制盛隆公司2021年销售预算表,如表3-9所示。

表 3－9　　　　　　　　　　盛隆公司 2021 年销售预算表　　　　　　　　　单位:元

| 项　目 | | 第一季度 | 第二季度 | 第三季度 | 第四季度 | 全年 |
|---|---|---|---|---|---|---|
| 预计销售量/件 | | 2 500 | 3 500 | 4 000 | 2 500 | 12 500 |
| 预计销售量单件/(元/件) | | 720 | 720 | 720 | 720 | 720 |
| 预计销售收入/元 | | 1 800 000 | 2 520 000 | 2 880 000 | 1 800 000 | 9 000 000 |
| 预计现金收入 | 上年第三季度收入回款/元 | 260 000 | | | | 260 000 |
| | 上年第四季度收入回款/元 | 262 500 | 175 000 | | | 437 500 |
| | 期初应收账款回款合计/元 | 522 500 | 175 000 | | | 697 500 |
| | 第一季度销售收入/元 | 1 350 000 | 270 000 | 180 000 | | 1 800 000 |
| | 第二季度销售收入/元 | | 1 890 000 | 378 000 | 252 000 | 2 520 000 |
| | 第三季度销售收入/元 | | | 2 160 000 | 432 000 | 2 592 000 |
| | 第四季度销售收入/元 | | | | 1 350 000 | 1 350 000 |
| | 现金收入合计/元 | 1 872 500 | 2 335 000 | 2 718 000 | 2 034 000 | 8 959 500 |

2.生产预算

生产预算是安排预期生产规模的计划,是在销售预算的基础上编制的,用于计划为满足预算期的销售量及期末存货所需的资源。

预算期除必须有足够的产品以供销售之外,还必须考虑到预算期期初和期末存货的预计水平,这是由于企业的生产与销售不能同步同量,必须设置一定的存货,以保证能在发生意外需求时按时供货,但同时也要避免存货过多,造成积压。因此,生产预算的主要内容包括预计销售量、预计期初存货、预计期末存货、预计生产量。各预算期预计生产量可按下列公式计算:

**预计生产量＝预计销售量＋预计期末存货－预计期初存货**

[例 3－6]接[例 3－5]盛隆公司预计 2021 年每季度末 B 存货按下期销售量的 20% 确定。2021 年第一季度销售量为 2 800 件。

根据上述材料,编制盛隆公司 2021 年生产预算,如表 3－10 所示。

表 3－10　　　　　　　　　盛隆公司 2021 年生产预算表　　　　　　　　　单位:元

| 项目 | 第一季度 | 第二季度 | 第三季度 | 第四季度 | 全年 |
|---|---|---|---|---|---|
| 预计销售量 | 2 500 | 3 500 | 4 000 | 2 500 | 12 500 |
| 加:预计期末存货 | 700 | 800 | 500 | 560 | 560 |
| 减:预计期初存货 | 500 | 700 | 800 | 500 | 500 |
| 预计生产量 | 2 700 | 3 600 | 3 700 | 2 560 | 12 560 |

编制说明:

预计销售量取自表 3－9 销售预算表

预计期末存货＝下季预计销售量×20%

预计期初存货＝上季期末存货

3.直接材料预算

直接材料预算又称直接采购预算,它是为直接材料采购活动编制的预算,是在生产预算的基础上编制的。

编制直接材料预算与编制生产预算一样,也要考虑预算期的期初和期末的存料量,应注意采购量、耗用量、库存量之间保持合理的比例,以避免材料的供应不足或超储积压。直接材料预算的主要内容有:生产预算的预计生产量、单位产品的材料消耗定额、预计生产需要量、预算期的期初和期末的存料量、预计采购量、材料的计划单价和材料采购的付款条件等。同时,为了便于编制现金预算,在直接材料预算中,还应包括依据付款条件预计的采购现金支出。有关公式如下:

$$预计生产需要量=预计生产量×单位产品的材料消耗定额$$
$$预计采购量=预计生产需要量+预计期末存料量-预计期初存料量$$
$$预计采购成本=预计采购量×材料的计划单价$$
$$预计现金支出=该期采购材料的现金支出+该期支付前期的应付账款$$

[例 3-7]接[例 3-6]盛隆公司假定生产 B 产品只耗用一种材料,预计 2020 年末材料库存量为 2 700 千克,2021 年末材料库存量为 3 300 千克。单位产品的材料消耗定额为 5 千克/件,材料计划采购单价为 60 元/千克。每季度的期末材料库存量为下一季度的生产耗用量的 20%。材料采购货款当季付现 70%,余款在下一季度付清。2020 年末应付账款为 250 000 元。

根据上述资料,编制盛隆公司 2021 年直接材料预算,如表 3-11 所示。

表 3-11　　　　　　　　　盛隆公司 2021 年直接材料预算表

| 项目 | | 第一季度 | 第二季度 | 第三季度 | 第四季度 | 全年 |
| --- | --- | --- | --- | --- | --- | --- |
| 预计生产量/件 | | 2 700 | 3 600 | 3 700 | 2 560 | 12 560 |
| 消耗定额(千克/件) | | 5 | 5 | 5 | 5 | 5 |
| 预计生产需要量/千克 | | 13 500 | 18 000 | 18 500 | 12 800 | 62 800 |
| 加:预计期末存料量/千克 | | 3 600 | 3 700 | 2 560 | 3 300 | 3 300 |
| 减:预计期初存料量/千克 | | 2 700 | 3 600 | 3 700 | 2 560 | 2 700 |
| 预计采购量/千克 | | 14 400 | 18 100 | 17 360 | 13 540 | 63 400 |
| 材料的计划单价(元/千克) | | 60 | 60 | 60 | 60 | 60 |
| 预计采购成本/元 | | 864 000 | 1 086 000 | 1 041 600 | 812 400 | 3 804 000 |
| 预计现金支出 | 期初应付账款支付合计/元 | 250 000 | | | | 250 000 |
| | 第一季度采购支出/元 | 604 800 | 259 200 | | | 864 000 |
| | 第二季度采购支出/元 | | 760 200 | 325 800 | | 1 086 000 |
| | 第三季度采购支出/元 | | | 729 120 | 312 480 | 1 041 600 |
| | 第四季度采购支出/元 | | | | 568 680 | 568 680 |
| | 现金支出合计/元 | 854 800 | 1 019 400 | 1 054 920 | 881 160 | 3 810 280 |

编制说明:

预计生产量取自表 3-10 生产预算表

预计生产需要量=预计生产量×消耗定额

预计期末存料量=下一季度预计生产需要量×20%

预计期初存料量＝上一季度预计期末存料量
预计材料采购量＝预计生产需要量＋预计期末存料量－预计期初存料量
预计采购成本＝预计材料采购量×材料的计划单价
预计现金支出＝本季度采购材料的现金支出＋该期支付上一季度的应付账款

**4.直接人工预算**

直接人工预算是为直接生产人工耗费编制的预算,是以生产预算为编制基础的。其主要内容有:预计生产量、单位产品工时、人工总工时、每工时人工成本和人工总成本。有关的计算公式如下:

$$预计人工总工时＝预计生产量×单位产品工时$$
$$预计人工总成本＝预计人工总工时×每工时人工成本$$

[例3－8]接[例3－5]盛隆公司生产B产品只有一个工种,根据劳动定额、历史资料等预测:2021年每工时人工成本为20元/时,单位产品5工时/小时。

根据上述资料,编制盛隆公司2021年直接人工预算,如表3－12所示。

表3－12　　　　　　　　　　盛隆公司2021年直接人工预算表

| 项　目 | 第一季度 | 第二季度 | 第三季度 | 第四季度 | 全年 |
| --- | --- | --- | --- | --- | --- |
| 预计生产量/件 | 2 700 | 3 600 | 3 700 | 2 560 | 12 560 |
| 单位产品工时/小时 | 5 | 5 | 5 | 5 | 5 |
| 人工总工时/小时 | 13 500 | 18 000 | 18 500 | 12 800 | 62 800 |
| 每工时人工成本/元 | 20 | 20 | 20 | 20 | 20 |
| 人工总成本/元 | 270 000 | 360 000 | 370 000 | 256 000 | 1 256 000 |

**5.制造费用预算**

制造费用预算是指应列入产品的各项间接费用的预算,是除直接材料、直接人工预算以外的其他一切生产成本的预算。根据制造费用与业务量的依存关系,将制造费用划分为变动制造费用和固定制造费用,并据此两部分内容分别编制。

变动制造费用是以生产预算为基础编制的,即根据预计的生产量或预计的直接人工工时总数和预计的变动制造费用分配率来计算。

固定制造费用与本期的生产量无关,可在上年的基础上采用增量预算法根据预算变动加以修正,也可以采用零基预算法逐项预计再汇总。有关的计算公式如下:

$$预计变动制造费用＝变动制造费用标准分配率×预计生产量或预计人工总工时$$

制造费用预算中,除了折旧费以外都需要支付现金。为了便于现金预算的编制,还需要预计其中的现金支出。将制造费用预算总额扣除折旧费后,调整为现金支出的费用。

[例3－9]盛隆公司通过对成本习性和历史资料的分析,变动制造费用与人工工时密切相关。变动制造费用分配率为7元/小时,其中:间接材料为1元/小时,间接人工为1元/小时,水电费为2元/小时,变动维修费用为1元/小时,其他变动制造费用为2元/小时。假定固定制造费用与产量及总工时无关,且各个季度均衡,全年预计170 000元,其中:人员工资50 000元,折旧费60 000元,维修费10 000元,保险费10 000元,水电费30 000元,其他费用10 000元。各项制造费用均需当季现金支付。

根据上述资料,编制盛隆公司2021年制造费用预算表,如表3－13所示。

表 3-13　　　　　　　　　　盛隆公司 2021 年制造费用预算表

| 项　目 | | 每小时费用标准分配率（元/小时） | 第一季度 | 第二季度 | 第三季度 | 第四季度 | 全年 |
|---|---|---|---|---|---|---|---|
| 变动制造费用 | 人工总工时/小时 | | 13 500 | 18 000 | 18 500 | 12 800 | 62 800 |
| | 间接材料 | 1 | 13 500 | 18 000 | 18 500 | 12 800 | 62 800 |
| | 间接人工 | 1 | 13 500 | 18 000 | 18 500 | 12 800 | 62 800 |
| | 水电费 | 2 | 27 000 | 36 000 | 37 000 | 25 600 | 125 600 |
| | 变动维修费用 | 1 | 13 500 | 18 000 | 18 500 | 12 800 | 62 800 |
| | 其他变动制造费用 | 2 | 27 000 | 36 000 | 37 000 | 25 600 | 125 600 |
| | 小计 | 7 | 94 500 | 126 000 | 129 500 | 89 600 | 439 600 |
| 固定制造费用 | 人员工资/元 | | 50 000 | 50 000 | 50 000 | 50 000 | 200 000 |
| | 折旧费/元 | | 60 000 | 60 000 | 60 000 | 60 000 | 240 000 |
| | 维修费/元 | | 10 000 | 10 000 | 10 000 | 10 000 | 40 000 |
| | 保险费/元 | | 10 000 | 10 000 | 10 000 | 10 000 | 40 000 |
| | 水电费/元 | | 30 000 | 30 000 | 30 000 | 30 000 | 120 000 |
| | 其他费用/元 | | 10 000 | 10 000 | 10 000 | 10 000 | 40 000 |
| | 小计/元 | | 170 000 | 170 000 | 170 000 | 170 000 | 680 000 |
| 制造费用合计/元 | | | 264 500 | 296 000 | 299 500 | 259 600 | 1 119 600 |
| 减：折旧费/元 | | | 60 000 | 60 000 | 60 000 | 60 000 | 240 000 |
| 预计现金支出/元 | | | 204 500 | 236 000 | 239 500 | 199 600 | 879 600 |

6.产品成本预算

产品成本预算,是指为规划一定预算期内每种产品的单位产品成本、生产成本、销售成本等内容而编制的一种日常业务预算。产品成本预算是生产预算、销售预算、直接材料预算、直接人工预算、制造费用预算的汇总,同时产品成本预算也是依据上述五种预算编制的。产品成本预算的主要内容是产品的总成本与单位成本。其中,总成本又分为生产成本、销售成本和期末产品库存成本。

[例 3-10] 盛隆公司 2021 年产品成本预算所需资料见表 3-9 至表 3-13,2020 年末 B 产品的结存单价为 420 元/件。

根据上述资料,编制盛隆公司 2021 年单位产品生产成本预算表、期末库存产品成本计算表、生产成本及销售成本预算表,如表 3-14 至表 3-16 所示。

表3—14　　　　　　　　盛隆公司2021年单位产品生产成本预算表

| 项　目 | 定额(标准) | 单价 | 单位变动成本/(元/件) |
|---|---|---|---|
| 直接材料 | 5(千克/件) | 60(元/千克) | 300 |
| 直接人工 | 5(小时/件) | 20(元/小时) | 100 |
| 变动制造费用 | 5(小时/件) | 7(元/小时) | 35 |
| 合计 | | | 435 |

编制说明：定额(标准)及单价分别来源于表3—11至表3—13。

单位变动成本＝定额(标准)×单价

表3—15　　　　　　　　盛隆公司2021年期末库存产品成本计算表

| 季　度 | 期末库存量/件 | 单位成本/(元/件) | 库存产品成本/件 |
|---|---|---|---|
| 第一季度 | 700 | 435 | 304 500 |
| 第二季度 | 800 | 435 | 348 800 |
| 第三季度 | 500 | 435 | 217 500 |
| 第四季度 | 560 | 435 | 243 600 |

编制说明：期末库存量来源于表3—10，单位成本来源于表3—14。

库存产品成本＝期末库存量×单位成本

表3—16　　　　　　　　盛隆公司2021年生产成本及销售成本预算表

| 项　目 | 第一季度 | 第二季度 | 第三季度 | 第四季度 | 全年 |
|---|---|---|---|---|---|
| 直接材料 | 810 000 | 1 080 000 | 1 110 000 | 768 000 | 3 768 000 |
| 直接人工 | 270 000 | 360 000 | 370 000 | 256 000 | 1 256 000 |
| 变动制造费用 | 94 500 | 126 000 | 129 500 | 89 600 | 439 600 |
| 生产成本合计 | 1 174 500 | 1 566 000 | 1 609 500 | 1 113 600 | 5 463 600 |
| 加：期初库存产品成本 | 210 000 | 304 500 | 348 000 | 217 500 | 210 000 |
| 减：期末库存产品成本 | 304 500 | 348 000 | 217 500 | 243 600 | 243 600 |
| 销售成本合计 | 1 080 000 | 1 522 500 | 1 740 000 | 1 087 500 | 5 430 000 |

编制说明：

每季度直接材料＝每季度生产需要量×材料的计划单价(表3—11)

每季度直接人工来源于表3—12

每季度变动制造费用来源于表3—13

生产成本合计＝直接材料＋直接人工＋变动制造费用

期初库存产品成本＝预计期初库存量(表3—10)×期初产品单位变动成本

期末库存产品成本＝预计期末库存量(表3—10)×期末产品单位变动成本

销售成本合计＝生产成本合计＋期初库存产品成本－期末库存产品成本

7.销售及管理费用预算

[例 3－11] 盛隆公司 2021 年预计变动销售及管理费用 25 元/件,预计每季度固定销售及管理费用 100 000 元(其中含每季折旧费 20 000 元)。

表 3－17　　　　　　　　盛隆公司 2021 年销售及管理费用预算表

| 项　目 | 第一季度 | 第二季度 | 第三季度 | 第四季度 | 全年 |
| --- | --- | --- | --- | --- | --- |
| 预计销售量/件 | 2 500 | 3 500 | 4 000 | 2 500 | 12 500 |
| 单位变动销售及管理费用/(元/件) | 25 | 25 | 25 | 25 | 25 |
| 预计变动销售及管理费用/元 | 62 500 | 87 500 | 100 000 | 62 500 | 312 500 |
| 预计固定销售及管理费用/元 | 100 000 | 100 000 | 100 000 | 100 000 | 400 000 |
| 预计销售及管理费用合计/元 | 162 500 | 187 500 | 200 000 | 162 500 | 712 500 |
| 减:折旧费/元 | 20 000 | 20 000 | 20 000 | 20 000 | 80 000 |
| 预计现金支出/元 | 142 500 | 167 500 | 180 000 | 142 500 | 632 500 |

编制说明:

预计销售量来源于表 3－9 销售预算表

预计变动销售及管理费用＝预计销售量×单位变动销售及管理费用

预计现金支出＝预计销售及管理费用合计－折旧费(非付现费用)

## (二)经营预算的编制

财务预算,是指与企业资金收支、财务状况或经营成果等有关的预算,包括现金预算、预计利润表、预计资产负债表等。

1.现金预算

现金预算是详细反映企业预算期内现金收支、余缺及其筹集和运用的预算。这里所指的现金是广义的现金,包括库存现金、银行存款、其他货币资金等。企业应合理地处理现金业务,正确地调度资金,既要规避因现金短缺而面临的财务风险,也要避免因现金冗余而造成的闲置浪费,保证企业资金正常流转。

现金预算是在有关经营预算的基础上汇总编制的,由现金收入、现金支出、现金余缺、资金的筹集和运用四个部分组成。

现金收入部分包括期初现金余额和预算期现金收入,"期初现金余额"是在编制预算时预计的,"预算期现金收入"数据主要来源于销售预算,如现销收入、收回的应收账款、应收票据到期兑现和票据贴现收入等。

现金支出部分包括预算的各项现金支出,其中直接材料、直接人工、制造费用、销售及管理费用的数据分别来自前述有关经营预算,所得税、购置设备、股利分配等现金支出的数据分别来自有关专门决策预算。

现金余缺是现金收入合计与现金支出合计的差额。若收入大于支出,余额为正,则现金有多余。若支出大于收入,余额为负,则现金短缺。

资金的筹集和运用,根据预算期现金收支的差额和企业资金管理政策,确定筹集和运用资金的数额。若现金不足,需向银行借款或发放短期商业票据筹集资金,以弥补资金缺口,规避财务风险,并预计还本付息的期限和数额。若现金有多余,可用于偿还借款或用于短期投资,以避免资金闲置浪费。

[例3—12] 盛隆公司2021年预算年度内各季度现金收支资料分别见表3—9、表3—11、表3—12、表3—13、表3—17。预算年初现金余额1 050 000元,每季季末最低现金余额1 000 000元。若资金不足以10万元为单位向银行借款,短期借款年利率12%,每季初借入,下季初还本付息,公司在银行的短期贷款授信额度为2 000 000元。公司预计第四季度购买一批1 000 000元设备。企业现有未到期短期借款100 000元,未到期长期借款3 000 000元,年利率8%,每年年末付息。预计第一季度以现金500 000元发放现金股利,第四季度以现金500 000元对外投资入股。预计每季度缴纳所得税175 000元(假定不考虑其他税费)。

表3—18　　　　　　　盛隆公司2021年现金预算表　　　　　　　单位:元

| 项　目 | 第一季度 | 第二季度 | 第三季度 | 第四季度 | 全年 |
|---|---|---|---|---|---|
| 期初现金余额 | 1 050 000 | 1 072 700 | 1 037 800 | 1 736 380 | 1 050 000 |
| 加:销售现金收入 | 1 872 500 | 2 335 000 | 2 718 000 | 2 034 000 | 8 959 500 |
| 可供使用现金 | 2 922 500 | 3 407 700 | 3 755 800 | 3 770 380 | 10 009 500 |
| 减:各项现金支出 | | | | | |
| 直接材料 | 854 800 | 1 019 400 | 1 054 920 | 881 160 | 3 810 280 |
| 直接工人 | 270 000 | 360 000 | 370 000 | 256 000 | 1 256 000 |
| 制造费用 | 204 500 | 236 000 | 239 500 | 199 600 | 879 600 |
| 销售费用及管理费用 | 142 500 | 167 500 | 180 000 | 142 500 | 632 500 |
| 现金股利 | 500 000 | | | | 500 000 |
| 购入固定资产 | | | | 1 000 000 | 1 000 000 |
| 对外投资 | | | | 500 000 | 500 000 |
| 预交所得税 | 175 000 | 175 000 | 175 000 | 175 000 | 700 000 |
| 支出合计 | 2 146 800 | 1 957 900 | 2 019 420 | 3 154 260 | 9 278 380 |
| 现金余缺 | 775 700 | 1 449 800 | 1 736 380 | 616 120 | 731 120 |
| 加:向银行借款 | 400 000 | | | 700 000 | 1 100 000 |
| 减:归还贷款本金 | 100 000 | 400 000 | — | — | 500 000 |
| 支付贷款利息 | 3 000 | 12 000 | | 240 000 | 255 000 |
| 期末现金余额 | 1 072 700 | 1 037 800 | 1 736 380 | 1 076 120 | 1 076 120 |

编制说明:
预计的销售现金收入来源于表3—9销售预算表
可供使用的现金＝期初现金余额＋销售现金收入
直接材料来源于表3—11直接材料预算表
直接人工来源于表3—12直接人工预算表
制造费用来源于表3—13制造费用预算表
销售费用及管理费用来源于表3—17销售及管理费用预算表

现金余缺＝可供使用的现金—现金支出合计

期末现金余额＝现金余缺＋向银行借款—归还贷款本金—支付贷款利息

**2.预计利润表**

预计利润表是以货币形式综合反映预算期内企业经营成果的利润计划。它是在销售预算、产品成本预算、销售及管理费用预算、现金预算的基础上，根据权责发生制原则编制的。通过编制预计利润表，可以了解企业预期的盈利水平。

[例3—13]根据前述预算资料，编制盛隆公司2021年预计利润表，如表3—19。

表3—19　　　　　　　　　　盛隆公司2021年预计利润表　　　　　　　　　　单位：元

| 项　目 | 第一季度 | 第二季度 | 第三季度 | 第四季度 | 全年 |
| --- | --- | --- | --- | --- | --- |
| 销售收入 | 1 800 000 | 2 520 000 | 2 880 000 | 1 800 000 | 9 000 000 |
| 变动成本 | | | | | |
| 销售成本 | 1 080 000 | 1 522 500 | 1 740 000 | 1 087 500 | 5 430 000 |
| 销售及管理费用 | 62 500 | 87 500 | 100 000 | 62 500 | 312 500 |
| 小计 | 1 142 500 | 1 610 000 | 1 840 000 | 1 150 000 | 5 742 500 |
| 边际贡献 | 657 500 | 910 000 | 1 040 000 | 650 000 | 3 257 500 |
| 固定成本 | | | | | |
| 制造费用 | 170 000 | 170 000 | 170 000 | 170 000 | 170 000 |
| 销售及管理费用 | 100 000 | 100 000 | 100 000 | 100 000 | 100 000 |
| 小计 | 270 000 | 270 000 | 270 000 | 270 000 | 1 080 000 |
| 营业利润 | 387 500 | 640 000 | 770 000 | 380 000 | 2 177 500 |
| 减：利息 | 72 000 | 60 000 | 60 000 | 81 000 | 273 000 |
| 税前利润 | 315 500 | 580 000 | 710 000 | 299 000 | 1 904 500 |
| 减：所得税 | 175 000 | 175 000 | 175 000 | 175 000 | 700 000 |
| 净利润 | 140 500 | 405 000 | 535 000 | 124 000 | 1 204 500 |

编制说明：

销售收入来源于表3—9销售预算表

销售成本来源于表3—16生产成本及销售成本预算表

销售费用及管理费用来源于表3—17销售及管理费用预算表

制造费用来源于表3—13制造费用预算表

利息依据工作实例[例3—12]及表3—18现金预算表中提供的数据计算

边际贡献＝销售收入—变动成本

营业利润＝边际贡献—固定成本

税前利润＝营业利润—利息

净利润＝税前利润—所得税

**3.预计资产负债表**

预计资产负债表是指用于综合反映企业预算期末财务状况的一种财务预算，是以前期期末资产负债表为基础,根据销售、生产、成本预算的有关资料进行汇总和调整而编制的。预计资产负债表能为企业管理当局提供企业预期财务状况的信息,有助于管理当局预测未来期间的经营情况,并采取相应的调整改进措施。

[例3—14] 根据前述预算资料,编制盛隆公司2021年预计资产负债表,如表3—20所示。

表3—20　　　　　　　　盛隆公司2021年资产负债表

(2021年12月31日)　　　　　　　　　　　　　　单位:元

| 资产 | 期初数 | 期末数 | 负债及所有者权益 | 期初数 | 期末数 |
| --- | --- | --- | --- | --- | --- |
| 流动资产 | | | 负债 | | |
| 库存现金 | 1 050 000 | 1 076 120 | 应付账款 | 250 000 | 243 720 |
| 应收账款 | 697 500 | 738 000 | 短期借款及利息 | 103 000 | 721 000 |
| 原材料 | 162 000 | 198 000 | 长期借款 | 3 000 000 | 3 000 000 |
| 产成品 | 210 000 | 243 600 | 负债小计 | 3 353 000 | 3 964 720 |
| 流动资产小计 | 2 119 500 | 2 255 720 | 所有者权益 | | |
| 非流动资产 | | | 股本 | 2 000 000 | 2 000 000 |
| 固定资产净值 | 4 500 000 | 5 180 000 | 留存收益 | 1 266 500 | 1 971 000 |
| 长期投资 | | 500 000 | 所有者权益小计 | 3 266 500 | 3 971 000 |
| 资产总计 | 6 619 500 | 7 935 720 | 负债及所有者权益总计 | 6 619 500 | 7 935 720 |

编制说明:

库存现金、长期投资、短期借款及利息依据工作实例[例3—12]和表3—18现金预算表中提供的数据计算

应收账款依据表3—9销售预算表和收款政策计算

原材料依据表3—11直接材料预算表计算

产成品来源于表3—16产品生产成本及销售成本预算表

固定资产依据2020年末固定资产金额+预算期购置设备—前述预算表中的折旧

应付账款依据表3—11直接材料预算表计算

留存收益=2020年末留存收益+预计利润表中年度净利润—本期发放现金股利

**【任务实施】**

全面预算管理是当今时代企业最重要也是最高效的常用管理手段之一,爱百辰公司虽然也实行预算管理,但在应用执行过程中存在较大偏差和漏洞。全面预算管理不仅仅是经营计划,还是结合企业实际情况,科学、合理地配置企业各项资源,对执行过程进行监督和分析,对执行结果进行评价和反馈,指导经营活动的改善和调整,进而推动企业战略目标实现的管理活动。

通过本章节的学习,做好企业管理,达到企业经营、战略目标应做到以下几点:

(1)全面预算管理需要被企业重视。公司的管理层和治理层要改变固有的看法和观点,充分了解全面预算管理循环的全过程,达到预算管理全员介入。

(2)全面预算管理的编制要切实可行、符合客观规律。企业实施全面预算的第一步就是进行全面预算的编制,能够充分细化企业的发展战略。获取真实、准确的信息是保证全面预算管

理编制最关键的步骤。

（3）全面预算管理的最关键要素就是企业管理层对企业全面预算的及时控制。企业全面预算必须保证其具有准确性和时效性,只有保证企业能够对企业所处的环境、经济状况作出及时的反应,对企业全面预算有较好的控制,才能够保证预算的高效运行,也才能保证企业所做的预算是真实有效的,能够帮助企业更好地实现企业发展战略。

（4）企业管理层和治理层在企业全面预算的执行过程中要辅以完善的绩效考核体系和奖惩评价机制。企业在全面预算管理中设立对全面预算的预算指标考核,对全体员工实行绩效评价及激励机制是全面预算循环链的最后步骤,其目的是让企业的治理层和管理层更好地获取自己企业执行全面预算管理的情况。有效的绩效考核考核体系和奖惩评价机制,可以更好地激励企业内部的员工,能更好地调动员工的积极性,从而提高企业全面预算的执行效率。

**【任务实操】**

请登录 TTC 实训平台,完成模拟实训任务。

**【知识点巩固】**

一、单项选择题

1.只使用实物量计量单位的预算是（　）。
A.产品成本预算　　B.直接材料预算　　C.生产预算　　D.直接人工预算

2.可以保持预算的连续性和完整性,并能克服定期预算缺点的预算方法是（　）。
A.弹性预算　　B.零基预算　　C.滚动预算　　D.固定预算

3.以下选项不属于财务预算的是（　）。
A.投资预算　　B.现金预算　　C.预计资产负债表　　D.预计利润表

4.下列不属于在生产预算的基础上编制的预算是（　）。
A.直接材料预算　　B.直接人工预算　　C.变动制造费用预算　　D.销售费用预算

5.预计期初存货 100 件,期末存货 50 件,本期销售 350 件,则本期生产量为（　）件。
A.200　　　B.300　　　C.350　　　D.400

6.某公司预计 2021 年第一、第二季度销售 A 产品分别为 250 件、400 件,单价为 3 元,各季度销售收现率为 70%,其余部分下一季度收回,则该公司第二季度现金收入为（　）元。
A.225　　　B.840　　　C.1 065　　　D.1 365

7.下列不属于现金预算编制基础的是（　）。
A.销售预算　　B.投资决策预算　　C.销售费用预算　　D.预计利润表

8.编制生产预算的基础是（　）。
A.采购预算　　B.销售预算　　C.财务预算　　D.制造费用预算

9.某公司编制"直接材料预算",预计第四季度期初存量 550 千克,该季度生产需用量 2 500 千克,预计期末存量为 500 千克,材料单价（不含税）为 10 元,若材料采购货款有 60% 在本季度内付清,另外 40% 在下一季度付清,增值税税率为 13%,则该企业预计资产负债表年末"应付账款"项目为（　）元。
A.9 800　　　B.11 074　　　C.11 526　　　D.16 611

10.编制制造费用预算表时,预计现金支出时应予剔除的项目是（　）。
A.间接材料　　B.间接人工　　C.管理人员工资　　D.折旧费

二、多项选择题
1.预算管理领域应用的管理会计工具方法,一般包括( )等。
A.滚动预算　　B.零基预算　　C.弹性预算　　D.作业预算
2.预算管理的工作机构一般设在( )。
A.董事会办公室　B.总经理办公室　C.财会部门　D.销售部门
3.滚动预算按照滚动的时间单位不同划分为( )。
A.中期滚动预算　B.年度预算　　C.长期滚动预算　　D.短期滚动预算
4.固定预算的主要缺点包括( )。
A.可比性较差　B.机械呆板　C.计算量大　D.灵活性差
5.财务预算是一系列专门反映企业未来一定预算期内预计财务状况和经营成果,以及现金收支等价值指标的各种预算的总称,具体包括( )。
A.预计资产负债表　B.预计利润表　C.现金收支预算　D.销售收入预算
6.编制直接人工预算表时需要考虑的因素有( )。
A.标准工资率　B.预计销售量　C.预计生产量　D.人工定额工时
7.下列预算中,属于在生产预算的基础上编制的有( )。
A.直接材料预算　B.直接人工预算　C.产品成本预算　D.管理费用预算
8.下列关于本期采购付现金额的计算公式中,正确的有( )。
A.本期采购付现金额＝本期采购金额＋期初应付账款＋期末应付账款
B.本期采购付现金额＝本期采购金额＋期初应付账款－期末应付账款
C.本期采购付现金额＝本期采购本期付现金额＋前期赊购本期付现金额
D.本期采购付现金额＝本期采购金额－期初应付账款＋期末应付账款
9.下列属于预算管理应用环境影响因素的有( )。
A.组织架构　B.内部管理制度　C.信息系统　D.战略目标
10.企业在预算执行过程中,需要对预算进行调整的情形有( )。
A.经营条件发生重大变化　　B.单位领导离职
C.发生重大自然灾害　　D.国家法规政策发生重大变化

三、判断题
1.生产预算是编制预算的起点。( )
2.企业在预算执行过程中,可以随意对已制定的预算项目或预算指标进行调整。( )
3.在财务预算的编制过程中,编制预计财务报表的正确顺序是:先编制预计资产负债表,然后再编制预计利润表。( )
4.预算控制是包括事前控制、事中控制、事后控制的全过程控制。( )
5.固定预算法适用于业务量水平变化较大的企业。( )
6.滚动预算的主要特点就是它的预算期永远保持12个月。( )
7.预算控制目标应在可实现的基础上略有拔高。( )
8.预算管理应围绕企业的战略目标和业务计划有序开展。( )
9.企业预算管理与经营过程、绩效考评等无关。( )
10.管理费用多属于固定成本,所以一般是以过去的实际开支为基础,按预算期的可预见变化来调整的。( )

### 四、全面预算实训

1. 目标：练习全面预算的编制方法。

2. 实训资料：

(1)宝胜公司预计 2021 年销售 C 产品 10 000 件，第一至第四季度分别为 2 000 件、2 200 件、3 000 件、2 800 件，销售单价为 600 元/件。收款条件为当季现收占销售额的 70%，余款在后两个季度分别收到 20% 和 10%，不考虑坏账影响，2020 年第三、第四季度的销售额分别为 1 500 000 元和 1 400 000 元。

(2)经测算，预计在每季度末保有产品库存量为下一季度销售量的 20%（延续 2020 年的政策）。2020 年产品单位成本为 320 元/件，预计 2022 年第一季度销售量为 1 900 件。

(3)假定生产 C 产品只耗用一种材料，预计 2021 年末材料库存量为 800 千克。2020 年末材料库存量为 850 千克，单价 40 元/千克。产品的材料消耗定额为 4 千克/件，材料单价为 40 元/千克。每一季度的期末材料库存量为下一季度的生产耗用量的 10%。材料采购货款当季付现 70%，余款在下一季度付清。2020 年末应付账款为 100 000 元。

(4)直接人工小时工资率为 20 元/小时，单位产品工时定额为 5 小时/件，当月支付。

(5)变动制造费用与人工工时密切相关。变动制造费用分配率为 10 元/小时。其中：间接材料为 2.5 元/小时，间接人工为 2 元/小时，水电费为 3 元/小时，变动维修费用为 1.5 元/小时，其他变动制造费用为 1 元/小时。假定固定制造费用各季均衡，全年预计为 600 000 元，其中：人员工资 160 000 元，折旧费 120 000 元，维修费 60 000 元，保险费 120 000 元，水电费 100 000 元，其他费用 40 000 元。预计所有费用除折旧费外均需当季支付。

(6)采用变动成本法，变动制造费用的产品工时定额为 5 小时/件。

(7)预计单位变动销售费用为 25 元/件。预计固定销售及管理费用为每季度 120 000 元（其中含每季度折旧费 8 000 元）。

(8)2020 年末现金余额为 150 000 元，每季度末最低现金余额为 300 000～500 000 元。预计第四季度全款购置一套价值 700 000 元的设备。企业现有未到期长期借款 1 000 000 元，年利率 8%，每年年末付息。另获银行 3 个月期限贷款授信额度 600 000 元，以 10 万元为单位借入，年利率 10%，每季季初借入，下季季初还本付息。预计第三季度以现金 800 000 元对外投资入股。预计每季度缴纳所得税 100 000 元（假定不考虑其他税费）。

(9)宝胜公司 2020 年资产负债表如表 3—21 所示。

表 3—21　　　　　　　　　　宝胜公司 2020 年资产负债表

（2020 年 12 月 31 日）　　　　　　　　　　　　　　　　　　单位：元

| 资　产 | 金　额 | 负债及所有者权益 | 金　额 |
|---|---|---|---|
| 流动资产 |  | 负债 |  |
| 库存现金 | 150 000 | 应付账款 | 100 000 |
| 应收账款 | 570 000 | 短期借款及利息 |  |
| 原材料 | 34 000 | 长期借款 | 1 000 000 |
| 产成品 | 128 000 | 负债小计 | 1 100 000 |
| 流动资产小计 | 882 000 | 所有者权益 |  |
| 非流动资产 |  | 股本 | 3 000 000 |
| 固定资产净值 | 4 400 000 | 留存收益 | 1 182 000 |
| 长期投资 |  | 所有者权益小计 | 4 182 000 |
| 资产总计 | 5 282 000 | 负债及所有者权益总计 | 5 282 000 |

3. 实训要求：

请根据以上资料，编制宝胜公司 2021 年全面预算编制。

表 3—22　　　　　　　　　　宝胜公司 2021 年销售预算表

| 项　目 | | 第一季度 | 第二季度 | 第三季度 | 第四季度 | 全年 |
|---|---|---|---|---|---|---|
| 预计销售量/件 | | | | | | |
| 预计销售量单件/（元/件） | | | | | | |
| 预计销售收入/元 | | | | | | |
| 预计现金收入 | 上年第三季度收入回款/元 | | | | | |
| | 上年第四季度收入回款/元 | | | | | |
| | 期初应收账款回款合计/元 | | | | | |
| | 第一季度销售收入/元 | | | | | |
| | 第二季度销售收入/元 | | | | | |
| | 第三季度销售收入/元 | | | | | |
| | 第四季度销售收入/元 | | | | | |
| | 现金收入合计/元 | | | | | |

表 3−23　　　　　　　　　　　宝胜公司 2021 年生产预算表

| 项　目 | 第一季度 | 第二季度 | 第三季度 | 第四季度 | 全年 |
|---|---|---|---|---|---|
| 预计销售量 | | | | | |
| 加：预计期末存货 | | | | | |
| 减：预计期初存货 | | | | | |
| 预计生产量 | | | | | |

表 3−24　　　　　　　　　　宝胜公司 2021 年直接材料预算表

| 项　目 | | 第一季度 | 第二季度 | 第三季度 | 第四季度 | 全年 |
|---|---|---|---|---|---|---|
| 预计生产量/件 | | | | | | |
| 消耗定额（千克/件） | | | | | | |
| 预计生产需要量/千克 | | | | | | |
| 加：预计期末存料量/千克 | | | | | | |
| 减：预计期初存料量/千克 | | | | | | |
| 预计采购量/千克 | | | | | | |
| 材料的计划单价（元/千克） | | | | | | |
| 预计采购成本/元 | | | | | | |
| 预计现金支出 | 期初应付账款支付合计/元 | | | | | |
| | 第一季度采购支出/元 | | | | | |
| | 第二季度采购支出/元 | | | | | |
| | 第三季度采购支出/元 | | | | | |
| | 第四季度采购支出/元 | | | | | |
| | 现金支出合计/元 | | | | | |

表 3−25　　　　　　　　　　宝胜公司 2021 年直接人工预算表

| 项　目 | 第一季度 | 第二季度 | 第三季度 | 第四季度 | 全年 |
|---|---|---|---|---|---|
| 预计生产量/件 | | | | | |
| 单位产品工时/小时 | | | | | |
| 人工总工时/小时 | | | | | |
| 每工时人工成本/元 | | | | | |
| 人工总成本/元 | | | | | |

表 3-26　　　　　　　　　　宝胜公司 2021 年制造费用预算表

| 项　目 | | 每小时费用标准分配率（元/小时） | 第一季度 | 第二季度 | 第三季度 | 第四季度 | 全年 |
|---|---|---|---|---|---|---|---|
| 变动制造费用 | 人工总工时/时 | | | | | | |
| | 间接材料 | | | | | | |
| | 间接人工 | | | | | | |
| | 水电费 | | | | | | |
| | 变动维修费用 | | | | | | |
| | 其他变动制造费用 | | | | | | |
| | 小计 | | | | | | |
| 固定制造费用 | 人员工资/元 | | | | | | |
| | 折旧费/元 | | | | | | |
| | 维修费/元 | | | | | | |
| | 保险费/元 | | | | | | |
| | 水电费/元 | | | | | | |
| | 其他费用/元 | | | | | | |
| | 小计/元 | | | | | | |
| 制造费用合计/元 | | | | | | | |
| 减:折旧费/元 | | | | | | | |
| 预计现金支出/元 | | | | | | | |

表 3-27　　　　　　　　宝胜公司 2021 年单位产品生产成本预算表

| 项　目 | 单耗定额 | 单价 | 单位变动成本/(元/件) |
|---|---|---|---|
| 直接材料 | （千克/件） | （元/千克） | |
| 直接人工 | （小时/件） | （元/小时） | |
| 变动制造费用 | （小时/件） | （元/小时） | |
| 合计 | | | |

表 3-28　　　　　　　　宝胜公司 2021 年期末库存产品成本计算表

| 季　　度 | 第一季度 | 第二季度 | 第三季度 | 第四季度 |
|---|---|---|---|---|
| 期末库存量/件 | | | | |
| 单位成本/(元/件) | | | | |
| 库存产品成本/件 | | | | |

表 3-29　　　　　　　　宝胜公司 2021 年生产成本及销售成本预算表

| 项　目 | 第一季度 | 第二季度 | 第三季度 | 第四季度 | 全年 |
|---|---|---|---|---|---|
| 直接材料 | | | | | |
| 直接人工 | | | | | |
| 变动制造费用 | | | | | |
| 生产成本合计 | | | | | |
| 加:期初库存产品成本 | | | | | |
| 减:期末库存产品成本 | | | | | |
| 销售成本合计 | | | | | |

表 3-30　　　　　　　　宝胜公司 2021 年销售及管理费用预算表

| 项　目 | 第一季度 | 第二季度 | 第三季度 | 第四季度 | 全年 |
|---|---|---|---|---|---|
| 预计销售量/件 | | | | | |
| 单位变动销售及管理费用/(元/件) | | | | | |
| 预计变动销售及管理费用/元 | | | | | |
| 预计固定销售及管理费用/元 | | | | | |
| 预计销售及管理费用合计/元 | | | | | |
| 减:折旧费/元 | | | | | |
| 预计现金支出/元 | | | | | |

表 3－31　　　　　　　　　宝胜公司 2021 年现金预算表

| 项　目 | 第一季度 | 第二季度 | 第三季度 | 第四季度 | 全年 |
|---|---|---|---|---|---|
| 期初现金余额 | | | | | |
| 加:销售现金收入 | | | | | |
| 可供使用现金 | | | | | |
| 减:各项现金支出 | | | | | |
| 直接材料 | | | | | |
| 直接工人 | | | | | |
| 制造费用 | | | | | |
| 销售费用及管理费用 | | | | | |
| 购入固定资产 | | | | | |
| 对外投资 | | | | | |
| 预交所得税 | | | | | |
| 支出合计 | | | | | |
| 现金余缺 | | | | | |
| 加:向银行借款 | | | | | |
| 减:归还贷款本金 | | | | | |
| 支付贷款利息 | | | | | |
| 期末现金余额 | | | | | |

表3-32　　　　　　　　　　　　　宝胜公司2021年预计利润表

| 项　目 | 第一季度 | 第二季度 | 第三季度 | 第四季度 | 全年 |
|---|---|---|---|---|---|
| 销售收入 | | | | | |
| 变动成本 | | | | | |
| 销售成本 | | | | | |
| 销售及管理费用 | | | | | |
| 小计 | | | | | |
| 边际贡献 | | | | | |
| 固定成本 | | | | | |
| 制造费用 | | | | | |
| 销售及管理费用 | | | | | |
| 小计 | | | | | |
| 营业利润 | | | | | |
| 减:利息 | | | | | |
| 税前利润 | | | | | |
| 减:所得税 | | | | | |
| 净利润 | | | | | |

表3-33　　　　　　　　　　　　　宝胜公司资产负债表

（2021年12月31日）　　　　　　　　　　　　　　　　　　单位:元

| 资　产 | 期初数 | 期末数 | 负债及所有者权益 | 期初数 | 期末数 |
|---|---|---|---|---|---|
| 流动资产 | | | 负债 | | |
| 库存现金 | | | 应付账款 | | |
| 应收账款 | | | 短期借款及利息 | | |
| 原材料 | | | 长期借款 | | |
| 产成品 | | | 负债小计 | | |
| 流动资产小计 | | | 所有者权益 | | |
| 非流动资产 | | | 股本 | | |
| 固定资产净值 | | | 留存收益 | | |
| 长期投资 | | | 所有者权益小计 | | |
| 资产总计 | | | 负债及所有者权益总计 | | |

# 项目四 成本管理

【知识目标】
1. 熟悉成本管理和成本性态的概念。
2. 了解成本管理应遵循的原则、管理会计工具。
3. 掌握变动成本法。
4. 掌握标准成本法。
5. 掌握作业成本法。
6. 掌握目标成本法。

【能力目标】
1. 能够在实际工作中正确分解成本对象。
2. 能应用变动成本法解决企业实际问题。
3. 能应用标准成本法解决企业实际问题。
4. 能应用作业成本法解决企业实际问题。
5. 能应用目标成本法解决企业实际问题。

【素质目标】
1. 具备一定的逻辑思维能力和管理决策能力。
2. 具备与合作者、决策者或执行者沟通与协调的能力。

管理会计

**【思维导图】**

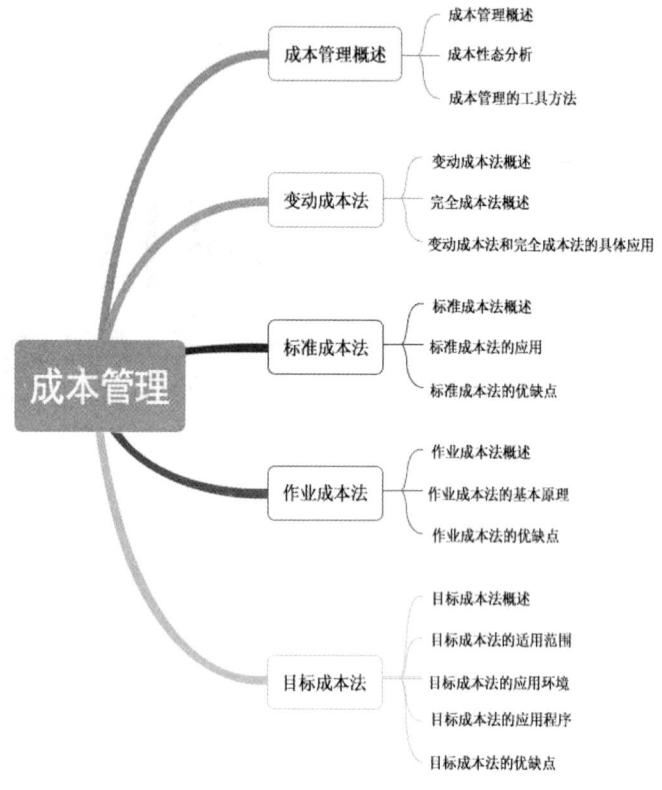

**【引导案例】**

一机械厂金工车间是专门为某拖拉机制造厂配套供应发动机变速箱3号齿轮的加工车间,该车间成本核算原来采用的是定额法。为降低产品成本,加强成本管理,该车间决定引进标准成本控制制度,以加强成本控制,更加准确、及时地揭示成本差异的原因,更有针对性地实施成本监督,明确责任,并进行账务处理。

该车间根据现有技术条件管理状况,制定了产品消耗定额,其料、工计划价格如下:每件产品消耗碳结钢5千克,每千克计划价格1元。每件产品消耗工时3小时,每小时计划工资2元。每小时间接制造费用2元。年初该车间制定的每月弹性制造费用预算如下:

| 项目 | 金额(单位:元) | | | | |
|---|---|---|---|---|---|
| 直接人工小时 | 0 | 240 000 | 270 000 | 300 000 | 330 000 |
| 生产能力百分比 | 0 | 80% | 90% | 100% | 110% |
| 变动间接费用 | 0 | 48 000 | 54 000 | 60 000 | 66 000 |
| 物料 | 0 | 12 000 | 13 500 | 15 000 | 16 500 |
| 动力 | 0 | 24 000 | 27 000 | 30 000 | 33 000 |
| 其他 | 0 | 12 000 | 13 500 | 15 000 | 16 500 |
| 固定制造费用 | 30 000 | 30 000 | 30 000 | 30 000 | 30 000 |

续表

| 项目 | 金额 | | | | |
|---|---|---|---|---|---|
| 折旧 | 20 000 | 20 000 | 20 000 | 20 000 | 20 000 |
| 保险费 | 8 000 | 8 000 | 8 000 | 8 000 | 8 000 |
| 其他 | 2 000 | 2 000 | 2 000 | 2 000 | 2 000 |
| 合计 | 30 000 | 78 000 | 84 000 | 90 000 | 96 000 |

该车间各项指标统计结果如下：

3号齿轮期初存货3 000件，本月份生产9 000件，销售11 000件，月初月末在制品盘存量为零。

本月碳结钢期初存量40 000千克，每千克价格1元，本月以每千克1.02元的价格从钢厂购进60 000千克，生产领用54 600千克。

本月生产工人实领工资54 940元，实际完成工时统计为26 800工时。

根据费用账户显示，变动制造费用实际发生53 500元，固定制造费用为30 000元。

【任务引例】

请同学们利用成本差异计算与分析原理揭示各成本项目成本差异，分析原因，确定责任并编制差异的有关会计分录。

# 任务一 成本管理概述

**【任务准备】**

成本是一项综合性的衡量经济效益的指标,其在管理会计中占有十分重要的地位。管理会计始于成本管理,从一定意义上来说,管理会计就是成本管理(会计)。科学地运用成本管理是提高企业成本管理水平的前提,企业应根据本企业的生产经营特点,建立本企业的成本管理制度,选择适合本企业的成本管理方法,将成本管理工作与企业的日常经营管理活动密切结合起来,促进企业管理水平的提高。

## 一、成本管理概述

成本管理是指企业在营运过程中实施成本预测、成本决策、成本计划、成本控制、成本核算、成本分析和成本考核等一系列管理活动的总称。其中,成本预测是以现在时点的状态为前提,在历史成本资料的基础上,根据未来可能发生的变化,利用科学的方法,对未来的成本水平及发展趋势进行描述和判断的成本管理活动。成本决策是在成本预测及有关成本资料的基础上,综合经济效益、质量、效率和规模等指标,运用定性和定量的方法对各个成本方案进行分析并选择最优方案的成本管理活动。成本计划是以营运计划和有关成本数据、资料为基础,根据成本决策所确定的目标,通过一定的程序,运用一定的方法,针对计划期企业的生产耗费和成本水平进行的具有约束力的成本管理活动。

成本控制是成本管理者根据预定的目标,对成本发生和形成的过程以及影响成本的各种因素条件施加主动的影响或干预,把实际成本控制在预期目标内的成本管理活动。成本核算是根据成本核算对象,按照国家统一的会计制度和企业管理要求,对营运过程中实际发生的各种耗费按照规定的成本项目进行归集、分配和结转,取得不同成本核算对象的总成本和单位成本,向有关使用者提供成本信息的成本管理活动。

成本分析是利用成本核算提供的成本信息及其他有关资料,分析成本水平与构成的变动情况,查明影响成本变动的各种因素和产生的原因,并采取有效措施控制成本的成本管理活动。成本考核是对成本计划及有关指标实际完成情况进行定期总结和评价,并根据考核结果和责任制的落实情况,进行相应的奖励和惩罚,以监督和促进企业加强成本管理责任制,提高成本管理水平的成本管理活动。

## 二、成本性态分析

### (一)成本性态

成本性态又称成本习性,是指在一定条件下成本总额与业务量总数之间的依存关系,按成本性态划分在成本性态的定义中,需要重点关注成本总额、业务量、一定条件这三个概念。

成本总额是指在一定时期内为取得营业收入而发生的各种成本费用,包括制造成本和非制造成本。

业务量是企业在一定的生产经营期内投入或完成的经营工作量的统称。它既可以用绝对数表示,也可以用相对数表示。绝对数又可以细分为实物量、价值量和时间量三种形式;相对数则可用百分比或比率等形式反映。在管理会计的分析中,业务量通常是指生产量或销售量。一定条件是指一定的时间范围和业务量变动范围,即相关范围。

从数量上具体研究成本与业务量的依存关系在管理会计体系中具有重要意义。通过成本性态分析,可以从定性和定量两个方面把握成本的各个组成部分与业务量之间的变化规律,这有助于企业正确地进行最优化管理决策,及时采取有效措施,充分挖掘降低成本的潜力。

### (二)成本分类

1.按经济用途划分

在传统财务会计中,为了能够准确地计算产品在生产过程中人、财、利的耗费,一般将这部分耗费按经济用途划分为生产成本和期间费用两大类。

(1)生产成本

生产成本也叫产品成本,是指在产品生产过程中发生的各种耗费,通常包括直接材料、直接人工和制造费用三部分。

①直接材料。直接材料是指直接用于产品生产、构成产品实体的原材料和辅助材料等。

②直接人工。直接人工是指在产品生产过程中直接改变原材料的性质或形态所耗费的人工成本。

③制造费用。制造费用是指产品生产过程中发生的,除直接材料、直接人工外的其他全部耗费。制造费用主要包括间接材料、间接人工和其他间接费用。间接材料是指在产品生产过程中耗用的,但不能归属于某一特定产品的材料成本,如各种物料的消耗;间接人工是指为生产服务而不直接进行产品生产的人工费用,如车间管理、维修、清洁等人员的薪酬;其他间接费用是指在产品生产过程中发生的,除间接材料、间接人工外的其他各项间接费用,如固定资产折旧费、设备租赁费、车间财产保险费等。

(2)期间费用

期间费用又称非生产成本,是指不计入产品成本的生产经营成本,包括除产品成本外的所有生产经营成本。期间成本不能合理地归属于特定产品,只能计入发生当期的费用。因此,期间成本也称为期间费用。期间费用包括销售费用、管理费用和财务费用等。

①销售费用。销售费用是指企业在销售商品或提供劳务的过程中发生的各项费用,包括应由企业负担的运输费、装卸费、包装费、保险费、展览费、销售佣金、委托代销手续费、广告费、租赁费和销售服务费用,以及专设销售机构人员的工资、福利费、差旅费、办公费、折旧费、修理费、材料消耗、低值易耗品摊销及其他费用。

②管理费用。管理费用是指企业管理和组织生产经营活动所发生的各项费用。管理费用包括的内容较多,以工业企业为例,具体包括公司经费(企业管理人员的工资、福利费、差旅费、办公费、折旧费、修理费、材料消耗、低值易耗品摊销和其他经费)与其他费用(董事会费、聘请中介机构费、咨询费、诉讼费、业务招待费、房产税、车船使用税、土地使用税、印花税、矿产资源补偿费、研究经费、排污费等)。

③财务费用。财务费用是指企业为筹集资金而发生的各项费用。财务费用主要包括利息净支出、汇兑净损失、金融机构手续费和其他因资金而发生的费用。

无论是生产成本还是期间费用,都是生产经营的耗费,都必须从营业收入中扣除,但扣除的时间不同。期间成本与营业收入的取得不存在直接的因果关系,可以直接从当期收入中扣除,而产品成本要等到产品销售时才能扣除。

将生产经营成本按经济用途进行分类,有利于产品成本与期间成本的划分,能够反映出产品成本的构成,便于考核成本计划的完成情况,便于分析成本升降的原因。但是,这种分类不能从数量上揭示产品成本与产销量之间的联系,不能有效地将成本信息应用于经营决策过程,也不利于进一步挖掘企业的生产潜力。

2.按成本性态划分

合理掌握成本的每一部分与业务量之间的关系,可以帮助企业领导层正确作出有关决策,实现最佳经济效益。

(1)固定成本

在企业全部成本中,其成本总额在一定时期和一定业务量范围内不受业务量增减变动影响的部分称为固定成本。

在会计实务中,固定成本一般包括企业行政管理人员的薪金办公费、差旅费、广告费、房屋及设备租金、保险费、房产税等不动产税、科研试验费、职工培训费、按直线法计提折旧费等。

固定成本具有以下两个特征:

在一定时期与一定业务量范围内,固定成本总额保持不变,如图 4-1 所示。

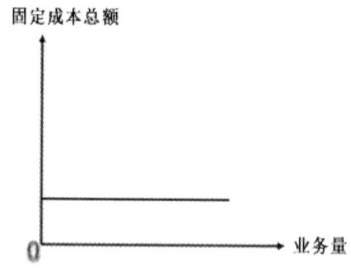

图 4-1 固定成本总额与业务量之间的关系

在一定时期与一定业务量范围内,单位成本应负担的固定成本随产品业务量的增加而减少,即与业务量成反比例关系,如图 4-2 所示。

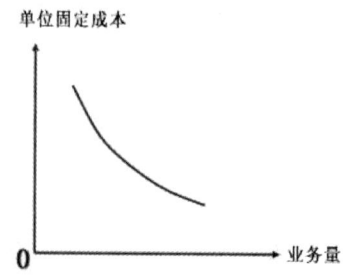

图 4-2 单位固定成本与业务量之间的关系

根据固定成本按其支出数额是否受管理当局短期决策行为的影响,可将其进一步细分为约束性固定成本和酌量性固定成本两类。

①约束性固定成本。约束性固定成本是指通过管理当局的决策行动不能改变其数额的那部分固定成本。例如,保险费、照明费、取暖费、管理人员薪金,以及厂房、机器设备按直线法计提的折旧费等。由于这类成本是企业为维持基本生产经营能力而支出的成本,是企业经营业务必须负担的最低成本,因此又称为经营能力成本。约性固定成本具有很强的约束性,其支出额的大小取决于生产经营能力的规模和质量。

②酌量性固定成本。酌量性固定成本是指通过管理当局的决策行动能改变其数额的那部分固定成本,如广告宣传费、新产品研究开发费、职工培训费等。由于这类成本是企业为完成特定活动而支出的成本,受管理当局决策行动的影响,可以在不同时期改变其支出的数额,因此又称为选择性固定成本。酌量性固定成本在一定时期内的发生额取决于管理当局的决策行动。

(2)变动成本

变动成本是指在一定范围内,其成本总额随业务量的变动而变动的成本。企业生产经营过程中发生的直接材料,计件工资下的直接人工费、产品包装费,按工作量法计提的固定资产折旧费,以及按销量支付的推销佣金等都属于变动成本。

变动成本的特点主要包括:在一定时期与一定业务量范围内,其总额随业务量的增减而呈正向变动,如图4-3所示。

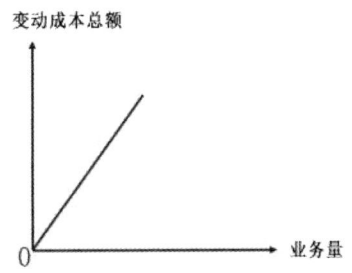

图4-3 变动成本总额与业务量之间的关系

在一定时期与一定业务量范围内,单位变动成本不受业务量变动的影响,保持不变,如图4-4所示。

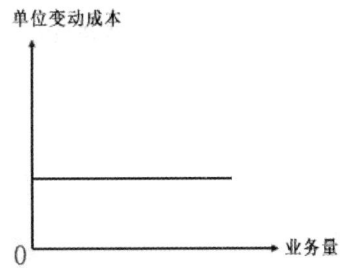

图4-4 单位变动成本与业务量之间的关系

变动成本按其发生的原因可进一步细分为技术性变动成本和酌量性变动成本两类。

①技术性变动成本。技术性变动成本又称约束性变动成本,是指单位成本受客观因素决定,消耗量由技术因素决定的那部分变动成本,是企业管理当局的决策无法改变其支出数额的,并与业务量有明确的技术或实务关系的变动成本。例如,生产成本中主要受到设计方案影响、单耗相对稳定的外购零部件成本,以及在工资水平不变的前提下,流水作业生产岗位上的

工人的工资和福利费等都属于这类成本。

②酌量性变动成本。酌量性变动成本是指其单位消耗由客观因素决定,单位成本主要受企业管理部门决策影响的那部分变动成本。例如,在保证质量符合要求的前提下,企业从不同供货渠道购买到不同价格的某种材料,则消耗该材料的成本就属于酌量性变动成本。此外,在分散作业的计件工资制下,由于计件单价受管理部门决策的制约,使得相关工资成本也具有酌量性的特点。酌量性变动成本的降低,需要通过科学决策、降低材料采购成本或优化劳动组合,以及严格控制开支等手段来实现。

(3)混合成本

混合成本是指介于固定成本与变动成本之间的各项成本,同时包含固定成本与变动成本两种因素。混合成本的基本特征是其发生额虽受产量变动的影响,但其变动的幅度并不同产量的变动保持严格的比例关系。

混合成本按其变动趋势可分为半变动成本、半固定成本、延期变动成本和曲线式混合成本四种。

半变动成本。半变动成本又称标准式混合成本。这类成本由两部分组成:一部分是一个固定基数,一般不变,类似于固定成本;另一部分是在此基数上随着业务量的增长增加的成本,类似于变动成本。例如,企业需要缴纳的电话费、电费和水费,以及机器设备的维修保养费、销售人员的薪金等就属于半变动成本,因为这些费用中的一部分是基数,即不管本期是否使用或是否有业务量发生,都需要支付,属于固定成本的性质;另一部分则根据耗用量的多少或业务量的多少来计算,属于变动成本的性质。如图4-5所示。

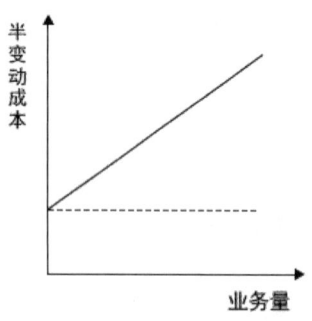

图4-5 半变动成本性态模型

半固定成本。半固定成本又称阶梯式混合成本,这类成本的特点是在一定业务量范围内,其发生额是固定的,但当业务量增长到一定限度,其发生额就突然跳跃到一个新的水平,然后在业务量增长的一定限度内,发生额又保持不变,直到另一个新的跳跃为止。在会计实务中,企业的化验员、运货员、检验员、保养工、领班等的工资,以及受班次影响的动力费、整车运输费、设备修理费等,都属于阶梯式混合成本。半固定成本性态模型如图4-6所示。

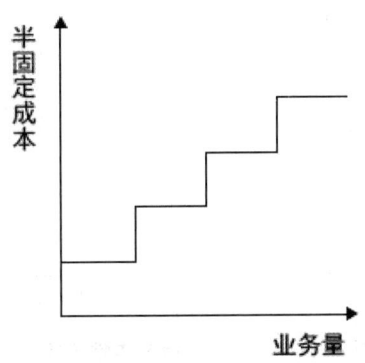

图 4-6 半固定成本性态模型

延期变动成本。延期变动成本又称低坡式混合成本。在一定的业务量范围内,其总额保持不变,一旦突破这一范围,其成本随业务量变动成正比例变动。延期变动成本在特定业务量范围内与固定成本类似,超过特定业务量范围发生的成本则与变动成本类似。例如,在正常工作时间的情况下,企业支付给职工的工资是固定的,但发生加班后,就要根据加班时间的长短按比例支付职工加班工资和津贴。这部分加班工资和津贴则呈现出变动成本的性质。如图4-7所示。

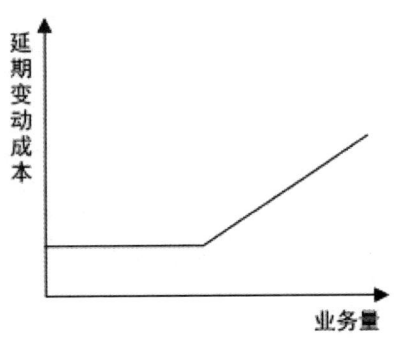

图 4-7 延期变动成本性态模型

曲线式混合成本。曲线式混合成本是指在没有业务量的情况下有一个初始量,当有业务量发生时,成本总额随业务量的变化而变化,但不呈直线关系,而是呈曲线关系。按照曲线斜率的不同变动趋势,这种曲线混合成本又可进一步细分为两种类型——递减型混合成本和递增型混合成本。

递减型混合成本是指有一个初始成本值,然后随着业务量的增加,成本随之逐步增加,但是成本的增加速度慢于业务量的增加速度。例如,热处理的电炉设备,每班都需要预热,因预热而耗电的成本属于固定成本性质;预热后进行热处理的耗电成本,则随业务量的增加逐渐上升,但是两者不成正比例变动,而呈曲线关系,并且随业务量的逐步增加,成本的上升速度越来越慢,即上升速度是递减的。如图4-8所示。

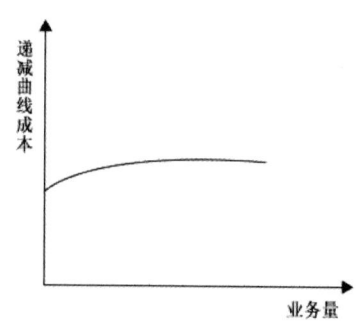

图 4-8 递减型混合成本性态模型

递增型混合成本是指有一个初始成本值,然后随业务量的增加,成本随之逐步增加,但是成本的增加速度快于业务量的增加速度。例如,累进计件工资、各种公积金、罚金等均属于递增型混合成本。当未超过约定产量或约定交货时间时,成本是固定不变的,类似于固定成本的性质。但是,在此基础之上,随着产量或延迟时间的增加,计件工资或违约金就随之上升,并且上升率是递增的。如图 4-9 所示。

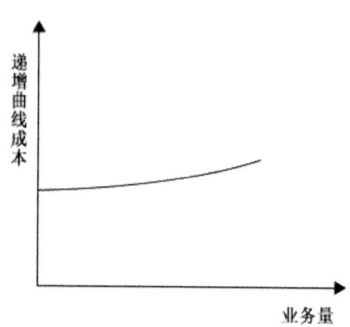

图 4-9 递增型混合成本性态模型

### (三) 成本性态分析

通过成本分类的分析,我们可以看出混合成本是一个既具有固定成本性质,又具有变动成本性质的双重性质成本。在实际经营中我们无法针对混合成本做出正确的成本与业务量之间的关系,也就无法为企业管理层做决策提供依据。

因此,我们要对成本性态进行分析,运用技术方法将业务范围之内发生的成本分解为固定成本和变动成本,并建立相应的成本函数模型的过程。总成本的函数模型通常用线性方程式 $y=a+bx$ 表示。其中,$y$ 表示成本总额;$a$ 表示固定成本总额,包括真正意义上的固定成本和混合成本中的固定部分;$b$ 表示单位变动成本;$x$ 表示变动成本总额,包括真正意义上的变动成本和混合成本中的变动部分;$x$ 表示业务量。通过成本性态分析,可以揭示成本和业务量之间的依存关系,从而为应用变动成本法进行本量利分析、预测分析、决策分析和全面预算等奠定基础。

具体计算方法主要包括高低点法和回归分析法。

1.高低点法

高低点法是指企业在过去某一阶段的总成本和业务量,以这些资料为基础,从中选择具有代表性的最高点和最低点,分解总成本得出成本模型。

高低点法的具体步骤如下:
(1)收集历史数据,找到特定时期对应的最高业务量水平和最低业务量水平及其分别对应的成本。
(2)将最低点和最高点的坐标代入成本函数,建立方程组。
(3)根据方程组计算求得成本函数对应的斜率和截距。

$$\text{最高点成本 } y = a + b \times \text{最高点业务量 } x$$
$$\text{最低点成本 } y = a + b \times \text{最低点业务量 } x$$

两式相减可得:

$$b = \frac{y_1 - y_2}{x_1 - x_2} = \frac{\text{最高点业务量混合成本} - \text{最低点业务量混合成本}}{\text{最高点业务量} - \text{最低点业务量}}$$

$$a = y_1 - bx_1 \text{ 或 } a = y_2 - bx_2$$

[例4—1] 某企业的机器工时与设备维修成本的历史数据如表4—1所示。

表4—1　　　　　　　　机器工时与设备维修成本变化情况

| 月份 | 机器工时(小时) | 维修成本(元) |
| --- | --- | --- |
| 1 | 400 | 3 600 |
| 2 | 500 | 4 300 |
| 3 | 550 | 4 700 |
| 4 | 650 | 5 600 |

请运用高低点法对其成本进行分解,并建立成本模型。对5月的维修费用进行预测(假设5月的机器工时为700小时)。

解:①确定高低点

4月的机器工时是650小时,为业务量最高点,其对应的维修成本是5 600元;1月的机器工时是400小时,为业务量最低点,其对应的维修成本是3 600元。

②运用公式,计算 $b$ 和 $a$

$$b = \frac{y_1 - y_2}{x_1 - x_2} = \frac{5\,600 - 3\,600}{650 - 400} = \frac{2\,000}{250} = 8 \text{ 元}$$

$$a = y_1 - bx_1 = 5\,600 - 8 \times 650 = 1\,120 \text{ 元}$$

③建立成本函数模型

$y = 1\,120 + 8x$

④假设5月的机器工时为700小时时,

$y = 1\,120 + 8 \times 700 = 6\,720$ 元

高低点法主要是利用数学中的"两点决定一条直线"的原理,其优点是计算简单,易于理解与计算。缺点是计算结果的误差比较大,代表性不强。主要适用企业的各期其成本变动幅度不大的成本费用项目。

2.回归分析法

回归分析法是指根据过去一定期间的业务量和成本资料,应用最小二乘法原理,算出最能代表业务量与成本关系的回归直线 $y = a + bx$,建立回归直线方程,确定固定成本和变动成本。

回归分析法的基本步骤：

(1)找到 $n$ 期的历史数据资料；

(2)用列表法对历史资料加工,求出 $n$、$\sum x$、$\sum y$、$\sum xy$、$\sum x^2$；

(3)按照公式求值；

(4)建立混合成本模型。

其中,$a$、$b$ 值的计算公式为：

$$b = \frac{n\sum xy - \sum x \sum y}{n\sum x^2 - (\sum x)^2}$$

$$a = \frac{\sum y - b\sum x}{n}$$

[例4—2]基本资料同[例4—1]。请运用回归分析法对其成本进行分解,并建立成本模型。对5月的维修费用进行预测(假设5月的机器工时为700小时)。

解：①找到 $n$ 期的历史数据资料并用列表法对历史资料加工,如表4—2所示。

表4—2　　　　　　　　　历史资料加工

| 月份 | 机器工时(小时) | 维修成本(元) | $xy$ | $x^2$ |
|---|---|---|---|---|
| 1 | 400 | 3 600 | 1 440 000 | 160 000 |
| 2 | 500 | 4 300 | 2 150 000 | 250 000 |
| 3 | 550 | 4 700 | 2 585 000 | 302 500 |
| 4 | 650 | 5 600 | 3 640 000 | 422 500 |
| $n=4$ | $\sum x = 2\ 100$ | $\sum y = 18\ 200$ | $\sum xy = 9\ 815\ 000$ | $\sum x^2 = 1\ 135\ 000$ |

②运用公式,计算 $b$ 和 $a$

$$b = \frac{n\sum xy - \sum x \sum y}{n\sum x^2 - (\sum x)^2} = \frac{4 \times 9\ 815\ 000 - 2\ 100 \times 18\ 200}{4 \times 1\ 135\ 000 - 4\ 410\ 000} = 8\ 元$$

$$a = \frac{n\sum y - b\sum x}{n} = 350\ 元$$

③建立混合成本模型

$$y = 350 + 8x$$

④假设5月的机器工时为700小时时

$$y = 350 + 8 \times 700 = 5\ 950\ 元$$

3.散布图法

散布图法又称布点图法、目测画线法,是指把过去一定时期的业务量及成本数据标明在坐标图上,形成散布图,通过目测,在各个成本点之间画一条能反映成本变动的平均趋势的直线。

散布图法的基本步骤：

(1)将相应坐标点分别标在坐标纸上,形成散布图。

(2)通过目测,画一条直线,尽可能使各坐标点距离此直线相等。

(3)读出直线截距 $a$。

(4)直线上任取一点求 $b$。

4.会计分析法

会计分析法也叫账户分析法,是指根据成本、费用账户的内容,直接判断其与业务量之间的相互变动关系,从而确定其成本性态的一种成本分析方法。

其优点是计算简便,便于比较分析。缺点是实际分析的工作量大,不适合大型企业的成本性态分析。主要依靠会计人员的专业判断,属于定性分析法。

5.技术测定法

技术测定法也叫工程研究法,是指企业根据生产过程中各种材料和人工成本消耗量的技术测定来划分固定成本和变动成本的方法。

此方法可能是最完备的方法,但是应用起来比较复杂,工作量大。其仅适用于没有历史数据可以参考、投入成本与产出数量之间有规律性联系的企业。

6.合同确认法

合同确认法是指企业根据订立的业务合同或是协议中关于支付费用的规定,来确认并估算哪些是变动成本,哪些是固定成本。此方法要配合账户分析法使用。

### 三、成本管理的工具方法

成本管理方法的选择与企业的成本管理战略及企业生命周期有着密切的关系。成本领先型成本管理战略适用于发展比较成熟的行业和阶段,它的战略定位于追求最大程度的成本降低,要求比较准确的成本信息,能够真实反映成本发生情况,企业通常倾向于选择能够准确计算成本的计算方法。因此,成熟的标准化产品一般采用"标准成本法"。差异化成本管理战略适用于发展尚未成熟的行业和阶段,它的战略定位于使产品同时具有独特性和成本优势,从而最终赢得市场竞争。差异化成本管理战略重视非成本因素在竞争中的作用,对日常成本信息的精确度要求不高,只要成本信息能够大致反映产品成本情况即可,因此企业选择成本计算方法时更加注重成本效益原则。这种情况下,企业通常着重于对新产品"目标成本"的规划。

从产品的生命周期而言,"目标成本法"主要适用于企业产品的研究开发和规划设计阶段;而"标准成本法""变动成本法""作业成本法"主要适用于产品投产后的制造阶段及产品成本形成后的考核评价阶段,在这一阶段企业又会由于生产特点及管理要求的差异而分别用"标准成本法""变动成本法""作业成本法"等方法。

# 任务二 变动成本法

## 一、变动成本法概述

在企业实际管理过程中,管理层经常会要求会计人员提供更加详细的成本数据,来支撑管理层的经营决策。会计人员为了获取企业管理层所需要的数据,就需要根据相关数据对成本进一步分解,采用变动成本来计算。

### (一)概念

变动成本法也叫直接成本计算法,是指以成本性态分析为前提条件,仅将生产过程中消耗的变动生产成本(包括直接材料、直接人工和变动制造费用)作为产品成本的内容,而将固定生产成本(固定制造费用)和非生产成本作为期间成本,直接由当期收益予以补偿的一种成本计算方法。

此种成本计算方法下,变动生产成本(也叫产品成本)和期间成本要严格加以区分,如表4-3所示。

表4-3　　　　　　　　　变动成本法的成本构成

| | | | |
|---|---|---|---|
| 产品成本的构成项目 | 变动生产成本 | 直接材料 | 变动成本 |
| | | 直接人工 | |
| | | 变动制造费用 | |
| 期间成本的构成项目 | 变动非生产成本 | 变动管理费用 | |
| | | 变动销售费用 | |
| | | 变动财务费用 | |
| | 固定非生产成本 | 固定管理费用 | 固定成本 |
| | | 固定销售费用 | |
| | | 固定财务费用 | |
| | 固定生产成本 | 固定制造费用 | |

变动成本法是根据企业内部管理的需求应运而生的,在20世纪30年代由美国会计学家哈里斯正式提出,在第二次世界大战后,变动成本法在美国被广泛接受和推广,并逐渐传到日本、加拿大等西方国家。20世纪70年代,变动成本法得到进一步推广,受到企业界和会计界的认同,并开始应用于企业内部管理,形成了一种成本计算制度,成为现代管理会计的重要内容。

## (二)理论依据

变动成本法下的产品成本只包括变动生产成本,而将固定制造费用作为期间成本,主要是基于以下两点理由:

1.固定制造费用应当作为期间成本处理。固定制造费用是为企业创造一定的生产经营条件,以便形成并保持企业的生产能力。生产能力一旦形成,不管是否使用、使用程度如何,费用始终都要发生并且其数额固定不变。因此,它与企业的实际生产数量没有直接联系,不会因企业产量的增减而发生变化。在这一点上,与管理费用等期间成本的特征相同,它们的发生及其数额与产量无关,但与企业的会计期间相关,随时间的推移而消失。所以,固定制造费用不应当计入产品成本,它与管理费用等期间成本一样不应递延到下一个会计期间,而应在费用发生的当期全部作为期间成本在当期损益中扣除。

2.产品成本只应该包括变动生产成本。管理会计认为,企业的生产能力形成后,管理者更关注企业生产适销对路的产品以及在生产产品的过程中与产量直接相关的费用(变动生产成本),而不会关心因形成生产能力而产生的固定制造费用。为了谋求企业效益最大化只有降低变动生产成本才能增强产品的盈利能力,最终实现企业的经营目标。变动成本法的产品成本构成正好可以实现企业的管理需求。

## (三)变动成本法的应用环境

企业应用变动成本法,除了应遵循《管理会计应用指引第 300 号——成本管理》中对应环境的一般要求外,企业所处外部环境和内部环境也应当满足相应的要求。

企业所处外部环境一般应具备以下特点:

1.市场竞争环境激烈,需要频繁进行短期经营决策;

2.市场相对稳定,产品差异化程度不大,以利于企业进行价格等短期决策。

企业所处内部环境一般应具备以下特点:

1.企业应保证成本基础信息记录完整,财务会计核算基础工作完善;

2.企业应建立较好的成本性态分析基础,具有划分固定成本与变动成本的科学依据,以及划分标准的使用流程与规范;

3.企业能够及时、全面、准确地收集与提供有关产量、成本、利润以及成本性态等方面的信息。

# 二、完全成本法概述

完全成本法也叫吸收成本法,是以按经济职能划分的成本为基础,在计算产品成本时,将生产过程中发生的全部成本(直接材料、直接人工、制造费用)计入产品成本,将非生产成本(包括管理费用、制造费用、财务费用)作为期间费用,在当期损益中扣除的一种成本计算法。

由于此法在计算成本时,要将生产过程中的全部成本作为产品成本和存货成本处理,所以称之为完全成本法。其具体成本构成如表 4-4 所示。

表 4-4　　　　　　　　　　　　完全成本法的成本构成

| 产品成本的构成项目 | 直接材料 | 制造成本 |
|---|---|---|
| | 直接人工 | |
| | 制造费用 | |
| 期间成本的构成项目 | 管理费用 | 非制造成本 |
| | 销售费用 | |
| | 财务费用 | |

# 三、变动成本法和完全成本法的具体应用

## (一)存货成本构成不同

变动成本法下,固定制造费用作为期间成本处理,无论期末是否有存货,都不影响期末存货成本水平,而是在当期实现的边际贡献中全部一次性扣除。

完全成本法下,固定制造费用需计入产品成本。如果期末有存货,则固定制造费用需要在本期销货和期末存货之间进行分配,其中一部分固定制造费用转化为本期的销售成本抵减本期的利润,而另一部分固定制造费用被期末存货吸收而递延至下期。因此,采取不同的成本计算方法,其销售成本与期末存货成本水平是不同的。

## (二)税前利润计算不同

变动成本法下,税前利润的计算:

$$边际贡献 = 销售收入 - 变动成本$$

$$税前利润 = 边际贡献 - 固定成本$$

其中:

$$销售收入 = 单价 \times 销售量$$

变动成本 = 变动生产成本 + 变动非生产成本

　　　　 = 单位产品变动生产成本 × 销售量 + 变动管理费用 + 变动销售费用固定成本

　　　　 = 固定制造费用 + 固定非生产成本

　　　　 = 固定制造费用 + 固定管理费用 + 固定销售费用

完全成本法下税前利润的计算:

$$销售毛利 = 销售收入 - 销售成本$$

$$税前利润 = 销售毛利 - 期间成本$$

其中:

$$销售收入 = 单价 \times 销售量$$

销售成本 = 期初存货成本 + 本期生产成本 - 期末存货成本

期间成本 = 管理费用 + 销售费用

　　　　 = 固定管理费用 + 固定销售费用 + 变动管理费用 + 变动销售费用

### (三)适用范围不同

变动成本法主要应用于有加强内部经营管理需要的企业,要求对成本进行规划和日常控制的,它适用于企业固定成本比重较大,当产品更新换代的速度较快时,分摊计入产品成本中的固定成本比重大,采用变动成本法可以正确反映产品盈利状况;企业规模大,产品或服务的种类多,固定成本分摊存在较大困难;企业作业保持相对稳定。

完全成本法是传统的成本计算法,主要依据公认会计原则汇集和分配企业一定时期所发生的生产费用,计算和确定产品成本和存货成本,它主要适用于财务会计系统编制对外的财务报表。

### (四)优缺点不同

1.变动成本法的主要优点是:

①区分固定成本与变动成本,有利于明确企业产品盈利能力和划分成本责任;

②保持利润与销售量增减相一致,促进以销定产;

③揭示销售量、成本和利润之间的依存关系,使当期利润真正反映企业经营状况,有利于企业经营预测和决策。

2.变动成本法的主要缺点是:

①计算的单位成本并不是完全成本,不能反映产品生产过程中发生的全部耗费;

②不能适应长期决策的需要。

3.完全成本法的主要优点是:

①产品成本包括直接材料、直接人工和制造费用,产量越大,单位产品固定制造费用就越低,使整个单位产品成本下降,从而刺激企业提高产品产量;

②产品成本既包括变动生产成本也包括固定制造费用,符合传统的成本概念;

③以成本的经济职能划分为基础确定产品成本的构成,不仅能提供完整的产品成本资料,而且便于直接编制和对外报送财务报表。

4.完全成本法的主要缺点是:

①难以说明企业经营实绩。一是盈利需要通过销售产品来实现,但是如果生产量大幅提高,即使在销售量不变甚至下降的情况下,其计算的税前利润可能仍会增加,可能导致企业盲目生产,形成产品积压。二是生产部门不采取任何降低变动生产成本的措施,只要大幅度提高产量,就可以降低产品单位成本,与生产部门通过节约能源和降低原材料消耗等方式而节约变动生产成本促使产品单位成本降低根本无法比较,不能反映生产部门的真实成绩;

②成本未按成本性态分为固定成本和变动成本,不适应企业预测、短期营运决策和编制弹性预算的需要;

③需要分摊固定制造费用,而且其分摊方法和分摊标准受会计人员主观判断的影响较大,计算繁琐,结果不准确。

### (五)利润表的编制方法不同

变动成本法下,利润表是按照变动成本法下税前利润的计算程序和公式编制的贡献式利润表。

[例4－3] 某企业生产、销售甲产品,相关资料如表4－5所示。

表4－5　　　　　　　　价格、成本和销售资料

| 项目 | 数量 | 项目 | 金额 |
|---|---|---|---|
| 期初存货量 | 0 | 直接材料 | 400元 |
| 本期投产完工量 | 80件 | 直接人工 | 480元 |
| 本期销售量 | 72件 | 变动制造费用 | 320元 |
| 期末存货量 | 8件 | 固定制造费用 | 240元 |
| 单位售价 | 50元/件 | 变动销售费用 | 72元 |
|  |  | 固定销售费用 | 100元 |
|  |  | 变动管理费用 | 72元 |
|  |  | 固定管理费用 | 100元 |

要求:按变动成本法计算方法,编制利润表。

表4－6　　　　　　　　贡献式利润表

| 销售收入 | 3 600 |
|---|---|
| 减:变动成本 |  |
| 　变动生产成本 | 1 200 |
| 　变动销售费用 | 72 |
| 　变动管理费用 | 72 |
| 　变动费用合计 | 1 344 |
| 边际贡献 | 2 256 |
| 减:固定成本 |  |
| 　固定制造费用 | 240 |
| 　固定销售费用 | 100 |
| 　固定管理费用 | 100 |
| 　固定成本合计 | 440 |
| 税前利润 | 1 816 |

完全成本法下,利润表是按照完全成本法下税前利润的计算程序和公式编制的职能式利润表。

[例4－4] 基本资料同[例4－3]。要求:按完全成本法计算方法,编制利润表。

表 4－7　　　　　　　　　　　　　职能式利润表

| | |
|---|---:|
| 销售收入 | 3 600 |
| 减：销售成本 | |
| 　期初存货成本 | 0 |
| 　本期生产成本 | 1 440 |
| 　可供销售成本 | 1 440 |
| 　期末存货成本 | 144 |
| 　销售成本合计 | 1 269 |
| 销售毛利 | 2 304 |
| 减：营业费用 | |
| 　销售费用 | 172 |
| 　管理费用 | 172 |
| 　营业费用合计 | 344 |
| 税前利润 | 1 960 |

# 任务三 标准成本法

## 一、标准成本法概述

### (一)标准成本法含义

标准成本法是指企业以预先制定的标准成本为基础,通过比较标准成本与实际成本,计算和分析成本差异、揭示成本差异动因,进而实施成本控制、评价经营业绩的一种成本管理方法。

标准成本一般包括历史标准成本、理想标准成本和正常标准成本三种。

1.历史标准成本是根据过去若干时期实际成本资料的平均值,并结合未来企业内外的变动因素而制定的标准成本。由于该标准的制定基础是以前若干会计期间实际成本的平均值,其中包含了实际成本中的浪费和低效率,因而不具有先进性。虽然该标准成本一般较易达到,但不能有效地实现成本控制的目标。

2.理想标准成本是指在现有的生产能力、技术装备、经营管理水平和生产工人技术发挥均达到最佳状态时,能够达到的最低成本。这种标准成本是在排除一切浪费和失误的基础上,由熟练工人在最佳状态下分毫无差完成的成本。换言之,它是整个生产过程材料无浪费、机器设备无故障、生产工人无闲置、产品无废品,从而生产效率达到最高、成本达到最低时的成本水平。这标准的优点是具有激励作用,但一般而言很难达到,易使责任单位丧失信心,因而缺乏现实的可操作性。一般企业很少采用理想标准成本。

3.正常标准成本是指在现有的生产能力、技术装备水平下,以合理的工作效率、有效的管理水平所能达到的成本水平。该标准成本考虑了生产过程中不可避免的合理范围内的损失和低效率,它是正常情况下的消耗水平,是应该发生的成本。该标准充分体现了标准成本先进性与可操作性的统一,因而比理想标准成本更具现实性。一般而言,正常标准成本大于理想标准成本。

由于理想标准成本要求异常严格,一般很难达到,而正常标准成本具有客观性、现实性和激励性等特点,所以,正常标准成本在实践中得到了广泛应用。

标准成本的制定既要充分发挥标准成本的控制作用,又要充分调动广大职工的积极主动性。标准成本的制定既要考虑成本目标的实现又要具有激励作用。标准太低缺乏激励作用,标准太高又往往会挫伤员工的积极性。所以,标准成本制定的原则是:标准的制定要贯彻企业的成本目标,同时要使各责任单位和责任人通过努力就能达到。

### (二)标准成本法的应用环境

企业应用标准成本法,除了应遵循《管理会计应用指引第 300 号——成本管理》中对应的环境的一般要求外,企业所处外部环境和内部环境也应当满足相应的要求。

企业应用标准成本法,要求处于较稳定的外部市场经营环境,且市场对产品的需求相对平稳。企业所处内部环境一般应具备以下特点：①企业应成立由采购、生产、技术、营销、财务、人力资源、信息等有关部门组成的跨部门团队，负责标准成本的制定、分解、下达、分析等；②企业能够及时、准确地取得标准成本制定所需要的各种财务和非财务信息。

### (三)标准成本法的应用程序

企业应用标准成本法，一般按照确定应用对象、制定标准成本、实施过程控制、成本差异计算与动因分析，以及修订与改进标准成本等程序进行。

(1)为了实现成本的精细化管理，企业应根据标准成本法的应用环境，结合内部管理要求，确定应用对象。标准成本法的成本对象可以是不同种类、不同批次或不同步骤的产品。

(2)企业制定标准成本，可由跨部门团队采用上下结合的模式进行，经企业管理层批准后实施。

(3)在制定标准成本时，企业一般应结合经验数据、行业标杆或实地测算的结果，运用统计分析、工程试验等方法，按照以下程序进行：①就不同的成本或费用项目，分别确定消耗量标准和价格标准；②确定每一成本或费用项目的标准成本；③汇总不同成本项目的标准成本，确定产品的标准成本。

## 二、标准成本法的应用

### (一)标准成本的理解

标准成本一般有两层含义：

一是指单位产品的标准成本。这是根据单位产品的标准消耗量和标准单价计算出来的，也称成本标准。其计算公式为：

$$单位产品标准成本 = 单位产品标准消耗量 \times 标准单价$$

二是指实际产量的标准成本。这是根据产品的实际产量和单位产品的标准成本计算出来的。其计算公式为：

$$标准成本 = 实际产量 \times 单位产品标准成本$$

### (二)标准成本法的实施步骤

企业应用标准成本法，一般按照确定应用对象、制定标准成本、实施过程控制、计算成本差异与分析动因，以及修订与改进标准成本等程序进行。

1.确定应用对象

为了实现成本的精细化管理，企业应根据标准成本法的应用环境，结合内部管理要求，确定应用对象。标准成本法的成本对象可以是不同种类、不同批次或不同步骤的产品。

2.制定标准成本

企业制定标准成本，可由跨部门团队采用"上下结合"的模式进行，经企业管理层批准后实施。

在制定标准成本时，一般应结合经验数据、行业标杆或实地测算的结果，运用统计分析、工程试验等方法，按照以下程序进行：

(1)就不同的成本或费用项目，分别确定消耗量标准和价格标准。

(2)确定每一成本或费用项目的标准成本。
(3)汇总不同成本项目的标准成本,确定产品的标准成本。

**3.实施过程控制**

企业应在制定标准成本的基础上,将产品成本及其各成本或费用项目的标准用量和标准价格层层分解,落实到部门及相关责任人,形成成本控制标准。各相关部门(或成本中心)应根据相关成本控制标准,控制费用开支与资源消耗,监督、控制成本的形成过程,及时分析偏离标准的差异及其成因,并及时采取措施加以改进。

**4.计算成本差异与分析动因**

在标准成本法的实施过程中,各相关部门(或成本中心)应对其所管理的项目进行跟踪分析。生产部门一般应根据标准用量、标准工时等,实时跟踪和分析各项耗用差异,从操作人员、机器设备、原料质量、标准制定等方面寻找差异的原因,采取应对措施,控制现场成本,并及时反馈给人力资源、技术、采购、财务等相关部门,共同实施事中控制。

**5.修订与改进标准成本**

企业应定期将实际成本与标准成本进行比较和分析,确定差异数额及性质,揭示差异形成的动因,落实责任中心,寻求可行的改进途径和措施。

### (三)标准成本法的计算

在制定标准成本时,无论是哪个成本项目,都需要分别确定其用量标准和价格标准,两者的乘积就是该项目的成本标准。即:

$$成本标准 = 用量标准 \times 价格标准$$

根据用量标准与价格标准制定出的目标标准成本可以是理想标准成本,也可以是正常标准成本。正常标准成本是一种经过主观努力可以达到的成本目标,也是实际工作中广泛采用的标准成本,因此,正常标准成本可以作为现行标准成本。

**1.接材料标准成本的制定**

直接材料的用量标准是在现有生产技术条件下生产单位产品所需要的材料数量。其用量标准中应当包括废品损失、产品整理挑选损耗等。直接材料的价格标准是事先确定的,是指购买材料应当支付的标准价格,包括买价、运杂费、保险费、包装费、检验费和运输途中合理损耗等成本费用。其计算公式为:

$$直接材料标准成本 = 单位产品的标准用量 \times 材料的标准单价$$

制定直接材料的标准用量,一般由生产部门负责,会同技术、财务、信息等部门,按照以下程序进行:

①根据产品的图纸等技术文件进行产品研究,列出所需的各种材料以及可能的替代材料,并说明这些材料的种类、质量以及库存情况。

②在对过去用料经验记录进行分析的基础上,采用过去用料的平均值、最高与最低值的平均数、最节省数量、实际测定数据或技术分析数据等,科学地制定标准用量。

制定直接材料的标准单价,一般由采购部门负责,会同财务、生产、信息等部门,在考虑市场环境及其变化趋势、订货价格以及最佳采购批量等因素的基础上综合确定。材料按计划成本核算的企业,材料的标准单价可以采用材料计划单价。

[例4—5]假定某公司生产A产品仅需要一种甲材料,经过工程技术人员测算,每生产单位A产品正常耗用甲材料2.1吨,生产过程允许损耗0.2吨,允许废品损失报废0.2吨。甲材料系外购取得,外购单价预计为每吨40元,运费为每吨9元,装卸及搬运费为每吨1元,求生产单位A产品耗用甲材料的标准成本。

直接材料标准成本＝单位产品的标准用量×材料的标准单价
$$=(2.1+0.2+0.2)\times(40+9+1)$$
$$=125\ 元$$

2.直接人工标准成本的制定

直接人工标准成本的制定体现了对人工成本的控制,在具体实务中,需要根据企业所采取的工资形式而使用不同的方式。在采用计件工资形式下,标准工资分配率是预定的每件产品支付的工资除以标准工时,或者是预定的小时工资;在采用月工资形式下,需要根据月工资总额和可用工时总量来计算标准工资率。

直接人工标准成本的制定需要确定直接人工的用量标准和价格标准。其中:用量标准是单位产品的标准工时,它是按产品的加工工序所需直接人工工时汇总而得的,是指在现有生产技术条件下,生产单位产品所需要的时间,包括直接加工操作必不可少的时间和必要的间歇与停工两部分;价格标准是指标准工资率,即单位小时工资费用标准分配率。其计算公式为:

**小时标准工资率＝标准工资总额÷标准总工时**
**直接人工标准成本＝单位产品的标准工时×小时标准工资率**

[例4—6]假定某公司生产A产品,经过技术测定,每件产品基本生产时间为30小时,允许休息时间为2小时,必要的整理时间为1小时,允许停工时间为2小时,允许的废品时间为3小时。每小时平均基本工资为4元,补贴为1元,求生产A产品的标准人工成本。

直接人工标准成本＝单位产品的标准工时×小时标准工资率
$$=(20+2+1+2+3)\times(4+1)$$
$$=190\ 元$$

3.制造费用标准成本的制定

制造费用标准成本分为变动制造费用标准成本和固定制造费用标准成本两部分。它们都是按部门分别编制的,然后将同一产品涉及的各部门制造费用标准成本加以汇总,得出整个产品的制造费用项目标准成本。

(1)变动制造费用项目标准成本。变动制造费用的标准用量可以是单位产量的燃料、动力、辅助材料等标准用量,也可以是产品的直接人工标准工时,或者是单位产品的标准机器工时。标准用量的选择需考虑用量与成本的相关性,制定方法与直接材料的标准用量以及直接人工的标准工时类似。变动制造费用的标准价格可以是燃料、动力、辅助材料等标准价格,也可以是小时标准工资率等。制定方法与直接材料的价格标准以及直接人工的标准工资率类似,其计算公式为:

**变动制造费用项目标准成本＝变动制造费用项目的标准用量×变动制造费用项目的标准价格**

(2)固定制造费用项目标准成本。制定固定制造费用标准,一般由财务部门负责,会同采购、生产、技术、营销、财务、人事、信息等有关部门,按照以下程序进行:

①依据固定制造费用的不同构成项目的特性,充分考虑产品的现有生产能力、管理部门的决策以及费用预算等,测算确定各固定制造费用构成项目的标准成本。

②通过汇总各固定制造费用项目的标准成本,得到固定制造费用的标准总成本。

③确定固定制造费用的标准分配率。标准分配率可根据产品的单位工时与预算总工时的比率确定。

其中,预算总工时是指由预算产量和单位工时标准确定的总工时。单位工时标准可以依据相关性原则在直接人工工时或者机器工时之间做出选择。

固定制造费用标准成本的计算顺序及公式如下:

固定制造费用标准成本由固定制造费用项目预算确定。

$$固定制造费用总成本=\sum 固定制造费用项目标准成本$$

$$固定制造费用标准分配率=单位产品的标准工时 \div 预算总工时$$

$$固定制造费用标准成本=固定制造费用总成本 \times 固定制造费用标准分配率$$

[例4-7]假定某公司现有生产能力充分发挥的条件下,预算期全年计划生产A产品的生产能量为16 500工时,生产A产品单位标准工时为38小时,公司预计全年将发生制造费用总额为107 250元,其中变动制造费用总额为82 500元,固定制造费用总额为24 750元,求A产品制造费用标准成本。

制造费用标准分配率=单位产品的标准工时÷预算总工时
$$=38 \div 16\ 500=0.002\ 303$$

变动制造费用项目标准成本=82 500×0.002 303=190元

固定制造费用项目标准成本=24 750×0.002 303=57元

### (四)标准成本差异的计算与分析

在标准成本法下,由于种种原因,企业在一定时期生产一定数量的产品所发生的实际成本与其标准成本可能不一致,它们之间的差额就是成本差异。

成本差异是指实际成本与相应标准成本之间的差额。当实际成本高于标准成本时,形成超支差异;当实际成本低于标准成本时,形成节约差异。

企业应用标准成本法的主要目标,是通过标准成本与实际成本的比较,揭示、分析标准成本与实际成本之间的差异,并按照例外管理的原则,对不利差异予以纠正,以提高工作效率,不断改善产品成本。

标准成本差异分为直接材料成本差异、直接人工成本差异和制造费用差异,直接材料成本、直接人工成本和变动制造费用都随着产品数量的增加而增加,都属于变动成本,其成本差异分析的方法基本相同。由于它们的实际成本高低取决于实际用量和实际价格,标准成本高低取决于标准用量和标准价格,因此其成本差异主要是因为实际用量脱离用量标准和实际价格脱离价格标准两方面产生的。所以,把变动成本差异分为用量差异和价格差异两类。用量差异反映由于直接材料、直接人工和变动制造费用等成本要素实际用量消耗与标准用量消耗不一致而产生的成本差异;价格差异反映由于直接材料、直接人工和变动制造费用等成本要素实际价格水平与标准价格不一致而产生的成本差异。

1.直接材料成本差异

直接材料成本差异是指直接材料实际成本与标准成本之间的差额,该项差异可分解为直接材料价格差异和直接材料数量差异。

直接材料价格差异是指在采购过程中,直接材料实际价格偏离标准价格所形成的差异;直接材料数量差异是指在产品生产过程中,直接材料实际消耗量偏离标准消耗量所形成的差异。

**直接材料成本差异＝实际成本－标准成本**
**　　　　　　　　　＝实际耗用量×实际单价－标准耗用量×标准单价**
**直接材料成本差异＝直接材料价格差异＋直接材料数量差异**
**直接材料用量差异＝(实际数量－标准数量)×标准价格**
**直接材料价格差异＝实际数量×(实际价格－标准价格)**

[例4－8] 某公司根据各项目的标准成本,编制出A产品的标准成本资料表,如表4－8所示;本月实际生产A产品400件,实际耗费成本资料,如表4－9所示。

表4－8　　　　　　　　　　　A产品的标准成本资料表

| 项目 | 数量标准 | 价格标准(元) | 标准成本(元) |
|---|---|---|---|
| 直接材料 | 2.5吨 | 50 | 125 |
| 直接人工 | 38小时 | 5 | 190 |
| 变动制造费用 | 38小时 | 5 | 190 |
| 固定制造费用 | 38小时 | 1.5 | 57 |
| 合计 | | | 562 |

表4－9　　　　　　　　　　　A产品的实际成本资料表

| 项目 | 单位数量 | 单位价格(成本)(元) | 总成本(元) |
|---|---|---|---|
| 直接材料 | 2吨 | 55(110) | 44 000 |
| 直接人工 | 40小时 | 6(240) | 96 000 |
| 变动制造费用 | 40小时 | 4.5(180) | 72 000 |
| 固定制造费用 | 40小时 | 1.8(72) | 28 800 |
| 合计 | | (602) | 240 800 |

则:

A产品直接材料价格差异＝2×(55－50)＝10(元)

A产品直接材料用量差异＝(2－2.5)×50＝－25(元)

由此可得,直接材料成本差异等于价格差异与用量差异之和,即:10＋(－25)＝－15(元),而直接材料成本差异又等于实际成本减去标准成本,即:2×55－2.5×50＝－15(元)。因此,直接材料价格差异与用量差异之和,应当等于直接材料成本的总差异。

一般来说,材料价格差异是在采购过程中形成的,应由采购部门负责。影响价格的因素很多,如材料规格和质量、物价上涨、采购批量大小、违反合同被罚款、送货方式、运输工具和距离、有无购货折扣等。但是,由于生产计划安排不合理或材料浪费等原因,导致采购部门采取应急措施,如因生产上的临时需要而进行紧急采购或组织小批量采购,由于运输方式的改变或不能享受数量折扣而引起的材料采购价格上升,则不应该由采购部门负责,而应由生产部门负责。再如,由于市场对产品的供求关系发生变化所引起的材料价格变动,也不应该由采购部门负责。

直接材料用量差异产生的原因是多方面的,主要是在材料耗用过程中形成的,例如,生产工人的责任心强弱、废品废料率的高低、设备状况等,这些都应由生产部门负责。但材料用量差异有时也可能由于采购部门片面为了压低进料价格,购进质量低劣的材料而增加了废品,或因材料规格不符合要求而大材小用,以致用料过多,则应由采购部门负责;又如机器或工具不适用或工艺变更等导致用料增加,则应由设备、工艺技术等部门负责。

2.直接人工成本差异

直接人工成本差异是指直接人工实际成本与标准成本之间的差异,该差异可分解为工资率差异和人工效率差异。

工资率差异是指实际工资率偏离标准工资率形成的差异,按实际工时计算确定;人工效率差异是指实际工时偏离标准工时形成的差异,按标准工资率计算确定。有关计算公式如下:

直接人工成本差异＝实际成本－标准成本
　　　　　　　　＝实际工时×实际工资率－标准工时×标准工资率
直接人工成本差异＝工资率差异＋人工效率差异
直接人工工资率差异＝实际工时×(实际工资率－标准工资率)
直接人工效率差异＝(实际工时－标准工时)×标准工资率

[例4－9]基本资料同[例4－8]。

则:

直接人工工资率差异＝40×(6－5)＝40(元)

直接人工效率差异＝(40－38)×5＝10(元)

由此可得,直接人工成本差异等于工资率差异与人工效率差异之和,即:40＋10＝50(元),而直接人工成本差异又等于实际成本减去标准成本,即:40×6－38×5＝50(元).因此,直接人工工资率差异与人工效率差异之和,应当等于直接人工成本的总差异。

工资率差异的原因复杂且难控制,一般来说应归属于人力资源部门管理,差异的具体原因会涉及生产部门或其他部门。工资率差异形成的原因主要有工资率的调整、直接生产工人升级或降级使用、出勤率变化、奖励制度未产生实效、加班或雇用临时工等。

直接人工效率差异形成的主要原因有工人技术的熟练程度、责任感、工作环境改变、劳动工人情绪波动、机器工具选用不当、加工设备的先进程度、作业计划的安排、产量太少无法发挥批量节约的优势等。直接人工效率差异主要由生产部门负责,但也不是绝对的。例如,由于材料采购的质量、要求等不符合生产要求,进而影响生产效率,由此而产生的直接人工效率差异的责任则主要应该由采购部门负责。

3.变动制造费用项目差异的计算与分析

变动制造费用项目的差异是指变动制造费用项目的实际发生额与变动制造费用项目的标准成本之间的差额,该差异可分解为变动制造费用项目的价格差异和变动制造费用项目的数量差异。

变动制造费用项目的价格差异是指燃料、动力、辅助材料等变动制造费用项目的实际价格偏离标准价格的差异;变动制造费用项目的数量差异是指燃料、动力、辅助材料等变动制造费用项目的实际消耗量偏离标准用量的差异。变动制造费用项目成本差异的计算和分析原理与直接材料和直接人工成本差异的计算和分析相同。其计算公式为:

变动制造费用项目的价格差异＝实际工时×(变动制造费用实际分配率－变动制造费用标准分配率)

变动造费用项目的数量差异＝(实际工时－标准工时)×变动制造费用标准分配率

[例4—10]基本资料同[例4—8]。

则：

变动制造费用项目的价格差异＝40×(4.5－5)＝－20(元)

变动制造费用项目的数量差异＝(40－38)×5＝－10(元)

由此可得，变动制造费用成本差异等于变动制造费用项目的价格差异加上变动制造费用项目的数量差异，即：(－20)＋10＝－10元)，而变动制造费用成本差异又等于实际成本与标准成本的差额，即：40×4.5－38×5＝－10(元)。因此，变动制造费用项目的价格差异与变动制造费用项目的数量差异之和，应当等于变动制造费用的总差异。

一般来说，变动制造费用成本差异是实际支出与按标准工时和标准分配率计算的预算数之间的差额，对于生产管理人员而言是可控的，该项责任通常归属到各生产部门。其变动制造费用项目的价格差异是生产部门经理的责任，他们有责任将变动制造费用控制在弹性预算限度之内。变动制造费用项目的数量差异是由于实际工时脱离了标准，多用工时导致的费用增加，因此其形成原因与人工效率差异相同。

4. 固定制造费用项目差异的计算与分析

固定制造费用不随产品数量的增加而增加，属于非变动成本。它与变动制造费用的差异分析不同，其分析方法有二因素分析法和三因素分析法两种。

(1)二因素分析法。二因素分析法是指将固定制造费用项目差异分为耗费差异和能量差异。

耗费差异是指固定制造费用的实际总额与固定制造费用预算总额之间的差额。由于固定制造费用不随业务量的变动而变动，因而在考核时不考虑业务量的变动，而以原来的预算数作为标准，实际数超过预算数即视为耗费过多。其计算公式为：

固定制造费用耗费差异＝固定制造费用实际总额－固定制造费用预算总额

能量差异是指固定制造费用预算总额与固定制造费用标准成本的差额，即实际业务量的标准工时与生产能量的差额用标准分配率计算的金额。其计算公式为：

固定制造费用能量差异＝固定制造费用预算总额－固定制造费用标准成本

＝固定制造费用预算数－实际产量×单位产品标准工时×固定制造费用标准小时分配率

[例4—11]基本资料同[例4—8]。

则：

固定制造费用耗费差异＝72－57＝15(元)

固定制造费用能量差异＝(38－40)×1.5×1.5＝－4.5(元)

固定制造费用成本差异＝耗费差异＋能量差异＝15－4.5＝10.5(元)

由以上计算可知，该公司本月A产品的固定制造费用超支10.5元。

(2)三因素分析法。三因素分析法是指将固定制造费用成本差异分为耗费差异、闲置能量差异和效率差异三部分。耗费差异的计算与二因素分析法相同，不同的是将二因素分析法中的"能量差异"进一步分为两部分：一部分是实际工时未达到标准能量而形成的闲置能量差异；另一部分是实际工时脱离标准工时而形成的效率差异。其计算公式如下：

固定制造费用耗费差异＝固定制造费用实际总额－固定制造费用预算总额
固定制造费用闲置能量差异＝固定制造费用预算总额－实际工时×固定制造费用标准分配率
＝(生产能量－实际工时)×固定制造费用标准分配率
固定制造费用效率差异＝实际工时×固定制造费用标准分配率－实际产量标准工时×单位标准工时×固定制造费用标准分配率
＝(实际工时－实际产量标准工时)×固定制造费用标准分配率

## 三、标准成本法的优缺点

标准成本法的主要优点是：①能及时反馈各成本项目不同性质的差异，有利于考核相关部门及人员的业绩；②标准成本的制定及其差异和动因的信息可以使企业预算的编制更为科学和可行，有助于企业的经营决策。

标准成本法的主要缺点是：①要求企业产品的成本标准比较准确、稳定，在使用条件上存在一定的局限性；②对标准管理水平要求较高，系统维护成本较高；③标准成本需要根据市场价格波动频繁更新，导致成本差异可能缺乏可靠性，降低成本控制效果。

标准成本法一般适用于产品及其生产条件相对稳定，或生产流程与工艺标准化程度较高的企业。

# 任务四 作业成本法

## 一、作业成本法概述

作业成本法最主要的创新是引入"成本动因"作为成本分配标准,而不是采用传统的数量分配标准。这种分配方法将产品同其所消耗的资源之间建立起一种更准确的因果关系,因而对现代企业的成本核算及管理具有重大意义。

### (一)作业成本法含义

作业成本法是指以"作业消耗资源、产品消耗作业"为原则,按照资源动因将资源费用追溯或分配至各项作业,计算出作业成本,然后再根据作业动因,将作业成本追溯或分配至各成本对象,最终完成成本计算的成本管理方法。

作业成本法起源于美国,由科勒首先提出。科勒发现在水力发电生产过程中,直接成本的比重很低,间接成本的比重很高,从根本上抨击了传统的按照工时比例分配间接费用的成本核算方法。后来,斯托布斯对ABC理论作了进一步研究。20世纪末,由于以计算机为主导的生产自动化、智能化程度日益提高,直接人工费用普遍减少,间接成本相对增加明显突破了制造成本法中直接成本比重较高的假定,导致ABC研究的全面兴起,代表人物有哈佛大学的罗伯特·卡普兰教授。

作业成本法的优势不仅在于它可以精确地计算成本,还在于其对于管理者如何才能降低成本、提高利润提供了更好的决策支持。作业成本法引导管理者关注的重点是作业,因为作业耗费资源,成本对象耗费作业,而减少成本就应该从减少资源耗费及控制耗费的作业量两个方面进行,这是一种更加科学的成本控制方法。

### (二)作业成本法中有关的概念

1.作业

作业成本法的首要工作就是作业的认定。作业是指企业基于特定目的重复执行的任务或活动,是连接资源和成本对象的桥梁。任何一项产品的形成都要消耗一定的作业,它是作业成本计算系统中最小的成本归集单元。作业贯穿产品生产经营的全过程,包括产品的设计、原材料的采购、生产加工,直至产品的发运销售。在这一过程中,每个环节、每道工序都可以视为一项作业。只要有作业发生,相关成本也会随之发生。

作业既可以是一项非常具体的任务或活动,如车工作业,也可以泛指一类任务或活动,如机加工车间所进行的车、刨、磨等所有作业可以统称为机加工作业,甚至可以将机加工作业、产品组装作业等统称为生产作业。

作业可以根据不同的标准从不同的角度进行分类:

(1)按消耗对象不同,作业可分为主要作业和次要作业。主要作业是被产品、服务或客户等最终成本对象消耗的作业。次要作业是被原材料、主要作业等介于中间地位的成本对象消耗的作业。例如,产品设计与改良属于企业技术部门的主要作业,技术人员参加会议,进行专项培训则属于次要作业。

(2)按对顾客价值的贡献,作业可分为增值作业和非增值作业。增值作业是指能够给顾客带来附加价值,从而为企业带来利润的作业,它们是制造产品所必需的作业。非增值作业是指即使消除不必要的或可以消除的作业,也不影响产品对顾客服务的潜能。因而,从满足顾客和社会需要的角度来看,非增值作业是一种浪费,企业将此类作业耗费计入期间费用。例如,企业内部产品的搬运作业、质量损失等。

(3)按受益对象、层次和重要性,作业可分为以下五类:①产量级作业,是指明确地为个别产品(或服务)实施的、使单个产品(或服务)受益的作业。该类作业的数量与产品(或服务)的数量成正比例变动,包括产品加工、检验等。②批量级作业,是指为一组(或一批)产品(或服务)实施的、使组(或批)产品(或服务)受益的作业。该类作业的发生是由生产的批量数而不是单个产品(或服务)引起的。其数量与产品(或服务)的批量数成正比例变动,包括设备调试、生产准备等。③品种级作业,是指为生产和销售某种产品(或服务)实施的、使该种产品(或服务)的每个单位都受益的作业。该类作业用于产品(或服务)的生产或销售,但独立于实际产量或批量,其数量与品种的多少成正比例变动,包括新产品设计、现有产品质量与功能改进、生产流程监控、工艺变换需要的流程设计、产品广告等。④客户级作业,是指为服务特定客户所实施的作业。该类作业保证企业将产品(或服务)销售给个别客户,但作业本身与产品(或服务)数量独立,包括向个别客户提供的技术支持活动、咨询活动、独特包装等。⑤设施级作业,是指为提供生产产品(或服务)的基本能力而实施的作业。该类作业是开展业务的基本条件,其使所有产品(或服务)都受益,但与产量或销量无关,包括管理作业、针对企业整体的广告活动等。

2.资源

执行任何一项作业都要耗费一定的资源,企业作业活动系统所涉及的人力、物力都属于资源。一个企业的资源包括直接材料、直接人工、间接制造费用。为便于将资源费用直接追溯或分配至各作业中心,企业还可以按照资源与不同层次作业的关系,将资源分为以下五类:(1)产量级资源,包括为单个产品(或服务)所取得的原材料、零部件、人工、能源等;(2)批量级资源,包括用于生产准备、机器调试的人工等;(3)品种级资源,包括为生产某一种产品(或服务)所需要的专用化设备、软件或人力等;(4)客户级资源,包括为服务特定客户所需要的专门化设备、软件和人力等;(5)设施级资源,包括土地使用权、房屋及建筑物,以及所保持的不受产量、批量、产品、服务和客户变化影响的人力资源等。

在作业成本法下,资源就是作业成本法下的分配对象,资源被分配给作业,作业再分配给产品,企业为执行每一种作业所消耗的资源费用的总和,构成该种作业的总成本。

3.作业中心设计

作业中心设计是指企业将确定的所有作业按照一定的标准进行分类,形成不同的作业中心,作为资源费用追溯或分配对象的过程。

作业中心(又称成本库)可以是某一项具体的作业,也可以是由若干个相互联系的能够实现某种特定功能的作业的集合。一个企业往往有很多作业,把多个作业归入作业中心有助于管理层从数据中快速地查找到有用信息。通常一个作业中心就是生产流程的一个组成部分,企业可以把相同的成本动因引起的作业集合设置为一个作业中心,作业中心内的作业活动同质性越高,准确性就越好。

4.成本动因

成本动因是指诱导成本发生的原因,是成本对象与其直接关联的作业和最终关联的资源之间的中介。成本动因通常以作业活动耗费的资源来度量。例如,产量增加时,直接材料成本就增加,产量是诱导直接材料成本发生的原因,即直接材料的成本动因检验成本随着检验次数的增加而增加,检验次数就是诱导检验成本发生的原因,即检验成本的成本动因。在作业成本法下,成本动因是成本分配的依据,按其在资源流动中所处位置和作用,成本动因可分为资源动因和作业动因。

(1)资源动因

资源动因是引起资源耗用的成本动因,它反映了资源耗用与作业量之间的因果关系。资源动因选择与计量为将各项资源费用归集到作业中心提供了依据。企业应识别当期发生的每一项资源消耗,分析资源耗用与作业中心作业量之间的因果关系,选择并计量资源动因。例如,电费消耗为2 000元,这是资源消耗,多项作业都需要电,那么度数就是一个资源动因;再如搬运设备所消耗的燃料,与搬运的工作时间、搬运次数或搬运量有关,那么可选择搬运的工作时间、搬运次数或者搬运量作为该项作业成本的资源动因。以该作业的资源动因为分配基础,计算资源动因分配率,并将所消耗资源费用按资源动因分配率分给各作业成本库。

其计算公式为:

**资源动因分配率＝资源费用÷各项作业消耗的资源动因数量**

**分配到某作业成本库中的该项资源＝该成本库各项作业消耗的资源动因数量**
**×资源动因分配率**

**某作业成本库耗用的资源费用＝Σ(该成本库各项作业消耗的资源动因数量×资源动因分配率)**

[例4-12]某家具生产厂家10月木材材料费支出100 000元,其主要作业可以划分为切割板材、组装成型、刷漆加固,从事上述三项作业的工时分别是30小时、90小时、40小时。

要求:计算每项作业的工时成本。

解:上述资源消耗为100 000元,资源动因为机器工时,则:

资源动因(机器工时)分配率＝100 000÷(30＋90＋40)＝625(元/人)

切割板材分配的机器工时＝30×625＝18 750(元)

组装成型分配的机器工时＝90×625＝56 250(元)

刷漆加固分配的机器工时＝40×625＝25 000(元)

(2)作业动因

作业动因是引起作业耗用的成本动因,反映了作业耗用与最终产出的因果关系,是将作业成本分配到流程、产品、分销渠道、客户等成本对象的依据。作业中心仅包含一种作业的情况下,所选择的作业动因应该是引起该作业耗用的成本动因;作业中心由若干个作业集合而成的情况下,企业可采用回归分析法或分析判断法,分析比较各具体作业动因与该作业中心成本之间的相关关系,选择相关性最大的作业动因,作为作业成本分配的基础,计算作业成本动因分配率,并将作业成本库归集的成本分配给产品。例如,订单处理作业,作业成本与其产品订单的处理份数有关,处理份数即为作业动因。再如,机器调整作业,作业成本与其产品所需的机器调整次数有关,就可按照机器调整次数向产品分配这项作业的成本。其计算公式为:

$$作业动因分配率＝作业成本÷该项作业动因总量$$
$$分配到某产品的该项作业成本＝该产品耗用的作业动因量×该项作业中心作业动因分配率$$
$$某产品耗用的作业成本＝(该产品耗用的作业量×作业动因分配率)$$

[例4－13]承[例4－12]某家具生产厂家10月木材材料费支出100 000元,其中切割板材支出18 750元,该家具厂生产桌子、椅子和书柜,耗用板材比例为2∶3∶1。

解：作业动因是板材耗用,成本计算对象为桌子、椅子和书柜三种产品。

作业动因分配率＝18 750÷(2＋3＋1)＝3 125(元/次)

桌子分配的直接材料成本＝2×3 125＝6 250(元)

椅子分配的直接材料成本＝3×3 125＝9 375(元)

书柜分配的直接材料成本＝1×3 125＝3 125(元)

### (三)作业成本法的应用环境

企业应用作业成本法,除了应遵循《管理会计应用指引第300号——成本管理》中对应用环境的一般要求外,企业所处外部环境和内部环境也应当满足相应的要求。

企业应用作业成本法所处外部环境,一般应具备以下特点：

①客户个性化需求较高,市场竞争激烈；

②产品的需求弹性较大,价格敏感度高。

企业所处内部环境一般应具备以下特点：

①企业应基于作业观,即企业作为一个为最终满足客户需要而设计的一系列作业的集合体,进行业务组织和管理；

②企业应成立由生产、技术、销售、财务、信息等部门的相关人员构成的设计和实施小组,负责作业成本系统的开发设计与组织实施工作；

③企业应能够清晰地识别作业、作业链、资源动因和成本动因,为资源费用以及作业成本的追溯或分配提供合理的依据；

④企业应拥有先进的计算机及网络技术,配备完善的信息系统,能够及时、准确地提供各项资源、作业、成本动因等方面的信息。

### (四)作业成本法的应用程序

企业应用作业成本法,一般按照资源识别及资源费用的确认与计量、成本对象选择、作业认定、作业中心设计、资源动因选择与计量、作业成本汇集、作业动因选择与计量、作业成本分配、作业成本信息报告等程序进行。

1.确认和计量各种资源费用,将资源费用归集到设立的各个资源库。资源费用是指企业在一定期间开展经活动所发生的各项资源耗费。资源费用既包括房屋及建筑物、设备、材料、商品等有形资源的耗费,也包括信息、知识产权、土地使用权等各种无形资源的耗费,还包括人力资源耗费以及其他各种税费支出等。

企业应确认并计量各项资源费用,为耗费的每类资源设立资源库,并将一定期间耗费的资源按照资源库进行归集。

2.进行作业认定,确认主要作业,并建立相应的作业中心。作业认定是指企业识别由间接或辅助的资源执行的作业集,确认每一项作业完成的工作以及执行该作业所耗费的资源费,主要是对企业每项消耗资源的作业进行识别、定义和划分。通过调查表法和座谈法进行作业认定，依据每项作业在生产经营活动中的作用，区分主要作业和次要作业，将同质的作业确认为作业中心，一个作业中心就是生产程序的一个部分。例如，检验部门就是一个作业中心。

3.确定资源动因，进行作业成本归集，计算各项作业总成本。作业成本归集是指企业根据资源耗用与作业之间的因果关系，将所有的资源成本直接追溯或按资源动因分配至各作业中心，计算各作业总成本的过程。在归集的过程中应遵循以下原则：①对于为执行某种作业直接消耗的资源费用，应直接追溯至该作业中心；②对于为执行两种或两种以上作业共同消耗的资源费用，应按照各作业中心的资源动因量比例分配至各作业中心，企业为执行每一种作业所消耗的资源费用的总和，构成该种作业的总成本。因此，要分析作业成本与资源费之间的关系，就要确定形成每种作业成本的资源动因。例如，引起材料整理作业发生的资源动因可能是整理工作人员的工人数、整理工作所消耗的能源数等；引起机器设备调整准备作业成本的资源动因可能是机器设备调整准备的工时、调整准备所消耗材料数等；生产线上产品运送作业成本发生的资源动因可能是生产线上人工数量、运输设备的折旧等。

4.确定作业动因，计算作业动因分配率，归集各产品应负担的作业成本。作业动因需要在交易动因、持续时间动因和强度动因间进行选择。其中，交易动因是指用执行频率或次数计量的成本动因，包括接收或发出订单数、处理收据数等；持续时间动因是指用执行时间计量的成本动因，包括产品安装时间、检查小时等；强度动因是指不易按照频率、次数或执行时间进行分配而需要直接衡量每次执行所需资源的成本动因，包括特别复杂产品的安装质量检验等。企业如果每次执行所需要的资源数量相同或接近，应选择交易动因；如果每次执行所需要的时间存在显著的不同，应选择持续时间动因；如果作业的执行比较特殊或复杂，应选择强度动因。

5.计算各成本对象的总成本和单位成本。成本对象是指企业追溯或分配资源费用计算成本的对象物。成本对象可以是工艺、流程、零部件、产品、服务、分销渠道、客户、作业、作业链等需要计量和分配成本的项目。其计算公式为：

**某成本对象总成本＝直接追溯至该成本对象的资源费用＋分配至该成本对象的各项作业成本之和**

其中，

**直接追溯至该成本对象的资源费用＝直接材料成本＋直接人工成本**
**某成本对象单位成本＝该成本对象总成本÷该成本对象的产出量**

## 二、作业成本法的基本原理

作业成本法下，费用的分配与归集是基于以下认识进行的：
①作业消耗资源，产品消耗作业；
②生产导致作业的发生，作业导致成本的发生。

作业成本法对直接材料、直接人工等直接成本的核算与完全成本法一样，都采用直接追溯法计入产品成本。其区别主要体现在制造费用的分配上。作业成本法下对制造费用的分配采用动因追溯的方式进行。如图4－10所示。

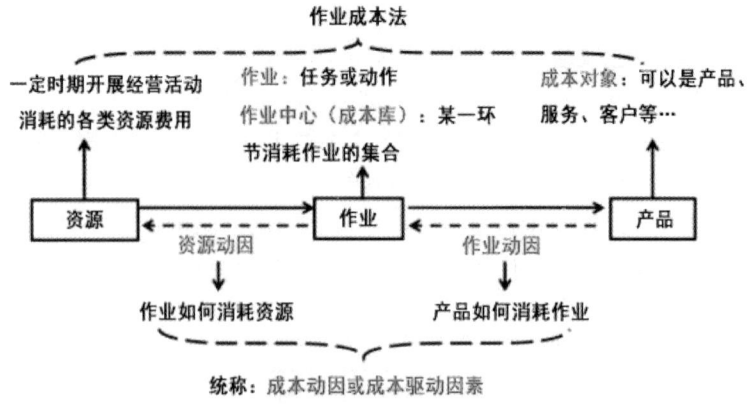

图 4—10 作业成本法基本原理

## 三、作业成本法的优缺点

作业成本法的主要优点是:能够提供更加准确的各维度成本信息,有助于企业提高产品定价、作业与流程改进、客户服务等决策的准确性;改善和强化成本控制,促进绩效管理的改进和完善;推进作业基础预算,提高作业、流程、作业链(或价值链)管理的能力。

作业成本法的主要缺点是:部分作业的识别、划分、合并与认定,成本动因的选择以及成本动因计量方法的选择等均存在较大的主观性,操作较为复杂,开发和维护费用较高。

作业成本法一般适用于具备以下特征的企业:作业类型较多且作业链较长;同一生产线生产多种产品;企业规模较大且管理层对产品成本准确性要求较高;产品、客户和生产过程多样化程度较高;间接或辅助资源费用所占比重较大等。

# 任务五 目标成本法

## 一、目标成本法概述

目标成本法起源于20世纪60年代初期日本丰田汽车公司。美国哈佛大学罗宾·库帕尔指出,"许多公司总是先设计好产品,再计算被设计产品的代价,然后看看能否以这个价格水平卖出该产品",而日本公司却将这种程序完全倒过来,即"先将某种新产品的成本或售价确定为×,然后回过头去实现这一目标"。

目标成本法是指企业以市场为导向,以目标售价和目标利润为基础确定产品的目标成本,从产品设计阶段开始,通过各部门、各环节乃至与供应商的通力合作,共同实现目标成本的成本管理方法。

其核心工作是制定企业新产品的目标成本,并不断改进产品与工序设计,从而确保新产品的成本小于或等于目标成本。这种方法使得成本成为产品开发过程中积极的因素,而不是事后消极的结果。目标成本法一般适用于制造业企业成本管理,也可在物流、建筑、服务等行业应用。目标成本法的应用也充分体现了"业财融合"的思维。

## 二、目标成本法的适用范围

目标成本法通常适用于制造业企业成本管理,也可在物流、建筑、服务等行业应用。其主要适用于那些产品销售价格变化不大的行业和企业。

## 三、目标成本法的应用环境

目标成本法的应用环境主要包括以下五个方面。

### (一)应用目标成本法的一般要求

企业应用目标成本法,应当遵循《成本管理指引》对应用环境的一般要求。这意味着成本管理的应用环境同样适用于目标成本法,体现了管理会计指引中概括性指引与工具方法指引之间的关系。

### (二)应用目标成本法的产品要求

企业应用目标成本法,要求处于比较成熟的买方市场环境,且产品的设计、性能、质量、价值等呈现出较为明显的多样化特征。当市场由"卖方市场"转化为"买方市场"时,竞争者之间的产品差异正在逐渐缩小,产品的多样性不断丰富,企业对于产品市场价格的影响能力越来越有限,为了实现目标利润,就应当以市场为导向应用目标成本法。

### (三)应用目标成本法的目标要求

企业应该以创造和提升顾客价值为前提,以成本降低或成本优化为主要手段,谋求竞争中的成本优势,保证目标利润的实现。目标成本法要求关注顾客、产品及流程设计决策过程,且应该同时考虑顾客对质量、成本、时间的要求,并以此引导成本分析。在产品的设计分析时,企业应该立足于产品性能与产品成本之间的平衡关系,通过产品设计降低制造成本。

### (四)应用目标成本法的团队要求

企业应当成立由研究与开发、工程、供应、生产、营销、财务、信息等有关部门组成的跨部门团队,负责目标成本的制定、计划、分解、下达与考核,并建立相应的工作机制,有效地协调有关部门之间的分工与合作。产品成本的控制涉及企业的各个部门和人员,必须多部门协同合作。跨部门团队的成员来自不同的职能领域,提供了全面多样的视角,可以更好地完成确定的成本目标。

### (五)应用目标成本法的信息要求

企业能够及时、准确地取得目标成本计算所需的产品售价、成本、利润以及性能、质量、工艺、流程、技术等方面各类非财务信息。这是应用目标成本法的信息要求。目标成本管理应从产品设计研制开始,对材料采购、库存、生产、销售直至售后服务整个过程实施全面管理,因此需要各阶段的财务数据与非财务信息。

## 四、目标成本法的应用程序

企业应用目标成本法的应用程序一般包括:确定应用对象、成立跨部门团队、收集相关信息、计算市场容许成本、设定可实现目标成本、分解可实现目标成本、落实可实现目标成本责任、考核成本管理绩效以及成本管理的持续改善。

### (一)确定应用对象

企业应根据目标成本法的适用范围及其应用环境,综合考虑产品的产销量和盈利能力等因素,确定应用对象。

企业一般应将拟开发的新产品作为目标成本法的应用对象,或选择那些功能与设计存在较大的弹性空间、产销量较大且处于亏损状态或盈利水平较低、对企业经营绩效具有重大影响的老产品作为目标成本法的应用对象。

企业在确定目标成本法的应用对象时,应该考虑重要性原则,选择对企业经营有较大影响的产品以及产品成本有较大改善空间的产品。

### (二)成立跨部门团队

在企业负责目标成本管理的跨部门团队之下,可以建立成本规划、成本设计、成本确认、成本实施等小组,各小组根据管理层授权协同合作完成相关工作。

(1)成本规划小组由业务及财务人员组成,负责设定目标利润,制定新产品开发或老产品改进方针,考虑目标成本等。该小组的职责主要是收集相关信息、计算市场驱动产品成本等。

(2)成本设计小组由技术及财务人员组成,负责确定产品的技术性能、规格,负责对比各种成本因素,考虑价值工程,进行设计图上成本降低或成本优化的预演等,该小组的职责主要是可实现目标成本的设定和分解等。

(3)成本确认小组由有关部门负责人技术及财务人员组成,负责分析设计方案或试制评价的结果,确认目标成本,进行生产准备、设备投资等。该小组的职责主要是可实现目标成本设定与分解的评价和确认等。

(4)成本实施小组由有关部门负责人及财务人员组成,负责确认实现成本规划的各种措施,分析成本控制中出现的差异,并提出对策,对整个生产过程进行分析、评价等。该小组的职责主要是落实目标成本责任,考核成本管理绩效。

### (三)收集相关信息

目标成本法的应用需要企业研究与开发、工程、供应、生产、营销、财务和信息等部门收集与应用对象相关的信息,这些信息通常包括:

(1)产品成本构成及材料工费等财务及非财务信息;
(2)产品功能及其设计、生产流程与工艺等技术信息;
(3)材料的主要供应商供求情况、市场价格及其变动趋势等信息;
(4)产品的主要消费群体、分销方式和渠道、市场价格及其变动趋势等信息;
(5)本企业及同行业标杆企业产品盈利水平等信息;
(6)其他相关信息。

这些信息来自各个部门,与产品的生产和销售有关。因此,需要跨部门团队人员提供信息。

### (四)计算市场容许成本

市场容许成本是指目标销售价格减去目标利润之后的余额。目标销售价格的设定应该综合考虑顾客感知的产品价值、竞争产品的预期相对功能和销售价格,以及企业针对该产品的战略目标等因素。而目标利润的设定应当综合考虑利润预期、历史数据、竞争地位分析等因素。

根据上年度的经营状况和本年度的市场预测,企业可以预测本年的销售收入,再根据预先设定的目标利润,计算出市场容许成本。

其计算公式为:

**市场容许成本=目标销售价格-目标利润**

### (五)设定可实现的目标成本

企业应当将容许成本与新产品设计成本或老产品当前成本进行比较,确定差异及成因,设定可实现的目标成本。

企业通常采取价值工程,拆装分析、流程再造、全面质量管理、供应链全程成本管理等措施和手段,求消除当前成本或设计成本偏离容许成本差异的措施,使容许成本转化为可实现的目标成本。

### (六)分解可实现的目标成本

企业应该按主要功能分解可实现的目标成本,确定产品所包含的每个零部件的目标成本。在分解时应首先确定主要功能的目标成本,寻求实现这种功能的方法,并把主要功能和主要功能的目标成本分配给零部件,形成零部件目标成本;其次,应该将零部件级目标成本转化为供应商的目标销售价格。

### (七)落实可实现目标成本责任

企业应当将设定的可实现目标成本、功能级目标成本、零部件级目标成本和供应商目标售价进一步量化为可控制的财务与非财务指标,落实到各责任中心,形成各责任中心的责任成本和成本控制标准,并辅以相应的权限,将各目标成本落到实处。

目标成本是一个总括的奋斗目标,不便于日常成本控制。因此,目标成本确定之后,还要根据责任会计的要求,把目标成本层层分解为各责任中心的责任成本,并形成责任预算,落实到各有关责任中心,形成一个多层次的成本控制网络。

### (八)考核成本管理绩效

企业应当依据各责任中心的责任成本和成本控制标准,按照绩效考核制度和办法,定期考核和评价成本管理绩效,为各责任中心和人员的激励奠定基础。

通过成本管理绩效的考核和评价,各责任中心可以认识到目标成本和现实成本的差距,并分析原因,同时也可以激发员工的工作积极性。

### (九)成本管理的持续改善

企业应当定期将产品的实际成本与设定的可实现目标成本进行对比,确定其差异及其性质,分析差异的成因,提出消除各种重要不利差异的可行途径和措施,进行可实现目标成本的重新设定、再达成,推动成本管理的持续优化。

比较现实成本和目标成本的差别,分析差异产生的根源。如果目标成本不切合实际,可以选择性地修订目标成本;如果经营活动存在不足,则调整部门的执行情况,更好地实现目标成本。

## 五、目标成本法的优缺点

### (一)目标成本法的主要优点

1.突出从原材料到产品出货全过程成本管理,有助于提高成本管理的效率和效果。
2.强调产品生命周期成本的全过程和全员管理,有助于提高顾客价值和产品市场竞争力。
3.谋求成本规划与利润规划活动的有机统一,有助于提升产品的综合竞争力。

目标成本法在产品生命周期的初始阶段就注重成本的降低。通过透彻的分析,有助于避免后续生产过程的大量无效劳动,耗费无谓的成本,从而实现降低成本的目的。此外,目标成本法以顾客为导向可以提高企业竞争优势,拓宽企业的市场份额。

### (二)目标成本法的主要缺点

目标成本法的应用不仅要求企业拥有各类人才,更需要各个相关部门和人员的通力协作,管理水平的要求也比较高。

目标成本法需要合理地预测未来市场的变化和目标利润。这就需要经营者具有前瞻性视野并深刻洞察市场。此外,企业确定目标成本之后,还要求各部门严格执行,因而要求各部门的参与度较高,这不是每个企业都可以做到的。

**【任务实施】**

各项差异计算结果如下：

材料用量差异＝(54 600－9 000×5)×1＝9 600元(不利差异)

材料价格差异＝(1.02－1)×54 600＝1 092元(不利差异)

直接人工效率差异＝(26 800－9 000×3)×2＝－400元(有利差异)

直接人工工资率差异＝(54 940/26 800－2)×26 800＝1 340元(不利差异)

变动制造费用耗费差异＝(53 500/26 800－2)×26 800＝－100元(有利差异)

变动制造费用效率差异＝(26 800－9 000×3)×2＝－400元(有利差异)

固定制造费用耗费差异＝30 000－30 000＝0

固定制造费用能力利用差异＝(30 000－26 800)×30 000/3 000＝3 200元(不利差异)

固定制造费用效率差异＝(26 800－9 000×3)×30 000/30 000＝－200元(有利差异)

通过上述差异的揭示，经过深入基层分析，可看出该车间在成本管理方面还存在很大的缺陷，在材料用量上不能够很好地遵守定额，致使材料超支9 600余元，应加强职工技能的提高；在间接费管理上控制开支不利，生产能力还有闲置，不能充分利用，因此车间主任负有责任。应责成车间主任制定完善的保证措施，把成本控制在标准成本之内。

对上述差异会计处理如下：

1.借：生产成本　　　　　　　　　　　　45 000
　　材料用量差异　　　　　　　　　　9 600
　　材料价格差异　　　　　　　　　　1 092
　　贷：原材料　　　　　　　　　　　　　　　55 692

2.借：生产成本　　　　　　　　　　　　45 000
　　工资率差异　　　　　　　　　　　13 400
　　贷：人工效率差异　　　　　　　　　　　　400
　　　　应付职工薪酬　　　　　　　　　　　54 940

3.借：生产成本　　　　　　　　　　　　54 000
　　贷：变动制造费用效率差异　　　　　　　　400
　　　　变动制造费用耗费差异　　　　　　　　100
　　　　变动制造费用　　　　　　　　　　　53 500

4.借：期间费用　　　　　　　　　　　　27 000
　　固定制造费用能力利用差异　　　　3 200
　　贷：固定制造费用效率差异　　　　　　　　200
　　　　固定制造费用　　　　　　　　　　　30 000

**【任务实操】**

请登录TTC实训平台，完成模拟实训任务。

**【项目知识点巩固】**

一、单项选择题

1.单位变动成本和业务量之间的关系是( )。
   A.正比关系    B.反比关系    C.部分正比,部分反比    D.不受影响,保持不变

2.某公司的销售总额为 2 400 万元,变动成本法下产品成本总额为 1 000 万元,固定成本为 500 万元,非生产成本为 200 万元,则该公司的营业毛利为( )。
   A.1 400 元    B.1 200 元    C.900 元    D.700 元

3.最精确的分解混合成本的方法是( )。
   A.高低点法    B.回归分析法    C.散布图法    D.账户分析法

4.在( )情况下完全成本法确认的营业利润会小于变动成本法计算的利润。
   A.当期初存货为零,而期末存货不为零时
   B.当期末存货为零,而期初存货不为零时
   C.期初存货和期末存货都为零
   D.以上条件都错误

5.由于生产上的需求,对那些材料进行小批量的紧急订货,由此产生的材料价格不利差异应由( )负责。
   A.仓储部门    B.销售部门    C.生产部门    D 采购部门

6.标准成本的基本计算公式是( )。
   A.标准成本=实际数量×价格标准    B.标准成本=数量标准×价格标准
   C.标准成本=数量标准×市场价格    D.标准成本=实际数量×实际价格

7.以变动成本为基础,计算产品成本的全部制造费用及其全部差异计入当期的( )。
   A.销售费用    B.管理费用    C.财务费用    D.期间费用

8.( )是比较先进且能产生有效的激励作用的标准成本。
   A.理想的标准成本    B.正常的标准成本    C.理想可达到的标准成本    D.平均标准成本

9.成本差异分析中属于价格差异的是( )。
   A.直接人工效率差异    B.直接人工工资率差异
   C.直接材料用量差异    D.变动制造费用效率差异

10.某企业生产 B 产品的分配基础实施实用量为 45 125 小时,分配基础标准用量为 47 500 小时,预算产量的标准工时为 50 000 小时,标准费用分配率为 0.64 元,则固定制造费用效率差异为( )。
   A.−1 520 元    B.−2 000 元    C.1 600 元    D.3 120 元

二、多项选择题

1.固定制造成本差异可以划分为( )。
   A.成本差异    B.效率差异    C.支出差异    D.生产能力利用差异

2.( )属于标准成本。
   A.理想标准成本    B.安全标准成本    C.正常标准成本    D.现实可达到的标准成本

3.制定材料价格标准考虑( )因素。
   A.运杂费    B.商业折扣    C.发票价格    D.紧急订货

4.( )属于约束性固定成本。
A.广告费　　　　　　　B.不动产的税金　　　　　C.厂房计提的折旧费
D.企业管理人员的工资　　E.员工的培训费

5.变动成本法下的期间费用包括( )。
A.固定制造费用　　　　　B.变动制造费用
C.固定销售管理费用　　　D.变动销售管理费用

6.一定范围内,固定成本的特点是( )。
A.成本总额不变性　　　　B.成本总额的正比例变动性
C.单位成本不变性　　　　D.单位成本的反比例变动性

7.在成本预测时,影响产品成本变动的因素有( )
A.直接材料消耗数量　　　B.直接材料价格
C.工资水平和劳动生产率　D.产量

8.下列哪些属于历史成本分析法( )。
A.高低点法　　　　　　　B.最小平方法
C.账户分析法　　　　　　D.目测法

9.用完全成本法和变动成本法计算营业利润得出的结果不同的情况有( )。
A.产销量绝对平衡　　　　　　B.本期生产量大于本期销售量
C.本期生产量小于本期销售量　D.期初存货为零,期末存货也为零

10.变动制造费用的成本差异可以划分为( )。
A.成本差异　　B.效率差异　　C.支出差异　　D.费用差异

三、判断题

1.标准成本制度并非一种单纯的成本计算方法,它是把成本计划、控制、计算和分析相结合的一种会计信息系统和成本控制系统。( )

2.成本动因分为资源动因和作业动因两类。( )

3.成本性态,是指成本总额与价格之间的依存关系。( )

4.管理会计的"成本"内涵要小于会计核算中的"成本"概念。( )

5.在标准成本计算制度中,产品的标准成本和成本差异列入财务报表,与管理会计有机地结合起来。( )

6.边际贡献是指销售收入除以变动成本的比值。( )

7.混合成本,是指除固定成本和变动成本之外的成本,它们因产量变动而变动,并且成正比例关系。

8.在一定预算期安排支付的广告费用属于酌量性固定成本。( )

9.无论哪一种混合成本,实质上都可以区分为固定部分和变动部分。( )

10.在一般情况下,直接成本与变动成本具有相同的内容,间接成本与固定成本具有相同的内容。( )

四、分析思考

1.试述变动成本法有哪些优缺点。
2.采用标准成本系统的主要作用是什么?

五、计算与分析题

1.某酒店的出租客房及物料管理费用最近 7 个月的资料如下：

| 月份 | 出租客房日 | 物料管理费 |
| --- | --- | --- |
| 6 | 4 000 | 7 500 |
| 7 | 6 500 | 8 250 |
| 8 | 8 000 | 10 200 |
| 9 | 10 500 | 12 000 |
| 10 | 12 000 | 13 500 |
| 11 | 9 000 | 10 750 |
| 12 | 7 500 | 9 750 |

要求：
(1)用高低点法进行物料管理费的分解。
(2)假如下期的出租客房日为 11 000，那么物料管理费能有多少呢？

2.某工厂只生产一种产品，耗用一种材料，本期实际产量 800 件，耗用材料 1 160 吨，其单价为 150 元/吨，直接人工 16 800 工时，其工资总额为 82 320 元，实际发生变动制造费用为 33 600 元，固定制造费用为 21 840 元，其费用标准如下：

材料标准价格为 160 元/吨，单位产品标准用量为 1.5 吨/件，单位产品标准工时为 20 工时/件，标准工资率为 5 元/工时，变动制造费用标准分配率为 2.2 元/工时，预计生产能力为 18 000 工时，固定制造费用为 21 600 元。

要求：试根据上述资料对直接材料、直接人工、变动制造费用进行成本差异分析。

3.甲公司是一家制造业企业，只生产和销售防滑瓷砖一种产品。产品生产工艺流程比较成熟，生产工人技术操作比较熟练，生产组织管理水平较高，公司实行标准成本法，定期进行标准成本差异分析。

甲公司生产能力为 6 000 平方米，9 月实际生产 5 000 平方米，其他相关资料如表所示。

**实际消耗量资料**

| 项目 | 直接材料 | 直接人工 | 变动制造费用 | 固定制造费用 |
| --- | --- | --- | --- | --- |
| 实际使用量 | 24 000 千克 | 5 000 人工小时 | 8 000 机器小时 | 5 000 机器小时 |
| 实际单价 | 1.5/千克 | 20 元/小时 | 15 元/小时 | 10 元/小时 |

**标准成本资料**

| 项目 | 直接材料 | 直接人工 | 变动制造费用 | 固定制造费用 |
| --- | --- | --- | --- | --- |
| 用量标准 | 5 千克/平方米 | 1.2 小时/平方米 | 1.6 小时/平方米 | 1.5 小时/平方米 |
| 价格标准 | 1.6 元/千克 | 19 元/小时 | 12.5 元/小时 | 8 元/小时 |

要求：
(1)计算直接材料的价格差异、数量差异和成本差异；
(2)计算直接人工的效率差异、工资率差异和成本差异；

(3)计算变动制造费用的耗费差异、效率差异和成本差异;
(4)计算固定制造费用的成本差异;
(5)计算产品成本差异总额和单位成本差异。

4.已知B企业从事单一产品生产,连续三年销量均为1 000件,而三年的产量分别为1 000件、1 200件和800件。单位产品售价为200元;管理费用与销售费用均为固定成本,两项费用各年总额均为50 000元;单位产品变动成本为90元;固定制造费用为2 000元。

要求:

(1)根据上述资料,不考虑销售税金,分别采用变动成本法和完全成本法计算各年税前利润。

(2)根据上面的计算结果,简单分析完全成本法与变动成本法对损益计算的影响。

# 项目五 营运管理

## 【知识目标】
1. 熟悉营运管理的概念及营运管理工具方法。
2. 了解本量利分析的概念,并熟悉本量利分析的有关计算。
3. 掌握边际分析。
4. 掌握敏感性分析。

## 【能力目标】
1. 能够区分营运管理各个阶段的管理内容。
2. 能应用本量利分析工具,了解盈亏平衡点等有关数值。
3. 能应用边际分析工具,了解企业的安全经营状态。
4. 能应用敏感性分析工具,了解每个因素变化对利润的影响。

## 【素质目标】
1. 具备良好的收集信息的能力。
2. 具备良好的沟通与协调能力。

## 【思维导图】

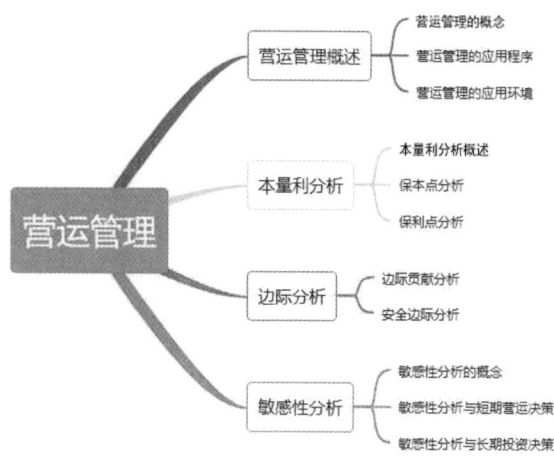

**【引导案例】**

某市一加油站,站内设有一家卖杂货的商店,该商店在本地社区的销售每周达到3 600元。除此之外,外地顾客在路过加油的时候也会光顾这家商店。

经理估计,平均每100元花费在汽油上的车主便会另外花费20元在商店的商品上。在汽油销售量波动时,该比率仍维持不变。本地社区的销售与汽油的销售是相互独立的。如果汽油的贡献边际率是18%,而商品的贡献边际率是25%。现行的汽油销售价是每升2.8元,而每周的销售量是16 000升。场地每周的固定成本是4 500元,而每周工人薪金是固定的2 600元。

现在经理非常关心将来的生意额。因为一个近期的公路发展计划将会影响加油站的生意,而汽油销售量是利润最敏感的因素。

资料来源:www.wenku1.net。

**【任务引例】**

1.计算
(1)现行每周的利润,不考虑所得税。(提示:贡献边际－固定成本＝利润)
(2)汽油销售的保本量。
(3)如果汽油销售跌到8 000升,会有多少利润(损失)。

2.如果由于公路发展,汽油销售跌到8 000升,但又想保持在一部分的利润水平,假设成本没有改变,那么每升的汽油售价应该是多少?

3.根据1、2的回答,以及案例中的资料,对加油站的前景提出建议。

# 任务一 营运管理概述

【任务准备】

## 一、营运管理的概念

营运管理是指为了实现企业战略和营运目标,各级管理者通过计划、组织、指挥、协调、控制、激励等活动,实现对企业生产经营过程中的物料供应、产品生产和销售等环节的价值增值管理。

企业进行营运管理会计工具方法,一般包括本量利分析、敏感性分析、边际分析和标杆管理。企业应根据自身业务特点和管理需要等,选择单独或综合运用营运管理工具方法,以更好地实现营运管理目标。

企业进行营运管理,包括制订计划(Plan)、实施(Do)、检查(Check)、处理(Act)四个阶段(简称 PDCA 管理原则),形成闭环管理,使营运管理工作更加条理化、系统化、科学化。

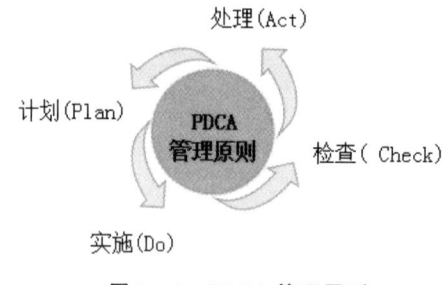

图 5-1　PDCA 管理原则

## 二、营运管理的应用程序

企业在进行营运管理时,会遵循营运计划的制订、营运计划的执行、营运计划的调整、营运监控分析与报告、营运绩效管理等程序进行。

### (一)营运计划的制订

1.概念

营运计划是指企业根据战略决策和营运目标的要求,从时间和空间上对营运过程中各种资源所做出的统筹安排,主要作用是分解营运目标,分配企业资源,安排营运过程中的各项活动。

2.分类

营运计划按计划对象不同,可分为综合经营计划和单项经营计划。综合经营计划是以企业总体发展为对象所进行的规划;单项经营计划是以某项生产经营活动为对象而制订的计划;也可以按计划内容不同,分为销售、生产、供应、财务、人力资源、产品开发、技术改造和设备投资等营运计划;或是按管理层次不同,分为企业经营计划、车间经营计划和各职能部门经营计划、组织经营计划;还可以按计划期限不同,分为长期经营计划、中期经营计划和短期经营计划,其中时间在五年以上的计划为长期经营计划,其任务是选择、改变或调整企业的经营服务领域和业务单位,确定企业的发展方向和目标,确定实现目标的最佳途径和方法。长期经营计划具有明确的方向性和指导性,具有统率全局的作用,是一种战略性规划。时间在两年至五年之间的为中期经营计划,其任务是建立企业的经营结构,为实现长期经营计划所确定的战略目标设计合理的设备、人员、资金等的结构,以形成企业的经营能力和综合素质。中期经营计划起着承上启下的作用。一年以内的计划为短期经营计划,包括年度、季度、月度等计划。其任务是适应企业内外的实际情况,组织和安排好企业的经营活动,以分年度逐步实现企业的经营目标。

3.制定原则

(1)系统性原则。企业在制订计划时,要充分考虑到营运管理的每一个环节,还要考虑到系统的整体需求,既要考虑到系统的利益,也要兼顾各个环节的利益。

(2)平衡性原则。企业在制订营运计划时要考虑到企业内外部环境之间的矛盾,有效平衡可能对营运过程中的研发、生产、供应、销售等环节存在影响的各个方面,使其保持合理的比例关系。例如,整体和局部的平衡,既要考虑营运的各个环节,顾及各个环节的局部利益,也要从系统的整体需求出发,保全企业的整体利益;轻重缓急的平衡,既要认清主次,抓准关键及重点,又要解决好影响全局的问题。

(3)灵活性原则。企业要充分考虑未来的不确定性,在制订计划时,要充分考虑可能出现的问题,并适时调整,不断完善,使营运计划保持一定的灵活性和弹性。

4.制定要求

(1)要以企业的战略目标和年度营运目标为方向,充分考略宏观经济形势行业发展规律和竞争对手的情况等内外部环境变化,同时还应评估企业自身研发、生产、供应、销售等环节的营运能力,客观评估自身的优势和劣势以及面临的风险和机会。

(2)制订营运计划前要开展营运预测,在营运预测的基础上进行计划的制订。

(3)营运计划的制订有多种工具方法可以选择,此时企业要根据自身实际情况,选择单一或组合使用预算管理、平衡计分卡、标杆管理等管理会计工具方法。同时,还要利用本量利分析、敏感性分析、边际分析等管理会计工具方法进行数据的分析,为营运计划的制订提供支撑。

(4)制订营运计划时要科学合理,充分考虑各层次营运目标、业务计划、管理指标等之间的逻辑联系,形成包括每个价值链、不同层次和不同领域的、业务与财务相结合的、短期与长期相结合的目标体系和行动计划。

(5)企业要调动员工的积极性,发挥员工的主人翁精神,共同协调、达成共识,自上而下、自下而上或上下结合的方式制订营运计划。

(6)企业制订的营运计划要按照营运管理流程进行逐级审批。各部门再在已审批并通过的营运计划基础上,制订各自的经营计划,并按流程履行审批程序。

(7)企业在制订营运计划时应对未来的不确定性进行充分估计,并在营运预测的基础上,制订多种方案用来应对未来不确定性所带来的风险与挑战。

## (二)营运计划的执行

按流程审批并通过的营运计划需要以正式文件的形式下发并执行。企业应将下发的营运计划逐级分解,按照横向到边、纵向到底的要求分解落实到各所属企业、部门、岗位或是员工,确保营运计划得到充分落实。

营运计划的分解可以按照业务目标和内容进行细化和落实,层层分解落实到每个部门、车间和岗位以此来明确责任主体,保证业务目标的实现;也可以按部门分解或是按时间分解,比如预算的各项指标的分解可以按季度、月份进行,也可以按照旬、周、日分解。营运计划分解要尽量详细、具体,把所有业务目标和内容都落实到具体时间和主体。

企业应建立配套的监督控制机制,及时记录营运计划执行情况,进行差异分析与诊改,持续优化业务流程,确保营运计划有效执行。

企业要在月度营运计划的基础上,开展月度、季度滚动预测,及时反映滚动营运计划所对应的实际营运状况,为企业资源配置的决策提供有效支持。

## (三)营运计划的调整

营运计划一经批准下达,一般情况下是不予调整的。但企业在营运计划的实际执行过程中,如果出现因不确定因素导致的宏观经济形势、市场竞争形势等重大变化,会导致企业营运状况与预期出现较大偏差的,就需要根据实际情况对营运计划做出适当的调整,使营运目标更加切合实际,更合理地进行资源配置。

企业在作出营运计划调整决策时,应分析和评估营运计划调整方案对企业营运的影响,包括对短期的资源配置、营运成本、营运效益等的影响以及对长期战略的影响。

企业应建立营运计划调整的流程和机制,规范营运计划的调整。营运计划的调整应由具体执行的所属企业或部门提出调整申请,经批准后下达正式文件。

## (四)营运监控分析与报告

### 1.营运监控

营运监控主要是确保企业营运目标的顺利完成,企业应结合自身实际情况,按照日、周、月、季、年等周期建立营运监控体系;并按照 PDCA 管理原则,不断优化营运监控体系的各项机制,做好营运监控分析工作。

营运监控的主要内容是发现问题,企业利用各种手段和方法,分析执行营运计划过程中的情况,及时发现执行过程中出现的问题;分析问题,针对营运计划执行过程中发现的问题,进行分析查找出问题的原因;改正问题,根据查找出的原因,有针对性地采取适当措施进行改正。

### 2.营运监控分析

营运监控分析,是指以本期财务和管理指标为起点,通过指标分析查找异常,并进一步揭示差异所反映的营运缺陷,追踪缺陷成因,提出并落实改进措施,不断提高企业营运管理水平。

营运监控分析的内容主要包括发展能力、盈利能力、偿债能力等方面的财务指标,以及生产能力、管理能力等方面的非财务内容,根据行业特点,利用趋势分析、对标分析等工具方法,建立完善的营运监控分析指标体系。

企业营运分析的一般步骤包括：
(1)明确营运目的，确定有关营运活动的范围。
(2)全面收集与营运活动有关的资料，进行分类整理。
(3)分析营运计划与执行的差异，追溯原因。
(4)根据差异分析采取恰当的措施，并进行分析和报告。

3.营运监控报告

企业要把营运监控分析的对象、目的、程序、评价及改进建议形成书面分析报告。分析报告按照分析的范围及内容可以分为综合分析报告、专题分析报告和简要分析报告；按照分析的时间可分为定期分析报告和不定期分析报告。

4.营运监控机制

企业应建立预警、督办、跟踪等营运监控机制，及时对营运监控过程中发现的异常情况进行通报、预警，按照 PDCA 管理原则督促相关责任人将工作措施落实到位。

企业可以建立信息报送、收集、整理、分析、报告等日常管理机制，保证信息传递的及时性和可靠性；建立营运监控管理信息系统、营运监控信息报告体系等，保证营运监控分析工作的顺利开展。

### (五)营运绩效管理

企业各级管理层和全体员工为了实现营运管理目标，建立的营运绩效管理委员会、营运绩效管理办公室等不同层级的绩效管理组织，明确绩效管理流程和审批权限，制定绩效管理制度。开展营运绩效管理，激励员工为实现营运管理目标作出贡献。

企业可以以营运计划为基础，制定绩效管理指标体系，明确绩效指标的定义、计算口径、统计范围、绩效目标、评价标准、评价周期、评价流程等内容，确保绩效指标具体、可衡量、可实现、相关以及具有明确期限。绩效管理指标应以企业营运管理指标为基础，做到无缝衔接、层层分解，确保企业营运目标的落实。

## 三、营运管理的应用环境

营运管理的应用环境包括组织架构、管理制度和流程、信息系统以及相关外部环境等。为确保营运管理能够有序开展，企业应建立健全营运管理组织架构，明确各管理层级或管理部门在营运管理中的职责，有效组织开展营运计划的制订审批、分解下达、执行监控、分析报告、绩效管理等日常营运管理工作。

企业在建立健全营运管理的制度体系时，应明确营运管理各个环节的工作目标、职责分工、工作程序、工具方法、信息报告等内容。此外，企业还应建立完整的业务信息系统，规范信息的收集、整理、传递和使用等，有效地支持管理者作出正确的决策。

# 任务二 本量利分析

## 一、本量利分析概述

### (一)概念

本量利分析是指以成本性态分析和变动成本法为基础,运用数学模型和图式,对成本、利润、业务量与单价等因素之间的依存关系进行分析,发现变动的规律性,为企业进行预测、决策、计划和控制等活动提供支持的一种方法。其中,"本"是指成本,包括固定成本和变动成本;"量"是指业务量,一般指销售量;"利"一般指营业利润。

本量利分析主要用于企业生产决策、成本决策和定价决策,也可广泛地用于投融资决策等。

### (二)基本公式

本量利分析主要是考虑单价、单位变动成本、固定成本、销售量和利润等指标,它们之间的数量关系可以用公式表示为:

$$\begin{aligned}营业利润 &= 销售收入 - 销售成本 \\ &= 销售收入 - 变动成本 - 固定成本 \\ &= 单价 \times 销售量 - 单位变动成本 \times 销售量 - 固定成本 \\ &= (单价 - 单位变动成本) \times 销售量 - 固定成本\end{aligned}$$

即: $= (p-b)x - a$

上述公式是本量利分析中所有数学模型建立的基础,因此,在管理会计中将该公式称为本量利分析的基本公式。

根据边际贡献的相关知识,本量利分析的基本公式可以进一步拓展为:

$$\begin{aligned}营业利润 &= 单位边际贡献 \times 销售量 - 固定成本 \\ &= 销售收入 \times 边际贡献率 - 固定成本\end{aligned}$$

即: $= mx - a$

[例5-1] 某企业生产一种产品,单价18元,单位变动成本12元,本月计划销售1 000件,每月固定成本为3 000元,计算预期利润是多少?

$$\begin{aligned}营业利润 &= (单价 - 单位变动成本) \times 销售量 - 固定成本 \\ &= (18-12) \times 1\,000 - 3\,000 \\ &= 3\,000(元)\end{aligned}$$

### (三)适用范围

本量利分析主要运用于企业的经营决策及投资决策中。

1.经营决策

利用本量利分析方法进行保本点分析,可测算企业盈亏的边界,为生产安排提供决策。利用本量利分析进行目标利润分析,可测算经营预算目标下的产量或销售额,挖掘企业利润空间。企业决策者还可以利用本量利分析,根据产销量、价格波动调整运行模式,使企业目标利润达到最大。

2.投资管理

本量利分析法可为企业投资决策分析提供一种更具普通意义的方法。从利润模型可以看出,影响企业营业利润的因素有单价、单位变动成本、销售量和固定成本,哪一个因素影响大,哪一个因素影响小,各因素的变化极限是多大,是本量利关系敏感分析的要点。它是从成本的角度出发,求出该项投资所需达到的每年最低销售量,然后与企业现实销售量进行对比,就可以判断投资方案是否可行,是否最优。

## 二、保本点分析

企业的经营处于不盈不亏的状态就叫保本,此时,企业的销售收入正好弥补了销售成本,利润为零。

保本点分析,也叫盈亏平衡点分析、盈亏临界点分析、损益平衡点分析。是指企业在一定期间内的销售收入正好等于销售成本,不亏不盈、利润为零的状态。

保本点分析的关键在于保本点的确定,是本量利分析的一种定量分析方法。保本点的表现方式有两种,一是保本销售量(保本量),以实物量表示;二是保本销售额(保本额),以货币价值量表示。

### (一)单一产品保本点分析

1.公式法

单一产品的保本点可以采用数学推导法计算确定,也就是在本量利分析的基本公式中,根据保本点的含义,计算当利润为零时的销售业务量。

$$营业利润=(单价-单位变动成本)\times 销售量-固定成本$$
$$=(p-b)x-a$$

当营业利润为零时,

$$保本销售量=固定成本\div(销售单价-单位变动成本)$$
$$=固定成本\div 单位边际贡献$$
$$=\frac{a}{p-b}$$

$$保本销售额=单价\times 保本销售量$$
$$=固定成本\div 边际贡献率$$
$$=固定成本\div(1-变动成本率)$$
$$=p\times\frac{a}{p-b}=\frac{a}{(p-b)\div p}=\frac{a}{1-\frac{b}{p}}$$

当企业的销售量＝保本点的销售量时,企业处于不亏不盈的保本状态;

当企业的销售量＞保本点的销售量时,企业处于盈利状态;

当企业的销售量＜保本点的销售量时,企业处于亏损状态。

[例5－2]某企业生产一种产品,单价为18元/件,单位变动成本为10元,固定成本总额10 000元,计算其保本销售量和保本销售额。

$$保本销售量 = \frac{a}{p-b} = \frac{10\ 000}{18-10} = 1\ 250(件)$$

保本销售额＝单价×保本销售量＝18×1 250＝22 500(元)

当该企业的产品全产销售量达到1 250件,销售收入达到22 500元时就可以保本了。

2.图解法

利用横轴表示销售量、纵轴表示销售收入的坐标轴,在图上画出反映销售总收入和总成本递增情况的两条直线,它们的相交点就是保本点。

绘制方法如下：

(1)建立平面直角坐标线。

在单一品种情况下,以平面直角坐标线横轴表示销售量,以纵轴表示成本和销售收入。

(2)绘制总成本线。

依据固定成本水平,在纵轴上标出截距 $a$,以单位变动成本 $b$ 为斜率,过点 $(0,a)$ 画总成本线 $y = a + bx$。

(3)绘制销售收入线。

在平面直角坐标线中,以单价 $p$ 为斜率,过原点 $O$ 画销售收入线 $y = px$。当 $p$ 大于 $b$ 时,上述总成本线与销售收入线的交点 $(x_0, y_0)$ 就是保本点,其中 $x_0$ 为保本销售量,$y_0$ 为保本销售额。

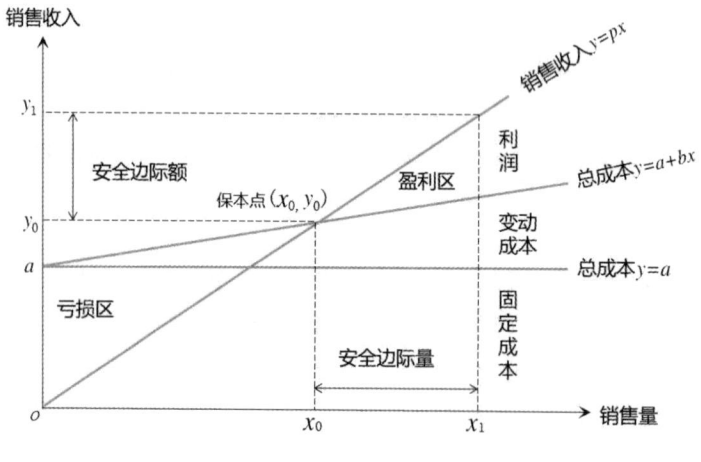

图5－2 本量利关系

图解法具有形象直观、简明易懂的特点,但是由于图解法是依靠目测绘制而成的,因此无法十分精准,通常应与公式法配合使用。

### (二)多种产品保本点分析

多种产品的保本点分析采用的货币价值量表现,因为不同品种产品的销售量无法直接相加,不能使用实物量表示。

常用的方法有以下几种:

1.加权平均边际贡献率法

加权平均边际贡献率法是在明确各产品的边际贡献率基础上,以各产品的销售比例为权数进行加权平均,计算加权平均的边际贡献率,将固定成本总额与加权平均边际贡献率相比,即可得到全部产品的综合保本点销售额,然后再按各产品的销售比例对综合保本点销售额进行分配,计算出各产品保本点销售额和销售量。

其计算公式如下:

$$加权平均边际贡献率 = \Sigma(某产品的边际贡献率 \times 该产品的销售比重)$$

$$综合保本点销售额 = \frac{固定成本总额}{加权平均边际贡献率}$$

$$某种产品的保本点销售额 = 该产品的销售比重 \times 综合保本点销售额$$

$$某种产品的保本点销售量 = \frac{该产品的保本点销售额}{该产品的单价}$$

加权平均边际贡献率法一般适用于企业的固定成本总额无法按照某一合理的标准分配到各产品上,各种产品的销售比重保持一定的情况。

[例5-3] 某企业生产并销售甲、乙、丙三种产品,相关资料如表5-1所示。

表5-1　　　　　　　　　　产品销售量、成本、单价

| 项目 | 甲产品 | 乙产品 | 丙产品 |
| --- | --- | --- | --- |
| 预计销售量(件) | 3 000 | 2 000 | 1 000 |
| 单价(元) | 10 | 20 | 30 |
| 单位变动成本(元) | 6 | 12 | 21 |
| 固定成本(元) | | 1 340 | |

要求:采用加权平均边际贡献率法计算每种产品的保本销售额和保本销售量。

解:

(1)边际贡献率:

甲产品的边际贡献率 = (10-6)/10 = 40%

乙产品的边际贡献率 = (20-12)/20 = 40%

丙产品的边际贡献率 = (30-21)/30 = 30%

(2)销售收入:

甲产品销售收入 = 3 000 × 10 = 30 000(元)

乙产品销售收入 = 2 000 × 20 = 40 000(元)

丙产品销售收入 = 1 000 × 21 = 21 000(元)

三种产品销售总额 = 30 000 + 40 000 + 21 000 = 91 000(元)

(3)收入比重:

甲产品收入比重 = 30 000/91 000 = 32.97%

乙产品收入比重 = 40 000/91 000 = 43.96%

丙产品收入比重 = 21 000/91 000 = 23.08%

(4)加权平均边际贡献率
　　=40%×32.97%+40%×43.96%+30%×23.08%=37.70%
(5)保本销售额
　　=固定成本/边际贡献率
　　=1 340/37.70%=3 554.38
甲产品保本销售额=3 554.38×32.97%=1 171.88(元)
乙产品保本销售额=3 554.38×43.96%=1 562.51(元)
丙产品保本销售额=3 554.38×23.08%=820.35(元)
(6)保本销售量：
甲产品保本销售量=1 171.88/10=117.19(件)
乙产品保本销售量=1 562.51/20=78.13(件)
丙产品保本销售量=820.35/30=27.35(件)

2.综合边际贡献率法

综合边际贡献率法是指将一定时期内(如一年)各种产品的边际贡献总额除以销售收入总额计算综合边际贡献率,然后根据综合边际贡献率测算综合保本点销售额,最后再根据各产品销售比重分别计算各产品的保本点。

其计算公式如下：

$$综合边际贡献率 = \frac{各种产品边际贡献之和}{各种产品销售收入之和}$$

$$综合保本点销售额 = \frac{固定成本总额}{综合平均边际贡献率}$$

[例5-4]承[例5-3]资料。
计划年度预计固定成本总额为1554元。
要求：采用综合边际贡献率法计算每种产品的保本销售额和保本销售量。
解：综合边际贡献率=37 000/100 000=37%
综合保本点销售额=1 554/37%=4 200（元）
甲产品保本销售额=4 200×30%=1 260(元)
乙产品保本销售额=4 200×40%=1 680(元)
丙产品保本销售额=4 200×30%=1 260(元)
甲产品保本销售量=1 260/10=126(件)
乙产品保本销售量=1 680/20=84（件）
丙产品保本销售量=1 260/30=42（件）
其中：边际贡献之和=(10-6)×3 000+(20-12)×2 000+(30-21)×1 000
　　　　　　　　=37 000(元)
销售收入之和=10×3 000+20×2 000+30×1 000=100 000(元)

保本点是在假定销售价格、单价变动成本和固定成本总额以及产品销售结构不变的基础上确定的,但实际经营过程中,这些因素是经常变动的,因此保本点也会随之变化。各因素之间的变动规律如下：

(1)在其他因素不变的情况下,提高销售价格,会增加销售额和业务量之间的比例,使销售收入增加,保本点下降;降低销售价格,会缩小销售额和业务量之间的比例,使销售收入减少,保本点上升。

(2)在其他因素不变的情况下,增加单位变动成本,会增加变动成本与业务量之间的比例,使成本增加,保本点上升;降低单位变动成本,会缩小变动成本与业务量之间的比例,使成本减少,保本点下降。

(3)在其他因素不变的情况下,增加固定成本,会使成本增加,保本点上升;降低固定成本,使成本减少,保本点下降。

(4)在多种产品生产、销售的情况下,当固定成本保持不变时,综合保本点销售额就取决于加权平均边际贡献率的大小,加权平均边际贡献率越大,综合保本点销售额就越低;反之亦然。

## 三、保利点分析

保利点分析也称目标利润分析,是在本量利分析法的基础上,计算为达到目标利润所需达到的业务量、收入和成本的一种利润规划方法,该方法应反映市场的变化趋势、企业战略规划目标以及管理层需求等。企业管理的目标是生存、盈利,所以只是保本是远远不够的,在保本的基础上还需要保利,这才是企业本量利分析的根本。

保利点分析包括单一产品的保利点分析和产品组合的保利点分析。单一产品的保利点分析重在分析每个要素的重要性。产品组合的保利点分析重在优化企业产品组合。

### (一) 单一产品的保利点分析

企业要实现目标利润(税前利润,下同),在假定其他因素不变时,通常应提高销售数量或销售价格,降低固定成本或单位变动成本。这里的利润不是实际利润,而是在未来经过努力应该或必须达到的目标利润。

单一产品的保利点分析公式如下:

$$\text{实现目标利润的销售量(保利量)} = \frac{（目标利润＋固定成本）}{（单价－单位变动成本）}$$

$$= \frac{（目标利润＋固定成本）}{单位边际贡献}$$

实现目标利润的销售额(保利额) = 销售单价 × 实现目标利润的业务量

$$= \frac{（目标利润＋固定成本）}{边际贡献率}$$

[例5—5] 某公司生产销售丁产品,单价为20元/件,单位变动成本为10元/件,固定成本总额为90 000元,计划期目标利润为50 000元。

要求:计算实现目标利润的销售量和销售额。

解:实现目标利润的销售量(保利量) = (50 000＋90 000)÷(20－10)
　　　　　　　　　　　　　　　　= 14 000(件)

实现目标利润的销售额(保利额) = 20×14 000
　　　　　　　　　　　　　　　= 280 000(元)

企业在应用该工具方法进行如何提高销售量的策略分析时,可以根据市场情况的变化对销售价格进行调整,降价通常可能促进销售量的增加,提价通常可能使销售量下降;在市场需求极为旺盛的情况下,可以通过增加固定成本支出(如广告费、租赁设备等)、扩大生产能力来扩大销售量。

### (二)产品组合的保利点分析

在单一产品的保利点分析基础上,依据分析结果进行优化调整,寻找最优的产品组合,基本分析公式如下:

$$实现目标利润的销售额 = \frac{(综合目标利润+固定成本)}{(1-综合变动成本率)}$$

$$= \frac{(综合目标利润+固定成本)}{综合边际贡献率}$$

$$实现目标利润率的销售额 = \frac{固定成本}{(1-综合变动成本率-综合目标利润率)}$$

$$= \frac{固定成本}{(综合边际贡献率-综合目标利润率)}$$

[例5-6]承[例5-3]资料及计算结果,预计目标利润1 500元,实现目标利润的销售额是多少?

解:

实现目标利润的销售额(保利额)=(1 500+1 340)÷37%=7 675.68(元)

甲产品保本销售额=7 675.68×30%=2 302.70(元)

乙产品保本销售额=7 675.68×40%=3 070.27(元)

丙产品保本销售额=7 675.68×30%=2 302.70(元)

# 任务三 边际分析

边际分析,是指分析某种可变因素的变动引起其他相关可变因素变动的程度的方法,以评价既定产品或项目的获利水平,判断盈亏临界点,提示营运风险,支持营运决策。

企业在营运管理中,通常在进行本量利分析、敏感性分析的同时运用边际分析工具方法。

边际分析是微观经济分析中最常用的方法,企业在营运计划的制定、调整以及营运监控分析等程序中通常会应用到边际分析。

## 一、边际贡献分析

边际贡献分析,是指通过分析销售收入减去变动成本总额之后的差额,衡量产品为企业贡献利润的能力。边际贡献分析主要包括边际贡献、边际贡献率和变动成本率三个指标。

### (一)边际贡献

边际贡献又称贡献毛益、边际利润、贡献边际、临界收益等,是指销售收入减去变动成本之后的余额。在本量利分析中,"边际贡献"是一个非常重要的概念,是评价企业盈利能力的重要指标,它具有弥补固定成本和创造利润的特性。如果边际贡献等于固定成本,说明企业不盈不亏;如果边际贡献大于固定成本,企业盈利,盈利额等于边际贡献减去固定成本后的余额;如果边际贡献大于零而小于固定成本,企业亏损,亏损额等于固定成本减去边际贡献后的余额。

单位边际贡献是指产品的单位售价减去单位变动成本之后的余额,即每增加一个单位产品销售可为企业提供的边际贡献。

$$单位边际贡献 = 单位售价 - 单位变动成本$$
$$= p - b$$
$$边际贡献 = 销售收入 - 变动成本$$
$$= px - bx$$
$$= (p - b)x$$
$$= mx$$

[例5-7] 某企业生产戊产品,单价35元/件,单位变动成本20元/件,销售量1 000件,边际贡献和单位边际贡献各是多少?

单位边际贡献 = 单位售价 - 单位变动成本 = 35 - 20 = 15(元/件)

边际贡献 = 销售收入 - 变动成本 = 35×1 000 - 20×1 000 = 15 000(元)

边际贡献首先弥补企业亏损的固定资产,如果尚有余额的话,则形成企业利润;如果余额不足,则表示企业亏损。

### (二)边际贡献率

边际贡献率是指边际贡献在销售收入中所占的比例。

$$边际贡献率 = 边际贡献 \div 销售收入 \times 100\%$$
$$= 单位边际贡献 \div 单价 \times 100\%$$
$$= \frac{M}{px} \times 100\%$$
$$= \frac{m}{p} \times 100\%$$

[例 5-8] 承[例 5-7]资料。

解:边际贡献率 = 单位边际贡献÷单价×100% = 15÷35×100% = 42.86%

### (三)变动成本率

变动成本率是指变动成本在销售收入中所占的比例。

$$变动成本率 = 变动成本 \div 销售收入 \times 100\%$$
$$= 单位变动成本 \div 单价 \times 100\%$$
$$= \frac{bx}{px}$$
$$= \frac{b}{p}$$

[例 5-9] 承[例 5-7]资料。

解:变动成本率 = 单位变动成本÷单价×100% = 20÷35×100% = 57.14%

销售收入由变动成本和边际贡献两部分组成,变动成本是产品自身的耗费,边际贡献是产品给企业带来的效益,两者之和为1。

## 二、安全边际分析

安全边际分析,是指通过分析正常销售额超过盈亏临界点销售额的差额,衡量企业在保本的前提下,能够承受因销售额下降带来的不利影响的程度和企业抵御营运风险的能力。安全边际分析主要包括安全边际和安全边际率两个指标。

### (一)安全边际

安全边际,是指实际销售量或预期销售量超过盈亏平衡点销售量的差额,体现企业营运的安全程度。差额越大,安全边际额就越大,企业的经营就越安全;反之亦然。

其公式如下:

**安全边际量 = 实际销售量或预期销售量 − 保本点销售量**
**安全边际额 = 实际销售额或预期销售额 − 保本点销售额**

[例 5-10] 某企业甲产品实际销售量 1 000 件,保本销售量为 846 件,则安全边际计算如下:

安全边际量 = 实际销售量 − 保本点销售量 = 1 000 − 846 = 154(件)

### (二)安全边际率

安全边际率,是指安全边际与实际销售量或预期销售量的比值。

其公式如下:

$$安全边际率 = \frac{安全边际}{实际销售量或预期销售量} \times 100\%$$

安全边际主要用于衡量企业承受营运风险的能力,尤其是销售量下降时承受风险的能力,也可以用于盈利预测。安全边际或安全边际率的数值越大,企业发生亏损的可能性越小,抵御营运风险的能力越强,盈利能力越大。如表5-2所示。

表5-2　　　　　　　　　　安全边际率与安全程度

| 安全边际率 | 40%以上 | 30%~40% | 20%~30% | 10%~20% | 10%以下 |
|---|---|---|---|---|---|
| 安全程度 | 很安全 | 安全 | 较安全 | 值得注意 | 危险 |

[例5-11]承[例5-10]的资料,安全边际率为:

$$安全边际率 = \frac{安全边际}{实际销售量或预期销售量} \times 100\% = \frac{154}{1\,000} \times 100\% = 15.4\%$$

## (三)保本作业率

保本作业率是指保本销售量(额)与实际或预期销售量(额)之比。

其公式如下:

$$保本作业率 = \frac{保本销售量(额)}{实际销售量或预期销售量(额)} \times 100\%$$

[例5-12]承[例5-10]的资料,保本作业率为:

$$保本作业率 = \frac{846}{1\,000} \times 100\% = 84.6\%$$

保本作业率反映企业对某产品的产销能力利用到什么程度才能达到不盈不亏的状态。保本作业率越大,说明企业经营的安全程度越低;反之亦然。当保本作业率为1时,说明企业的销售量正好达到保本水平,企业不盈不亏,利润为零。

## (四)安全边际与保本点的关系分析

企业产品的销售量分为保本销售量和安全边际销售量两部分。

$$正常销售量 = 保本销售量 + 安全边际销售量$$

将上述公式两端同时除以正常销售量,则有:

$$保本作业率 + 安全边际率 = 1$$

## (五)安全边际与利润的关系分析

安全边际数值越大,企业越能获得利润,安全边际部分的销售额减去其自身变动成本后成为企业利润,即安全边际中的边际贡献等于企业利润。

有关公式如下:

$$\begin{aligned}利润 &= 销售收入 - 变动成本 - 固定成本 \\ &= 边际贡献 - 固定成本 \\ &= 销售收入 \times 边际贡献率 - 固定成本 \\ &= 销售收入 \times 边际贡献率 - 保本销售额 \times 边际贡献率 \\ &= (销售收入 - 保本销售额) \times 边际贡献率\end{aligned}$$

安全边际销售额＝销售收入－保本销售额

所以：

利润＝安全边际销售额×边际贡献率

# 任务四 敏感性分析

## 一、敏感性分析的概念

保本点分析中已经总结了销售量、销售价格、单价变动成本和固定成本总额之间的变动规律。但由于各因素在保本点分析和保利点分析的过程中用途不同,对目标的影响程度也是不同的,敏感程度也就会有差异。本量利关系的敏感性分析主要是研究与分析有关参数发生多大变化会使盈利转为亏损,各影响因素的变化对利润的影响程度。对于敏感度高的因素,企业要提高关注度,找出关键点进行分析。通过抓住重点,调整企业的营销策略,从而保证实现企业的目标利润。

敏感性分析,是指对影响目标实现的因素进行量化分析,以确定各因素变化对实现目标的影响及其敏感程度。其实质是通过逐一改变相关变量数值的方法来解释关键指标受这些因素变动影响大小的规律。这种方法是从多个不确定性因素中逐一找出对投资项目经济效益指标有重要影响的敏感性因素,并分析、测算其对项目经济效益指标的影响程度,进而判断项目承受风险的能力。若某因素的小幅度变化能导致经济效益指标的较大变化,则称此因素为敏感性因素,反之则称其为非敏感性因素。

敏感性分析广泛应用于企业的营运、投资等范畴内,它有助于识别、控制和防范短期营运决策、长期投资决策等相关风险,也可以用于一般经营分析。

## 二、敏感性分析与短期营运决策

在短期营运决策中的敏感性分析,主要应用于规划目标利润。规划目标利润的敏感性利润分析应用程序主要包括:确定决策目标;根据决策环境确定决策目标的基准值;分析确定影响决策目标的各种因素;计算敏感系数;根据敏感系数对各因素进行排序,形成敏感性分析报告。

### (一)确定决策目标

决策目标是决策的起点和终点。在企业经营活动中,每个环节都需要决策。确定决策目标就是明确每次决策需要解决的问题和要达到的目的。只有决策目标选择正确,才可能作出正确的决策。决策目标的制定要有针对性和可行性,最好有明确的可量化目标,这样有利于进行具体的定量分析。

在利润敏感性分析中,利润规划的决策目标应该是利润最大化。

### (二)根据决策环境确定决策目标的标准值

在确定利润标准时,企业可根据正常状态下的产品销售量、定价和成本状况,计算目标利润标准值。

## (三)分析确定影响决策目标的各种因素

在进行利润敏感性分析时,企业可视具体情况和以往经验选取对利润标准值影响较大的因素进行分析。通常可根据本量利分析和识别影响利润标准的因素,包括销售量、单价、单位变动成本和固定成本。

## (四)计算敏感系数

企业在进行因素分析时,通过计算各因素的敏感系数,衡量因素变动对决策目标基准的影响程度,企业可以进行单因素敏感性分析或多因素敏感性分析。

1.单因素敏感性分析的应用

单因素敏感性分析是指每次只变动一个因素而其他因素保持不变时所做的敏感性分析。敏感系数反映的是某一因素值变动对目标值变动的影响程度,它表示选定变量变化1%时导致目标值变动的百分数。

有关公式如下:

$$敏感系数 = \frac{目标值变动百分比}{因素值变动百分比}$$

在利润敏感性分析中,目标指标是利润,变动因素分别是销售量、单价、单位变动成本和固定成本。

即:

$$销售量敏感系数 = \frac{利润变动百分比}{销售量变动百分比}$$

$$单价敏感系数 = \frac{利润变动百分比}{单价变动百分比}$$

$$单位变动成本敏感系数 = \frac{利润变动百分比}{单位变动成本变动百分比}$$

$$固定成本敏感系数 = \frac{利润变动百分比}{固定成本变动百分比}$$

[例5-13] 某企业只生产A产品,单价2元,单位变动成本1.2元;预计明年固定成本40 000元,产销量计划达100 000件。

要求:

当单价、单位变动成本、固定成本、销售量各提高20%时,其敏感系数是多少?

解:原利润=(2-1.2)×100 000-40 000=40 000(元)

(1)单价提高20%时的敏感系数:

单价=2×(1+20%)=2.4(元)

利润=(2.4-1.2)×100 000-40 000=80 000(元)

利润变动率= $\frac{80\ 000 - 40\ 000}{40\ 000} = 100\%$

单价的敏感系数= $\frac{100\%}{20\%} = 5$

(2)单位变动成本提高20%时的敏感系数:

单位变动成本＝1.2×(1＋20%)＝1.44(元)

利润＝(2－1.44)×100 000－40 000＝16 000(元)

利润变动率＝$\frac{16\,000-40\,000}{40\,000}$＝－60%

单位变动成本的敏感系数＝$\frac{-60\%}{20\%}$＝－3

(3)固定成本提高20%时的敏感系数：

固定成本＝40 000×(1＋20%)＝48 000(元)

利润＝(2－1.2)×100 000－48 000＝32 000(元)

利润变动率＝$\frac{32\,000-40\,000}{40\,000}$＝－20%

固定成本的敏感系数＝$\frac{-20\%}{20\%}$＝－1

(4)销售量提高20%时的敏感系数：

销售量＝100 000×(1＋20%)＝120 000(元)

利润＝(2－1.2)×120 000－40 000＝56 000(元)

利润变动率＝$\frac{56\,000-40\,000}{40\,000}$＝40%

销售量的敏感系数＝$\frac{40\%}{20\%}$＝2

从计算结果当中我们可以知道,在影响利润的诸多因素中,敏感程度依次为销售单价、销售量、固定成本、单位变动成本。这些因素的变化都会影响利润的大小,当这种变化达到一定程度,就会使企业利润消失,进入盈亏临界状态,使企业的经营状态发生质变。这时就必须计算销售量和单价的最小允许值、单位变动成本和固定成本的最大允许值。

2.多因素敏感性分析的应用

多因素敏感性分析是指假定其他因素不变时,分析两种或两种以上不确定性因素同时变化对目标的影响程度所作的敏感性分析。

企业在进行目标利润计划时,通常以利润标准值为基础测算销售量、单价、单位变动成本和固定成本中两个或两个以上的因素同时发生变动时,对利润标准值的影响程度。

**(五)根据敏感系数对各因素进行排序,形成敏感性分析报告**

企业应根据敏感系数绝对值的大小对其进行排序按照有关因素的敏感程度优化规划和决策。通常敏感系数的绝对值越大,该因素越敏感。

其判别标准是：

敏感系数的绝对值＞1,即当影响因素发生变化时,目标值发生更大程度的变化,该因素为敏感性因素。

敏感系数的绝对值＜1,即当影响因素发生变化时,目标值变化的幅度小于影响因素变化的幅度,该因素为弱敏感性因素。

敏感系数的绝对值＝1,即影响因素变化导致目标值相同程度的变化,该因素为弱敏感性因素。

一般情况下，在对利润产生影响的各因素中，敏感度最高的为单价，最低的是固定成本，销售量和单位变动成本介于两者之间。企业应重点关注敏感性因素，及时采取相应措施，加强控制敏感性因素，确保利润目标的完成。同时应确定导致盈利转为亏损的有关变量的临界值，即确定销售量和单价的最小允许值，单位变动成本和固定成本的最大允许值。

1.销售量的最小允许值

计算公式为：

$$销售量的最小允许值 = \frac{固定成本}{单价 - 单位变动成本}$$

2.单价的最小允许值

计算公式为：

$$单价的最小允许值 = 单位变动成本 + \frac{固定成本}{销售量}$$

3.单位变动成本的最大允许值

计算公式为：

$$单位变动成本的最大允许值 = 单价 - \frac{固定成本}{销售量}$$

4.固定成本的最大允许值

计算公式为：

$$固定成本的最大允许值 = (单价 - 单位变动成本) \times 销售量$$

[例5-14] 承[例5-13]的资料计算各相关因素的临界值。

解：

(1) 销售量的最小允许值 $= \dfrac{固定成本}{单价 - 单位变动成本}$

$= \dfrac{40\ 000}{2 - 1.2} = 50\ 000$（件）

这说明该企业的销售量最小允许值为50 000件，即如果销售计划只完成50%，企业就可以保本了。

(2) 单价的最小允许值 $=$ 单位变动成本 $+ \dfrac{固定成本}{销售量}$

$= 1.2 + \dfrac{40\ 000}{100\ 000} = 1.6$（元/件）

该企业目前单价为2元，单价的最小允许值为1.6元，即销售单价降低20%时企业由盈利转为亏损。

(3) 单位变动成本的最大允许值 $=$ 单价 $- \dfrac{固定成本}{销售量}$

$= 2 - \dfrac{40\ 000}{100\ 000} = 1.6$（元）

该企业现在的单位变动成本为1.2元，单位变动成本的最大允许值为1.6元，即单位变动成本由1.2元上升至1.6元时，企业利润将降至零。

(4)固定成本的最大允许值＝(单价－单位变动成本)×销售量
$$=(2-1.2)\times 100\ 000=80\ 000(元)$$

该企业目前固定成本为 40 000 元,固定成本的最大允许值为 80 000 元,即固定成本增至 80 000 元时,企业由盈利转为亏损。

## 三、敏感性分析与长期投资决策

在长期投资决策中,通过衡量投资方案中某个因素的变动对该方案预期结果的影响程度,从而作出对项目投资决策的可行性评价。具体分析步骤与短期营运决策的敏感性分析步骤基本一致。

另外还要考虑以下因素:

1.短期营运决策的标准相对简单,多数以效益最大化为目标,但长期投资决策模型较为复杂,评价指标较多,通常投资决策标准包括净现值、内含报酬率、投资回收期、现值指数法等。

2.企业通常需要结合行业和项目特点,参考类似投资的风险,对决策目标基准值的影响因素进行识别和选取,主要影响因素包括项目的期限、现金流和折现率。

3.长期投资决策中的敏感性分析,通常分析项目期限、折现率和现金流量等变量的变化对投资方案的净现值、内含报酬率等产生的影响。

以净现值为目标值进行敏感性分析,可以计算投资期内的年现金流量、有效使用年限和折现率的变动对净现值的影响程度;也可以计算投资期内的年现金净流量和有效使用年限的下限以内含报酬率为基准进行敏感性分析,可以计算投资期内的年现金净流量和有效使用年限对内含报酬率的影响程度。

**【任务实施】**

1.计算

(1)现行每周的利润

| 汽油销售收入(16 000×2.8) | 44 800 |
|---|---|
| 商品销售收入: | |
| 　　关联(44 800×20%) | 8 960 |
| 　　本地社区销售 | 3 600 |
| 收入总计 | 57 360 |
| 贡献边际 | |
| 　　汽油(44 800×18%) | 8 064 |
| 　　商品:关联(8 960×25%) | 2 240 |
| 　　本地社区销售(3 600×25%) | 900 |
| 贡献边际总计 | 11 204 |
| 减:固定成本(4 500＋2 600) | 7 100 |
| 利润 | 4 104 |

(2) 汽油销售保本量

| 总固定成本 | 7 100 |
|---|---|
| 减：本地社区货品销售贡献边际 | 900 |
| 销售汽油需弥补的固定成本 | 6 200 |
| 汽油单位贡献边际<br>（8 064＋2 240）÷16 000 | 0.644 |
| 汽油销售保本量<br>＝固定成本/单位贡献边际<br>6 200÷0.644 | 9 627 |

(3) 销售 8 000 升时的利润（损失）

| 汽油销售收入（8 000×2.8） | 22 400 |
|---|---|
| 商品销售收入： | |
| 关联（22 400×20%） | 4 480 |
| 本地社区销售 | 3 600 |
| 收入总计 | 30 480 |
| 贡献边际 | |
| 汽油（22 400×18%） | 4 032 |
| 商品：关联（4 480×25%） | 1 120 |
| 本地社区销售（3 600×25%） | 900 |
| 贡献边际总计 | 6 052 |
| 减：固定成本（4 500＋2 600） | 7 100 |
| 利润 | －1 048 |

2. 如果由于公路发展，汽油销售跌到 8 000 升，但要维持每周 4 104 元的利润水平不变，汽油和关联商品销售所需的贡献边际必须是 8 064＋2 240＝10 304 元。

由于汽油价格要发生变动，而其单位变动成本保持不变，故汽油的单位贡献边际和贡献边际率就会发生变动，因而，不能根据其原贡献边际率来计算价格。但可以根据现行资料，计算每升汽油的变动成本。

因汽油现行贡献边际率是 18%，则其变动成本率为 82%（1－18%），单位变动成本＝现行价格×变动成本率＝2.8×82%＝2.296（元/升）

或

现行变动成本总额＝现行销售收入变动成本率＝44 800×82%＝36 736 元

单位变动成本＝36 736÷16 000＝2.296（元/升）

汽油价格发生变动时，每升汽油变动成本 2.296 元是保持不变的设汽油新价格为 $x$，则关联货品销售收入为 20%×8 000$x$＝1 600$x$ 则有如下等式：

$(8\,000x － 8\,000×2.296)＋25\%×1\,600x ＝ 10\,304$

则 $x ＝ 3.44$ 元

即新售价大约为每升 3.41 元时可维持原利润不变。

3.在资料中已知汽油销售量对利润是很敏感的。根据现在的状况,加油站不能承受大幅度销售量的减少。现时加油站的销售量为 16 000 升,保本量是 9 627 升,安全边际率是 40%,所以目前经营还是很安全的。但如果销售量减少到 8 000 升,将会是一个灾难,会发生亏损。因此,企业一定要尽可能采取措施来保持顾客量,使其不能减少。

企业可以提高价格来维持利润水平,但是这样可能会让事情变得更坏。大幅度提高价格至每升 3.41 元才可维持利润不变。但由于汽油销售对价格是敏感的,提价会使销售减少。

此外,在上述计算中,假没汽油的变动成本可以维持不变,与其他关联销售的关系也不变。这意味着如果价格上升,顾客会花费等额比例在关联商品上。但实际上,相反的情况可能会出现。如果公路发展会有如问题 1、2 的影响,则应考虑立即制订应变计划。

【任务实操】

请登录 TTC 实训平台,完成模拟实训任务。

【项目知识点巩固】

一、单项选择题

1.变动成本率的计算公式正确的是( )。

　　A.边际贡献/销售收入　　　　　　B.变动成本/销售收入

　　C.单位边际贡献/销售收入　　　　D.单位变动成本/销售收入

2.某公司销售和生产甲产品 600 件(假定产销平衡),每件单价 100 元,单位变动成本 40 元,固定成本总额为 18 000 元,其单位边际贡献为( )。

　　A.30 元　　　　B.60 元　　　　C.40 元　　　　D.100 元

3.在盈亏平衡图中,损益平衡点的特征是( )。

　　A.边际贡献等于零　　　　　　B.总收入等于总成本

　　C.总收入等于变动成本　　　　D.收入的固定成本

4.某企业本期销售甲产品 1 000 件,单价 10 元,销售乙产品 300 件,单价 50 元,甲产品边际贡献率 20%,乙产品边际贡献率 30%,则企业加权平均边际贡献率为( )。

　　A.20%　　　　B.26%　　　　C.30%　　　　D.50%

5.对于多品种产品,( )是最常用的计算盈亏平衡点的方法。

　　A.工程分析法　　B.加权平均法　　C.基本等式法　　D.边际贡献法

6.企业经营安全程度的判断指标一般是采用( )。

　　A.利润率　　B.安全边际率　　C.边际贡献率　　D.达到盈亏平衡点的作业率

7.下列公式不正确的是( )。

　　A.安全边际率+边际贡献率=1

　　B.边际贡献率+变动成本率=1

　　C.营业利润=边际贡献率×安全边际额

　　D.边际贡献率=(固定成本+利润)/销售收入

8.某企业只生产一种产品,其中单位变动成本为 45 元,固定成本总额为 60 000 元,产品单位价格为 120 元,为了使安全边际率达到 60%,则企业应该销售( )产品。

　　A.1 290 件　　　　B.1 333 件　　　　C.2 000 件　　　　D.800 件

9.其他条件不变时,与利润同方向变动的因素是( )。
A.固定成本　　　　B.变动成本　　　　C.产品单价　　　　D.产品结构

10.在生产经营决策中,应用本量利分析的关键是确定( )。
A.销售量　　　　B.固定成本　　　　C.变动成本　　　　D.成本无差别点

## 二、多项选择题

1.本量利分析的基本假设是( )。
A.销售价格固定　　　B.产销平衡　　　C.销售税率固定　　　D.成本是线性的

2.盈亏平衡就是企业在一定期间内不盈利也不亏损、利润为零的状态,该业务量指的是( )。
A.保本点　　　　B.盈亏平衡点　　　　C.盈亏临界点　　　　D.成本平衡点

3.判断企业处于保本状态下的标志是( )。
A.收支平衡　　　　　　　　　　B.安全边际率等于零
C.边际贡献等于固定成本　　　　D.保本作业率等于百分之百

4.下列各项中,会导致利润减少的有( )。
A.单价上涨　　B.销售量降低　　C.单价降低　　D.单位变动成本增加

5.经营杠杆系数降低的原因有( )。
A.预期利润增加　　B.固定成本降低　　C.单位售价降低　　D.销售量增加

6.多属于半变动成本的是( )。
A.电费、电话费等公用事业费　　B.燃料费　　C.维护　　D.修理费

7.从保本点的计算公式可以看出,降低保本点的途径主要有( )。
A.降低固定成本总额　　B.降低单位变动成本　　C.提高销售单价　　D.消除固定成本

8.实现目标利润的措施有( )。
A.增产增销,实现目标利润
B.实行技术革新,降低变动成本,实现目标利润
C.降低固定成本,实现目标利润
D.调整产品结构,实现目标利润

9.财务会计中成本与费用的区别是( )。
A.内容不同。费用主要指管理费用、销售费用、财务费用等期间费用。产品成本只包括为生产一定种类或数量的完工产品的费用。不包括未完工产品的生产费用和其他费用
B.计算期不同。费用的计算期与会计期间相联系,产品成本一般与产品的生产周期相联系
C.对象不同。费用的计算是按经济用途分类,产品成本的计算对象是产品
D.计算依据不同。费用的计算是以直接费用、间接费用为依据确定,产品成本是以一定的成本计算对象为依据

10.管理会计中成本的特点是( )
A.强调成本的目的性。为一定的目的所付出的成本有两种情况:一是人们主动追求某种目的所发生的成本叫作主动成本。二是由于特定情况,为了降低更大的损失而被迫发生的成本叫作被动成本。被动成本是人们不愿意付出而又不得不付出的那部分成本
B.强调成本是一种价值牺牲或者资本消耗

C. 强调"应当或可能发生"
D. 强调货币计量

### 三、判断题

1. 财务会计中成本是用于核算,管理会计中成本是用于决策。( )
2. 管理会计的"成本"内涵要小于会计核算中的"成本"概念。( )
3. 产品成本在产品出售前与当期收入不能配比,应按"存货"报告,是"可存的成本"。( )
4. 期间成本是指不能经济合理地归属于特定产品,因此只能在发生当期立即转为费用的"可储存的成本"。( )
5. 最初的成本计算制度是为了编制财务报告而建立的实际成本计算制度,后来为了同时提供计划和控制用成本信息建立了标准成本计算制度。( )
6. 在标准成本计算制度中,产品的标准成本和成本差异列入财务报表,与管理会计有机地结合起来。( )
7. 混合成本,是指除固定成本和变动成本之外的成本,它们因产量变动而变动,并且成正比例关系。( )
8. 量本利分析主要包括保本分析、安全边际分析、多种产品量本利分析、目标利润分析、利润的敏感性分析等。( )
9. 保本分析又称本量利分析,是研究当企业恰好处于保本状态时量本利关系的一种定量分析方法,是量本利分析的核心内容。( )
10. 所谓利润敏感性分析,就是研究量本利分析的假设前提中诸因素发生微小变化时,利的影响方向和影响程度。( )
11. 一个方案的取舍,主要看可避免成本,因为它是有关方案差别成本的组成部分。( )
12. 主动成本是人们不愿意付出而又不得不付出的那部分成本。( )
13. 划分产品成本和期间成本,是为了贯彻配比原则。( )
14. 成本动因分为资源动因和作业动因两类。( )
15. 成本性态,是指成本总额与价格之间的依存关系。( )
16. 总成本可以用 $y=a+bx$ 表示。只要确定了 $a$ 和 $b$,便可以方便地计算出在相关范围内任何产量 $x$ 下的总成本 $y$。( )
17. 边际贡献是指销售收入除以变动成本以后的比值。( )
18. 保本作业率表明企业保本的业务量占正常业务量的比重。( )

### 四、分析思考

1. 什么是本量利分析?
2. 边际贡献与变动成本的关系?
3. 安全边际率和保本作业率的关系?
4. 请比较利润对单价、销售量、单位变动成本和固定成本等因素变化的敏感程度。

### 五、计算与分析题

1. 某企业生产和销售甲、乙两种产品,产品的单位售价分别为 8 元和 15 元,边际贡献率分别为 30% 和 10%,全年固定成本为 50 000 元。假设全年甲、乙两种产品分别销售了 30 000 件和 50 000 件。

要求计算下列指标:

(1)该企业的保本点;
(2)甲、乙两种产品的保本点;
(3)该企业的安全边际;
(4)该企业预计利润。

2.某公司下一年度的部分预算资料如表5—3所示。

表5—3　　　　　　　　　　　某企业预算资料

单位:元

| 项目 | 总成本 | 单位成本 |
|---|---|---|
| 直接材料 | 160 000 | 2.00 |
| 直接人工 | 320 000 | 4.00 |
| 变动制造费用 | 80 000 | 1.00 |
| 固定制造费用 | 400 000 | 5.00 |
| 销售费用(全部为变动费用) | 240 000 | 3.00 |
| 管理费用(全部为固定费用) | 600 000 | 7.5 |
| 合计 | 1 800 000 | 22.50 |

要求:

(1)若下一年度产品售价定为20元,计算保本点销售量。

(2)若下一年度销售100 000件产品,计算使税后销售利润率为15%的产品售价和安全边际。

3.某企业20××年只生产甲产品,单价18元,单位变动成本10元,预计20××年固定成本300 000元,产销量计划达到100 000件。

要求:

(1)根据提供的资料,分析单价、单位变动成本、固定成本、销售量等因素发生多大变化,将使企业由盈利转为亏损。

(2)根据提供的资料,分析单价、单位变动成本、固定成本、销售量等因素变化(提高30%时)对利润的敏感程度。

# 项目六 经营预测分析

**【知识目标】**

1.了解经营预测的定义、基本原则和一般程序,掌握经营预测的方法。

2.熟悉销售预测的定义、作用和影响销售预测的主要因素,掌握常用销售预测分析的方法。

3.掌握成本预测的方法和利润预测的方法。

4.掌握资金需要量预测的常用方法。

**【能力目标】**

1.能够对经营预测作出合理判断,能够运用经营预测的方法作出正确预测。

2.能够判断影响销售预测的主要因素,能够根据常用的销售预测分析方法进行准确的销售预测。

3.通过学习成本预测的意义、步骤和预测方法,能够针对成本作出预测。

4.通过学习影响利润变动的主要因素、利润预测的步骤及方法,能够作出正确的利润预测。

5.能够结合实际情况运用常用的资金需要量预测方法,正确计算资金需要量。

**【素质目标】**

1.通过学习预测分析,让学生建立在生活和职业生涯方面具有规定意识,要逐渐养成生活有规律、学习有计划、未来有规划。

2.通过对各种预测方法的学习,让学生养成做事认真仔细、精益求精的工匠精神。

## 【思维导图】

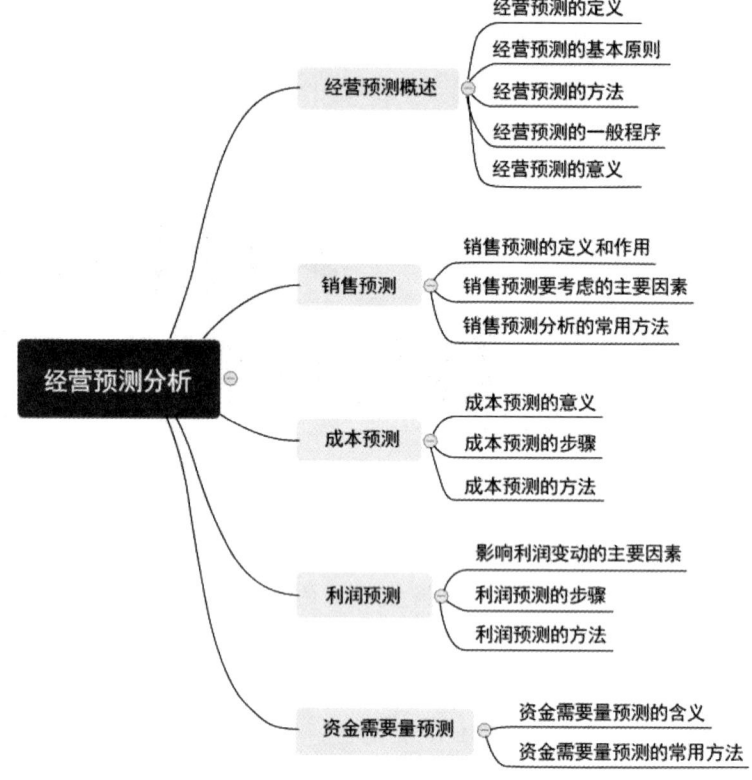

## 【引导案例】

### 新的纸产品的销售预测

张婷是某类产品分部的销售经理。她正应分部经理的要求对新的纸产品进行销售预测。分部经理正在收集有关数据,以对两种不同的生产工序进行选择。第一种生产工序每箱变动成本为10元,固定成本为100 000元。第二种生产工序每箱变动成本为6元,固定成本为200 000元。每箱价格为30元。张婷已经完成了销售分析,预计年度销售量为30 000箱。

张婷不愿向分部经理报告该预测结果。她知道第一种生产工序为劳动密集型,而第二种生产工序为自动化生产,只需少数工人,无须现场管理人员。如果选择第一种生产工序,她的好朋友佳佳就会被任命为生产主管。而如果选择第二种生产工序,陈民和生产线的工人都会被解雇,张婷决定把预计销售量下调至22 000箱。

她认为下调是合理的。由于这将使分部经理选择手工系统,因此,密切关系到是否要保留目前员工的问题。而她担心,分部经理很可能不太关注这一问题。他太专注于决策上的定量因素,而常常忽略定性因素。

思考:两种生产工序实现相同利润时的销售量一样吗?请确定手工比自动化系统盈利更多的范围,并确定自动化系统比手工系统盈利更多的范围图。部门经理为什么要进行销售预测?

## 【任务引例】

结合资金需要量预测常用方法阐述销售百分比法和回归分析法的应用。

# 任务一 经营预测概述

## 一、经营预测的定义

预测,是指从已知事件测定未知事件的过程,是立足于现实,回顾历史,推测未来行为的总称。预测是与未来的不确定性有关的,预测的目的就在于通过对历史的分析和对现状的研究,求得对未来的了解,以减少未来的不确定性对人们活动的影响。

预测分析是预测人员对不同的预测对象、目标,依据过去、现在的信息,选取适当的预测方法进行预测的过程。人们可以对社会发展的各个方面,如人口、经济、政治、军事、气象等进行预测。不同的预测对象需要采取相应的预测方法,才能取得人们期望的结果。管理会计重点研究的是企业生产经营活动中的经营预测。

经营预测是指根据企业的内外部经济现状、掌握的历史资料和事物之间的内在联系,运用一定的科学预测方法和手段,对企业生产经营活动的未来发展趋势及其状况进行预计和推测。"凡事预则立,不预则废",随着我国市场经济的不断发展,企业面临的国内外竞争越来越激烈,为了求生存、谋发展,企业应对市场变化和发展趋势进行深入调查,在准确经营预测的基础上进一步进行决策和规划。只有通过准确的经营预测,才能更好地掌握市场和企业内部的发展动态和趋势,进而作出最佳的决策。科学的经营预测是企业制定发展规划、作出正确决策的依据,是企业编制计划、进行科学决策的重要组成部分。

按照预测的期限划分,成本预测可以分为长期预测和短期预测。其中,长期预测是指对一年以上如三年或五年进行的预测;短期预测是指一年以下的预测,如按月、按季或按年。

## 二、经营预测的基本原则

进行经营预测时要遵循一定的原则,才能使经营预测更具科学性、准确性和实用性。

### (一) 可靠性原则

真实可靠的数据是进行预测的基础。进行经营预测时应遵循可靠性原则,在收集数据和信息时,实事求是,去粗取精,去伪存真,提取出对预测有用的数据和信息,包括正面和负面信息,为经营预测提供最佳的依据。

### (二) 延续性原则

事物的发生、发展往往是连续性的,它或多或少与过去和现在存在着一定的联系。进行经营预测时应遵循延续性原则,假定过去和现在的某种发展规律将会延续下去,其发展的条件同样适用于未来,进而把未来作为过去和现在的延伸进行预测。

### (三)相关性原则

企业生产经营活动过程中的一些经济变量之间存在着相互依存、相互制约的关系。进行经营预测时应遵循相关性原则,根据经济变量之间的联系,利用对某些经济变量的分析研究来推测其他相关的经济变量发展的规律。

### (四)规律性原则

事物的发展具有一定的规律性。在企业的经营活动中,许多经济变量会出现某种规律性的情况。进行经营预测时应透过现象看本质,运用定性和定量分析方法,发现其中的规律性,并利用概率分析及数理统计的方法进行推测,进而获得科学、准确的预测数据。

## 三、经营预测的方法

经营预测的方法多种多样,选择恰当的预测分析方法对经营预测的准确性将产生很大的影响。经营预测的方法主要分为定性预测方法和定量预测方法。

### (一)定性预测方法

定性预测方法又称"主观预测方法",是指依靠熟悉业务知识、具有丰富经验和综合分析能力的专业人员,根据个人经验和知识结合预测对象的特点进行综合分析,对事物的未来状况和发展趋势进行推测的一种预测方法。为了使经营预测更加准确,定性预测方法应建立在必要的数据基础上,并与定量预测方法配合使用。该类预测方法的特点是:需要的数据少,能考虑无法定量的因素,比较简单可行,主要根据人们积累的实际经验和掌握的科学知识进行判断。定性预测方法主要有:个人判断法、专家会议法、特尔斐法等。

1.个人判断法

个人判断法是指分析者基于企业所处环境的现状和发展趋势、政策方案及其可能的结果等,根据自己的经验,或征求某位专家的意见,进行综合整理,并据此得出最终结论的预测方法。这种方法最大的优点是在分析者知识水平较高、经验较为丰富的情况下,能够充分地发挥他们的微观智能结构效应,排除他人意见的干扰,充分发挥个人的能动性和创造力。但是,个人判断法易受到分析者或专家的智能结构、知识的广度和深度、占有资料的多少、信息来源及其可靠性、对预测对象兴趣的大小乃至偏见等因素所限制,缺乏相互启发的氛围,因此难免带有一定的局限性。

2.专家会议法

专家会议法由资历深厚的专家组召开座谈会或以其他可行的方式,对事物的未来发展变化趋势进行估计和推测。这种方法可以综合多位专家的意见,考虑的因素较为全面,避开陷入个人意见的误区。但是,可能会由于专家意见相互冲突、矛盾,难以形成一致意见的情形。同时,专家会议容易受权威人士左右,最终影响结论的客观性。

3.德尔菲法

德尔菲法也称社会集体经验判断法,是指采用信函的方式分别向有关专家提供信息并征求意见,将专家的意见进行综合、整理后,匿名反馈给各位专家,同时再次征求意见,这样反复地综合意见和反馈意见,直到得出基本一致的意见为止。这种方法综合了个人判断法和专家会议法的优点,有利于各个专家客观地发表自己的意见。

### (二)定量预测方法

定量预测法又称"数量分析法",是指在完整掌握与预测对象有关的各种定量资料的基础上,运用数学方法进行分析,进而发现各要素之间的内在规律,建立能够反映各要素之间内在规律性的预测模型的方法体系。因此,它的准确性主要取决于历史数据的准确性、代表性和数学模型与预测环境的拟合性。定量分析法主要包含两类预测方法:趋势预测分析法和因果预测分析法。

1.趋势预测分析法

趋势预测分析法是指将一个指标本身过去的变化趋势作为预测的依据,认为未来是过去历史的延伸,从而对未来进行预测。该法也称时间序列分析法。它是将预测对象的历史数据按照时间顺序排列,应用数学方法处理、计算,借以预测其未来发展趋势的分析方法。趋势预测法将影响因素全部归结于时间,其计算方法相对简便,但精准度较低。这类方法主要包括:算术平均法、移动平均法、加权平均法、平滑指数法等。

2.因果预测分析法

因果预测分析法认为指标之间并不是孤立的,它是根据预测变量与其他变量之间的相互关系建立了相应的关系模型进行预测分析,是从一个指标的变动情况推断另一个指标的变动情况。因果分析法需要较多的历史数据,计算方法相对比较复杂,但预测的精准度较高。这类方法主要包括:本量利分析法、投入产出分析法、回归分析法等。

### (三)两类方法的关系

两类方法并非相互排斥,而是相辅相成。用定量预测方法初步得到的预测值是按照历史资料和数学模型计算出来的,某些因素可能未包括进去,所以仍需对初步预测值进行定性分析,加以修正,确定出预测的结论值。在实际工作中,数量方法与非数量方法需要结合起来应用,相互取长补短,才能收到较好的效果。

## 四、经营预测的一般程序

为了获得更加准确的经营预测数据,在预测时应遵守一定的程序。预测的具体步骤一般包括以下几个。

### (一)确定预测目标

在进行经营预测时,首先要弄清楚预测什么,预测要实现什么样的目标,要解决什么样的问题,然后才能根据预测的具体对象和内容,确定预测的时间、期间、范围及如何收集资料等。

### (二)收集有关的数据和信息

经营预测有赖于系统、准确和全面的数据和信息。收集全面、可靠的信息,并对这些数据和信息进行分析、整理、选择,是开展经营预测的前提条件之一。有关数据和信息的来源主要有:政府部门、企业内部各部门、上游和下游客户、竞争者、整个市场环境、相关研究单位或学术团体、刊物资料等。为了得到必需的资料,预测人员要根据预测问题的内容和范围,收集、分析各种有关的数据资料,并对收集来的资料进行加工、审核,使这些资料具有相关性、可靠性和动态更新性。企业为了组织长期预测工作,还应建立资料档案,系统地积累资料,以便持续地研究企业经营环境的发展方向。

### (三)选择预测方法

预测方法多种多样,既有定性预测方法又有定量预测方法,预测时要根据预测对象的特点及收集到的信息选择恰当和切实可行的预测方法。当资料不够完备、准确度较低时,可采用定性预测方法;当掌握的资料比较齐全、准确度较高时,特别是历史数据资料齐备时,可采用定量预测方法。在可能的情况下,尽量综合运用几种方法同时进行预测。

### (四)实施预测,并对预测结果进行评价

运用所收集的信息和选定的预测方法,对预测对象提出实事求是的预测结果。采用定性预测方法时,预测者可对事物发展的性质、方向和程度作出判断;采用定量预测方法时,预测者可利用模型,由自变量估计因变量,即给定一个自变量数值,估算出对应的应变量数值。预测后,要对预测的结果进行比较、分析和评定,确定预测结果的可靠程度及适用程度。

### (五)对预测结果进行修正

随着时间的推移,情况会发生各种各样的变化,预测后还应该根据形势的变化,考虑改进、改变预测方法,补充新的数据并进行新的判断和预测,对初步的预测结果进行补充和修正,保证预测结果尽可能符合实际情况。

## 五、经营预测的意义

### (一)经营预测是企业进行经营决策的基础和依据

在社会主义市场经济条件下,企业的生存发展与市场息息相关,企业的经营决策离不开科学的经营预测。企业的经营预测就是要在销售预测的基础上,通过成本预测、利润预测和资金需求量的预测等,为企业的经营决策提供基础和依据。

### (二)经营预测有利于提高企业的竞争能力

企业依靠科学的经营预测可以充分了解竞争的形势和竞争对手的情况,通过采取合理的策略,在竞争中争取主动,从而提高竞争能力。

### (三)经营预测是企业进行科学管理的基础

现代企业管理中大量采用全面预算、目标成本管理、绩效考评等科学管理手段,而这些手段都必须建立在科学的经营预测基础上,科学的经营预测为科学管理提供了依据。

# 任务二 销售预测

## 一、销售预测的定义和作用

销售预测是指企业在一定的市场环境和行销规划下,根据产品的历史销售数据,对其在未来某一时期的销售量、价格和销售额的预计和测算。随着中国市场经济的不断发展、市场竞争日益激烈、外部环境日益复杂,企业能否生存下去并持续发展,在很大程度上取决于企业能否生产出适销对路、质量合格、满足市场需求的产品,市场决定着企业的生存和发展,销售预测是制定企业经营决策最重要的依据,现实和科学的销售预测对企业的整个生产经营活动具有十分重要的作用。这些作用主要表现在以下几个方面。

### (一)销售预测是企业各项经营预测的起点

经营预测包括销售预测、成本预测、利润预测、资金需求量预测等,在以销定产的方式下,销售预测是其他预测的起点。例如,企业对销售数量、规格和品种方面的预测决定着企业生产产品的数量、规格和品种,从而影响生产预测、产品成本预测,再进一步影响企业的利润预测、投资预测以及资金需求量等各方面。因此,能否对销售进行科学、准确的预测对企业其他方面的预测将起着决定性的作用。

### (二)销售预测是进行经营决策的基础

在企业的生产经营过程中,许多决策都要以销售预测为前提,例如,产品品种决策、生产规模决策、投资决策、成本决策等。企业的投资、采购、生产、销售、售后等各个环节紧密相连,科学、准确的销售预测是生产经营决策最重要的依据。

### (三)销售预测是企业编制各项计划的前提

企业应通过销售计划对整个生产经营活动进行组织和协调,通过编制销售计划将生产和市场需求有机地结合起来,销售计划中包含销售数量、结构、品种、规格、生产所需的财力和物力等,这是企业编制其他计划的依据,如生产计划、成本计划、采购计划等。因此,企业计划的编制一般都从销售计划开始,而销售预测的准确性决定了销售计划的科学性和合理性。

## 二、销售预测要考虑的主要因素

影响销售的因素有很多,企业在进行销售预测时要考虑多个层面的因素,不仅包括市场经济环境、消费者等外部宏观环境,而且包括企业的生产销售政策等内部微观环境。

### (一)市场经济的发展速度

企业是市场经济发展的一个部分,市场经济发展的速度制约着整个社会的需求和消费水平,对企业的采购、生产和销售产生重要影响,市场经济发展良好,将为企业发展创造良好的市场环境,市场经济发展缓慢,将制约企业发展。因此,我们在进行销售预测时应当充分识别整个市场的宏观经济环境,例如,国家相关的政策、方针;GDP和CPI指数的变化和增长等。

### (二)社会购买力水平

社会购买力是指一定时期内全社会用于购买商品的货币支付能力。社会购买力反映该时期全社会市场容量的大小,社会购买力的强弱对企业的销售量将产生重要影响。社会购买力主要包括居民购买力、企业购买力和政府购买力。购买力的大小,取决于社会生产的发展和国民收入的分配。社会购买力随着社会生产的增长而不断提高,而国民收入中积累与消费比例关系的变化也对购买力产生直接的影响。

### (三)消费者的消费习惯

消费者的消费习惯主要包括消费结构和消费倾向,消费习惯受到生产发展、科学文化、居民收入、社会环境、消费者心理、风俗习惯等多个主客观因素的影响。因此,企业在进行销售预测时,应综合考虑各方面因素的现状和未来发展趋势的影响作用。

### (四)市场价格

销售预测不仅要对销售量进行准确的预测,同时还要预测产品的销售价格,只有对两者都进行准确的预测,企业才能获得准确的销售预测数据,进而对成本预测、利润预测等产生积极作用。企业在进行销售预测时,应当基于产品的供求关系、消费者的消费水平、消费者对市场价格的信赖和承受程度等方面的信息,对市场价格的变动及其变动趋势作一个准确的预测。

### (五)竞争态势

随着市场经济的不断发展,大部分产品都处于"卖方市场",同行业、同类产品的竞争力越来越激烈,企业在进行销售预测时,应对现有的和潜在的竞争对手进行调查和研究,作到知己知彼,才能在激烈的竞争中立于不败之地。

### (六)企业内部因素

产品销售也受到产品研发、生产、市场、售后等各个因素的影响,企业在进行销售预测时,也应考虑企业内部各个因素的影响作用。例如,生产能力、生产技术等因素对产品的质和量将产生重要影响,从而影响销售;广告宣传、销售网络的构建等因素将影响企业的市场影响力,进而影响销售。

## 三、销售预测分析的常用方法

销售预测的基本方法可分为定性分析和定量分析两大类,下面将分别介绍销售预测中定性分析方法和定量分析方法的具体运用。

## (一)定性销售预测

**1.个人判断法。**

在销售预测中,个人判断法主要是指销售人员根据经验或直觉进行判断和预估,然后由销售经理加以综合,从而得出企业总体的销售预测的一种方法。由于销售人员更加接近、了解和熟悉市场,用这种方法得出的预测数据比较接近实际。同时,这种预测方法也有利于制定恰当的销售目标,发挥各销售人员的积极性,激励他们努力完成各自的销售任务。但是,由于受各种因素的影响,销售人员的预测也会出现偏差,对销售人员的预测往往需要进行修正。

[例6—1]电冰箱的生产和销售是华树股份有限公司的主要业务之一,甲、乙、丙三名销售人员和一名经理对下一年度的冰箱销售量进行预测,每个预测者预计其销售量、概率及各自权重如表6—1所示。请采用个人判断法进行销售预测。

表6—1　　　　　　　　　预计销售量、概率及权重　　　　　　　　单位:万元

| 销售员 | 最高 | | 最可能 | | 最低 | | 权重 |
| --- | --- | --- | --- | --- | --- | --- | --- |
| | 销售量 | 概率 | 销售量 | 概率 | 销售量 | 概率 | |
| 甲销售员 | 600 | 0.2 | 500 | 0.6 | 400 | 0.2 | 1 |
| 乙销售员 | 550 | 0.2 | 480 | 0.5 | 350 | 0.3 | 1 |
| 丙销售员 | 500 | 0.2 | 400 | 0.5 | 300 | 0.3 | 1 |
| 经理 | 520 | 0.3 | 430 | 0.5 | 320 | 0.2 | 2 |

解:用概率计算出每个预测者的期望值:

甲预测的销售量期望值 $=600\times0.2+500\times0.6+400\times0.2=500$(万台)

乙预测的销售量期望值 $=550\times0.2+480\times0.5+350\times0.3=455$(万台)

丙预测的销售量期望值 $=500\times0.2+400\times0.5+300\times0.3=390$(万台)

经理预测的销售量期望值 $=520\times0.3+430\times0.5+320\times0.2=435$(万台)

综合预测销售量 $=\dfrac{500\times1+455\times1+390\times1+435\times2}{1+1+1+2}=443$(万台)

**2.调查分析法**

在销售预测中,调查分析法是指通过对有代表性顾客的消费意向的调查,了解市场需求的变化趋势,进行销售预测的一种方法。通过对顾客的消费意向进行调查分析,特别是顾客对企业产品的需求量、客户的财务状况、产品的选择标准等,可以为企业的销售预测提供最有价值的信息。对于大宗或耐用的消费品,如汽车、电视、电冰箱等,调查分析法的准确性和可靠性较高。

企业在进行调查分析时,应选择具有普遍性和代表性的调查对象,尽量覆盖不同阶层或行业的需要、习惯、爱好等。同时,应采用简便易行的方式对消费者进行调查,并对调查所取得的数据与资料进行科学的分析和预测。只有这样,所获得的资料才具有真实性、代表性,才能作为预测的依据。

[例6—2]电冰箱的生产和销售是华树股份有限公司的主要业务之一,该企业对某地区近年电冰箱购买情况的调查资料如表6—2所示。

表 6—2  电冰箱购买情况的调查

| 家庭组别<br>(年收入,单位:元)① | 家庭户数② | 每户平均购买额<br>(按调查结果) | 本企业最高市场占有率 |
|---|---|---|---|
| <50 000 | 50 000 | 50 | 0.3 |
| 50 000～99 999 | 30 000 | 150 | 0.2 |
| 100 000～150 000 | 10 000 | 250 | 0.2 |
| >150 000 | 5 000 | 350 | 0.1 |

解:根据顾客调查分析,该公司的市场潜量和销售潜量分别为 9 850 000 元和 2 500 000元。具体的计算过程如表 6—3 所示。

表 6—3  市场潜量和销售潜量

| 家庭组别<br>(年收入,单位:元)<br>① | 家庭户数<br>② | 每户平均购买额<br>(按调查结果)<br>③ | 市场潜量<br>(元)<br>④=②×③ | 本企业最高<br>市场占有率<br>⑤ | 销售潜量<br>(元)<br>⑥=④×⑤ |
|---|---|---|---|---|---|
| <50 000 | 50 000 | 50 | 2 500 000 | 0.3 | 750 000 |
| 50 000～99 999 | 30 000 | 150 | 4 500 000 | 0.2 | 900 000 |
| 100 000～150 000 | 10 000 | 250 | 2 500 000 | 0.2 | 500 000 |
| >150 000 | 5 000 | 70 | 350 000 | 0.1 | 350 000 |
| 合计 | 95 000 | | 9 850 000 | | 2 500 000 |

3.德尔菲法

在销售预测中采用德尔菲法,企业一般会通过邮件等方式向应邀参加预测的专家提供有关社会和经济发展动态、本企业过去预测与实际销售的比较记录、本企业今后的市场规划等资料,征询专家意见,并将专家意见进行综合、整理后,匿名反馈给各位专家,再次征求意见,一般要经过三轮或四轮征询意见,最后得出基本一致的意见。在西方德尔菲法被广泛运用于销售预测中。

[例 6—3]华树股份有限公司聘请 6 位专家,采用德尔菲法对该企业下一年度的电冰箱销售量进行预测,假设最高、最可能、最低预测销售量的概率分别为 0.3、0.5 和 0.2,预测结果如表 6—4 所示,要求计算最终的销售预测量。

最终的销售预测量=673×0.3+625×0.5+580×0.2=630(万台)

表 6—4  下一年度电冰箱销售量预测结果

| 专家序号 | 第一次判断情况 | | | 第二次判断情况 | | | 第三次判断情况 | | |
|---|---|---|---|---|---|---|---|---|---|
| | 最高 | 最可能 | 最低 | 最高 | 最可能 | 最低 | 最高 | 最可能 | 最低 |
| 1 | 660 | 620 | 590 | 660 | 620 | 580 | 650 | 620 | 580 |
| 2 | 700 | 630 | 600 | 690 | 630 | 600 | 720 | 640 | 600 |
| 3 | 680 | 610 | 580 | 700 | 610 | 590 | 660 | 610 | 580 |
| 4 | 710 | 640 | 600 | 690 | 640 | 600 | 700 | 640 | 600 |

续表

| 专家序号 | 第一次判断情况 | | | 第二次判断情况 | | | 第三次判断情况 | | |
|---|---|---|---|---|---|---|---|---|---|
| | 最高 | 最可能 | 最低 | 最高 | 最可能 | 最低 | 最高 | 最可能 | 最低 |
| 5 | 630 | 610 | 560 | 630 | 600 | 550 | 640 | 610 | 560 |
| 6 | 650 | 620 | 570 | 650 | 620 | 580 | 670 | 630 | 560 |
| 平均值 | 672 | 622 | 583 | 670 | 620 | 583 | 673 | 625 | 580 |

## (二)定量销售预测

1.趋势预测分析法

在销售预测中,趋势预测分析法是指根据企业历史的、按发生时间的先后顺序排列的一系列销售数据,应用一定的数学方法进行加工处理,按时间数列找出销售随时间而发展变化的趋势,由此推断其未来发展趋势的分析方法。这类方法适用于历年销售具有明显规律的情况,主要包括算术平均法、加权平均法、指数平滑法等。

(1)算术平均法

算术平均法就是把若干历史时期的销售量或销售额作为观测值,求出其简单平均数,并将平均数作为下期销售的预测值。算术平均法计算简便,但无法体现销售量的增减趋势,一般适用于食品、日用品等非季节性产品的预测。其计算公式如下:

$$Y = \frac{1}{n}\sum_{i=1}^{n} X_i$$

其中:$Y$ 表示销售量(额)的预测值;$n$ 表示观察期个数;$X_i$ 表示第 $i$ 期的实际销售量。

[例6-4]华树股份有限公司今年1—7月电冰箱的销售量如表6-5所示,要求采用算术平均法预测8月的销售量。

表6-5　　　　　　　　　　1—7月电冰箱的销售量　　　　　　　　　　单位:千台

| 月份 | 1 | 2 | 3 | 4 | 5 | 6 | 7 |
|---|---|---|---|---|---|---|---|
| 实际销售量 | 520 | 480 | 550 | 490 | 500 | 510 | 530 |

解:

$$8月份的销售量 = \frac{520+480+550+490+500+510+530}{7} = 511(千台)$$

(2)加权平均法

在销售预测中采用加权平均法,就是将若干历史时期的销售量或销售额作为观察值,将各个观察值与各自的权数相乘之积,加总求和,然后除以权数之和,得出其加权平均数,即为销售量的预测值。一般情况下,近期的实际销售情况与预测期的销售情况更为相似,因此近期观察值的权数取值较大,远期观察值的权数取值较小。同时,当历史数据变动幅度较大时,权数之间由近而远的极差也要大些。加权平均法的计算公式如下:

$$Y = \sum_{i=1}^{n} W_i X_i$$

其中:$Y$ 表示加权平均数;$W_i$ 表示第 $i$ 个观察值的权数;$X_i$ 表示第 $i$ 个观察值;$n$ 表示观察值个数。$W_i$ 应满足下列两个条件:

(1) $\sum W_i = 1$；

(2) $W_1 \leqslant W_2 \leqslant W_3 \leqslant \cdots < W_n$。

[例6—5]沿用[例6—4]的资料,规定 $n$ 为 6, $W_1=0.1, W_2=0.1, W_3=0.1, W_4=0.2$, $W_5=0.2, W_6=0.3$,要求运用加权平均法预算8月的销售量。

$$Y_8 = \sum_{i=1}^{6} W_i X_i$$

解：$= 0.1 \times 480 + 0.1 \times 550 + 0.1 \times 490 + 0.2 \times 500 + 0.2 \times 510 + 0.3 \times 530 = 513$（千台）

2.因果预测分析法

在销售预测中因果预测分析法是指根据所掌握的与销售相关的资料,找出与销售相关的因素,并分析它们之间的因果关系,从而建立相应的因果预测模型。常用的因果预测方法有直线回归分析法、曲线回归分析法和多元回归分析法。

(1)直线回归分析法

直线回归分析法也称一元回归分析法,它是假定预测对象销售量的变量因素只有一个,根据直线方程式 $y=a+bx$,按照数学上的最小二乘法来确定一条误差最小、能正确反映自变量与因变量 $y$ 之间关系的直线。它的常数项 $a$ 与系数 $b$ 的值可按下列公式计算：

$$a = \frac{\sum y - b \sum x}{n}$$

$$b = \frac{n \sum xy - \sum x \sum y}{n \sum x^2 - (\sum x)^2}$$

求出 $a$ 与 $b$ 的值后,结合自变量 $x$ 的预计销售量(或销售额)情况,代入公式 $y=a+bx$,即可求得预测对象 $y$ 的预计销售量或销售额。

[例6—6]电冰箱压缩机是华树股份有限公司某子公司的业务之一,主要销售给华树股份有限公司和所在地区的冰箱企业。而决定压缩机销量的最主要因素是电冰箱的销售量。假设华树股份有限公司及其所在地区近6年的电冰箱实际销售数量和该子公司电冰箱压缩机的销售数量如表6—6所示,且2020年该地区电冰箱的预测销售量为330万台,请采用回归分析法预测2020年该公司压缩机的销售量。

表6—6　　　　　　　　2014—2019年电冰箱压缩机销售量

| 年份 | 2014 | 2015 | 2016 | 2017 | 2018 | 2019 |
|---|---|---|---|---|---|---|
| 电冰箱销售量(万台) | 152 | 186 | 201 | 220 | 256 | 298 |
| 压缩机销售量(万台) | 33 | 42 | 53 | 61 | 72 | 89 |

解：①根据回归分析法原理,对表中数据进行加工整理,具体如表6—7所示。

表 6－7　　　　　　　　　　　　　数据加工整理

| 年份 | 电冰箱销售量($x$)(万台) | 压缩机销售量($y$)(万台) | $xy$ | $x^2$ |
|---|---|---|---|---|
| 2014 | 152 | 33 | 5 016 | 23 104 |
| 2015 | 186 | 42 | 7 812 | 34 596 |
| 2016 | 201 | 53 | 10 653 | 40 401 |
| 2017 | 220 | 61 | 13 420 | 48 400 |
| 2018 | 256 | 72 | 18 432 | 65 536 |
| 2019 | 298 | 89 | 26 522 | 88 804 |
| $n=6$ | $\sum x = 1\ 313$ | $\sum y = 350$ | $\sum xy = 81\ 855$ | $\sum x^2 = 300\ 841$ |

②将表中的数据代入最小二乘法公式中，计算 $a$ 和 $b$ 的值。

$$b = \frac{n\sum xy - \sum x \sum y}{n \sum x^2 - (\sum x)^2}$$

$$= \frac{6 \times 81\ 855 - 1\ 313 \times 350}{6 \times 300\ 841 - (1\ 313)^2} = 0.389\ 5$$

$$a = \frac{\sum y - b \sum x}{n}$$

$$= \frac{350 - 0.389\ 5 \times 1\ 313}{6} = -26.90$$

③ 将 $a$ 和 $b$ 代入公式 $y = a + bx$，可得出：

2020 年该子公司压缩机的销售量 $= -26.90 + 0.389\ 5 \times 330 = 101.64$(万台)

(2)多元回归法

一元线性回归分析法，解决了一个自变量的回归方程。在实际生产经营活动中，影响经济变动的因素是多种多样的，在这种情况下，要预测未来的经济情况，必须考虑采用多个自变量，建立多元回归方程来进行预测。多元回归方程的表达式可以表示为：

$$y = a + y = a + b_1 x_1 + b_2 x_2 + b_3 x_3 + \cdots + b_n x_n$$

其中，$y$ 表示因变量；$x_i$ 表示各个自变量；$b_i$ 表示每个 $x_i$ 变动一个单位时，$y$ 的变动值。

3.季节预测分析法

对于有些产品，如农副产品、各季节衣服鞋帽、电扇空调等产品的销售，随着气候的变化带有明显的季节性，这种变动就叫季节性变动。季节性变动是指销量或价格由于自然条件、生产条件和生活习惯等因素的影响，随着季节的转变而呈现周期性变动。这种周期通常为 1 年。为了对这些销量会随季节变动的产品进行准确预测，我们应采用季节预分析法。

季节性变动对产品销售影响的具体预测分析公式如下：

$$Yt = Tt \times St$$

其中：$Yt$ 表示销售量；$Tt$ 表示趋势值；$St$ 表示季节指数；$t$ 表示时间。

季节预测分析法的具体步骤为：

(1)收集两年(通常至少三年)各月或各季度的统计资料(观测值)；

(2)求出各年同月或同季度观察值的平均数($A$)；

(3)求出历年间所有月份或季度的平均值（B）；

(4)计算各月或各季度的季节指数，即 $Si=Ai/Bi$；

(5)根据未来年度的全年趋势预测值，求出各季度的平均趋势预测值，然后乘以相应季节指数，即可得出未来年度内各季度包含季节性变动的预测值。

[例6—7]空调也是华树股份有限公司的业务之一，假设该公司2017年、2018年、2019年各季度的空调销售量如表6—8所示，2020年的销售量以2019年的销售量为基数按8%递增，请采用季节预测法预测2020年各季度的销售量。

表6—8　　　　　　　　2017—2019年各季度空调销售量　　　　　　　　单位：万台

| 季度 | 2017年 | 2018年 | 2019年 |
|---|---|---|---|
| 第一季度 | 53 | 62 | 82 |
| 第二季度 | 796 | 853 | 968 |
| 第三季度 | 98 | 105 | 125 |
| 第四季度 | 120 | 132 | 143 |

解：(1)各季度的平均值、各年的合计数计算如表6—9所示。

表6—9　　　　　　　　各季度平均值、各年合计数计算　　　　　　　　单位：万台

| 季度 | 2017年 | 2018年 | 2019年 | 各季度平均值（$Ai$） |
|---|---|---|---|---|
| 第一季度 | 53 | 62 | 82 | 65.67 |
| 第二季度 | 796 | 853 | 968 | 872.33 |
| 第三季度 | 98 | 105 | 125 | 109.33 |
| 第四季度 | 120 | 132 | 143 | 131.67 |
| 合计数 | 1 067 | 1 152 | 1 318 | |

(2)2017—2019年三年所有季度的总平均数(B)＝294.75(万台)

第一季度的季节指数：$S_1=A_1/B=65.67/294.75=0.2228$

第二季度的季节指数：$S_2=A_2/B=872.33/294.75=2.9596$

第三季度的季节指数：$S_3=A_3/B=109.33/294.75=0.3709$

第四季度的季节指数：$S_4=A_4/B=131.67/294.75=0.4467$

(3)2020年各季度的平均趋势预测值＝355.86(万台)

(4)2020年第一季度的预测值＝355.86×0.222 8＝79.29(万台)

2020年第二季度的预测值＝355.86×2.959 6＝1 053.20(万台)

2020年第三季度的预测值＝355.86×0.370 9＝131.99(万台)

2020年第四季度的预测值＝355.86×0.446 7＝158.96(万台)

# 任务三 成本预测

## 一、成本预测的意义

成本是衡量企业经济效益的重要指标,也是管理会计研究的主要对象之一。成本预测是根据企业目前的经济状况和发展目标,通过对影响成本变动的相关因素的分析和测算,对企业未来成本水平和变动趋势进行预计和推测的一种方法。成本预测涉及的范围较广,往往包括生产技术、生产组织和经营管理的各个方面。因此,成本预测和销售预测一样,必须以过去的和现在的本企业和国内外其他企业同类产品的有关数据为基础,采用各种专门方法,并且要考虑当前技术发展情况对本企业的生产、供应、销售、运输等方面可能产生的影响,进行比较、计算、分析和判断,最后作出预测。成本预测在现代企业经营管理工作中具有十分重要的意义。

### (一)成本预测有利于制定经营决策

经营决策的正确制定,依赖于以成本为主体内容的决策成本信息。通过成本预测,可以恰当地确定有关产品的品种结构、产量界限、质量标准和材料、人工的合理消费水平,还可以准确地揭示、估计各种因素对产品成本的影响与制约。

### (二)成本预测有利于加强事前成本管理

通过成本预测,企业在生产经营活动开始之前,就可以确定成本的变动趋势和未来一定时期内的成本水平,把握成本控制的方向和途径,正确评价各种方案、措施可能产生的经济效果,同时为编制成本计划提供科学依据,从而将成本管理纳入事前管理的轨道,以主动的成本控制取代被动的成本控制。

### (三)成本预测有利于加强目标管理

在实施目标管理的过程中,目标成本管理具有举足轻重的地位。通过成本预测,可以确定成本与业务量之间的相互关系,为确定未来一定期间内的成本目标提供客观依据,为做好企业的整个目标管理工作奠定基础。

### (四)成本预测有利于加强成本控制

通过成本预测,能够预计出本期的产品成本水平。将这一预测值与目标成本相比较就可以得到本期产品成本计划的完成情况。如果预计出来的成本不能达到目标成本的要求,企业就要及时采取各种控制措施,纠正偏差,以确保实现经营目标。

## 二、成本预测的步骤

成本预测通常可按以下四个步骤进行。

### (一)提出目标成本草案

目标成本是指在一定时期内,产品成本应达到的标准。它的形式可以是"标准成本""计划成本""定额成本",但无论怎样,都是要经过全体职工的积极努力才能实现的成本。目标成本肯定要比当前的实际成本低一些,一般应按该产品的标准产量或设计生产能力来考虑。要使目标成本与目标利润的水平保持一致,既不能轻而易举地达到,也不能高不可攀,而是要先进、合理,切实可行,经过努力才能实现。这样,可以使人们在达到这个目标以后,产生一种成就感、光荣感。唯有如此,才能激励人们承担更多的责任,发挥积极性和创造性,不断提高成本管理的水平。通常通过以下两种做法提出目标成本草案。

(1)在西方国家,一般是采用"倒剥皮"的方法。就是在确定目标利润的基础上,通过市场调查,根据该项产品在国内或国际市场上的经济信息,先确定一个适当的销售单价,然后减去按目标利润计算的单位产品利润和应缴纳的税金,作为该产品进行生产的目标成本。这种做法有利于使目标成本与目标利润的水平保持一致,并符合市场竞争的需要。由于国内、国际市场竞争激烈,产品的销售单价基本上有一定的变动幅度,既不可能太高,因为过高就会在市场上丧失竞争能力,当然也不能低于保本点,以致造成亏损。

(2)在我国,一般是以产品的某一先进的成本水平作为目标成本。例如,把本企业历史上最好的成本水平,把国内外同行业同类产品的先进成本水平,或把本企业基期的实际平均成本扣减行业或主管单位下达的成本降低率所算出的数据,作为目标成本。这种做法的缺点是,目标成本没有与目标利润挂钩,两者的水平不能协调一致。因此,在实际工作中应尽量采用第一种做法。

### (二)预测成本

采用各种专门方法,建立相应的数学模型,来预测本企业在当前情况下产品成本可能达到的水平,并计算出预测成本与目标成本的差距。预测成本最常用的方法有高低点法、加权平均法和回归分析法三种。

### (三)拟订降低成本的各种可行性方案

动员企业内部各个部门,针对存在的问题,群策群力,挖掘潜力,拟订降低成本水平的各种可行性方案,并力求缩小预测成本与目标成本的差距。

### (四)制定正式的目标成本

对降低成本的各种可行性方案进行技术、经济分析,从中优选出经济效益与社会效益最佳的方案,并据以制定正式的目标成本,为作出最优的成本决策提供依据。

## 三、成本预测的方法

成本预测的方法主要有目标成本预测法、历史成本预测法和新产品成本预测法。

### (一)目标成本预测法

目标成本是为实现目标利润所应达到的成本水平或应控制的成本限额。它是在销售预测和利润预测的基础上,结合本量利分析预测目标成本的一种方法。预测目标成本,是为了控制企业生产经营过程中的劳动消耗,降低产品成本,实现企业的目标利润。用这种方法确定的目标成本,能够与企业的目标利润联系起来,有利于目标利润的实现。制定目标成本一般是在综合考察未来一定期间内有关产品的品种、数量、价格和目标利润等因素的基础上进行的。计算方法主要有以下几种。

1.根据目标利润制定目标成本

**目标成本＝预计销售收入－目标利润**

[例6-8] 某企业产销一种产品,预计下一年度的产销量为10 000件,预计销售单价为50元/件,预计的目标利润为120 000元,预测该企业下一年度的目标成本。有关计算如下:

目标成本 ＝10 000×50－90 000＝410 000(元)

2.根据资金利润率制定目标成本

**目标成本＝预计销售收入－资金利润率×平均资金占用额**

[例6-9] 某公司上年度实际固定资产平均占用额为240万元,全部流动资金平均占用额为80万元。下一年度计划扩大生产规模,拟在年初购置一套价值52万元的新型加工设备投入生产。年初追加流动资金8万元,预计资金利润率为12%,本年度预计的销售额为228万元。预测该企业本年度的目标成本。有关计算如下:

目标成本 ＝228－[(240＋80)＋(52＋8)]×12%＝182.4(万元)

3.根据销售利润率制订目标成本

**目标成本＝预计销售收入×(1－销售利润率)**

[例6-10] 某公司预计下一年度销售额为200万元,销售利润率为10%。预测该企业下一年度的目标成本。有关计算如下:

目标成本＝200×(1－10%)＝180(万元)

4.根据过去先进的成本水平制定目标成本

这种方法以本企业历史上最好的成本水平或国内外同行业同类产品的先进成本水平作为目标成本,也可以将本企业上年实际成本水平扣除行业或主管单位下达的成本降低率后,作为目标成本。这种方法的缺陷是没有将目标成本同目标利润联系起来,因此与企业的实际情况存在一定的差距。

### (二)历史成本预测法

历史成本预测法也称可比产品成本预测法,适用于企业现存产品或者与现存产品相似的产品成本的预测。它是根据企业成本的历史资料和相关数据,按照成本习性的原理,应用数理统计的方法来推测、估计成本的发展趋势。并采用一定的方法对这些数据进行相应处理,建立相关的数学模型,根据模型对企业的产品成本进行预测。

如前文所述,成本的发展趋势一般可用直线方程式来反映,即:$y=a+bx$。只要我们求出$a$和$b$,就可以根据这个方程来预测在任何"产量($x$)"下的"产品总成本($y$)"的值。

必须注意,作为预测根据的历史资料,所选用的时期不宜过长,也不宜过短。因为当今世界经济形势发展太快,过长则失去可比性,过短则不能反映出成本变动的趋势,通常以最近的3～5年的历史资料为宜。另外,对于历史资料中某些金额较大的偶然性费用,如意外的停工损失、材料或产品的盘盈盘亏等,在引用时应予剔除。

应用 $y=a+bx$ 模型,通过确定 $a$(固定成本总额)与 $b$(单位变动成本)的值进行成本预测,具体可分为高低点法、加权平均法和回归分析法。

1. 高低点法

高低点法是将成本费用的发展趋势用 $y=a+bx$ 表示,选用一定时期历史资料中的最高业务量与最低业务量的总成本之差与两者业务量之差进行对比,先求出 $a,b$ 的值,然后据以预测计划期成本。其计算公式如下:

$$b=\frac{y_{高}-y_{低}}{x_{高}-x_{低}}$$

$$a=y_{高}-bx_{高} \text{ 或 } a=y_{低}-bx_{低}$$

式中,$x_{高}$、$x_{低}$,分别为高、低点业务量;$y_{高}$、$y_{低}$,分别为高、低点业务量的总成本。

[例 6-11] 某模具厂只产销甲模具,最近六年的产量及成本数据见表 6-10。

表 6-10　　　　　　　　　　产品历年成本资料

| 年度 | 产量 $x$/台 | 单位变动成本 $b$/元 | 固定成本总额 $a$/元 |
| --- | --- | --- | --- |
| 1 | 20 | 600 | 4 000 |
| 2 | 75 | 300 | 5 200 |
| 3 | 60 | 450 | 5 400 |
| 4 | 45 | 550 | 4 800 |
| 5 | 65 | 420 | 5 000 |
| 6 | 100 | 400 | 6 000 |

若计划年度(第 7 年)产量为 120 台,要求采用高低点法预测计划年度产品总成本和单位成本。

(1)找出产量最高与最低年度的产量与总成本数,计算其差异,见表 6-11。

表 6-11　　　　　　　　高点、低点产量、成本差异计算表

| 项目 | 高点(第六年) | 低点(第一年) | 差异 |
| --- | --- | --- | --- |
| 产量($x$)/台 | 100 | 20 | $\Delta x=80$ |
| 总成本($y$)/元 | 6 000+400×100=46 000 | 4 000+600×20=16 000 | $\Delta y=30\ 000$ |

$b=30\ 000/80=375$

$a=46\ 000-375\times 100=8\ 500(元)$

(2)计算计划期总成本与单位成本。

计划年度甲模具总成本预测值$=8\ 500+375\times 120=53\ 500(元)$

计划年度甲模具单位成本预测值$=53\ 500/120=445.83(元)$

2. 回归分析法

回归分析法是依据应用数学上的最小二乘法原理,根据若干期的业务量、成本及其相互间的回归关系,确定成本预测回归方程式,寻求其变化规律的一种方法。反映总成本随业务量变动而变动的趋势直线方程为 $y=a+bx$,具体计算方法与销售回归预测相同。当企业历史成本资料中,单位产品成本忽高忽低、变动幅度较大时,采用此法较为适宜。

[例 6-12]承[例 6-11]的资料,用回归分析法预测计划年度(第 7 年)的产品总成本与单

位成本。

(1)编制回归分析计算表,见表6—12。

表6—12　　　　　　　　　　　回归分析计算表

| 年度 | 产量 $x$/台 | 总成本 $y$/元 | $xy$ | $x^2$ |
|---|---|---|---|---|
| 1 | 20 | 4 000+600×20=16 000 | 320 000 | 400 |
| 2 | 75 | 5 200+300×75=27 700 | 2 077 500 | 5 625 |
| 3 | 60 | 5 400+450×60=32 400 | 1 944 000 | 3 600 |
| 4 | 45 | 4 800+550×45=29 550 | 1 329 750 | 2 025 |
| 5 | 65 | 5 000+420×65=32 300 | 2 099 500 | 4 225 |
| 6 | 100 | 6 000+400×100=46 000 | 4 600 000 | 10 000 |
| $n=6$ | $\Sigma x=365$ | $\Sigma y=183\ 950$ | $\Sigma xy=12\ 370\ 750$ | $\Sigma x2=25\ 875$ |

(2)计算 $a,b$ 值并预测成本。

$$b=\frac{6\times 12\ 370\ 750-365\times 183\ 950}{6\times 25\ 875-365^2}\approx 321.58(元)$$

$$a=\frac{183\ 950-321.58\times 365}{6}=11\ 095.55(元)$$

计划年度甲模具总成本预测值 $y=11\ 095.55+321.58\times 120=49\ 685.15$(元)

计划年度甲模具单位成本预测值=49 685.15/120≈414.04(元)

必须指出,上述成本预测的三种常用方法,虽然都是根据成本的历史资料进行数学推导,在一定程度上能反映成本的变动趋势,但它们对于企业的外部条件,如市场的供需状况、国家的方针政策、运输条件,以及信贷利率等是否有变化,均未加考虑,这就必然会影响预测分析的准确性。为了使成本预测更加接近实际,在采用数学公式推导的同时,还必须与企业管理当局的经验判断结合起来,缜密地进行分析研究,才能得出科学的预测结论。

## (三)新产品成本预测法

新产品成本预测法也称不可比产品成本预测法。它适用于企业以往年度没有正式生产过的,成本水平无法与过去进行比较的新产品的成本预测,主要有以下两种。

1.技术测定法

技术测定法是指在充分挖掘生产潜力的基础上,根据产品设计结构、生产技术条件和工艺方法。对影响人力、物力消耗的各项因素进行技术测试和分析计算,从而确定产品成本的一种方法。该方法比较科学,但工作量较大,较适合于品种少、技术资料比较齐全的产品。

2.产值成本法

产值成本法是指按工业总产值的一定比例确定产品成本的一种方法。产品的生产过程同时也是生产的消耗过程,在这一过程中,产品成本体现生产过程中的资金耗费,而产值则以货币形式反映生产过程中的成果。产品成本与产品产值之间客观存在着一定的比例关系,比例越大,说明消耗越大,成本越高;比例越小,说明消耗越小,成本越低。这样,企业在进行预测时,就可以参照同类企业相似产品的实际产值成本率,加以分析确定。其计算公式为:

$$某种产品的预测单位成本 = \frac{某产品的总产值 \times 预计产值成本率}{预计产值成本率}$$

该方法不太准确,但工作量小,简单易行。

此外,成本预测还应特别重视抓好产品的设计和研制这个环节,这个阶段的成本是否具有先进水平,将对产品投产以后的成本产生深远的影响。因此,在产品设计和研制时,必须考虑制造成本和使用成本的节约。

# 任务四 利润预测

## 一、影响利润变动的主要因素

利润是衡量企业生产经营成果的重要指标。通过综合分析,影响利润变动的主要因素是价格、成本、产销量等。企业生产经营过程中各项工作的好坏,可直接或间接地通过利润指标反映出来。利润预测是按照企业经营目标的要求,通过综合分析影响利润变动的价格、成本、产销量等因素,测算企业在未来一定时期内可能达到的利润水平和利润变动趋势的一种方法。进行科学的利润预测,对于改善企业的经营管理起着以下作用:(1)利润预测可以为企业的生产经营管理提供明确的目标;(2)利润预测是编制全面预算的基础;(3)利润预测可为企业的资金需要量预测提供信息。

## 二、利润预测的步骤

企业在分析上期利润计划并考察下期影响利润的各种因素变动情况的基础上,就可以预测下期的目标利润。所谓目标利润,是指企业在未来一段时间内,经过努力应该达到的最优化利润控制目标。它是企业未来经营必须考虑的重要战略目标之一。

### (一)确定目标利润原则

1. 可行性。它应该反映未来企业可能实现的最佳利润水平,既先进又合理。
2. 客观性。为保证目标利润具有最大化的可能性,在预测目标利润时,必须以客观存在的市场环境、技术发展状况为背景,以现实参数为依据,不能脱离现实,单凭拍脑袋想当然乱定目标。
3. 严肃性。目标利润必须经过反复测算、验证调整后方能最终确定,确定后的目标利润应保持相对稳定,不得随意更改。
4. 指导性。目标利润不应该是现有业务量、成本、价格的消极后果,相反,对上述因素的未来发展起着某种规定或约束作用,具有指导性意义。这一点体现在目标利润一经确定,就应及时组织落实为实现目标利润在产量、成本、价格等方面必须达到的各项指标和有关措施,并作为编制全面预算的基础。

### (二)预测目标利润步骤

1. 调查研究,确定利润率标准

在调查研究的基础上,了解和掌握企业历史上的利润率最高水平及当前同业或社会平均的利润率水平,从中选择某项先进合理的利润率作为预测基础,可供选择的利润率主要有销售利润率、产值利润率和资金利润率。利润率标准不宜定得过高或偏低,否则会挫伤企业各方面的积极性和主动性。

2.计算目标利润基数

将选定的利润率标准乘以企业预期应达到的有关业务量及资金指标,便可测算出目标利润基数。

$$目标利润基数＝有关利润率标准×相关指标$$

式中,相关指标取决于利润率指标的内容,分别是预计销售额、预计工业总产值或预计资金平均占用额。

3.确定目标利润修正值

目标利润修正值是对目标利润基数的调整额。一般可先将目标利润基数与测算利润(即按传统方式预测出来的利润额)进行比较分析,并按本量利分析的原理分项测算为实现目标利润基数而应采取的各项措施,即分别计算各因素的期望值,并分析其可能性。若期望值与可能相差较大,则适当修改目标利润,确定目标利润修正值。这个过程可反复测算多次,直至各项因素期望值均具有现实可能性为止。

4.最终下达目标利润、分解落实纳入预算体系

最终下达的目标利润应该为目标利润基数与修正值的代数和。它应反映或能适应预算期企业可望实现的生产经营能力、技术质量保证、物资供应、人力配备、资金流转水平及市场环境等约束条件。按调整措施修订后的诸因素测算的期望利润应与目标利润口径一致。

$$最终下达的目标利润＝目标利润基数＋修正值$$

目标利润一经确定就应该纳入预算执行体系,层层分解落实,以此作为采取相应措施的依据。

## 三、利润预测的方法

利润预测主要有本量利分析法、销售增长比率法、资金利润率法和利润增长比率法等方法。

### (一)本量利分析法

本量利分析法是在成本性态分析和保本分析的基础上,根据有关产品成本、价格、业务量等因素与利润的关系确定计划期间目标利润的一种方法。

[例6—13]某企业销售一种产品,预计下一年度的销售量为50 000件,单位变动生产成本为17元/件,单位变动销售及管理费用为3元/件,固定成本总额为56 000元,销售单价为30元/件。预测该企业下一年度的目标利润。

目标利润＝30×50 000－(19＋3)×50 000－280 000＝220 000(元)

### (二)销售增长比率法

该方法是以基期实际销售利润与销售预计增长比率为依据计算目标利润的一种方法。该方法假定利润与销售同步增长。其计算公式为:

$$目标利润＝基期实际销售利润×(1＋销售预计增长比率)$$

[例6—14]某公司上年实际销售利润为15万元,实际销售收入为160万元。若本年度计划销售额为200万元,预测该企业本年度的目标利润。有关计算如下:

销售预计增长比率＝(200－160)/160×100％＝25％

目标利润＝15×(1＋25％)＝18.75(万元)

### (三)资金利润率法

该方法是根据企业预计资金利润率水平，结合基期实际资金的占用状况与未来计划投资额来确定目标利润的一种方法。其计算公式为：

**目标利润＝(基期占用资金＋计划投资额)×预计资金利润率**

[例6－15] 某公司上年度实际固固资产平均占用额为120万元，全部流动资金平均占用额为40万元。下一年度计划扩大生产规模，拟在年初购置一套价值25万元的新型加工设备投入生产，追加流动资金5万元。预计本年度资金利润率为10％，预测该企业本年度的目标利润。有关计算如下：

目标利润＝[(120＋40)＋(25＋5)]×10％＝19(万元)

### (四)利润增长比率法

该方法是根据企业基期已经达到的利润水平，结合近期若干年(通常为近3年)利润增长比率的变动趋势，以及影响利润的有关因素在未来可能发生的变动等情况，确定一个相应的预计利润增长比率，来确定目标利润的一种方法。其计算公式为：

**目标利润＝基期利润×(1＋预计利润增长比率)**

[例6－16] 某公司上年度实际利润总额为100万元，根据过去3年盈利情况的分析，确定本年度的预计利润增长比率为5％，预测该企业本年度的目标利润。有关计算如下：

目标利润＝100×(1＋5％)＝105(万元)

# 任务五 资金需要量预测

## 一、资金需要量预测的含义

资金需要量预测以预测期内企业生产经营规模的发展和资金利用效果的提高为前提,在分析有关历史资料、技术经济条件和发展规划的基础上,对预测期内的资金需要量进行科学预计和测算。

资金需要量预测的目的,就是要有意识地把生产经营活动引导到以最少的资金占用取得最佳的经济效益的轨道上来。科学地进行资金预测,不仅能为企业生产经营活动的正常开展测定相应的资金需要量,而且能为经营决策、节约资金耗费、提高资金利用效果创造有利条件。

## 二、资金需要量预测的常用方法

### (一)销售百分比法

销售百分比法是根据资金各个项目与销售收入总额之间的依存关系,按照计划期销售额的增长情况来预测需要相应追加多少资金的方法,这在西方国家颇为盛行。销售百分比法一般按以下三个步骤进行。

1.分析基期资产负债表各个项目与销售收入总额之间的依存关系

(1)资产类项目。周转中的货币资金、正常的应收账款和存货等流动资产项目,一般都会因销售额的增长而相应地增加。而固定资产是否要增加,则需视基期的固定资产是否已被充分利用而定。如尚未充分利用,通过进一步挖掘其利用潜力,即可产销更多的产品;如基期对固定资产的利用已达饱和状态,则增加销售额就需要扩充固定资产。至于长期投资和无形资产等项目,一般不随销售额的增长而增加。

(2)负债与权益类项目。应付账款、应付票据、应付税款和其他应付款等流动负债项目,通常会因销售额的增长而自动增加。至于长期负债和股东权益等项目,则不随销售额的增长而增加。

此外,计划期所提取的折旧准备(应剔除计划期用于更新改造的金额)和留存收益两项目,通常可作为计划期内需要追加资金的内部资金来源。

2.将基期的资产负债表各项目用销售百分比的形式另行编表。

3.按公式计算计划期预计需要追加的资金数额。计划期预计需要追加资金的公式如下:

$$\Delta F = \left( \frac{A}{S_0} - \frac{L}{S_0} \right)(S_1 - S_0) - D - R + M$$

式中,$\Delta F$ 为预计未来需要追加的资金数额;$S_1$ 为计划期销售收入总额;$S_0$ 为基期销售收入总额;$A$ 为随销售额变动的资产项目基期金额;$L$ 为随销售额变动的负债项目基期金额;$D$ 为计划期提取的折旧减去用于固定资产更新改造后的余额;$R$ 为按计划期销售收入及基期销售净利润率计算的净利润与预计发放股利的差额,公式如下:$R = S_1 \times R_0(1-d)$,其中 $R_0$ 为基期的税后销售利润率,$d$ 为计划期的股利发放率;$M$ 为计划期新增的零星资金开支数额。

[例 6—17] 某公司在基期(2019 年)的实际销售总额为 500 000 元,税后利润为 20 000 元,发放普通股股利 10 000 元。假定基期固定资产利用率已达到饱和状态。该公司基期期末简略资产负债表见表 6—13。

表 6—13　　　　　　　　　　　　某公司资产负债表
(2019 年 12 月 31 日)

| 资产 | | 负债及所有者权益 | |
|---|---|---|---|
| 1.货币资金 | 12 000 | 1.应付账款 | 52 000 |
| 2.应收账款 | 85 000 | 2.应交税费 | 25 000 |
| 3.存货 | 115 000 | 3.长期负债 | 120 000 |
| 4.厂房设备(净额) | 150 000 | 4.普通股股本 | 200 000 |
| 5.无形资产 | 48 000 | 5.留存收益 | 13 000 |
| 资产总计 | 410 000 | 负债及所有者权益总计 | 410 000 |

若该公司在计划期(2020 年)销售收入总额将增至 750 000 元,并仍按基期股利发放率进行支付股利;折旧准备提取数为 20 000 元,其中 70%用于改造现有的厂房设备;计划期零星支出资金需要量为 15 000 元。预测该企业计划期需要追加资金的数量。

(1)根据基期期末资产负债表,分析研究各项资金与当年销售收入总额的依存关系,并编制基期用销售百分比形式反映的资产负债表,见表 6—14。

表 6—14　　　　　　　　　某公司资产负债表(用销售百分比反映)
(2019 年 12 月 31 日)

| 资产(%) | | 权益(%) | |
|---|---|---|---|
| 1.货币资金 | 2.4 | 1.应付账款 | 10.4 |
| 2.应收账款 | 17 | 2.应交税费 | 5 |
| 3.存货 | 23 | 3.长期负债 | (不适用) |
| 4.厂房设备(净额) | 30 | 4.普通股股本 | (不适用) |
| 5.无形资产 | (不适用) | 5.留存收益 | (不适用) |
| 合计 | 72.4% | 合计 | 15.4% |

在表 6—14 中,$\dfrac{A}{S_0} - \dfrac{L}{S_0} = 72.4\% - 15.4\% = 57\%$,即表示该公司每增加 100 元的销售收入,需要增加资金 57 元。

(2)将以上各有关数据代入公式,计算计划期需要追加资金的数额。

$D = 20\,000 - 14\,000 = 6\,000(元)$

$R = 75\,000 \times \dfrac{20\,000}{500\,000} \times (1 - \dfrac{10\,000}{20\,000}) = 15\,000$

$\Delta F = (72.4\% - 15.4\%) \times (750\,000 - 500\,000) - 6\,000 - 15\,000 + 15\,000$
$\quad = 136\,500(元)$

## (二)回归分析法

回归分析法就是应用最小平方法的原理,对过去若干期间的销售额及资金总量(即资金占用总额)的历史资料进行分析,确定反映销售收入总额($x$)与资金总额($y$)之间相互关系的回归直线($y=a+bx$),并据以预测计划期的资金需要量,具体计算方法与销售、成本回归预测相同。

[例6-18]某公司近三年销售收入和资金占用总额的历史资料,见表6-15。

表6-15　　　　　　某公司近三年销售收入与资金占用总额　　　　　　单位:万元

| 年度 | 第1年 | 第2年 | 第3年 |
|---|---|---|---|
| 销售收入 | 120 | 130 | 125 |
| 资金占用总额 | 76 | 80 | 78 |

该公司计划年度(第4年)的销售收入总额预测值为150万元,已有资金60万元。预测该公司计划年度需要追加多少资金。

(1)按回归分析原理对历史数据加工、整理、制表计算,见表6-16。

表6-16　　　　　　　　　　回归分析计算表

| 年度 | 销售收入 | 资金占用额$y$/台 | $xy$ | $x^2$ |
|---|---|---|---|---|
| 1 | 120 | 76 | 9 120 | 14 400 |
| 2 | 130 | 80 | 10 400 | 16 900 |
| 3 | 125 | 78 | 9 750 | 15 625 |
| $n=3$ | $\sum x=375$ | $\sum y=234$ | $\sum xy=29\ 270$ | $\sum x^2=46\ 925$ |

(2)应用表6-16中的有关数据计算资金需要量。

代入计算公式得:$a=28$(万元);$b=0.4$(万元)

计划期(第4年)预计资金需要量$=28+0.4\times150=88$(万元)

计划期(第4年)需追加资金$=88-60=28$(万元)

多数企业在其生产经营期间都要求有一定的现金储备量,以确保现金收入一旦发生背离计划产生差异时进行现金补充,使生产经营过程不因资金供应不足而受到影响。因此,上述计算在实际工作中,还应考虑现金储备量这一因素。

**【任务实施】**

销售百分比法是根据资金各个项目与销售收入总额之间的依存关系,按照计划期销售额的增长情况来预测需要相应追加多少资金的方法,这在西方国家颇为盛行。回归分析法是应用最小平方法的原理,对过去若干期间的销售额及资金总额(即资金占用总额)的历史资料进行分析,确定反映销售收入总额($x$)与资金总额($y$)之间相互关系的回归直线($y=a+bx$),并据以预测计划期的资金需要量,具体计算方法与销售、成本回归预测相同。

**【任务实操】**

请登录TTC实训平台,完成模拟实训任务。

【项目知识点巩固】

一、单项选择题

1.预测分析方法按其性质可分为定量分析法和（　　）。
  A.算术平均法　　　B.定性分析法　　　C.回归分析法　　　D.指数平滑法

2.预测分析的内容不包括（　　）。
  A.销售预测　　　B.利润预测　　　C.资金需要量预测　　　D.所得税预测

3.假设平滑指数 $a=0.6$，2013年9月实际销售量为600千克，原来预测2013年9月销量为630千克，则预测2013年10月的销量为（　　）千克。
  A.618　　　　B.600　　　　C.612　　　　D.630

4.下列预测方法适用于新产品成本预测的是（　　）。
  A.算术平均法　　　B.技术测定法　　　C.回归分析法　　　D.指数平滑法

5.一般来说，资产项目中不随销售收入变化而变化的项目有（　　）。
  A.货币资金　　　B.应收账款　　　C.存货　　　D.无形资产

二、多项选择题

1.一般来说，负债项目中随销售收入变化而变化的项目有（　　）。
  A.应付账款　　　B.应付票据　　　C.应付税费　　　D.长期借款

2.下列属于定量分析法的有（　　）。
  A.算术平均法　　　B.平滑指数法　　　C.回归分析法　　　D.调查分析法

3.预测分析的主要内容包括（　　）。
  A.销售预测分析　　　B.成本预测分析　　　C.资金需要量预测分析　　　D.利润预测分析

4.一般来说，资产项目中随销售收入变化而变化的项目有（　　）。
  A.货币资金　　　B.应收账款　　　C.存货　　　D.无形资产

5.下列属于定性分析法的有（　　）。
  A.判断分析法　　　B.平滑指数法　　　C.回归分析法　　　D.调查分析法

三、判断题

1.预测分析的起点是利润预测。（　　）

2.资金需要量的预测方法只有销售百分比法。（　　）

3.定量分析法和定性分析法是互斥的，在实际运用中只能选择其中一种进行预测。（　　）

4.平滑指数的确定带有一定的主观因素，平滑指数越大，则近期实际值对预测结果的影响越大；平滑指数越小，则近期实际值对预测结果的影响越小。（　　）

5.定性分析法受主观因素的影响，定量分析法不受主观因素的影响。（　　）

四、简述题

1.什么是预测分析？预测分析的基本内容有哪些？

2.什么是销售预测？有哪些方法？

3.什么是利润预测？有哪些方法？

4.什么是成本预测？有哪些方法？

5.如何进行资金需要量预测？

五、计算题

1.某企业2021年上半年的实际销售额见表6—17。

表 6－17　　　　　　　　某企业 2021 年上半年实际销售额

| 项目 | 1月 | 2月 | 3月 | 4月 | 5月 | 6月 |
| --- | --- | --- | --- | --- | --- | --- |
| 实际销售额/元 | 12 000 | 11 800 | 14 500 | 12 700 | 13 000 | 14 000 |

要求：
(1)采用算术平均法预测 7 月的销售额。
(2)假设 4 月、5 月、6 月的权重分别为 0.2、0.3、0.5，采用移动加权平均法预测 7 月的销售额。

2.某公司生产甲产品，近 6 年来产量及成本资料见表 6－18。

表 6－18　　　　　　　　　　产量及成本资料

| 项目 | 2007 年 | 2008 年 | 2009 年 | 2010 年 | 2011 年 | 2012 年 |
| --- | --- | --- | --- | --- | --- | --- |
| 产量/千克 | 48 | 53 | 55 | 68 | 90 | 116 |
| 成本/万元 | 50 | 54 | 56 | 64 | 85 | 104 |

要求：分别采用高低点法和回归分析法预测当计划产量为 135 千克时的总成本。

3.某企业生产 A 产品，其单位售价为 400 元，单位变动成本为 240 元，每年固定成本为 300 000 元，2012 年销售量为 6 000 件，预计 2013 年销售量将增加 30%。

要求：
(1)预测该企业 A 产品的保本点。
(2)预测该企业 2013 年的目标利润。

4.某公司 2012 年固定资产利用率为 60%，实现销售收入为 210 万元，获净利润 30 万元，并发放股利 18 万元。若 2013 年预计销售收入达 252 万元，并且仍按 2012 年的股利发放率发放股利，其他因素保持不变。已知 2013 年计划提取折旧 10 万元，更新旧设备支出 9 万元，预计 2013 年零星资金需要量为 3 万元，2012 年末资产负债表见表 6－19。

表 6－19　　　　　　　　　　资产负债表
（2012 年 12 月 31 日）　　　　　　　　　　　　　　　　单位：元

| 资产 | 金额 | 负债及所有者权益 | 金额 |
| --- | --- | --- | --- |
| 库存现金 | 200 000 | 应付账款 | 250 000 |
| 应收账款 | 475 000 | 应付票据 | 125 000 |
| 存货 | 500 000 | 长期负债 | 575 000 |
| 固定资产 | 800 000 | 股本 | 875 000 |
| 无形资产 | 50 000 | 留存收益 | 200 000 |
| 资产总计 | 2 025 000 | 负债及所有者权益总计 | 2 025 000 |

要求：采用销售百分比法预测需要追加的资金数量。

# 项目七 短期决策

**【知识目标】**

1. 了解决策的概念和原则,掌握决策的分类方法及基本程序。
2. 熟悉短期经营决策相关概念,重点掌握相关成本的内容。
3. 掌握短期经营决策分析的基本方法,包括差量分析法、贡献边际法和成本无差别点法。
4. 掌握生产经营决策分析,熟悉新产品开发、亏损产品、半成品、联产品、特殊订单、零部件自制、不同生产工艺技术方案等决策原理。
5. 了解存货决策的意义及成本构成,掌握存货控制的决策。

**【能力目标】**

1. 能够正确应用决策的原则,可以合理地对决策进行分类。
2. 能够正确识别相关收入和相关成本。
3. 通过对短期经营决策分析的基本方法,能够做到会用差量分析法、贡献边际法和成本无差别点法进行决策分析。
4. 能够正确作出生产经营决策分析。
5. 能够正确作出存货控制决策和产品定价决策。

**【素质目标】**

1. 通过学习决策的原则、分类方法、相关成本概念、经营决策分析方法等内容,使学生养成未知全貌,不予置评的良好品质。
2. 培养学生全面思考能力,不能片面、肤浅地看问题,形成正确的人生观和世界观。

【思维导图】

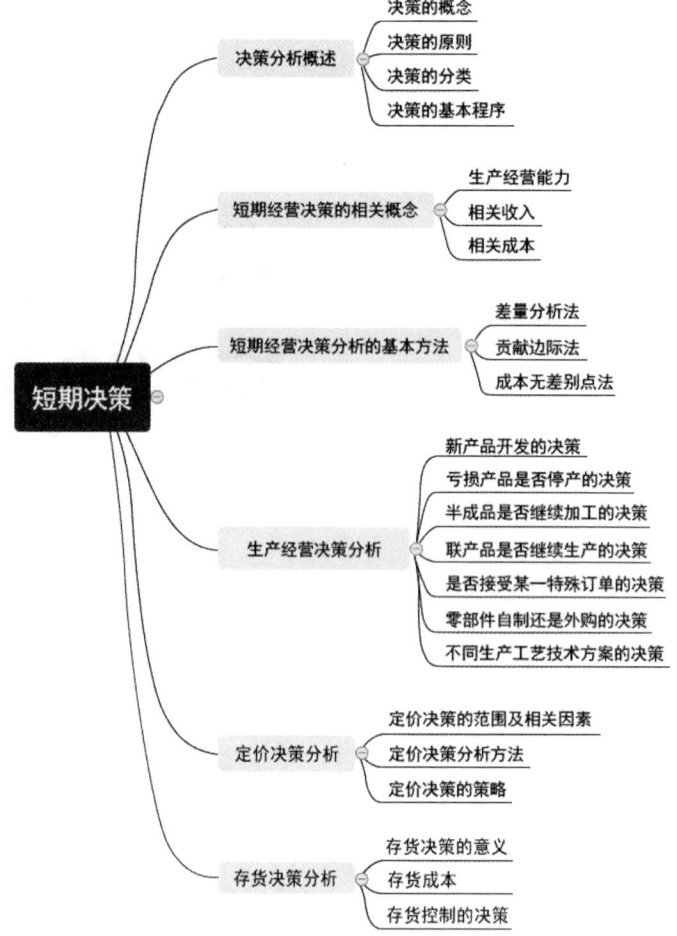

【引导案例】

**思南电气场地问题经营决策**

思南电气有限公司是制造、销售高压开关设备、控制设备及其配件的公司。目前,公司产品所需的零件都由公司内部生产。公司开业已经5年了,只在河南平顶山有一个工厂。生产高压开关的设施是由公司租赁的,还有5年的租期。公司拥有全部设备的所有权。由于需求的扩大,公司的产量在前5年中大幅度提高,超过租赁设施的生产能力。目前,公司需要更多的仓库和生产模具的场地。这些模具是用来生产高压开关的。为适应高压开关需求量的日益增长,需要扩充模具的产量。

公司的总经理韩海春召集销售部经理李彦林和财务经理程占共同讨论生产能力受限制的问题。这是他们三人第二次讨论这个问题。在第一次会议上,韩海春拒绝了程占提出的自建厂房的建议。他认为在目前的发展阶段投入大量资金建造厂房太冒险。他们也曾考虑租用更大的厂房并把现有的厂房转租给他人,但转租可能性较小。

"目前场地的问题比较严重,我们已经在实行三班倒。但如果再租赁一个厂房的话,费用比较高并且无法充分利用。"李彦林说。"是的,"程占回答,"我有两个可行的备选方案。一个方案是另租一间仓库,旧仓库经过清理后可用于厂房。我已经找到这样的房子,离公司工厂不到一公里,它的容量足以满足我们现有的生产能力和适度增长的需要。另一个方案是可外购各种高压开关控制配件而不是自己生产,目前这些配件价格下降得很厉害,如果我们停止生产这些配件,就能清理出所需的场地。"

"这两个方案我都喜欢。"韩海春回答,"其实,它们正是我们要寻找的。现在我们需要做的是看哪个更好。"

思考:

(1)如果你是财务部经理程占,你应如何编制该决策相关报告?

(2)假设你接受财务部经理程占的第一个备选方案,应必须考虑哪些非成本因素?

(3)假设你接受财务部经理程占的第二个备选方案,应必须考虑哪些非成本因素?

**【任务引例】**

请阐述定价决策方法与定价决策策略的含义及区别,并阐述定价策略的类型。

# 任务一　决策分析概述

**【任务准备】**

## 一、决策的概念

决策是在充分考虑各种可能的前提下,人们基于对客观规律的认识,为了达到特定的目标或者对某些特殊或专门问题,在两个或两个以上的备选方案中,选择一个最优方案的分析判断过程。管理的中心在于经营,经营的中心在于决策。随着市场竞争的日益激烈,一个企业的决策好坏直接影响到企业的兴衰成败。因此,决策越来越受到企业管理人员的重视。

从上述描述中,我们可以从以下四个关键词来理解决策:第一,目标。决策前必须明确所要达到的目标。如果目标模糊或整个目标体系杂乱无章,决策便失去了方向。第二,科学性。决策并非主观臆断,而是在认识客观规律的基础上所作出的决定。第三,分析判断。决策不只是领导拍板作决定的瞬间行为,每一个备选方案都有被实施的可能性,企业的管理者必须掌握充分的信息,利用所掌握的信息进行逻辑分析和历史分析,才能在众多备选方案中选择一个最优的合理方案。如果只有一个方案,那就不存在决策的问题了。第四,过程。决策是一个提出问题、分析问题、解决问题的整个过程,没有这一完整的过程就很难有合理的决策。

## 二、决策的原则

决策原则是指决策必须遵循的指导原理和行为准则。它是科学决策指导思想的反映,也是决策实践经验的概括。决策过程中所需要遵循的具体原则是多种多样的,但就决策的基本原则而言,主要有合法性、系统性、效益性、可行性、民主性、科学性等原则。

### (一)合法性原则

任何决策都是在一定复杂的社会关系中进行的,必须具有法律上的可行性。决策的内容要符合现行的法律法规,并且决策要经过一定的合法的组织程序和审批手续,绝不允许违背市场规律和损人利己,更不允许坑害国家。

### (二)系统性原则

系统性原则要求把决策对象视为一个系统,以系统整体目标的优化为准绳,协调系统中各分系统的相互关系,使系统完整、平衡,从而实现整体利益最大化。因此,在决策时,应该将各个小系统的特性放到大系统的整体中去权衡,以整体系统的总目标来协调各个小系统的目标。

### (三)效益性原则

效益性原则就是研究经济决策所花的代价和取得收益的关系,研究投入与产出的关系。

领导决策必须以经济效益为中心,并且要把经济效益同社会效益结合起来,以较小的劳动消耗和物资消耗取得最大的成果。如果一项决策所花的代价大于所得,那么这项决策是不科学的。

### (四)可行性原则

可行性原则要求运用自然科学和社会科学的手段,寻找能达到决策目标的一切方案,并分析这些方案的利弊,最后从中选出最优方案。可行性分析是可行性原则的外在表现,只有经过可行性分析论证后选定的决策方案,才是有较大把握实现的方案。

### (五)民主性原则

民主性原则是指决策者要充分发扬民主作风,调动决策参与者,甚至包括决策执行者的积极性和创造性,共同参与决策活动,并善于集中和依靠集体的智慧与力量进行决策。民主性原则要求:领导决策人必须切实保障决策参与者、决策执行者在决策活动中的地位和权利,决策参与者和执行者既是决策管理的对象,又是决策管理的主体;领导决策人要注意发挥民主作风,正确处理好集权和分权、集中和民主的关系;领导决策人应该依靠集体进行决策;对于重大问题,应邀请本系统以外的有关方面协助决策。

### (六)科学性原则

科学性原则是一系列决策原则的综合体现。现代化大生产和现代化科学技术,特别是信息论、系统论、控制论的兴起,为决策从经验到科学创造了条件,领导者的决策活动产生了质的飞跃。当今领导者必须加强学习现代管理知识,遵循科学性原则,才可进行科学的决策。

## 三、决策的分类

企业决策所涉及的内容及范围较广,为了便于正确地分析问题,可按不同的标准对决策进行分类。

### (一)按照决策时间的长短分类

决策按照时间的长短可以分为短期决策和长期决策两类。

1.短期决策

短期经营决策分析简称短期决策,是指只涉及一年以内专门业务的决策,并仅对该时期内的收支盈亏产生影响。

2.长期决策

长期决策是指那些产生报酬的期间超过一年,并对较长时间的收支盈亏产生影响而进行的决策,主要包括固定资产更新改造决策、固定资产租赁或外购的决策等。它一般需要投入大量资金,来改变企业现有的生产经营能力,因此又被称为投资决策或长期投资决策。

### (二)按照决策对象的未来状况分类

按照决策对象未来状况的不同,将决策分为确定型决策、非确定型决策和风险型决策。

1.确定型决策

确定型决策是指决策对象未来的状况非常明确,每一个备选方案只有一种结果,通过比较其结果的优劣就可作出决策,不存在不确定因素。例如,某企业原采用落后的生产工艺生产某种零件,现在要引进先进的生产工艺,这样会增加固定成本,但是可以降低单位变动成本。因此,目前面临的方案有两个:引进和不引进。无论是哪一个方案,决策的条件都是确定的,通过比较两个方案的总成本就可以确定选择哪一个方案。

2.非确定型决策

非确定型决策是指决策对象的未来状况不确定,也不能客观地确定其概率,只能依靠决策者进行综合分析和计量才能做出决策。非确定型决策没有历史资料作为决策的依据,为了确定最优方案,只能依靠决策者的经验和心理因素确定一个主观概率,因此决策者的经验是非常重要的。例如,企业在生产的过程中预计有一台设备可能会发生严重的故障而造成停产,该企业需要决定是否购置一台备用设备。这样就产生了两个方案:购置备用设备和等发生严重的故障后再购置备用设备。对于这个决策问题,未来的状况可能是:不发生严重故障和至少发生一次故障。但每种情况的概率无法估计,决策者需要根据自身的经验对有关资料进行综合分析做出决策。

3.风险型决策

风险型决策是指决策对象的未来状况呈现随机状况,不能预先肯定,但是决策者可预知未来可能出现的若干种不同状况,各种状况的发生是有客观概率的,从而以此作为决策的依据。因此带有一定的风险。例如,某企业需要做出生产某种产品的决策,如果生产,是大量生产还是小批生产,这取决于未来该产品的销路。根据市场调查该产品未来的需要量可能出现"销路好""销路一般"和"销路差"三种情况,它们出现的概率分别是 0.6、0.2、0.2,该类型的决策就是带有一定风险的风险型决策。

### (三)按照决策本身的重要程度分类

按照决策本身的重要程度不同,将决策分为战略决策和战术决策。

1.战略决策

战略决策是解决全局性、长远性、战略性的重大问题的决策。一般多由高层次决策者做出。战略决策是企业经营成败的关键,它关系到企业的生存和发展。决策正确可以使企业沿着正确的方向前进,提高竞争力和适应环境的能力,取得良好的经济效益。反之决策失误,就会给企业带来巨大损失,甚至导致企业破产。

2.战术决策

战术决策是为了实现战略决策目标,对日常经营活动所采用的局部性决策。战术决策一般由企业中层管理人员做出。战术决策要为战略决策服务。

### (四)按照决策对象的经济内容分类

按照决策对象的经济内容不同,将决策分为销售决策、生产决策和投资决策。

1.销售决策

销售决策是指对企业产品销售价格、数量、销售渠道等进行的一系列决策。

2.生产决策

生产决策是指对企业产品的品种、产量、组合结构、生产工艺、生产能力利用等方面进行的决策。

### 3.投资决策

投资决策是指企业对扩大生产规模、购建和更新固定资产等方面所进行的决策。

## 四、决策的基本程序

### (一)提出问题,确定决策分析目标

决策首先要弄清解决什么问题,达到什么目的,然后针对问题确定目标。没有明确的决策目标,就容易造成决策的混乱,只有目标明确才能制订计划,有序地完成决策任务。

### (二)广泛收集信息

目标确定后,就要针对决策目标,广泛收集尽可能多的资料,并进行加工整理,作为决策的依据。为了正确进行决策,对于所收集的信息要"去伪存真",并且必须符合决策所需要的质量要求,资料应力求真实、可靠、系统、全面、精确。

### (三)拟订备选方案

在收集了大量的信息后,提出实现目标的各种可供选择的方案。提出的方案必须技术上适当、经济上合理,即每个备选方案都要作到实事求是,使企业现有的资源得到合理的、充分的使用和发挥。

### (四)评价各备选方案

评价各备选方案主要是运用定量分析和定性分析相结合的方法。将各备选方案的资料归类、系统排列,运用科学的决策方法和数学模型,对各备选方案的预期收益进行比较、分析。

### (五)确定最优方案

确定最优方案是在评价备选方案的基础之上,决策者根据各备选方案的报告,选择经济效益最佳的方案。

### (六)实施决策方案

根据选中的决策方案,制订具体的实施计划,提出有效的实施方法,具体组织实施,并随时掌握实施情况,保证达到预期效果。

### (七)检查反馈

在实过程中,应对实施情况进行检查和监督,将实施后的结果与决策的目标进行比较,找出差异及原因,及时修正或补充原定方案,以保证目标的实现。

[例7—1]决策必须遵循指导原理和行为准则,科学决策反映着正确的指导思想,决策时应当遵循的原则主要有合法性原则、系统性原则、效益性原则、可行性原则、民主性原则、科学性原则。

[例7—2]为了便于正确地分析问题,企业决策可按不同的标准进行分类,常用的分类方法如下:

1.决策按照时间的长短可以分为短期决策和长期决策两类;
2.按照决策对象未来状况的不同,将决策分为确定型决策、非确定型决策和风险型决策;
3.按照决策本身的重要程度不同,将决策分为战略决策和战术决策;
4.按照决策对象的经济内容不同,将决策分为销售决策、生产决策和投资决策。

## 任务二 短期经营决策的相关概念

短期经营决策需要通过比较不同的备选方案相关损益的大小进行最优化选择。影响相关损益大小的重要因素有生产经营能力、相关收入和相关成本。

### 一、生产经营能力

生产经营能力有以下几种形式。

#### (一)最大生产经营能力

最大生产经营能力又称理论生产经营能力,是指企业在不追加资金投入的前提下,百分之百有效利用工程技术、人力及物力资源而可能实现的生产经营能力,它是生产经营能力的上限。

#### (二)正常生产经营能力

正常生产经营能力,是指已经纳入企业年度计划,充分考虑到现有市场容量、生产技术条件、人力资源状况、管理水平,以及可能实现的各种措施等情况所必须达到的生产经营能力。

#### (三)剩余生产经营能力

(1)绝对剩余生产经营能力,也称暂时未被利用的生产经营能力,它是指企业最大生产经营能力与正常生产经营能力之差,属于生产经营的潜力。

(2)相对剩余生产经营能力,是指由于受市场容量或经济效益原因的影响,决策规划的未来生产经营规模小于正常生产经营能力而形成的差量,也可以理解为因临时转变经营方向而闲置的那部分生产经营能力。

#### (四)追加生产经营能力

追加生产经营能力是指根据需要和可能,通过追加资金投入等措施而增加的,超过最大生产经营能力的那部分生产经营能力。

1.临时性追加的生产经营能力,是指通过临时性租赁而形成的生产经营能力。

2.永久性追加的生产经营能力,是指通过追加固定资产投资而形成的生产经营能力。显然,永久性追加的生产经营能力会改变企业未来期间的最大生产经营能力。生产经营能力是确认机会成本、专属成本的重要参数。

### 二、相关收入

相关收入是指与特定决策方案相联系的、能对决策产生重大影响的、在短期经营决策中必须予以充分考虑的收入,又称有关收入。如果某项收入只属于某个经营决策方案,若有这个方案存在,就会发生这项收入,若该方案不存在,就不会发生这项收入,那么,这项收入就是相关收入。相关收入的对立概念是无关收入。无论是否存在决策方案,均会发生某项收入,那么就可以断定该项收入是上述方案的无关收入。

## 三、相关成本

相关成本是指与特定决策方案相联系的、能对决策产生重大影响的、在短期经营决策中必须予以充分考虑的成本。如果某项成本只属于某个经营决策方案,若有这个方案存在,就会发生这项成本,若该方案不存在,就不会发生这项成本,那么,这项成本就是相关成本。相关成本包括差量成本、边际成本、机会成本、重置成本、付现成本、专属成本、深加工成本、可延缓成本和选择性成本等。

无关成本是指不受决策结果影响,与决策关系不大,已经发生或注定要发生的成本。无关成本包括沉没成本、共同成本、不可延缓成本和约束性成本等。

相关成本与无关成本的区分并不是绝对的。有些成本在某一决策方案中是相关成本,而在另一决策方案中却可能是无关成本。

### (一)差量成本与边际成本

按照成本的差异性可将成本分为差量成本和边际成本。

1.差量成本

广义的差量成本是指两个备选方案相关成本之间的差额。例如,某企业为了提高其经营效率,决定采购一台设备。目前市场上有 A 和 B 两种类型的设备都能满足该企业的要求,A 设备的购入成本为 8 000 元,B 设备的购入成本为 7 600 元。则购买 A 设备和购买 B 设备两个方案的差量成本为 400 元。

狭义的差量成本又称增量成本,用于反映生产能力利用率不同在成本上发生的差别,也就是由于在原来基础上因追加一定业务量产品的生产所增加的成本金额。

在一定条件下,某一决策方案的增量成本就是该方案的相关变动成本,等于该方案的单位变动成本与相关业务量的乘积。例如,企业决定接受某项特殊价格的订单而导致产量增加,由此引起变动生产成本的增加。增加的变动生产成本就是增量成本。但应注意的是,绝不能认为增量成本在任何条件下都等于变动成本,因为增量成本有时也会包括固定成本。

2.边际成本

从理论上讲,边际成本是连续型成本函数的一阶导数,即业务量向无限小变动时所造成的成本差量与业务量变动的差量之比,即产量(业务量)向无限小变化时成本的变动金额。当然,这是从纯经济学角度来讲的,事实上,产量不可能向无限小变化,至少应为 1 个单位的产量。因此,边际成本也就是产量每增加或减少一个单位业务量所引起的成本变动金额。

由此看来,边际成本和变动成本是有区别的,变动成本反映的是增加单位产量所追加成本的平均变动,而边际成本反映的是每增加一个单位产量所追加的成本的实际金额。所以,只有在相关范围内,增加一个单位产量的单位变动成本才能和边际成本相一致。边际成本是增量成本的一种特殊形式。

## (二)机会成本

机会成本以经济资源的稀缺性和多种选择机会的存在为前提,企业进行经营决策时,必须从多个备选方案中选择一个最优方案,而放弃其他的方案。此时,被放弃的次优方案所可能获得的潜在利益就称为已选中最优方案的机会成本,又叫机会损失。在选择方案时,将机会成本的影响考虑进去,有利于对所选方案的最终效益进行全面评价。

例如,现有一个空置的车间既可以用于 A 产品的生产,也可以用于出租。如果用来生产 A 产品,其收入为 35 000 元,成本费用为 18 000 元,可获净利 17 000 元;如果用于出租则可获租金收入 12 000 元。

在决策中,如果选择用于生产 A 产品则必然放弃出租方案,其本来可能获得的租金收入 12 000 元应作为生产 A 产品的机会成本,由生产的 A 产品负担。这时,可以得出正确的判断结论:生产 A 产品将比出租多获净利 5 000 元。

机会成本产生于某项资产的用途选择。具体地讲,如果一项资产只能用来实现某一职能而不能用于实现其他职能,不会产生机会成本。如公司购买的一次还本付息债券,只能在到期时获得约定的收益,因而不会产生机会成本。如果一项资产可以同时用来实现若干职能,则可能会产生机会成本。如公司购买的可转让债券,既可以到期获得约定收益,又可以在未到期前中途转让以获得转让收益,从而可能产生机会成本。机会成本仅仅只是被放弃方案的潜在利益,而非实际支出,因而不能据以登记入账。但由于公司资源的有限性,而必须充分利用资源效益,所以,机会成本在经营决策中应作为一个现实的重要因素予以考虑。

## (三)沉没成本与付现成本

按照成本的时效性,可将成本分为沉没成本、付现成本和重置成本。

1.沉没成本

沉没成本是指过去已经发生了并无法由现在或将来的任何决策所改变的成本。沉没成本是对现在或将来的任何决策都无影响的成本。可见,沉没成本是企业在以前经营活动中已经支付现金,而在现在或将来经营期间摊入成本费用的支出。因此,固定资产、无形资产、递延资产的投资等均属于企业的沉没成本,现在或将来的任何决策对其都无影响。

2.付现成本

付现成本又叫现金支出成本。在进行短期经营决策时,付现成本就是动用现金支付的有关成本。在企业现金短缺、支付能力不足、筹资又十分困难的情况下,对于那些急需实施的方案进行决策时,必须以付现成本而不是以总成本作为方案取舍的标准。

3.重置成本

重置成本是指目前从市场上购买同一项原有资产所需支付的成本,也称现行成本。在短期经营决策的定价决策,以及长期投资决策的以新设备替换旧设备的决策中,需要考虑以重置成本作为相关成本。

## (四)专属成本和共同成本

固定成本还可以按照其所涉及范围的大小,划分为专属成本和共同成本。

1.专属成本

专属成本是指那些能够明确归属于特定决策方案,如可以明确归属于企业生产的某种产品,或为企业设置的某个部门而发生的固定成本。没有这些产品或部门,就不会发生这些成本,所以专属成本是与特定的产品或部门相联系的特定的成本。它往往是为了弥补生产能力不足的缺陷,增加有关专用装置、设备、工具等长期资产而发生的。专属成本的确认与取得上述专用装置、设备、工具的方式有关。①若是租入的,则是应付租金。②若是购入的,短期使用,则是买入成本。③若是购入的,长期使用,则是使用成本(折旧费)。

2.共同成本

共同成本是与专属成本相对立的成本,是指应当由多个方案共同负担的,如为多种产品的生产或为多个部门的设置而注定要发生的固定成本。由于它的发生与特定方案的选择无关,因此,在决策中可以不予考虑。在进行方案选择时,专属成本是与决策有关的成本,必须予以考虑;而共同成本则是与决策无关的成本,可以不予考虑。应注意的是,专属成本与共同成本的划分是就固定成本而言的,所有的变动成本一般都是与决策相关的成本。

## (五)可选择成本和约束性成本

固定成本按照是否能够随管理者的行动改变而改变,可划分为可选择成本和约束性成本两部分。由企业管理者的决策来决定其是否发生的固定成本,称为可选择成本,如广告费、培训费、职工培训费、管理人员奖金、研究开发费等。那些为企业经营而必须负担的,不能改变的最低限度的固定成本,如厂房、设备等固定资产所计提的折旧,不动产的税金,保险费及管理人员薪金等,称为约束性成本。有些固定成本,是依决策者的主观判断将其划分为可选择成本或约束性成本的。一般来说,可选择成本是相关成本,约束性成本是无关成本。

## (六)可延缓成本和不可延缓成本

可延缓成本是指在短期经营决策中,对其暂缓开支,不会对企业未来的生产经营产生重大不利影响的那部分成本。由于可延缓成本在时间上具有一定的弹性,在决策中应当充分予以考虑。不可延缓成本是与可延缓成本相对立的成本,是指在短期经营决策中若对其暂缓开支,就会对企业未来的生产经营产生重大不利影响的那部分成本。

## (七)深加工成本

深加工成本是指在半成品是否深加工决策中必须考虑的,由于对半成品进行深加工而追加发生的变动成本。它的计算通常要考虑单位深加工单位变动成本与相关的深加工业务量两大因素。至于深加工所需要的相关固定成本,在经营决策中应当列作专属成本。

[例7-3] 短期经营决策的相关成本是指与特定决策方案相联系的、能对决策产生重大影响的、在短期经营决策中必须予以充分考虑的成本,包括差量成本、边际成本、机会成本、重置成本、付现成本、专属成本、深加工成本、可延缓成本和选择性成本等;

无关成本是指不受决策结果影响,与决策关系不大,已经发生或注定要发生的成本,包括沉没成本、共同成本、不可延缓成本和约束性成本等。

相关成本与无关成本的区分并不是绝对的,有些成本在某一决策方案中是相关成本,而在另一决策方案中却可能是无关成本。

# 任务三 短期经营决策分析的基本方法

短期经营决策的方法有很多,它是通过计算、分析和比较决策方案的评价指标做出选择的一系列方法的统称,主要包括:差量分析法、贡献边际法和成本无差别点法等方法。

## 一、差量分析法

差量是指在决策分析中不同备选方案之间的差异,差量分析法主要包括差量损益分析法、相关损益分析法和相关成本分析法。

### (一)差量损益分析法

差量损益分析法是指在充分分析不同备选方案差量收入、差量成本的基础上,得出差量损益,并从中选择最优方案的方法。差量收入是指两个方案预期的相关收入之差,差量成本是指两个方案预期的相关成本之差。其中,相关收入是指与决策相联系、能对决策产生重大影响的、在短期经营决策中必须充分考虑的收入。差量损益,是指差量收入减去差量成本后的差额。在比较备选方案时,如果差量损益大于零,说明前一个备选方案要优于后一个备选方案;如果差量损益小于零,说明后一个备选方案要优于前一个备选方案。

差量损益分析法的一般步骤分为四步:第一,计算备选方案的差量收入;第二,计算备选方案的差量成本;第三,计算备选方案的差量损益;第四,比较确定最优方案。

[例7-4] 某企业有一台机器设备,每年有2 000机时的剩余生产能力,该设备可用来加工甲产品或乙产品,其有关资料如表7-1所示。假设该剩余生产能力只能生产一种产品,分析该企业生产哪种产品更为有利。

表7-1　　　　　　　　　　甲、乙产品生产情况表

| 项目 | 甲产品 | 乙产品 |
| --- | --- | --- |
| 单位产品定额工时(机时/件) | 20 | 25 |
| 单位售价(元/件) | 50 | 48 |
| 单位变动成本(元/件) | 28 | 24 |

解:该企业是利用剩余的生产能力来加工甲产品或乙产品的,故与维持原有生产能力的固定成本是无关成本。用差量分析法如下:

第一,计算备选方案的差量收入:

差量收入(甲-乙)=50×(2 000÷20)-48×(2 000÷25)=5 000-3 840=1 160(元)

第二,计算备选方案的差量成本:

差量成本(甲-乙)=28×(2 000÷20)-24×(2 000÷25)=2 800-1 920=880(元)

第三,计算备选方案的差量损益:

差量损益＝差量收入－差量成本＝1 160－880＝280(元)

结果表明,生产甲产品比生产乙产品可多获利280元,因此选择生产甲产品。

上述计算通常可以编制差量损益分析表的形式来反映,差量损益分析表如表7－2所示。

表7－2　　　　　　　　　　　差量损益分析表　　　　　　　　　　　单位:元

| 差量项目 | 甲产品 | 乙产品 |
|---|---|---|
| 相关收入 | 50×(2 000÷20) | 48×(2 000÷25) | 1 160 |
| 相关成本 | 28×(2 000÷20) | 24×(2 000÷25) | 880 |
| 差量损益 | | | 280 |

### (二)相关损益分析法

上述差量损益法通常只适用于单一方案决策或只有两个备选方案的决策,当有两个以上的方案时,就必须逐次进行筛选,比较麻烦。因此,可以采用相关损益分析法来进行确定。相关损益分析法是指在短期经营决策中,以相关损益指标作为决策评价指标的一种方法。相关损益是指相关收入与相关成本之间的差额。相关损益是一个正指标,相关损益越大,说明方案越优。

[例7－5]在[例7－4]的基础上,假设利用剩余的生产能力还可以生产丙产品,丙产品的单位产品定额工时为40机时/件,单位售价为100元/件,单位变动成本为60元/件,分析该企业生产哪种产品更为有利。

解:由于利用剩余的生产能力可以开发甲、乙、丙三种产品,面临的决策方案有三个,因此采用相关损益法更为简单。

甲产品的相关损益＝50×(2 000÷20)－28×(2 000÷20)＝2 200(元)

乙产品的相关损益＝48×(2 000÷25)－24×(2 000÷25)＝1 920(元)

丙产品的相关损益＝100×(2 000÷40)－60×(2 000÷40)＝2 000(元)

结果表明,甲产品的相关损益最大,获利最多,所以选择生产甲产品。

上述计算通常可以编制相关损益分析表的形式来反映,相关损益分析表如表7－3所示。

表7－3　　　　　　　　　　　相关损益分析表　　　　　　　　　　　单位:元

| 项目 | 甲产品 | 乙产品 | 丙产品 |
|---|---|---|---|
| 相关收入 | 50×(2 000÷20) | 48×(2 000÷25) | 100×(2 000÷40) |
| 相关成本 | 28×(2 000÷20) | 24×(2 000÷25) | 60×(2 000÷40) |
| 相关损益 | 2 200 | 1 920 | 2 000 |

### (三)相关成本分析法

相关成本分析法是指在短期经营决策中,当各备选方案的相关收入均为零时,只需比较各方案的相关成本指标做出选择的一种方法。相关成本是一个反指标,相关成本最低的为最优方案。在零部件需要量确定的情况下,零部件自制还是外购多采用此方法。

[例7－6]某企业生产某产品需要某种零件25 000个,该零件既可以自制,也可以从外部购买,购买单价为12元/件,现该企业有不能移作他用的剩余生产能力可生产此种零件。经分

析,生产每个零件的单位变动成本为8元,但每年需为此增加专属固定成本80 000元。要求:做出该零件自制或外购的决策。

解:此决策可采用相关成本分析法来进行选择。

自制的相关成本＝25 000×8＋80 000＝280 000(元)

外购的相关成本＝25 000×12＝300 000(元)

结果表明,该零件自制比外购可节约成本20 000元,因此选择自制。

上述计算通常可以编制相关成本分析表的形式来反映,相关成本分析表如表7－4所示。

表7－4　　　　　　　　　　　相关成本分析表　　　　　　　　　　　单位:元

| 项目 | 自制方案 | 外购方案 | 差量 |
| --- | --- | --- | --- |
| 相关成本 | | | |
| 变动成本 | 25 000×8＝200 000 | 25 000×12＝300 000 | |
| 专属成本 | 80 000 | | |
| 合计 | 280 000 | 300 000 | －20 000 |

## 二、贡献边际法

### (一)贡献边际总额法

在短期经营决策中,由于一般不改变生产能力,固定成本总额通常稳定不变,称为无关成本。因此只需对备选方案的贡献边际指标进行计算,取贡献边际总额大的方案为最优方案。如果决策还会引起专属固定成本的发生,则应从备选方案的贡献边际总额指标中扣除专属固定成本,即比较剩余贡献边际的大小,选择剩余贡献边际大的方案为最优方案。这种通过比较产品贡献边际总额指标的大小来确定最优方案的分析方法,就称作贡献边际总额法。

需要指出的是,尽管单位贡献边际是反映产品盈利能力的指标,但是不能以单位贡献边际的大小作为方案优劣的判断标准。这是因为贡献边际的大小取决于单位贡献边际和销售量两个因素的影响。因此,在进行决策时,要选择贡献边际总额大的方案为最优方案。

[例7－7]见[例7－4]的资料,试用贡献边际总额法分析生产哪种产品更为有利。

该企业是利用剩余的生产能力来加工甲产品或乙产品,故与维持原有生产能力的固定成本是无关成本,因此,需要比较两种产品的贡献边际总额,贡献边际总额较高的为最优产品生产方案。具体分析见表7－5。

表 7-5　　　　　　　　　　　　贡献边际分析表

| 项目 | 甲产品 | 乙产品 |
|---|---|---|
| 剩余生产工时/小时 | 2 000 | |
| 单位产品定额工时(小时/件) | 20 | 25 |
| 最大产量/件 | 100 | 80 |
| 单位售价(元/件) | 50 | 48 |
| 单位变动成本(元/件) | 28 | 24 |
| 单位贡献边际(元/件) | 22 | 24 |
| 贡献边际总额/元 | 2 200 | 1 920 |

从表 7-5 可以看出，甲产品的贡献边际总额比乙产品多 280 元(2200-1920)，因此开发甲产品较为有利。

### (二)单位资源贡献边际法

单位资源贡献边际法是指以有关方案的单位资源贡献边际指标作为决策评价指标的一种方法。当企业的生产只受到某一项资源(如某种原材料、人工工时或机器数量等)的约束，并且已知备选方案中各产品单位贡献边际和单位产品资源消耗额(如材料消耗定额、单位定额工时)的条件下，可通过单位资源贡献边际指标来选择最优方案。计算公式如下：

$$单位资源贡献边际 = 单位贡献边际 \div 单位产品资源消耗定额$$

单位资源贡献边际指标是一个正指标，该指标越大，方案越优。

[例 7-8]见[例 7-4]的资料，用单位资源贡献边际法来分析生产哪种产品更为有利。

解：甲产品的单位资源贡献边际 = (50-28)÷20 = 1.1

乙产品的单位资源贡献边际 = (48-24)÷25 = 0.96

计算结果表明，应选择生产甲产品。

## 三、成本无差别点法

成本无差别点法也称作成本平衡点法，它的关键在于确定成本无差别点。所谓成本无差别点，是指两个备选方案的预期成本相等情况下的业务量。这种通过计算成本无差别点来确定在什么业务量范围内哪个方案最优的方法就称作成本无差别点法。

通常情况下，两个备选方案中，甲方案的固定成本高于乙方案的固定成本，而其单位变动成本却小于乙方案的单位变动成本，随着业务量的增加，两个方案在某一特定业务量处成本相等，该业务量即为成本无差别点。计算公式为

$$成本无差别点业务量 X_0 = \frac{两方案固定成本之差}{两方案单位变动成本之差} = \frac{a_甲 - a_乙}{b_乙 - b_甲}$$

在作决策时，若预期的业务量高于成本无差别点的业务量，则应选择固定成本高的甲方案；若预期的业务量小于成本无差别点的业务量，则应选择固定成本小的乙方案。该方法通常被应用于业务量不确定的零部件取得方式的决策和生产工艺的选择的决策。

[例7-9]同[例7-6]的资料,假设该企业零件的需求量不确定。

要求:做出需求量在什么范围内自制或外购该零件。

解:两种方案的选择主要取决于零件的需要量,此类决策可采用成本无差别点法。

成本无差别点的业务量=(80 000-0)÷(12-8)=20 000(个)

计算表明,若该零件的需要量为20 000个,则两个方案都是可行方案;若需要量大于20 000个,则应选择固定成本较高的自制方案;若需要量小于20 000个,则应选择固定成本较低的外购方案。目前,该企业需要零件25 000个,因此选择自制。

# 任务四 生产经营决策分析

短期经营决策中最重要的就是生产经营决策分析,包括生产什么、生产多少、如何生产三大类问题,具体包括新产品开发的决策、亏损产品是否停产的决策、半成品是否继续加工的决策、联产品是否继续生产的决策、是否接受某一特殊订单的决策、零部件自制还是外购的决策、不同生产工艺技术方案的决策等。

## 一、新产品开发的决策

新产品开发的决策主要利用现有的剩余生产能力或老产品腾出来的生产能力开发新产品,是对不同的新产品开发方案进行的决策。

[例7—10]某企业生产甲产品,有剩余生产能力5 000小时,现准备开发新产品乙或丙,有关资料如表7—6所示。假设不管开发哪种产品都可以销售出去,但由于剩余生产能力有限,只允许开发一种产品。问:开发哪种产品更为有利?

表7—6    乙、丙两种产品的资料项目

| 项目 | 乙产品 | 丙产品 |
| --- | --- | --- |
| 单位产品定额工时(机时/件) | 10 | 4 |
| 单位售价(元/件) | 30 | 10 |
| 单位变动成本(元/件) | 18 | 4 |

解法1:单位资源贡献边际法

由于该企业是利用剩余的生产能力来开发乙产品或丙产品,维持原有生产能力的固定成本属于沉没成本,是无关成本。该决策问题可采用单位资源贡献边际法来分析。

乙产品的单位资源贡献边际=(30-18)÷10=1.2(元/小时)

丙产品的单位资源贡献边际=(10-4)÷4=1.5(元/小时)

计算结果表明,应当开发丙产品。

解法2:贡献边际总额法

新产品开发的决策也可采用贡献边际总额法来分析。

乙产品的贡献边际总额=30×(5 000÷10)-18×(5 000÷10)=6 000(元)

丙产品的贡献边际总额=10×(5 000÷4)-4×(5 000÷4)=7 500(元)

计算结果表明,应当开发丙产品。

[例7—11]如果上例中,生产乙产品需要购置专用设备一套,价值400元;生产丙产品会使甲产品减产100件,并且发生专属成本1 200元。甲产品的产销量为100件,单价20元/件,单位变动成本12元/件。问:开发哪种产品更为有利?

解:题目中与决策相关的成本除了单位变动成本外,还出现了专属成本和机会成本。需要

注意的是,机会成本的确定,根据机会成本的定义可知,选择生产丙产品就意味着放弃了100件甲产品所潜在的利益。那么,100件甲产品所潜在的利益是多少呢? 首先,如果生产这100件甲产品会带来收入2 000元,但是也会带来生产产品所花费的成本,维持原有生产经营能力的固定成本属于沉没成本,不予考虑,那么只需考虑变动成本,由此可知,生产丙产品是放弃了100件甲产品贡献边际,即机会成本为800(100×8)元。现采用差量损益分析法进行决策分析,见表7—7。

表7—7　　　　　　　　　　　差量损益分析表　　　　　　　　　　单位:元

| 项目 | 乙产品 | 丙产品 | 差量 |
| --- | --- | --- | --- |
| 相关收入 | 15 000 | 12 500 | 2 500 |
| 相关成本 | 9 400 | 7 000 | 2 400 |
| 其中:变动成本 | 9 000 | 5 000 | |
| 专属成本 | 400 | 1 200 | |
| 机会成本 | 0 | 800 | |
| 差量损益 | | | 100 |

计算结果表明,生产乙产品比生产丙产品多获利100元,故选择生产乙产品。

## 二、亏损产品是否停产的决策

所谓亏损产品,是指其销售收入不能补偿其全部成本支出的产品。亏损产品按照亏损性质可分为两类:一类是实亏产品,即销售收入低于变动成本,贡献边际为负数;另一类是虚亏产品,即销售收入高于变动成本,能提供贡献边际,产品之所以亏本,是因为其提供的贡献边际不足以弥补全部固定成本。

依照现代管理会计的观点,对于实亏产品就不应继续生产,因为这种产品的销售收入低于变动成本,贡献边际为负数,生产越多,亏损就越多,因此应该停产;对于虚亏产品,如果停止生产,由于固定成本不变,亏损不仅不能减少,反而会增加,因此应当对该种亏损产品进行实证分析后,再做出决策。

### (一)生产能力无法转移

生产能力无法转移是指停止生产亏损产品而导致暂时闲置的生产经营能力不能转产,也不能对外出租等。

此时,只要亏损产品满足以下任何一个条件,就应当继续生产,否则考虑停产。

(1)该亏损产品的销售单价大于其单位变动成本。
(2)该亏损产品的单位贡献边际大于零。
(3)该亏损产品的收入大于其变动成本。
(4)该亏损产品的贡献边际大于零。
(5)该亏损产品的贡献边际率大于零。
(6)该亏损产品的变动成本率小于1。

[例7-12] 某企业生产多种产品,本年产销甲、乙、丙三种产品,其中有一种产品为亏损产品,固定成本为100元(按销售收入百分比分配)有关资料见表7-8。问:是否停止生产亏损产品?

表7-8　甲、乙、丙三种产品的资料　　　　单位:元

| 项目 | 甲产品 | 乙产品 | 丙产品 | 合计 |
| --- | --- | --- | --- | --- |
| 销售收入 | 25 000 | 10 000 | 15 000 | 50 000 |
| 减:变动成本 | 16 000 | 5 000 | 12 600 | 33 600 |
| 贡献边际 | 9 000 | 5 000 | 2 400 | 16 400 |
| 减:固定成本 | 5 000 | 2 000 | 3 000 | 10 000 |
| 利润/元 | 4 000 | 3 000 | -600 | 6 400 |

解:从表中可以看出丙产品是亏损产品,且属于虚亏产品,因为它能带来2 400元的贡献边际,可以弥补一部分固定成本。可见,在生产能力无法转移的情况下,如果亏损产品的贡献边际大于零,就不应该停产,在情况允许的情况下还应提高产销量转亏为盈。相反,如果停止生产,固定成本需由其他产品的贡献边际来弥补,会使企业总的利润下降,下降的利润额等于亏损产品提供的贡献边际额。

表7-9　停产后的利润分析　　　　单位:元

| 项目 | 甲产品 | 乙产品 | 合计 |
| --- | --- | --- | --- |
| 销售收入 | 25 000 | 10 000 | 35 000 |
| 减:变动成本 | 16 000 | 5 000 | 21 000 |
| 贡献边际 | 9 000 | 5 000 | 14 000 |
| 减:固定成本 | 7 000 | 3 000 | 10 000 |
| 利润/元 | 2 000 | 2 000 | 4 000 |

### (二)生产能力可以转移

生产能力可以转移是指停止生产亏损产品而导致暂时闲置的生产经营能力可以被充分利用于其他方面,如转产或对外出租等。在这种情况下,应当如何选择呢?如果转产的产品所提供的贡献边际或对外出租所获得的租金收入大于亏损产品所提供的贡献边际,那么就停止生产该产品,选择转产或对外出租;反之,则选择继续生产该亏损产品。

[例7-13] 依据[例7-12]的资料,如果停止生产丙产品,闲置的生产设备可对外出租,预计获得年租金3 600元。问:是否应停止生产丙产品?

解法1:差量分析法

根据资料,亏损产品停产后生产能力可以转移,可获得租金收入3 600元。可采用差量损益法来进行分析,见表7-10。

表 7-10　　　　　　　　　　　差量损益分析表　　　　　　　　　　单位：元

| 项目 | 不停产 | 停产 | 差量 |
|---|---|---|---|
| 相关收入 | 15 000 | 0 | 15 000 |
| 相关成本 | 16 200 | 0 | 16 200 |
| 变动成本 | 12 600 | 0 | |
| 机会成本 | 3 600 | 0 | |
| 差量损益 | | | −1 200 |

计算结果表明,停产比不停产可多获利 1 200 元,因此选择停产丙产品。

解法 2:直接判断法

继续生产丙产品获得的贡献边际＝15 000−12 600＝2 400(元)

与生产能力转移有关的租金收入,即机会成本＝3 600(元)

因为,2 400＜3 600(元),所以,应当停产丙产品,这样可以使企业多获利 3 600−2 400＝1 200(元)

## 三、半成品是否继续加工的决策

企业生产的产品完成了一定程序就可以出售,也可以继续加工使之更完善后再出售。例如,纺织厂既可以出售棉纱,也可以通过继续加工出售坯布。加工后的价格肯定会提高,但是需要追加变动成本,有时还需追加专属固定成本。对于这类问题的决策,需看进一步加工后增加的收入是否超过继续加工过程中所追加成本而定,如果增加的收入大于追加的成本则应选择继续加工;反之则直接出售。

### (一)企业具备将全部半成品深加工成产成品的能力,且无法转移,半成品和产成品的投入产出比为 1∶1

[例 7-14]某企业生产某种半成品 5 000 件,单成本为 17 元,其中,单位直接材料成本为 8 元,单位直接人工成本为 4 元,单位变动制造费用为 3 元,单位固定制造费用为 2 元,单位产品售价为 20 元。如将该半成品进一步加工成产成品再出售则单价提高到 25 元,但每完成一件产成品需追加变动性加工成本 4 元,其中追加工资 3 元,追加变动制造费用 1 元。企业具备全部深加工能力且不能挪作他用,每件半成品可以加工出一件产成品。问:企业是否应继续加工?

解:在半成品是继续加工还是出售的决策中,加工前所发生的成本是沉没成本,与决策无关。因此不予考虑。此种决策问题可采用差量损益分析法,根据上述资料,编制差量损益分析表,如表 7-11 所示。

表 7－11　　　　　　　　　　　差量损益分析表　　　　　　　　　单位：元

| 项目 | 进一步加工 | 直接出售 | 差量 |
|---|---|---|---|
| 相关收入 | 5 000×25＝125 000 | 5 000×20＝100 000 | 25 000 |
| 相关成本 | 20 000 | 0 | 20 000 |
| 其中：追加工资 | 5 000×3＝15 000 | 0 | |
| 追加变动制造费用 | 5 000×1＝5 000 | 0 | |
| 差量损益 | | | 5000 |

计算结果表明，进一步加工比直接出售可多获利 5 000 元，因此应该选择进一步加工。

### (二)企业具备将全部半成品深加工成产成品的能力，但可以转移

[例 7－15]依据[例 7－14]的资料，企业具备全部深加工能力，该加工能力还可以对外承揽加工业务，预计可获得贡献边际 3 000 元。其他条件不变。问：企业是否应继续加工？

解：依题意，进一步加工方案的机会成本是 3 000 元。编制差量损益分析表，如表 7－12 所示。

表 7－12　　　　　　　　　　　差量损益分析表　　　　　　　　　单位：元

| 项目 | 进一步加工 | 直接出售 | 差量 |
|---|---|---|---|
| 相关收入 | 5 000×25＝125 000 | 5 000×20＝100 000 | 25 000 |
| 相关成本 | 23 000 | 0 | 23 000 |
| 其中：追加工资 | 5 000×3＝15 000 | 0 | |
| 追加变动制造费用 | 5 000×1＝5 000 | 0 | |
| 机会成本 | 3 000 | 0 | |
| 差量损益 | | | 2 000 |

计算结果表明，进一步加工比直接出售可多获利 2 000 元，因此应该选择进一步加工。

### (三)企业不具备将全部半成品深加工成产成品的能力时，为了能够将全部半成品深加工成产成品，企业必然追加固定成本投入，即专属成本

[例 7－16]依据[例 7－14]的资料，企业不具备全部深加工能力，但如果支付租金 6 000 元租入一台专用设备，可将全部半成品深加工成产成品，其他条件不变。问：企业是否应继续加工？

解：依题意，进一步加工方案的专属成本是 6 000 元。编制差量损益分析表，如表 7－13 所示。

表 7-13　　　　　　　　　　　　差量损益分析表　　　　　　　　　　单位:元

| 项目 | 进一步加工 | 直接出售 | 差量 |
|---|---|---|---|
| 相关收入 | 5 000×25＝125 000 | 5 000×20＝100 000 | 25 000 |
| 相关成本 | 26 000 | 0 | 26 000 |
| 其中:追加工资 | 5 000×3＝15 000 | 0 | |
| 追加变动制造费用 | 5 000×1＝5 000 | 0 | |
| 专属成本 | 6 000 | 0 | |
| 差量损益 | | | －1 000 |

计算结果表明,直接出售比进一步加工可多获利 1 000 元,因此应该选择直接出售。

### (四)企业具备部分将全部半成品深加工成产成品的能力

企业具备部分深加工能力的情况下,两个方案的相关业务量为能够深加工的业务量,无论如何都必须出售的业务量为无关业务量。

[例 7-17]依据[例 7-14]的资料,企业具备 80% 将全部半成品深加工成产成品的能力,但与此有关的设备还可以对外出租,可获得 2 000 元的贡献边际,该设备的折旧费为 3 500 元。其他条件不变。问:企业是否应继续加工?

解:两方案的相关业务量为 5 000×80%＝4 000(件),5 000×20%＝1 000(件),为无关业务量。编制差量损益分析表,如表 7-14 所示。

表 7-14　　　　　　　　　　　　差量损益分析表　　　　　　　　　　单位:元

| 项目 | 进一步加工 | 直接出售 | 差量 |
|---|---|---|---|
| 相关收入 | 4 000×25＝100 000 | 4 000×20＝80 000 | 20 000 |
| 相关成本 | 18 000 | 0 | 18 000 |
| 其中:追加工资 | 4 000×3＝12 000 | 0 | |
| 追加变动制造费用 | 4 000×1＝4 000 | 0 | |
| 机会成本 | 2 000 | | |
| 差量损益 | | | 2 000 |

计算结果表明,进一步加工比直接出售可多获利 2 000 元,因此应该选择进一步加工。

### (五)半成品和产成品的投入产出比不是 1∶1

[例 7-18]依据[例 7-14]的资料,假定企业具备全部深加工能力且不能挪作他用,但半成品和产成品的投入产出比为 1∶0.9。其他条件不变。问:企业是否应继续加工?

解:进一步加工方案的相关业务量为 5 000×0.9＝4 500(件)。直接出售方案的相关业务量为 5 000(件)。依题意,编制差量损益分析表,如表 7-15 所示。

表 7-15　　　　　　　　　　　　差量损益分析表　　　　　　　　　单位:元

| 项目 | 进一步加工 | 直接出售 | 差量 |
| --- | --- | --- | --- |
| 相关收入 | 4 500×25＝112 500 | 5 000×20＝100 000 | 12 500 |
| 相关成本 | 18 000 | 0 | 18 000 |
| 其中:追加工 | 4 500×3＝13 500 | 0 | |
| 追加变动制造费用 | 4 500×1＝4 500 | 0 | |
| 差量损益 | | | －5 500 |

计算结果表明,直接出售比进一步加工可多获利 5 500 元,因此应该选择直接出售。

## 四、联产品是否继续生产的决策

联产品是指利用同一材料,经过同一个加工过程生产出来的若干种经济价值较大的多种产品的总称。通常联产品产出结构比较稳定,在分离后有的联产品可以直接出售,有的可以继续加工再出售。联产品分离前的成本称为联合成本;分离后继续加工的成本称为可分成本。进行此类问题的决策与半成品是否继续加工的决策类似,联产品分离前的联合成本属于沉没成本,决策中不予考虑,只有继续加工发生的可分成本才是决策相关的成本。这时应采用差量损益分析法。

[例 7-19] 企业对同一种原材料进行加工,可生产出 A、B、C 三种联合产品,年产量分别为 1 000 千克、2 500 千克和 3 000 千克,各自承担的联合成本分别为 20 000 元、70 000 元和 100 000 元,单位售价分别为 50 元、70 元和 80 元。其中,A 产品经过深加工可加工成 D 产品,企业具备全部将 A 产品深加工成 D 产品的能力,与该能力有关的设备还可对外出租,获取租金 3 000 元。每深加工 1 000 克 A 产品需追加加工成本 5 元,A 产品与 D 产品的投入产出比为 1:0.8,D 产品单位售价为 100 元。问:A 产品是直接出售还是深加工。

解:依题意,各联合产品承担的联合成本 20 000 元、70 000 元和 100 000 元为无关成本,B、C 联合产品的收入为无关收入。企业应在"直接出售 A 产品"和"A 产品深加工成 D 产品"两个方案间做出选择。

直接出售 A 产品方案的相关业务量为 1 000 千克。

A 产品深加工成 D 产品方案的相关业务量为 1 000×0.8＝800(千克)

编制差量损益分析表,如表 7-16 所示。

表 7-16　　　　　　　　　　　　差量损益分析表　　　　　　　　　单位:元

| 项目 | A 产品深加工成 D 产品 | 直接出售 A 产品 | 差量 |
| --- | --- | --- | --- |
| 相关收入 | 800×100＝80 000 | 1 000×50＝50 000 | 30 000 |
| 相关成本 | 8 000 | 0 | 8 000 |
| 加工成本 | 1 000×5＝5 000 | 0 | |
| 机会成本 | 3 000 | 0 | |
| 差量损益 | | | 22 000 |

计算结果表明,深加工比直接出售可多获利 22 000 元,因此应该选择将 A 产品深加工成 D 产品。

## 五、是否接受某一特殊订单的决策

### (一)接受特殊订单不冲击正常业务量

在企业有剩余的生产能力、接受特殊订单不冲击正常业务量的情况下,如果客户欲以较低价格追加订货,企业在决策时,可以采用差量损益分析法,也可以采用贡献边际总额法。因为是利用剩余的生产能力去生产追加订货,因此与维持原有生产能力有关的固定成本属于沉没成本,是无关成本。通常,如果客户给出的单价大于追加订货的单位变动成本,并能弥补其可能发生的专属成本或机会成本,即可接受追加订货;反之,则不接受。

[例 7—20]某企业生产甲产品,年最大产量为 10 000 件,由于订货量不足,有 40%的剩余生产能力,年固定成本为 60 000 元,甲产品的正常销售价格为 100 元/件,单位成本为 80 元/件,其中单位成本的构成情况如表 7—17 所示:

表 7—17　　　　　　　　　　单位成本构成表

| 直接材料 | 50 元/件 |
|---|---|
| 直接人工 | 15 元/件 |
| 制造费用 | |
| 其中:变动制造费用 | 5 元/件 |
| 固定制造费用 | 10 元/件 |
| 单位成本合计 | 80 元/件 |

现有 A 客户以每件 72 元的价格向该企业追加甲产品订货 4 000 件,没有特殊的要求,该企业的剩余生产能力无法转移。问:该企业是否应该接受该项追加订货?

解:追加订货的生产是利用剩余的生产经营能力,因而无论是否接受追加订货,固定成本都会发生,年固定成本 6 000 元是无关成本,不予考虑。另外,该企业尚有 40%的剩余生产能力,即 4 000 件,而客户正好向该企业追加甲产品订货 4 000 件,在生产能力范围内,因此可以考虑一下订货价格是否合适。从表面上看,该客户仅给出了 72 元的价格,比正常价格要低 28 元,甚至比单位成本还要低 8 元。对这种追加订货量≤剩余生产能力、订货没有特殊要求、剩余生产能力无法转移的决策问题,可以直接进行判断,如果追加订货的单价大于单位变动成本就可以接受订货,否则拒绝。

采用差量损益分析法,追加订货的单价=72(元/件),单位变动成本=50+15+5=70(元/件),企业应接受追加订货,可以多获利 4 000×(72−70)=8 000(元)。

若采用贡献边际总额法,企业接受追加订货方案的贡献边际=4 000×72−4 000×70=8 000(元),企业拒绝追加订货方案的贡献边际=0(元),企业应接受追加订货,可以多获利 8 000(元)。

[例 7—21]依照[例 7—20]的资料如客户追加甲产品订货提出一些特殊要求,需要购置一台专用设备,每年需要发生专属固定成本 2 000 元。该企业的剩余生产能力除了用来生产甲产品外,还可以对外出租,每年可获得租金收入 3 000 元。问:该企业是否应该接受该项追加订货?

解:依题意,购置专用设备,每年发生专属固定成本2 000元,属于接受追加订货方案的专属成本,对外出租的租金收入属于接受追加订货方案的机会成本。对这种决策问题,采用差量损益分析法,如表7—18所示。

表7—18　　　　　　　　　　差量损益分析表　　　　　　　　　　单位:元

| 项目 | 接受追加订货 | 不接受追加订货 | 差量 |
| --- | --- | --- | --- |
| 相关收入 | 72×4 000=288 000 | 0 | 288 000 |
| 相关成本 | 285 000 | 0 | 285 000 |
| 变动成本 | 70×4 000=280 000 | 0 | |
| 专属成本 | 2 000 | 0 | |
| 机会成本 | 3 000 | 0 | |
| 差量损益 | | | 3 000 |

从计算结果可知,接受追加订货比不接受追加订货可多获利3 000元。所以,应该接受追加订货。

### (二)接受特殊订单冲击正常业务量

如果追加订货量大于剩余生产能力,就会冲击正常业务量,妨碍正常业务的按时完成。所以,接受追加订货方案就会因冲击正常业务、减少正常收入而带来机会成本,该机会成本为正常价格与冲击正常业务量的乘积。由于冲击正常业务,无法正常履行合同而支付的违约金应作为接受追加订货方案的专属成本。

[例7—22]依据[例7—20]的资料,已有的订货合同规定,如果合同不能如期履约交付客户,企业须支付给客户10 000元违约金。A客户以每件72元的价格向该企业追加甲产品订货4 500件。其他条件不变。问:该企业是否应该接受该项追加订货?

解:接受追加订货方案,冲击正常业务量=4 500－4 000=500(件)

机会成本=100×500=50 000(元)

增量成本=4 000×70=280 000(元)

专属成本=10 000(元)

依题意,采用差量损益分析法,如表7—19所示。

表7—19　　　　　　　　　　差量损益分析表　　　　　　　　　　单位:元

| 项目 | 接受追加订货 | 不接受追加订货 | 差量 |
| --- | --- | --- | --- |
| 相关收入 | 72×4 500=324 000 | 0 | 324 000 |
| 相关成本 | 340 000 | 0 | 340 000 |
| 变动成本 | 70×4 000=280 000 | 0 | |
| 专属成本 | 10 000 | 0 | |
| 机会成本 | 50 000 | 0 | |
| 差量损益 | | | －16 000 |

从计算结果可知,不接受追加订货比接受追加订货可多获利 16 000 元。所以,应该不接受追加订货。

## 六、零部件自制还是外购的决策

零部件自制还是外购的决策是指企业在生产产品的过程中所需要的某种零部件是选择自己生产还是去外部购买的问题。该类型的决策问题,自制或外购的预期收入是相同的,故采用相关成本法,只需比较两个方案的相关成本即可选择出最优方案。下面介绍在不同情况下,零部件应该如何取得。

### (一)在零部件全年的需要量确定的情况下

1. 自制的生产能力不能转移

[例 7-23]某公司生产甲产品每年需用 A 零件 3 000 个,如向市场购买,每个进货价包括运杂费为 25 元。若该公司目前有剩余生产能力可制造这种零件,经会计部门会同生产技术部门进行估算,预计每个零件的成本资料如下:

直接材料　　　　　　　12 元/件
直接人工　　　　　　　5 元/件
变动制造费用　　　　　4 元/件
固定制造费用　　　　　4 元/件

假定该公司不制造该项零件,生产设备也没有其他用途。问:该公司 A 零件是自制还是外购?

解:由于该公司有剩余的生产能力可以利用,因此维持原有生产经营能力的固定成本属于无关成本,不予考虑。因此,采用相关成本分析法编制相关成本分析表,如表 7-20 所示。

表 7-20　　　　　　　　　相关成本分析表　　　　　　　　　单位:元

| 项目 | 自制方案 | 外购方案 | 差量 |
| --- | --- | --- | --- |
| 相关成本: | | | |
| 变动成本 | 21×3 000=63 000 | 25×3 000=75 000 | |
| 合计 | 63 000 | 75 000 | −12 000 |

在该题中,相关成本只包括变动生产成本。计算结果表明,A 零件自制比外购节约 12 000元,故应选择自制。

2. 自制能力可以转移

[例 7-24]依据[例 7-23]的资料,假定该公司的生产设备不选择自制,可出租给外单位使用。每月可收取租金 1 200 元。在这种情况下,问:A 零件是自制还是外购?

解:根据资料,如果该公司决定了 A 零件自制,就相当于放弃了剩余生产能力对外出租,进行决策时相关成本就发生了变化,除了变动的生产成本之外,产生了机会成本。采用相关成本分析法编制相关成本分析表,如表 7-21 所示。

表 7-21 相关成本分析表 单位:元

| 项目 | 自制方案 | 外购方案 | 差量 |
|---|---|---|---|
| 相关成本 | | | |
| 变动成本 | 21×3 000=63 000 | 25×3 000=75 000 | |
| 机会成本 | 12×1 200=14 400 | 0 | |
| 合计 | 77 400 | 75 000 | 2 400 |

在该题中,相关成本包括变动生产成本和机会成本。计算结果表明,A 零件外购比自制节约 2 400 元,故应选择外购。

[例 7-25] 依据 [例 7-23] 的资料,假定该公司的生产设备选择自制,每年需为此增加专属固定成本 2 000 元,且不选择自制,剩余的生产能力可对外出租,每月可收取租金 600 元。在这种情况下,问:A 零件是自制还是外购?

解:根据资料,如果该公司决定了 A 零件自制,就相当于放弃了剩余生产能力的对外出租及需要增加的专属固定成本。因此,进行决策时,相关成本包括变动生产成本、机会成本和专属成本。采用相关成本分析法编制相关成本分析表,如表 7-22 所示。

表 7-22 相关成本分析表 单位:元

| 项目 | 自制方案 | 外购方案 | 差量 |
|---|---|---|---|
| 相关成本 | | | |
| 变动成本 | 21×3 000=63 000 | 25×3 000=75 000 | |
| 机会成本 | 12×500=6 000 | 0 | |
| 专属成本 | 2 000 | | |
| 合计 | 71 000 | 75 000 | -4 000 |

在该题中,相关成本包括变动生产成本、机会成本和专属成本。计算结果表明,A 零件自制比外购节约 4 000 元,故应选择自制。

### (二)在零部件全年需要量不确定的情况下

在零部件全年需要量不确定的情况下,可采用成本无差别点法来进行分析。外购成本唯一。

[例 7-26] 某公司所需要的 A 零部件可以从市场上买到,单位售价为 8 元/件,如果该零件自制,每件将发生直接材料 3 元,直接人工 1 元,变动制造费用 2 元,且每年需为此增加专属固定成本 100 元,问:该公司生产 A 零件全年需要量在什么情况下采用自制方案,什么情况下采用外购方案?

解:采用成本无差别点法分析如下:

成本无差别点的业务量=两个方案固定成本的差额/两个方案单位变动成本的差额=(1 000-0)÷(8-6)=500(件)

计算结果表明,当该公司的年需要量大于 500 件时,选择固定成本大的,即自制方案;当该公司的年需要量正好是 500 件时,则两个方案都是可行方案;当该公司的年需要量小于 500 件时,选择固定成本小的,即外购方案。外购成本不唯一。

[例7—27]依据[例7—26]的资料若该公司外购A零件时,600件以内单位售价为8元,600件以上单位售价为7元。问:该公司A零件全年需要量在什么情况下采用自制方案,什么情况下采用外购方案。

解:(1)600件以内成本无差别点的需求量的计算:

成本无差别点的业务量=(1 000－0)÷(8－6)=500(件)

结论:当年需要量大于500件时,选择自制方案;当年需要量小于500件时,选择外购方案。

(2)600件以上成本无差别点的需求量的计算:

成本无差别点的业务量=(1 000－0)÷(7－6)=1 000(件)

结论:当年需要量大于1 000件时,选择自制方案;当年需要量小于1 000件时,选择外购方案。

计算结果表明,当该公司的年需要量小于500件时,应选择外购方案;当需求量在500件至600件之间时,应选择自制方案;当需求量在600件至1 000件之间时,应选择外购方案;当需求量大于1 000件时,应选择自制方案。

## 七、不同生产工艺技术方案的决策

不同生产工艺技术方案的决策是指企业在组织生产过程中,对不同的生产工艺技术方案所作的决策。

企业在生产某种产品或零件时,往往可以采用不同的生产工艺技术。先进的生产工艺技术,由于劳动生产率提高、节省材料消耗,其单位变动成本较低,但固定成本会较高;而传统的生产工艺技术则相反,其固定成本会较低,但是单位变动成本较高。在分析此类决策问题时,应充分考虑市场的需求情况和业务量水平,选择合适的生产工艺技术方案。对此,可采用成本无差别点法来进行分析。

[例7—28]某企业生产一种零件,有甲、乙两种不同生产工艺技术方案可供选择。甲方案采用先进的生产工艺技术,其年固定成本为500 000元,单位变动成本为120元/件;乙方案采用传统的生产工艺技术,其年固定成本为26 000元,单位变动成本为160元/件。问:应作出选择何种方案的决策?

解:采用成本无差别点法分析如下:

成本无差别点的业务量=(500 000－260 000)÷(160－120)=6 000(件)

计算结果表明,当该公司的年需要量大于6 000件时,选择固定成本大的,即先进的生产工艺技术;当该公司的年需要量小于6 000件时,选择固定成本小的,即传统的生产工艺技术。

# 任务五 存货决策分析

## 一、存货决策的意义

存货是指企业在正常生产经营过程中持有的、供销售的产成品或商品,或为了出售仍然处于生产过程中的产品,或在生产过程、劳务过程中消耗的材料、物料等。存货决策就是在存货信息管理的基础上进行决策分析,最后进行有效控制,最终目的是提高经济效益。

企业置留存货的原因一方面是为了保证生产或销售的经营需要,另一方面是出自价格的考虑,零购物资的价格往往较高,而整批购买在价格上有优惠。存货水平的高低对企业的获利能力有着至关重要的影响。但是,过多地存货要占用较多资金,并且会增加包括仓储费、保险费、维护费、管理人员工资在内的各项开支;而存货水平过低又会影响生产,导致停工损失而且利润降低。因此,进行存货决策的目标就是用科学的方法,尽力在各种成本与存货效益之间做出权衡,达到两者的最佳结合。

## 二、存货成本

存货成本是指存货所耗费的总成本,是企业为存货所发生的一切支出,主要包括采购成本、订货成本、储存成本、缺货成本等部分。

### (一)采购成本

采购成本又称购置成本,是指货物本身的价值,包括购买价款、相关税费、运输费、装卸费、保险费及其他可归属于采购成本的费用。采购成本的总额取决于采购数量和单位采购成本。一定时期内,采购数量是既定的,无论分几批采购,存货的采购成本通常是保持相对稳定的,因此,存货的采购成本在采购批量的决策中,一般属于无关成本。但当大批量采购,供应商给予数量折扣的优惠条件时,采购成本就属于相关成本。

### (二)订货成本

订货成本是指从发出订单到收到存货整个过程中所付出的成本,如订单处理成本(包括办公成本和文书成本)、运输费、保险费及装卸费等。订货成本有一部分与订货次数无关,称为固定性订货成本,这类成本属于无关成本,用 $F_1$ 表示。还有一部分与订货次数有关,称为变动性订货成本,这种变动性订货成本属于相关成本,如每次订货的变动成本用 $K$ 表示。订货次数等于订货年需求量 $D$ 与每次进货量 $Q$ 之商。其公式为:

$$订货成本 = F_1 + D/Q \cdot K$$

### (三)储存成本

储存成本是包括仓库及其他储存设备的折旧费和修理费、保管员的工资、保险费、资金占用的利息,以及损坏、被窃的损失等在内的各项费用。储存成本可以根据是否随储存数额的变化而变化分为变动性储存成本和固定性储存成本,变动性储存成本与存货储存数额成正比例关系,如存货占有资金的应计利息或机会成本存货残损和变质损失、存货的保险费用等,其在数量上等于单位存货年变动储存成本与平均存货量乘积,这类成本属于与决策相关的成本。固定性储存成本与存货储存数额的多少没有直接关系,如仓库的折旧费、仓库管理人员固定的月工资等,这类成本属于与决策无关的成本。

### (四)缺货成本

缺货成本又称亏空成本,是指由于外部和内部中断供应给企业造成的损失。外部短缺、内部短缺将最终导致延期付货或失销。缺货成本包括销售利润的损失直至难以估量的商业损失不同物品的缺货成本,随用户或组织内部的策略不同而不同,缺货成本是否属于与决策相关的成本,视企业是否允许出现存货短缺而定,若企业允许出现存货短缺情况,则短缺成本与存货数量方向相关即属于决策相关成本;若企业不允许出现存货短缺情况,则缺货成本为零,无须加以考虑,属于决策无关成本。

## 三、存货控制的决策

### (一)经济订货量

存货订货量的多少会直接影响存货的总成本,因此,使存货耗费的总成本能在满足正常生产的前提下达到最低水平,关键在于确定每次订货的数量。每次订货量大,订货次数就会减少,订货成本也会减少,储存成本会随之增加;反之,每次订货量小,则订货次数会增加虽然降低了储存成本,但是增加了订货成本。由此可见存货总成本中的储存成本和订货成本是随着订货量和订货次数的变动而变动的,并且方向是相反的,那么就需要确定一个最优的订货次数,即每次的订货量要保证存货总成本是最低的。经济订货量就是确定一个使存货总成本最低的每次订货数量,一般来讲,确定采购成本主要考虑变动订货成本和变动储存成本。假设,$D$ 为年需要量,$Q$ 为每次订货量,$K$ 为每次订货成本,$C$ 为单位存货储存成本,$T$ 为存货全年总成本,$Q^*$ 为经济订货批量,则 $T=(D/Q)\times K+(Q/2)\times C$ 对上式进行求导,并令其导数等于零,可得 $Q^*=\dfrac{\sqrt{2DK}}{C}$,最佳订货次数 $=\dfrac{D}{Q^*}$。

[例7-29]某企业生产全年需要甲材料3 200千克,每次订货费用为100元,甲材料的储存成本为4元/千克。试确定该企业甲材料的经济订货量和最佳订货次数。

解:$Q^*=\dfrac{\sqrt{2DK}}{C}=\dfrac{\sqrt{2\times 3\ 200\times 100}}{4}=200(千克)$

最佳订货次数 $=\dfrac{D}{Q^*}=3\ 200/200=16(次)$

### (二)ABC分类控制

存货控制的 ABC 分析法是根据存货的重要程度,按照一定的标准,把存货归纳为 A、B、C 三类,分别实行分品种重点管理,分类别一般控制和按总额灵活掌握的存货管理方法。存货的分类标准主要有两个：一是金额标准，二是品种数量标准，金额标准为最基本的标准。一般情况下，A类存货是最重要的，其特点是价值大，数量少。例如，某存货占企业全部存货品种的10%，但金额大约占全部存货的70%，那么该存货可能属于A类。B类存货可能构成总存货品种的20%，但其价值仅占总存货价值的20%。C类存货占总存货品种的70%，但其价值仅占存货总价值的10%。对于不同的存货实行不同的控制方法。

1.A类存货的控制

A类存货是三类存货中最重要的一种。由于该类存货占用资金额较大，因此要采用科学的方法来确定该类存货的经济订货量、订货时间等指标，对于存货日常管理中出现的问题，应及时调整、修正，以保持合理的存货水平。

2.B类存货的控制

对于B类存货，在订货数量和订货时间等方面加强控制。可按类别确定其订货数量和储备定额等指标。

3.C类存货的控制

对于C类存货可以按照不同的情况采取不同的管理办法。C类存货的管理比较简单，由于它们数量比较多，成本比较低，可以增加每批订货量，减少订货次数。

# 任务六 定价决策分析

## 一、定价决策的范围及相关因素

### (一)定价决策的含义

定价决策是指企业为确保其在流通领域的经营目标的实现,在短期(如一年)内,围绕如何确定销售产品价格水平的问题而展开的决策。主要包括:最优售价的决策、目标价格的决策、调价决策、弹性定价策略和新产品定价策略等内容。

### (二)价格的类型

1.垄断价格。不论是国家垄断价格还是企业财团垄断价格,对于个别企业而言,始终具有强制性的支配效能,企业只有执行的义务,没有变更的权利,不存在定价决策问题。

2.完全自由竞争价格。是指在完全自由竞争条件下,当市场上某种商品的供应者与消费者的数量都很多,又很分散,则此时完全由供求规律支配所形成的价格。由于个别企业的市场占有率较低,若擅自提价或降价,只会失去原有市场或招致损失。因此,企业必须根据市场客观的供求规律去测定均衡价格并自觉地执行它。

3.企业可控制价格。是指企业可自行决定的价格。企业的经济效益与定价决策的好坏有着密切的联系。定价决策所涉及的价格指企业可控制的价格。

4.定价决策应充分考虑的因素:①商品的价值;②成本的消耗水平;③商品的质量水平;④供求关系与竞争形式;⑤价格的弹性;⑥产品所处的寿命周期阶段;⑦定价目标的导向;⑧商品的比价、差价与价格体系;⑨国家的价格政策;⑩定价的方法与策略。

## 二、定价决策分析方法

### (一)以成本为导向的定价决策分析方法

以成本为导向的定价决策分析方法,是指在集中考虑如何实现成本补偿的基础上,作出定价决策的方法。

1.完全成本加成定价法

$$价格 = 单位生产成本 \times (1 + 完全成本加成率)$$

其中:

$$完全成本加成率 = \frac{利润 + 非生产成本}{生产成本} \times 100\%$$

$$完全成本加成率 = \frac{投资额 \times 期望的投资报酬率 + 非制造成本}{产量 \times 单位制造成本} \times 100\%$$

## 2.变动成本加成定价法

① $$价格 = 单位变动生产成本 \times (1 + 变动成本加成率)$$

其中： $$变动成本加成率 = \frac{利润 + 变动性非生产成本 + 固定成本}{变动生产成本} \times 100\%$$

② $$价格 = 单位变动成本 \times (1 + 变动成本加成率)$$

其中： $$变动成本加成率 = \frac{利润 + 固定成本}{变动成本} \times 100\%$$

[例 7-30] 公司正研究制定标准产品 A 产品的售价,A 产品预计产销量为 1 000 件,会计部门提供的 A 产品修改设计后的预计成本资料如表 7-23 所示:该公司 A 产品的开发投资额为 400 000 元,公司预期的投资报酬率为 10%。要求:采用完全成本加成定价法对该产品进行定价。

表 7-23          A 产品修改设计后的预计成本表          单位:元

| 成本项目 | 单位成本 | 总成本 |
| --- | --- | --- |
| 直接材料 | 50 | |
| 直接人工 | 44 | |
| 变动制造费用 | 36 | |
| 固定制造费用 | 70 | 70 000 |
| 变动销售及管理费用 | 20 | 20 000 |
| 固定销售及管理费用 | 15 | 15 000 |

解:A 产品的目标利润 = 400 000 × 10% = 40 000(元)

$$完全成本加成率 = \frac{40\ 000 + 15\ 000 + 20\ 000}{1\ 000 \times (50 + 44 + 36 + 70)} \times 100\% = 37.5\%$$

A 产品的销售价格 = (50 + 44 + 36 + 70) × (1 + 37.50%) = 275(元/件)

[例 7-31] 资料同[例 7-30],要求:采用变动成本加成定价法确定 A 产品的销售价格。

解:A 产品的目标利润 = 400 000 × 10% = 40 000(元)

$$变动成本加成率 = \frac{40\ 000 + 15\ 000 + 70\ 000}{1\ 000 \times (50 + 44 + 36 + 20)} \times 100\% \approx 83.33\%$$

A 产品的销售价格 = (50 + 44 + 36 + 20) × (1 + 83.33%) ≈ 275(元/件)

或: $$变动成本加成率 = \frac{40\ 000 + 15\ 000 + 70\ 000 + 20\ 000}{1\ 000 \times (50 + 44 + 36)} \times 100\% \approx 111.54\%$$

A 产品的销售价格 = (50 + 44 + 36) × (1 + 111.54%) ≈ 275(元/件)

### (二)以市场需求为导向的定价决策分析方法

又叫按需定价的方法,是指在优先考虑社会市场供求关系和消费者可能对价格接受程度的基础上,作出定价决策的方法。

1.边际分析法:是指通过分析不同特定价格与销售量组合条件下的产品边际收入、边际成本和边际利润之间的关系,做出相应定价决策的一种定量分析方法。如果确实无法找到能使"边际利润等于零"的售价,也可以根据"边际利润为不小于零的最小值"这个条件,来判断最优售价。

① 公式法

边际收入 MR 等于边际成本 MC(边际利润等于零)时的价格为最优售价。优点:以微分极值原理为理论依据,可直接对收入与成本函数求导,计算结果比较精确。缺点:售价与销量的函数关系及总成本函数关系不易确定;只有可微函数才能求导,对于非连续函数则无法用公式法,只能借助列表法才能求得最优售价。

② 列表法

将不同产量下的边际收入、边际成本、边际利润等列入表格中,从中找出边际利润为零对应的价格即为最优售价。

[例 7-32]某产品售价与销量的关系式为:$p=60-2x$;单位变动成本与销量的关系式为:$b=20+0.5x$,固定成本 $a=70$ 万元。

要求:用公式法计算销量与售价的最优组合(求最优售价)。

解:总收入模型:$TR = px = (60-2x)x$

边际收入:$MR = 60 - 4x$

总成本模型:$TC = a + bx = 70 + (20+0.5x)x$

边际成本:$MC = 20 + x$

令:$MR = MC$,求得最优销量 $x = 8$(件)

代入 $p = 60 - 2x$,求得最优售价 $p = 44$(万元/件)

可实现的最大利润为:

$P_0 = (p-b)x - a = (44-20-0.5\times 8)\times 8 - 70 = 90$(万元)

[例 7-33]某公司生产的甲产品在不同销售价格水平上的各期销售量资料和成本资料如下表 7-24 所示。

要求:计算相关的边际收入、边际成本、边际利润和利润指标,并作出最优售价的决策。

表 7-24　　　　　　　　甲产品销售价格、销售量和成本资料表

| 销售价格(元/件) | 预计销量(件) | 固定成本(元) | 单位变动成本(元/件) |
| --- | --- | --- | --- |
| 23 | 70 | 1 000 | 5 |
| 22 | 80 | 1 000 | 5 |
| 21 | 90 | 1 000 | 5 |
| 20 | 100 | 1 000 | 5 |
| 19 | 110 | 1 000 | 5 |
| 18 | 120 | 1 000 | 5 |
| 17 | 130 | 1 000 | 5 |
| 16 | 140 | 1 000 | 5 |
| 15 | 150 | 1 000 | 7 |
| 14 | 160 | 1 000 | 7 |
| 13 | 170 | 1 000 | 7 |

表 7-25  　　　　　　　　　　边际利润和利润计算表

| 单价<br>(元/件) | 预计销量<br>(件) | 销售收入<br>(元) | 边际收入<br>(元) | 固定成本<br>(元) | 变动成本<br>(元) | 总成本<br>(元) | 边际成本<br>(元) | 边际利润<br>(元) | 利润<br>(元) |
|---|---|---|---|---|---|---|---|---|---|
| 23 | 70 | 1 610 | — | 1 000 | 350 | 1 350 | — | — | 260 |
| 22 | 80 | 1 760 | 150 | 1 000 | 400 | 1 400 | 50 | 100 | 360 |
| 21 | 90 | 1 890 | 130 | 1 000 | 450 | 1 450 | 50 | 80 | 440 |
| 20 | 100 | 2 000 | 110 | 1 000 | 500 | 1 500 | 50 | 60 | 500 |
| 19 | 110 | 2 090 | 90 | 1 000 | 550 | 1 550 | 50 | 40 | 540 |
| 18 | 120 | 2 160 | 70 | 1 000 | 600 | 1 600 | 50 | 20 | 560 |
| 17 | 130 | 2 210 | −50 | 1 000 | 650 | 1 650 | −50 | 0 | 560 |
| 16 | 140 | 2 240 | 30 | 1 000 | 700 | 1 700 | 50 | −20 | 540 |
| 15 | 150 | 2 250 | 10 | 1 000 | 1 050 | 2 050 | 350 | −340 | 200 |
| 14 | 160 | 2 240 | −10 | 1 000 | 1 120 | 2 120 | 70 | −80 | 120 |
| 13 | 170 | 2 210 | −30 | 1 000 | 1 190 | 2 190 | 70 | −100 | 20 |

从表 7-25 可以看出：当单价为 18 元/件和 17 元/件时，总利润最大，因为 18＞17，所以应选择 17 元/件的定价，这时的边际利润为 0。

2.利润无差别点法：是指利用调价后预计销量与利润无差别点销量之间的关系进行调价决策的一种方法，也有人称其为价格无差别点法。利润无差别点销量是指某种产品为确保原有盈利能力，在调价后应至少达到的销售量指标。公式为：

$$\text{利润无差别点销量} = \frac{\text{固定成本} + \text{调价前可获利润}}{\text{拟调单价} - \text{单位变动成本}}$$

若调价后预计销量大于利润无差别点销量，则可考虑调价；若调价后预计销量小于利润无差别点销量，则不能调价；若调价后预计销量等于利润无差别点销量，则调价与不调价效益一样。

在决策中需要综合考虑最大生产能力、调价后预计销售量因素，以及是否追加专属成本投入剩余生产能力能否转移等条件。

[例 7-34]某公司生产经营的甲产品的售价为 100 元/件时，可实现销量 10 000 件，固定成本为 300 000 元，单位变动成本为 60 元/件，实现利润为 100 000 元。该公司现有最大生产能力为 18 000 件。

要求：利用利润无差别点法评价以下各不相关条件下的调价方案的可行性。

(1)若将售价调低为 85 元/件，预计市场容量可达到 17 500 件左右；

(2)若将售价调低为 80 元/件，预计市场容量可达到 20 000 件以上；

(3)若将售价调低为 80 元/件，预计市场容量可达到 23 000 件，但企业必须追加 50 000 元固定成本，才能具备生产 23 000 件产品的能力。

(4)若调高售价为 110 元/件，只能争取到 7 000 件订货(剩余生产能力无法转移)；

(5)调价水平与销量情况同(4)，但剩余生产能力可以转移，可获边际贡献 60 000 元。

① 利润无差别点销量 = $\dfrac{300\,000+100\,000}{85-60}$ = 16 000(件)

最大生产能力 = 18 000 件 > 预计市场容量 = 17 500 件

可望实现销量 = 17 500 件 > 利润无差别点销量 = 16 000 件，应当考虑调价。

② 利润无差别点销量 = $\dfrac{300\,000+100\,000}{80-60}$ = 20 000(件)

最大生产能力 18 000 件 < 预计市场容量 = 20 000 件

可望实现销量 = 18 000 件 < 利润无差别点销量 = 20 000 件，不应调价。

③ 利润无差别点销量 = $\dfrac{300\,000+50\,000+100\,000}{80-60}$ = 22 500(件)

最大生产能力 = 预计市场容量 = 23 000 件

可望实现销量 = 23 000 件 > 利润无差别点销量 = 22 500 件，应当考虑调价。

④ 利润无差别点销量 = $\dfrac{300\,000+100\,000}{110-60}$ = 8 000(件)

最大生产能力 = 19 000 件 > 预计市场容量 = 7 000 件

可望实现销量 = 7 000 件 < 利润无差别点销量 = 8 000 件，不应调价。

⑤ 利润无差别点销量 = $\dfrac{300\,000+(100\,000-60\,000)}{110-60}$ = 6 800(件)

最大生产能力 = 19 000 件 > 预计市场容量 = 7 000 件

可望实现销量 = 7 000 件 > 利润无差别点销量 = 6 800 件，应考虑调价。

### (三)以特殊要求为导向的定价决策分析方法

以特殊要求为导向的定价决策分析方法，是指在充分满足企业除社会需求或成本补偿以外的其他特殊要求的前提下，作出定价决策的方法。

1.保利定价法。是指在已知的目标利润或目标贡献边际、预计销量和相关成本指标的基础上计算保利价格的一种定价方法。

$$保利价格 = \dfrac{单位变动成本 + (固定成本 + 目标利润)}{预计销量}$$

或：

$$保利价格 = 单位变动成本 + \dfrac{目标贡献边际}{预计销量}$$

[例 7-35] 在一定时期内，某企业采用自销方式销售的某种产品的相关固定成本为 50 000 元，预计销量为 100 000 件；采用代销方式销售某种产品的相关固定成本为 40 000 元，预计销量为 50 000 件。目标利润为 200 000 元，单位变动成本为 50 元。要求利用保利定价法作出自销或代销的决策。

解：自销方式下的保利价格 = $50 + \dfrac{200\,000+50\,000}{100\,000}$ = 52.2(元)

代销方式下的保利价格 = $50 + \dfrac{200\,000+40\,000}{50\,000}$ = 54.8(元)

因为自销方式下的价格更具有市场竞争力，所以，应当采用自销方式。

2.保本定价法。保本定价法是指在已知的成本指标和预计销量的基础上计算保本价格的一种定价方法。

$$保本价格＝单位变动成本＋专属成本/预计销量$$

此法除了适用于竞争产品保守价格的制定外,还可应用于计算确定那些需要追加专属成本的特殊订货的最低可行价格,但前提是:相关的剩余生产能力无法转移。

3.极限定价法。极限定价法是指企业把事先确定的一定单位成本标准作为定价决策的最低价格极限的一种定价方法。在企业生产能力有剩余且无法转移时,追加订货的最低极限价格就是单位变动成本;对于那些实在难以找到销路的仓储积压物资和产品,甚至可以规定它们在一定时期内平均负担的仓储保管成本和损耗费以及有关的资金占用成本的合计数作为确定极限价格的依据。只要出售价格不低于这种极限价格,对企业而言,就是有利可图的或蒙受的损失最小。

【任务实施】

# 三、定价决策的策略

## (一)定价决策策略的含义

定价决策的策略是指企业在进行定价决策时,按照一定经验,最终作出特定价格定性选择分析所依据的原则或技巧,简称定价策略。

## (二)定价决策方法与定价决策策略的主要区别

1.性质不同:前者属于定量分析,后者属于定性分析。
2.依据不同:前者必须依靠定价模型,后者则主要凭经验。

## (三)定价策略的类型

1.新产品定价策略

新产品定价策略是指用于指导新产品定价的原则或技巧。主要包括:①撇油策略:是指对于那些初次投放市场尚未形成竞争的新产品以高价销售,以保证初期高额获利,随着市场销量提高、竞争加剧而逐步降价的策略,又叫先高后低策略;②渗透策略:是指以较低价格为新产品开拓市场,争取顾客,赢得竞争优势后再逐步提价的策略,又叫先低后高策略。撇油策略着眼于短期收益,渗透策略着眼于长期利益,各有利弊。对于那些同类竞争产品差异性较大、能满足较大市场需要、弹性小、不易仿制的新产品,最好按撇油法定价;而对于那些与同类产品差别不大、需求弹性大、易于仿制、市场前景光明的新产品则应考虑按渗透法定价。

2.弹性定价策略

弹性定价策略是指根据价格弹性确定价格调整方向的原则和技巧。价格弹性又称为价格影响需求量的弹性系数,也叫需求的价格弹性系数。其经济学含义是:价格弹性＝需求量变化的百分比/价格变化的百分比。它能反映需求量受价格变动率影响的变动程度,表示价格每增加(或减少)1%时,需求量所降低(或增加)的百分比。在经济学上,价格弹性的绝对值可以反映出需求与价格变动水平的关系,不外乎以下三种情况:①价格弹性的绝对值大于1,简称为弹性大。表明价格以较小幅度变动时,可使需求量产生较大幅度的变动。②价格弹性的绝对值小于1,简称为弹性小。表明即使价格变动幅度很大,需求量变化幅度也不会太大。③价格弹性的绝对值等于1,表明需求量受价格变动影响的幅度完全与价格本身变动幅度一致。价格弹性的大小,说明了商品价格与需求之间反方向变动的水平的大小。就某一种产品的不同时期及不同销量基础而言,弹性可能有大有小;即使同一场合下的不同商品,仍会出现弹性有大有小的情况。弹性大,则价格下降会促使需求大大提高,因此,对弹性大的商品应采取调低价格的方法,薄利多销;弹性小的商品,当价格变动时,需求量的相应增减幅度很小,对这类产品不仅不应调低价格,相反,在条件允许的范围内应适当调高价格。

3.系列产品定价策略

系列产品既可以指包装规格不同的产品,又可以指配套使用的产品。前者可采取差别定价。例如,有些商品小包装销路好,有些商品大包装销路好,对销路好的产品可适当提价。后者,即成套使用的商品可规定两组价格:成套价格和单件价格,前者一般低于后者之和,可促成一次成交。

4.心理定价策略

①去整取余法:又叫尾数定价法或取九舍十法。多用于中低档商品的定价,这种价格又叫诱人的价格。②整数定价法:对高档商品若按整数定价,可提高商品的身价,刺激购买欲望。③对比定价法:对于急待出售需降价处理的商品,可将削价前后价格同时列出,促使顾客通过对比积极购买。

5.分期收款定价策略

适用于价格偏高的耐用消费品的定价。计价时,各期收款的价格中应包括延付利息在内。可促进及时销售,避免商品的大量积压。

**【任务实操】**

请登录 TTC 实训平台,完成模拟实训任务。

**【项目知识点巩固】**

一、单项选择题

1.下列属于无关成本的是( )

A.重置成本　　　　B.差量成本　　　　C.沉没成本　　　　D.专属成本

2.下列属于相关成本的是( )。

A.估算成本　　　　B.沉没成本　　　　C.不可递延成本　　　　D.共同成本

3.企业接受一批特定订货,需购买一台专用设备,价值2 000元,在此特定订货决策中,专用设备价值属于( )。

A.专属成本　　　　B.重置成本　　　　C.沉没成本　　　　D.不可避免成本

4.在企业利用剩余生产能力开发新产品的决策分析中,不能作为决策标准的是( )。

A.单位资源贡献边际　　B.贡献边际总额　　C.单位贡献边际　　D.销售收入

5.根据企业目前的生产状况,生产能力有一定的剩余,现有客户前来要求追加订货,当( )时,即可接受。

A.对方出价不低于该产品的市场价格

B.对方出价大于产品的单位变动成本

C.对方追加生产的产品不需要再增加固定成本

D.对方出价大于产品的单位变动成本,并能补偿因此而新增加的固定成本

6.亏损产品在( )情况下,应停止生产。
A.单价大于其单位变动成本　　　　　　B.单位贡献边际大于零
C.贡献边际总额小于零　　　　　　　　D.贡献边际总额大于零

7.在进行半成品是否进一步加工的决策时,要对半成品在加工后增加的收入和( )进行分析研究,以便进行决策。
A.进一步加工前的变动成本　　　　　　B.进一步加工前的全部成本
C.进一步加工前后的全部成本　　　　　D.进一步加工追加的成本

8.在零件自制外购的决策中,如果零件的年需要量尚不确定,应当采取的决策方法是( )。
A.差量损益分析法　　B.相关损益分析法　　C.成本无差别点法　　D.相关成本分析法

9.某企业需要甲零件,其外购价格为12元,若自行生产,单位变动成本为8元,且需为此每年增加8 000元的固定成本。据此计算可知,当该零件每年的需要量在( )件时,两个方案是等效的。
A.2 500　　　　　　B.3 000　　　　　　C.1 800　　　　　　D.2 000

10.某企业同时生产甲、乙、丙三种产品,它们的贡献边际分别为200元、120元和130元。现在,这三种产品的年利润分别为5 000元、5 200元和-800元,此时有以下方案可供选择,其中最优方案为( )。
A.丙产品继续生产
B.丙产品停产,其剩余生产能力生产乙产品
C.将亏损800元的丙产品停产
D.丙产品停产,其剩余生产能力生产甲产品

二、多项选择题

1.下列属于无关成本的是( )
A.沉没成本　　　B.历史成本　　　C.专属成本　　　D.不可避免成本

2.下列属于相关成本的是( )
A.历史成本　　　B.机会成本　　　C.付现成本　　　D.边际成本

3.下列属于短期经营决策内容的有( )。
A.半成品是否进一步加工的决策　　　　B.亏损产品是否停产的决策
C.新产品开发的决策　　　　　　　　　D.设备更新改造的决策
E.零部件取得方式的决策

4.下列各种决策分析中,可以利用成本无差别点法做出决策结论的有( )
A.亏损产品停产的决策　　　　　　　　B.追加订货的决策
C.是否进一步加工的决策　　　　　　　D.自制还是外购的决策
E.生产工艺技术方案的决策

5.在运用贡献边际法进行短期经营决策时,必须以( )作为判断最优方案的指标。
A.贡献边际总额　　B.单位贡献边际　　C.单位资源贡献边际　　D.机器小时贡献边际

6.在零部件自制或外购的决策分析时,下面说法正确的是( )
A.自制的成本包括变动成本　　　　　　B.外购成本包括买家、运费、保险费
C.自制与外购的无关成本不予考虑　　　D.将自制与外购的相关成本进行比较

7.下列各项中,属于接受追加订货的机会成本有(　　)。
A.剩余生产能力对外出租的租金收入
B.减少正常销量计算的贡献边际
C.增加的专属固定成本
D.减少正常销售量而无法履行合同需缴纳的赔偿金

8.某企业生产甲产品,其单位成本包括直接材料、直接人工、变动制造费用和固定制造费用。现可以将甲产品进一步加工为乙产品后再出售,那么在决策中应该考虑的项目有(　　)。
A.进一步加工增加的收入　　　　　　B.进一步加工追加的成本
C.半成品本身的成本　　　　　　　　D.机会成本

9.以成本为导向的定价决策方法有(　　)。
A.总成本定价法　　B.收益比率定价法　　C.成本加成定价法　　D.保本保利定价法

10.下列各项中属于生产经营决策的有(　　)。
A.亏损产品停产的决策　　　　　　　B.追加订货的决策
C.是否进一步加工的决策　　　　　　D.最优售价决策

三、判断题
1.简单地说,决策分析就是领导拍板做出决定的瞬间行为。(　　)
2.固定资产折旧费属于沉没成本,因此在决策中不予考虑。(　　)
3.历史成本和沉没成本都是指过去发生的成本,与企业未来的决策无关,均属于无关成本。(　　)
4.机会成本并没有实际支出,不计入会计账簿,因此在决策中也不必考虑。(　　)
5.对于那些应当停止生产的亏损产品来说,不存在是否应当增产的问题。(　　)
6.在用贡献边际法来评价方案时,以单位贡献边际大的方案为最优方案。(　　)
7.半成品进一步加工的决策主要是研究进一步加工后所得的收入是否超过进一步加工时所追加的成本。(　　)
8.只要亏损产品的贡献边际大于零,该产品就应该继续生产。(　　)
9.对于利用剩余的生产能力去接受追加订货的企业来说,不管什么情况,只要追加订货的价格大于单位变动成本就可以接受。(　　)
10 先进的生产工艺技术,可以提高劳动生产率,降低劳动强度,减少材料流失,能够降低产品的单位变动成本,所以在不同生产工艺技术方案的决策中,应无条件选择先进的生产工艺技术。(　　)

四、计算分析题
1.某企业生产A产品,产品单位变动成本为24元/件,单位价格为32元/件,现企业有剩余的生产能力可以生产B产品或C产品。现有两个方案可供选择。

方案一:生产B产品,预计销售量为5 000件,单价为20元/件,单位变动成本为15元/件,若生产B产品会使原有的A产品减产200件。

方案二:生产C产品,预计销售量为7 200件,单价为18元/件,单位变动成本为12元/件,并需每年增加固定成本3 000元。

要求:试作出应该生产何种产品的决策。

2.华兴公司生产甲、乙、丙三种产品,其中甲、乙两种产品是盈利产品,丙产品是亏损产品,固定成本总额为 10 000 元(按销售收入百分比分配)。有关的资料如表 7—26 所示。

表 7—26　　　　　　　　　　甲、乙、丙三种产品的资料表

| 项目 | 甲产品 | 乙产品 | 丙产品 | 合计 |
|---|---|---|---|---|
| 销售收入 | 5 000 | 6 000 | 4 000 | 15 000 |
| 减:变动成本 | 2 800 | 3 100 | 3 600 | 9 500 |
| 贡献边际 | 2 200 | 2 900 | 400 | 5 500 |
| 减:固定成本 | 1 600 | 1 200 | 1 200 | 4 000 |
| 利润/元 | 600 | 1700 | −800 | 1 500 |

要求:

(1)假设丙产品停产后,剩余的生产能力不能移作他用,请作出丙产品是否停产的决策。

(2)假设丙产品停产后,剩余的生产能力可以对外出租,每年可获得租金收入 1 000 元,试作出丙产品是否停产的决策。

3.某企业 A 产品的售价为 45 元/件,单位生产成本为 35 元,其中,直接材料为 20 元,直接人工为 8 元,变动制造费用为 2 元,固定制造费用为 5 元,企业还有剩余生产能力 3 000 件。现有一个客户要以 33 元的单价追加订货 2 000 件,而且追加该批订货需租入一台设备,租金 2 000 元。

要求:做出是否接受追加订货的决策。

4.某炼油厂从原油中提炼出来的煤油,既可以作为煤油出售,也可以进一步通过裂化加工为汽油和柴油后再行出售。煤油经过裂化后的回收率是:汽油 85%,柴油 5%,损失 10%。假定裂化加工的加工费为每升 1.2 元,三种油每升的销售价格为:煤油 1.6 元,汽油 3.2 元,柴油 1.5 元。目前该厂有 10 000 升煤油。

要求:对煤油是否进一步加工做出决策。

5.某企业每年需用一种零部件 10 000 个,如果外购,其市场价格为 32 元。目前,该公司尚有剩余的生产能力可以生产该种零件。预计的成本如下:直接材料为 12 元,直接人工为 8 元,变动制造费用为 6 元,固定制造费用为 9 元,共计 35 元。

要求:

(1)作出零件自制还是外购的决策。

(2)假设该企业销售部门此时接到一份特殊的订单,可以利用剩余的生产能力生产甲产品 4 000 件,甲产品的单价为 40 元,单位变动成本为 24 元,作出零件自制还是外购的决策。

# 项目八 长期投资决策

【知识目标】
1.了解长期投资决策的几种基本方法。
2.了解长期投资决策分析方法的应用。

【能力目标】
1.能够选择长期投资决策的方法。
2.能够使用长期投资决策分析指标进行长期决策。

【素质目标】
1.通过学习长期投资决策让学生学会对职业生涯做长期规划。
2.具备良好的分析和解决问题的能力。
3.具备良好的沟通与协调能力。

【思维导图】

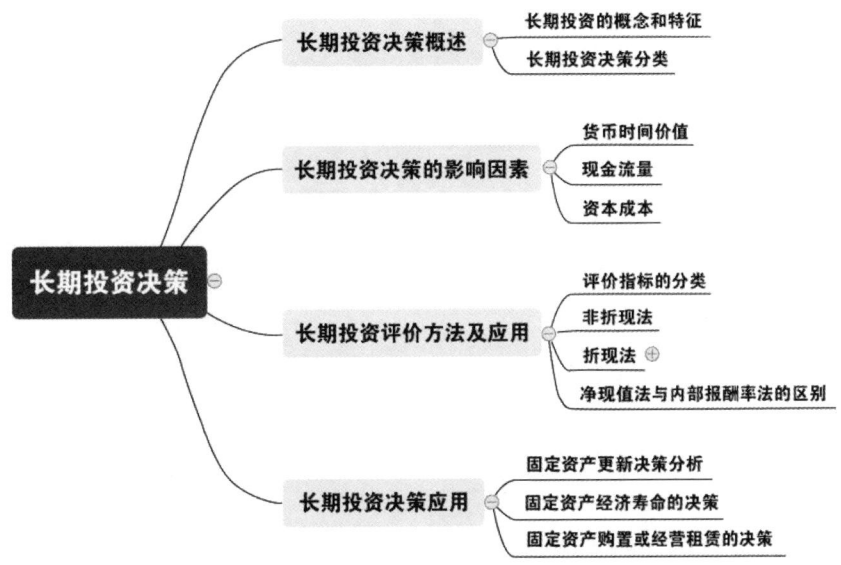

**【引导案例】**

王某 2010 年毕业于某财经学院，在一家小公司当出纳，年薪近万元，2013 年底准备辞职进行个人投资发家致富，经过周密的市场调查，他准备投资干洗业。从市场上购置较为先进的干洗机价款要 21 万元，使用年限为 5 年。经分析和测算，他准备贷款购置这种干洗机 1 台，残值 1 万元，每年折旧费约计 4 万元，每年的净收益 5 万元，贷款利率为 7%，价款于 2014 年初一次付清。请问王某的打算或决策是否正确，为什么？

**【任务引例】**

长城公司针对长期投资拟出计划项目，请分别针对以下三个项目进行正确决策。项目一：拟更新一套旧设备，其数值如表 8—8 所示，请作出是继续使用旧设备还是对其进行更新的决策。项目二：A 设备的购入价格为 100 万元，预计使用 10 年，期末无残值，折现率为 10%，其他数值如表 8—9 所示，请作出判断是否应当更新。项目三：长城公司在生产中需要一台设备，如果购买需支付 30 万元，使用期限为 10 年，预计净残值为 1 万元；如果公司进行经营租赁，每年需支付 5 万元的租赁费，期限 10 年。假定折现率为 10%，所得税税率为 25%。分析该公司是购置还是租赁该设备。

# 任务一 长期投资决策概述

【任务准备】

## 一、长期投资的概念和特征

### (一)概念

长期投资决策,是指为了改变或扩大企业的经营能力,将资金投放于涉及企业未来较长时间(一般为一年以上)的经营活动的决策,又称为资本支出决策。长期投资包括固定资产的新建、改建、扩建、更新,以及购买的长期债券、股票等证券投资。

### (二)特征

1.回收期长

长期投资决策一经作出,便会在较长时间内影响企业,一般的项目需要几年、十几年甚至几十年才能收回。它关系到企业未来年份中的生产经营方向、规模大小、人员配备、资金总量以及利润增长率等问题。它是拟定企业经营长远规划,编制企业投资预算的主要依据。这就要求企业在进行项目投资时要小心谨慎,进行认真的可行性研究。

2.投资数额大

长期投资决策往往引起企业生产经营能力的改变,投入的资金往往较多。这就要求企业合理编制资金预算,适时筹资,尽可能地减轻企业的财务压力。

3.投资风险大

长期投资项目交付使用后的收益情况受内、外部各种因素的影响,这些因素之间的相互关系又是错综复杂的,而且投资项目寿命长,在投资中无法对未来各因素的发展变化作出完全准确的预测,因而投资风险较大。

4.资金占用量相对稳定

长期投资一经完成,在资金占用量上保持相对稳定,不像流动资产那样经常变动。在相关业务量范围内,实际投资项目营运能力增加,并不需要增加项目投资,通过挖掘潜力,提高效率可使现有投资项目完成增加的业务量。

5.具有不可逆转性

长期投资项目完成后往往很难变现,这主要是因为机器设备等不容易改变用途,又难以经济地出售。因此,项目投资具有不可逆转性。

# 二、长期投资决策分类

## (一)根据投资影响范围的广狭

1.战略性投资决策:对整个企业的业务经营发生重大影响的投资决策。

2.战术性投资决策:仅局限于原有产品的更新换代、降低产品成本等进行的投资决策。

## (二)根据投资标的物的不同

1.固定资产投资决策:为了增加固定资产数量或提高固定资产效率,以扩大生产能力的投资决策。包括新建、扩建、改建固定资产和购置、租赁固定资产。

2.有价证券的长期投资决策:为了提高资金使用效益而进行的不能在一年以内变现的投资决策。包括股权投资决策和债券投资决策。

## (三)根据投入资金是否分阶段

1.单阶段投资决策:一个投资项目一次就能完成或建成的。

2.多阶段投资决策:一个投资项目要分几次投资才能完成或建成的。

# 任务二 长期投资决策的影响因素

## 一、货币时间价值

### (一)货币时间价值的定义

货币时间价值,又称为资金时间价值,是指货币随着时间的推移而发生的增值。换个角度理解,从经济学观点来看,即使没有风险和通货膨胀,今天的1元钱要比一年以后的1元钱要值钱一些。今天投资一笔货币,就等于放弃使用这笔货币的机会,那么按放弃时间长短而计算的报酬就称为货币的时间价值。货币时间价值有两种表现形式:利息和利率。

影响货币时间价值大小的因素主要有:

1.时间的长短:时间越长,货币的时间价值越大,反之,越小。

2.利率的高低:利率越高,货币的时间价值越大,反之,越小。

### (二)货币时间价值的计算

利息的计算有两种方式:单利和复利。单利只对原本金计息。复利俗称"利滚利",是指计算利息时,不仅本金要计算利息,利息也要生息。

1.单利的计算

(1)单利终值: $$F = P(1 + i \times n)$$

其中:$F$—终值;$P$—现值;$n$—期数;$i$—利率。下同。

(2)单利现值: $$P = F/(1 + i \times n)$$

单利的终值和现值在投资中很少应用,这里只作为了解掌握。

2.复利的计算

(1)复利终值,是指一定的本金按复利计算的若干期后的本利和。

计算公式为: $$F = P(1+i)^n = P(F/P, i, n)$$

复利终值可以通过数学运算求得,但实际应用中可以使用"1元的终值表"求得。该表以1元为基础编制,该表行表示为期数,列表示为利率,利率所在的列与期数所在的行的交叉点即为"1元的复利终值系数",$(1+i)^n$称为复利终值系数,记为$(F/P, i, n)$。

[例8-1]假定平安公司董事会决定从今年留存收益中提取100 000元存入银行,准备八年后更新设备。如银行定期八年的存款利率为16%,每年复利一次。试问:该公司八年后可取得多少钱来更新设备?

解:$F = P \cdot (1+i)^n = 100\ 000(1+16\%)^8 = 100\ 000 \times 3.278\ 4 = 327\ 840(元)$

(2)复利现值

复利现值即本金,是指若干期后的一笔款项,按一定折现率折算成现在时点的价值。根据复利终值公式：
$$F = P \times (1+i)^n$$

求出本金即复利现值计算公式：$P = F(1+i)^n = F/(1+i)^n$

在实际工作中计算复利现值时，可使用"1元的现值表"。该表的使用方法与"1元的终值表"使用方法相同。$(1+i)^{-n}$ 称为复利现值系数，记为 $(P/F, i, n)$。

3.年金的计算

年金（Ammuity）是指在一定期间内，每隔相同时期（一年、半年、一个季度等）收入或支出相等金额的款项。年金一般都采用复利计算。其主要形式有四种：普通年金、即付年金、递延年金、永续年金。

(1)普通年金的计算

普通年金是指每期期末收入或支出相等金额的款项。

①普通年金终值的计算

普通年金终值是指若干期期末收付等额款项的复利终值之和（本利和）。

计算公式：
$$F = A \times \frac{(1+i)^n - 1}{i}$$

其中：$A$ 为年金，$\frac{(1+i)^n - 1}{i}$ 为普通年金终值系数，记作 $(F/A, i, n)$。

[例8-2]假定平安公司董事会决定每年末从留存收益中提取10 000元存入银行，准年利率为8%，5年后可获得本利和为多少？

解：$F = A \times \frac{(1+i)^n - 1}{i} = 10\,000 \times \frac{(1+8\%)^5 - 1}{8\%} = 10\,000 \times 5.866\,6 = 58\,666$（元）

②普通年金现值的计算

普通年金现值是指每期末收付年金的复利现值之和。

计算公式：
$$P = A \times \frac{(1+i)^n - 1}{i(1+i)^n}$$

其中：$\frac{(1+i)^n - 1}{i(1+i)^n}$ 为普通年金现值系数，记作 $(P/A, i, n)$。

[例8-3]假定平安公司董事会决定从2017年起，连续5年在每年末取出20 000元，如果年利率为10%。问：2017年初应一次存入银行多少钱？

解：$P = A \times \frac{(1+i)^n - 1}{i(1+i)^n} = 20\,000 \times \frac{(1+10\%)^5 - 1}{10\%(1+10\%)^5}$
$= 20\,000 \times 3.790\,8 = 75\,816$（元）

③偿债基金

偿债基金是指为了在约定的未来某一时点清偿某笔债务或积累一定量的资金而必须分次等额提取的存款准备金。它是年金终值的逆运算。

$$A = F \times \text{年金终值系数的倒数}$$

④投资回收额

投资回收额是指在一定的年限内等额收回或清偿初始投入资本或所欠的债务。它是年金现值的逆运算。

$$A = P \times \text{年金现值系数的倒数}$$

(2)即付年金的计算

即付年金又称先付年金或预付年金,是每期期初收、付的年金。

①即付年金终值的计算

即付年金终值是指每期期初收、付等量金额,按复利计算的未来某期的总价值。

计算公式： $F = A \times \dfrac{(1+i)^n - 1}{i}(1+i) = A[(F/A, i, n+1) - 1]$

[例8-4]假定平安公司董事会决定连续5年于每年年初将100 000元存入银行,年利率为5%,第5年年末能一次取出多少钱?

解：$F = A[(F/A, i, n+1) - 1] = 100\,000 \times [(F/A, 5\%, 6) - 1]$
　　　$= 100\,000 \times (6.801\,9 - 1) = 580\,190(元)$

②即付年金现值的计算

即付年金现值是指每期期初收、付等量金额,按复利计算的现时总价值。

计算公式： $P = A \times \dfrac{(1+i)^n - 1}{i(1+i)^n}(1+i) = A[(P/A, i, n-1) + 1]$

[例8-5]平安公司采用分期付款方式购入一台设备,合同规定,每年年初支付50 000元,5年付清,银行利率为6%。若采用一次付款方式,现在应支付多少钱?

解：$P = A[(P/A, i, n-1) + 1] = 50\,000 \times [(P/A, 6\%, 4) + 1]$
　　　$= 50\,000 \times (3.465\,1 + 1) = 223\,255(元)$

(3)递延年金的计算

递延年金是第一次收、付款项发生在第二期期末或其以后的年金。换句话说,凡不是第一期期末开始的年金都是递延年金。

①递延年金终值的计算

递延年金终值的大小与递延期无关,因此计算方法与普通年金终值相同。

[例8-6]平安公司投资一处房产,现有两个方案可供选择：

其一：现在起10年内每年年末支付100 000元；其二：前5年不支付,第6年起至10年止每年年末支付180 000元。银行利率为10%,采用终值计算,哪个方案更有利?

解：方案一：$F = 100\,000 \times (F/A, 10\%, 10) = 100\,000 \times 15.937 = 1\,593\,700(元)$

方案二：$F = 180\,000 \times (F/A, 10\%, 5) = 180\,000 \times 6.105\,1 = 1\,098\,918(元)$

从以上计算可知,方案二更有利。

②递延年金现值的计算

递延年金现值计算有两种方法：

第一种方法：先将递延年金看成$n$期普通年金,求出$m$期普通年金现值,再将复利现值折算到第一期期初。

计算公式： $P_0 = A \times (P/A, i, n) \times (P/F, i, m)$

其中：$m$为递延期,$n$为连续收支期数。

[例8-7]平安公司借入一笔款项,银行贷款年利率为10%,每年复利一次。银行规定,前10年不用还本付息,从第11年起至第20年止每年年末偿还本息100 000元。问：此款项的现值为多少?

解：$P = A \times (P/A, 10\%, 10) \times (P/F, 10\%, 10)$
　　$= 100\ 000 \times 6.144\ 6 \times 0.385\ 5 = 236\ 874.33(元)$

第二种方法：先计算 $m+n$ 期年金现值，再减去 $m$ 期年金现值。

仍以上题为例

$P = A \times [(P/A, 10\%, 20) - (P/A, 10\%, 10)]$
　$= 100\ 000 \times (8.513\ 6 - 6.144\ 6) = 236\ 900(元)$

(4) 永续年金的计算

永续年金是无限期定额支付的年金。当期数趋近于无穷大时的普通年金称为永续年金。永续年金没有终止的时间，因此不存在终值。

其现值公式为：　　　　　　　　$P = A/i$

[例 8-8] 某公司拟建立一项永久性助残基金，每年计划颁发 50 000 元助残款，年利率为 5%，现在应存入银行多少钱？

解：$P = A/i = 50\ 000/5\% = 100\ 000(元)$

## 二、现金流量

### (一) 现金流量的概念

现金流量是指在一个投资项目的计算期内的现金流出量和现金流入量。这里的"现金"是一个广义的概念，不仅包括库存现金、银行存款、其他货币资金和现金等价物，还包括其他非货币资源的变现价值。以收付实现制为基础进行计算。

**每年现金净流量(NCF) ＝ 年现金流入量 － 年现金流出量**

### (二) 几点重要假设

为了便于利用货币时间价值，无论现金流量具体内容所涉及的价值指标实际上是时点指标还是时期指标，均假设按照年初或年末的时点指标处理。

其中，建设投资均假设在建设期的年初或年末发生，垫支的流动资金则在年末发生；经营期内各年的收入、成本、折旧、摊销、利润、税金等均在年末发生；项目的回收额均在终结点发生。现金流入为正数、流出为负数，且一般以年为单位进行计算。

### (三) 投资决策中使用现金流量而非会计利润的原因有：

1. 整个投资有效期内利润总计与现金净流量总计是相等的，所以现金净流量可以取代利润作为评价收益的指标。

2. 现金流量与项目计算期的各个时点密切结合，便于应用资金时间价值对项目投资效果进行综合评价。

3. 利润在各年度受折旧方法等人为因素的影响，而现金流量的分布则不受这些人为因素的影响，可以保证评价的客观性。

4. 在投资分析中，现金流动状况比盈亏状况更重要。有利润的年份并不一定能产生多余的现金用来进行其他项目的再投资。

### (四)现金流量的构成

1.按流动方向分

(1)现金流入量:由于该项投资而增加的现金收入额或现金支出节约额,包括营业现金流入(利润+非付现费用)、净残值收入、垫付营运资金的收回。

(2)现金流出量:由于该项投资引起的现金支出的增加额,包括项目的直接投资支出、垫付的营运资金、项目的间接支出。

(3)净现金流量:现金流入量－现金流出量

2.按现金净流量的时间阶段分

(1)初始现金流量:是指任何一个投资项目在初始投资时发生的现金流出量。

一般包括:

①固定资产的投资;

②流动资金投资(如对原材料、在制品、产成品等营运资金的垫支);

③其他投资费用(如:与长期投资项目有关的谈判费、员工培训费);

④原有固定资产的变价收入。

(2)营业现金流量:是指投资项目在建设投产后的整个寿命周期内,由于开展正常生产经营活动而发生的现金流入和现金流出的数量。包括:

①营业收入;

②付现成本(等于总成本－折旧－摊销额);

③各项税款。

$$\text{营业现金净流量(NCF)} = \text{营业收入} - \text{付现成本} - \text{所得税}$$
$$= \text{营业收入} - (\text{成本} - \text{折旧} - \text{摊销额}) - \text{所得税}$$
$$= \text{税后利润} + \text{折旧及摊销}$$

(3)终结现金流量:是指投资项目在寿命周期终了时发生的各项现金回收。包括固定资产残值收入,营运资金的收回,停止使用的土地的变价收入。

[例8-9]某企业拟购建一项固定资产,需投资100万元,按直线法折旧,使用寿命10年,期末有净残值为10万元。在建设起点一次投入借入资金100万元,建设期为一年,发生在建设期的资本化息为10万元。此外配套投入的流动资金为5万元。预计投产后每年可获得利息税前利润10万元,所得税税率为25%。求项目各年的现金净流量(NCF)。

固定资产原值=100+10=110(万元) N=1+10=11(年)

年折旧额=(110－10)÷10=10(万元)

$NCF_0 = -100$(万元);$NCF_1 = 0$

$NCF_{2-10} =$ 税后利润+折旧= $10 \times (1-25\%) + 10 = 17.5$(万元)

$NCF_{11} =$ 税后利润+折旧+原投入的流动资金+残值
$= 10 \times (1-25\%) + 10 + 5 + 10 = 32.5$(万元)

## 三、资本成本

### (一)资本成本的概念

资本成本是指企业资本结构中各种长期资金的筹集和使用所付出的代价,又称为资金成本。包括资金的使用费用(如借款利息)和筹资费用(如借款手续费)。

在管理会计中资本成本用百分率表示,即资金使用费与实际筹集到的资金的比例。不同的资金来源,成本不同,公式也不同。

投资的风险价值,是指投资者冒风险进行投资所获得的报酬,用投资报酬率表示。要求报酬率是指企业期望投资项目获取的最低报酬率。资本成本也称为要求报酬率。

判断一个投资方案是否可以被接受的标准是:该项目的预期投资报酬率低于该项目的资本成本的话,这个项目就应被舍弃;反之,如果预期投资报酬率高于该项目的资本成本的话,这个项目就可以被接受。因此,资本成本又被称为"取舍率"。

### (二)资本成本的计算

1. 单项资金成本的计算

公式:
$$资金成本(K) = \frac{年使用费用}{筹资总额 - 筹资费用}$$

(1)
$$长期借款的资金成本(K_1) = \frac{年利息 \times (1 - 所得税税率)}{长期借款筹资总额 \times (1 - 长期借款筹资费用率)} \times 100\%$$

若长期借款的筹资费用较低,可以忽略不计,其公式可以简化为:

$$长期借款的资金成本(K_1) = 长期借款利率 \times (1 - 所得税税率) \times 100\%$$

[例 8—10] 假定平安公司向建设银行借到一笔 5 年期长期借款 500 万元,手续费为 0.05%,利率为 6%,每年付息一次,到期偿还本金,该公司适用的所得税税率为 25%。要求:计算这笔长期借款的资本成本。

解:长期借款的资金成本 $(K_1) = \dfrac{500 \times 6\% \times (1-25\%)}{500 \times (1-0.05\%)} \times 100\% = 4.74\%$

假如手续费忽略不计,则:

长期借款资金成本 $(K_1) = 6\% \times (1-25\%) \times 100\% = 4.5\%$

(2) 债券的资金成本 $(K_2) = \dfrac{年利息 \times (1-所得税税率)}{债券筹资总额 \times (1-债券筹资费用率)} \times 100\%$

[例 8—11] 假定平安公司按每张面额 100 元,发行 10 年期债券 10 000 张。该债券的票面利率为 10%,每年年末付息一次,10 年期满一次还本。若筹资费用率为 3%,所得税税率为 25%。要求:计算该债券的资金成本。

解:债券的资金成本 $(K_2) = \dfrac{100 \times 10\,000 \times 10\% \times (1-25\%)}{100 \times 10\,000 \times (1-3\%)} \times 100\% = 7.73\%$

假如上例中溢价 20 元,每张按 120 元发行,则债券的资金成本为:

债券的资金成本 $(K_2) = \dfrac{100 \times 10\,000 \times 10\% \times (1-25\%)}{120 \times 10\,000 \times (1-3\%)} \times 100\% = 6.44\%$

假如上例中折价 20 元,每张按 80 元发行,则债券的资金成本为:

债券的资金成本 $(K_2) = \dfrac{100 \times 10\,000 \times 10\% \times (1-25\%)}{80 \times 10\,000 \times (1-3\%)} \times 100\% = 9.66\%$

(3)股票的资金成本

①优先股的资金成本

企业发行优先股需支付筹资费用,并定期支付固定的股利。发放股利在税后利润中支付,不能享受扣减所得税的利益。当企业破产清算时,优先股股东对剩余财产的要求权,位于债券持有人之后,这就反映了优先股的风险大于债券,故优先股的报酬率一般应高于债券。

$$\text{优先股资金成本}(K_3) = \frac{\text{每年发放股利总额}}{\text{优先股发行总额} \times (1 - \text{筹资费用率})} \times 100\%$$

[例8-12]假定平安公司2017年初发行股利率20%的优先股10 000股,每股按面值50元出售,筹资费用率为3%。要求:计算优先股的资金成本。

解:优先股资金成本$(K_3) = \dfrac{50 \times 10\,000 \times 20\%}{50 \times 10\,000 \times (1-3\%)} \times 100\% = 20.62\%$

②普通股的资金成本

有三种计算方法:

第一种:固定股利模型

$$\text{普通股资金成本}(K_4) = \frac{\text{每年发放股利金额}}{\text{普通股筹资金额} \times (1 - \text{筹资费用率})} \times 100\%$$

[例8-13]假定平安公司每股普通股的市场价格为100元,目前该公司普通股的每股收益为10元、筹资费用率为3%。要求:计算该公司普通股的资金成本。

解:普通股资金成本$(K_4) = \dfrac{10}{100 \times (1-3\%)} \times 100\% = 10.31\%$

第二种:股利固定增长模型

$$\text{普通股资金成本}(K_4) = \frac{\text{第一年预期股利}}{\text{普通股筹资金额} \times (1 - \text{筹资费用率})} \times 100\% + \text{股利固定增长率}$$

[例8-14]安泰公司普通股每股市价为80元,第一年预期股利为8元,预计以后每年的股利增长率为5%,筹资费用率为3%。要求:计算普通股的资金成本。

解:普通股资金成本$(K_4) = \dfrac{8}{80 \times (1-3\%)} \times 100\% + 5\% = 15.31\%$

第三种:资本资产定价模型

$$\text{普通股资金成本}(K_4) = R_f + \beta(R_m - R_f)$$

其中:$R_f$代表无风险报酬率;$\beta$代表某企业股票收益率相对于市场投资组合期望收益率的变动幅度;$R_m$代表市场报酬率或市场投资组合的期望收益率。

[例8-15]国平股份公司普通股的β值为1.2,无风险报酬率为6%,市场投资组合的期望收益率为10%。要求:计算该公司普通股的资金成本。

解:普通股资金成本$(K_4) = 6\% + 1.2 \times (10\% - 6\%) = 10.8\%$

(4)留存收益的资金成本

留存收益是指企业税后净利润减除支付股利后的未分配利润,其权益仍属于普通股股东。因此,留存收益成本的计算与普通股的成本计算相似,其差别就是留存收益无须支付筹资费用。

①固定股利模型

普通股每股股利

$$留存收益资金成本(K_5) = \frac{普通股每股股利}{普通股每股市价} \times 100\%$$

②股利固定增长模型

$$留存收益资金成本(K_5) = \frac{第一年预期股利}{普通股每股市价} \times 100\% + 股利固定增长率$$

[例8-16]假定保定公司每股普通股的市价为60元,第一年预期股利为8元,预计以后每年的股利增长率为6%。要求:计算该公司留存收益的资金成本。

解:留存收益资金成本$(K_5) = \frac{8}{60} \times 100\% + 6\% = 19.33\%$

2.加权平均资金成本的计算

企业筹资渠道和筹资方式是多元化的,因而各种资金来源的资金成本是不同的,为了正确地进行筹资和投资决策,必须计算企业综合的资金成本。综合的资金成本是以各种资金所占的比重为权数,对各种资金成本进行加权平均计算出来的。

公式: $$综合资金成本(K_5) = \sum W_j K_j$$

其中:$K_j$代表第$j$类个别资金成本;$W_j$代表第$j$类个别资金成本占全部资本的比重。

[例8-17]某企业扩大经营拟筹资3 000万元,经研究决定用银行借款、发行债券和发行股票3种方式筹资,各种方式的资金成本率和3种筹资方案如表8-1所示,试计算说明哪种方案最优。

表8-1　　　　　　　　　　　　　　　　　　　　　　　　　　　单位:万元

| 筹资方式 | 资金成本率 | 方案1 | 方案2 | 方案3 |
| --- | --- | --- | --- | --- |
| 银行借款 | 8% | 1 200 | 1 050 | 900 |
| 发行债券 | 10% | 900 | 1 350 | 1 400 |
| 发行股票 | 14% | 900 | 600 | 700 |
| 合计 | | 3 000 | 3 000 | 3 000 |

解:

方案1:$Kw = \frac{1\ 200}{3\ 000} \times 8\% + \frac{900}{3\ 000} \times 10\% + \frac{900}{3\ 000} \times 14\% = 10.4\%$

方案2:$Kw = \frac{1\ 050}{3\ 000} \times 8\% + \frac{1\ 350}{3\ 000} \times 10\% + \frac{600}{3\ 000} \times 14\% = 10.1\%$

方案3:$Kw = Kw = \frac{900}{3\ 000} \times 8\% + \frac{1\ 400}{3\ 000} \times 10\% + \frac{700}{3\ 000} \times 14\% = 10.3\%$

根据计算结果可知,方案2的资金成本最低,应选择方案2。

# 任务三 长期投资评价方法及应用

## 一、评价指标的分类(两类常用方法)

### (一)按是否考虑资金的时间价值划分

1.非折现指标(静态指标):平均报酬率、静态投资回收期。
2.折现指标(动态指标):动态投资回收期、净现值、获利指数、内部报酬率。

### (二)按指标性质不同划分

1.负指标:在一定范围内指标值越小越好的指标,如静态回收期。
2.正指标:在一定范围内指标值越大越好的指标,其他指标均为正指标。

## 二、非折现法

### (一)静态投资回收期法

回收期是指以投资项目经营期的净现金流量回收原始投资所需要的时间。回收期越短,方案越优。投资回收期的计算有以下两种情况。

1.年现金净流量相等

$$投资回收期 = \frac{投资总额}{年现金净流量}$$

2.年现金净流量不等

在这种情况下,通常采用逐年扣减的方法。

**静态投资回收期=(累计净现金流量现值出现正值的年数-1)**
**+上年累计净现金流量的绝对值/出现正值年份的净现金流量**

[例8—18]永久公司计划期间有两个投资项目可供选择,两个项目的原投资额均为期初一次投入300万元,资本成本为10%,两个项目的经济寿命均为5年,期满无残值。它们在寿命周期内的现金流入量总额均为700万元,分布情况如表8—2所示。

表8—2

| 方案 | 项目 | 年度 | | | | | |
|---|---|---|---|---|---|---|---|
| | | 0 | 1 | 2 | 3 | 4 | 5 |
| 甲方案 | 原始投资(万元)NCF(万元) | -300 | 140 | 140 | 140 | 140 | 140 |
| 乙方案 | 原始投资(万元)NCF(万元) | -300 | 130 | 160 | 190 | 140 | 80 |

要求:采用静态投资回收期法来评价永久公司甲、乙两个方案孰优。

解:甲方案的静态投资回收期:

由于甲方案各年 NCF 相等,可应用上述公式计算:

$$甲方案预计的回收期 = \frac{原投资额}{各年\ NCF} = \frac{3\ 000\ 000}{1\ 400\ 000} = 2.14\ 年$$

乙方案的回收期:

表 8-3　　　　　　　　　乙方案静态投资回收期计算表　　　　　　　　　单位:元

| 年份 | 各年 NCF | 年末累计 NCF |
|---|---|---|
|  | −3 000 000 |  |
| 1 | 1 300 000 | −1 700 000 |
| 2 | 1 600 000 | −100 000 |
| 3 | 1 900 000 | 1 800 000 |
| 4 | 1 400 000 | 3 200 000 |
| 5 | 800 000 | 4 000 000 |

乙方案的预计静态投资回收期=(3−1)+100 000/1 900 000=2.05(年)

结论:

甲、乙两个投资方案的预计回收期分别为2.14年和2.05年,均较要求的回收期(5/2=2.5年)短,所以均属可行。

甲、乙两个方案对比,乙方案的预计回收期较甲方案更短,所以乙方案较优。

静态投资回收期法评价:

优点:计算比较简便,易于理解。

缺点:静态投资回收期法没有考虑货币时间价值的影响;也没有考虑投资回收期满以后的现金流量状况,依据静态投资回收期法计算出来的结果可能不是最优方案。因此,不能只根据静态投资回收期法来评价投资方案的优劣。静态投资回收期法通常只作为辅助方法。

### (二)投资报酬率

投资报酬率又称投资利润率,是指一项投资方案的年平均利润占投资额的百分比。

计算投资报酬率首先需要区分是以企业为投资主体,还是以股东为投资主体:

若以企业为投资主体,年利润指"息税前利润",若以股东为主体,年利润指"净利润"。

公式:　　　　　　　　**投资报酬率=年平均利润/投资总额**

选优标准:该指标越大越好,低于无风险投资利润率的方案为不可行方案。

[例 8−19]明实公司欲购入一台设备,价值100万元,可用5年,预计各年的利润分别为30万元、40万元、50万元、55万元、60万元。该公司的要求报酬率为40%。问:该公司能否购入该设备?

$$解:投资报酬率 = \frac{(30+40+50+55+60) \div 5}{100} \times 100\% = 47\%$$

由于该公司的投资报酬率47%大于该公司的要求报酬率40%,所以,应购入该设备。

年均投资报酬率法计算也比较简单,但同样没有考虑货币时间价值的影响,也没有考虑项目的现金流量情况,仅依据会计净利润进行计算,会导致计算结果不够合理。因此,年均投资报酬率法也只作为辅助方法。

## 三、折现法

### (一)动态投资回收期法

动态投资回收期(Dynamic Payback Period)是指以投资项目各期已折现的现金流量将全部投资收回所需的时间,即以投资项目所产生的未来现金流量的现值足以抵补初始投资所需要的时间,又称为折现的投资回收期。

**动态投资回收期=(累计净现金流量现值出现正值的年数－1)**
**＋上年累计净现金流量现值的绝对值/出现正值年份净现金流量的现值**

[例8－20]依据[例8－18]的资料,用动态投资回收期法来评价永久公司甲、乙两个方案孰优。

表8－4　　　　　　　　　甲方案动态投资回收期计算表　　　　　　　　单位:元

| 年份 | 各年 NCF | 年末累计 NCF | 各年 NCF 现值 | 年末累计 NCF 现值 |
|---|---|---|---|---|
| 0 | －3 000 000 | | | |
| 1 | 1 400 000 | －1 600 000 | 1 272 740 | －1 727 260 |
| 2 | 1 400 000 | －200 000 | 1 156 960 | －570 300 |
| 3 | 1 400 000 | 1 200 000 | 1 051 820 | 481 520 |
| 4 | 1 400 000 | 2 600 000 | 956 200 | 1 437 720 |
| 5 | 1 400 000 | 4 000 000 | 869 260 | 2 306 980 |

甲方案的预计动态投资回收期＝(3－1)＋570 300/1 051 820＝2.54(年)。

表8－5　　　　　　　　　乙方案动态投资回收期计算表　　　　　　　　单位:元

| 年份 | 各年 NCF | 年末累计 NCF | 各年 NCF 现值 | 年末累计 NCF 现值 |
|---|---|---|---|---|
| 0 | －3 000 000 | | | |
| 1 | 1 300 000 | －1 700 000 | 1 181 830 | －1 818 170 |
| 2 | 1 600 000 | －100 000 | 1 322 240 | －495 930 |
| 3 | 1 900 000 | 1 800 000 | 1 427 470 | 931 540 |
| 4 | 1 400 000 | 3 200 000 | 956 200 | 1 887 740 |
| 5 | 800 000 | 4 000 000 | 496 720 | 2 384 460 |

乙方案的预计动态投资回收期＝(3－1)＋495 930/1 427 470＝2.35(年)。

结论:

甲、乙两个投资方案的预计动态投资回收期分别为2.54年和2.35年,均较要求的回收期(5/2＝2.5年)短,所以均属可行。

甲、乙两个方案对比,乙方案的预计动态投资回收期较甲方案更短,所以乙方案较优。动

态投资回收期法评价:

优点:动态投资回收期弥补了静态投资回收期没有考虑资金的时间价值这一缺点,使其更符合实际情况。

缺点:它仍然具有主观性,同样忽略了回收期以后的净现金流量。当未来年份的净现金流量为负数时,动态投资回收期可能变得无效,甚至做出错误的决策。因此,用动态投资回收期法计算投资回收期并非是一个完善的指标。

## (二)净现值法

净现值法是指将各年的净现金流量按照资本成本折算成现值的合计,用(NPV)表示。

**净现值(NPV)＝未来现金净流量现值之和－初始投资额现值**

公式:
$$NPV = \sum_{i=1}^{n} \frac{A_i}{(1+i)^t} - A_0$$

其中,$A_t$ 代表第 $t$ 期期末的现金净流量;$A_0$ 代表初始投资额现值;$i$ 代表资金成本。

**净现值率(NPVR)＝净现值/投资额现值之和**

NPV 大于零时,投资项目可行;NPV 小于零时,投资项目不可行。NPV 越大越优。

[例8－21]根据[例8－18]的资料,要求采用净现值法评价甲、乙两个方案孰优。

解:1.计算甲方案的净现值:

由于甲方案的各年回收额相等,所以采用年金方式折现。

甲未来报酬率总现值 $P = A(P/A, i, n) = 140 \times (P/A, 10\%, 5)$
$= 140 x 3.7908 = 530.71(万元)$

甲的 NPV＝未来报酬率总现值－初始投资额＝530.71－300＝230.71 万元＞0

2.计算乙方案的净现值:

由于乙方案的各年回收额不相等,所以采用复利方式折现再汇总。

表 8－6 　　　　　　　　　乙方案净现值计算表　　　　　　　　　单位:万元

| 年份 | 各年现金净流量 | 复利现值系数 | 现值 |
|---|---|---|---|
| 1 | 130 | 0.909 1 | 118.18 |
| 2 | 160 | 0.826 4 | 132.22 |
| 3 | 190 | 0.751 3 | 142.75 |
| 4 | 140 | 0.683 0 | 95.62 |
| 5 | 80 | 0.620 9 | 49.67 |
| 未来报酬率总现值 | | | 538.44 |
| 初始投资额 | | | 300 |
| 净现值 | | | 238.44 |

3.结论:

甲、乙两个方案的净现值均为正数,表明预期可实现报酬率都大于资本成本,所以都可行。但两方案初始投资额相等,而乙方案的净现值大于甲方案,所以乙方案较优。净现值法评价:

优点:
(1)考虑了资金的时间价值,增强了投资经济性的评价;
(2)考虑了项目全部的现金流量,体现了流动性与收益性的统一;
(3)考虑了投资的风险性,风险越大,要求的报酬率越高。

缺点:
(1)不能从动态的角度反映项目的实际收益水平,当投资额不等时,仅用净现值法确定方案的优劣;
(2)折现率的确定比较困难;净现值的计算比较复杂。

4.注意:
(1)若未来各年营业净现金流量相等,按年金复利折现;若均不相等按复利折现;终结净现金流量按复利折现。
(2)初始投资若在期初一次投入,初始投资即为现值,不必折现;初始投资若分期等额投入,则按年金复利折现;若分期不等额投入,则按普通复利折现。

### (三)现值指数法

现值指数是指投资方案的未来现金净流量现值之和与初始投资额现值的比率。

公式: $$现值指数(PI) = \frac{未来现金净流量现值之和}{初始投资额现值} = 1 + 净现值率$$

评价标准:计算出来的"现值指数"大于1,则方案可行;小于1,则不可行;如果均大于1,那么PI越大,投资方案越好。

[例8-22]根据[例8-18]的资料,要求采用现值指数法来评价甲、乙两个方案孰优。

解:根据给定的资料分别代入"现值指数"公式:

$$甲方案的现值指数 = \frac{530.71}{300} = 1.769$$

$$乙方案的现值指数 = \frac{538.44}{300} = 1.795$$

结论:

甲、乙两个方案的现值指数均大于1,所以都可行;但乙方案的现值指数1.795高于甲方案1.769,所以乙方案较优。

评价:

优点:第一,考虑了货币的时间价值;第二,反映了项目投资的资金投入与总产出之间的关系。

缺点:无法直接反映投资项目的实际收益值和实际收益率,互斥方案评价可能会出现错误答案。

### (四)内部报酬率法

内部报酬率又称内部收益率,是指未来现金流入量现值等于现金流出量现值时所采用的贴现率,或者说是使净现值等于零的贴现率。

视各年现金净流量是否相等,其内部报酬率的计算方法也有所不同。

1.各年现金净流量相等

(1)先求年金现值系数。

$$\text{年金现值系数} = \frac{\text{原始投资额的现值}}{\text{各年现金净流量}}$$

(2)查"1元年金现值系数表",在相同期数内找出所需的折现率,若表中没有这个数,则选择该期年金系数相邻的较大和较小的两个折现率。

(3)根据上述两个相邻的折现率及其对应的两个年金现值系数,采用插值法求得投资方案的内部报酬率的近似值。

2.各年现金净流量不相等

(1)先估计一个折现率,并据以计算该投资方案未来各期的现金净流量的现值和期末投资残值的现值,然后计算求得总现值。

(2)将求得的总现值与原始投资额的现值进行比较,若等于零,则估计的折现率为内部报酬率;若为正数,则表示估计的折现率小于该投资方案的内部报酬率,应重新估计一个较大的折现率再行测试;若为负数,则表示估计的折现率大于该投资方案的内部报酬率,应重新估计一个较小的折现率再行测试。如此经过几次测试,最终求得由正转负或由负转正的两个折现率。这种方法称作"逐次测试法"。

(3)根据上述求得的两个折现率,再采用插值法计算该投资方案所能达到的内部报酬率。

若内部报酬率大于预定投资报酬率,投资方案可行;若内部报酬率小于预定投资报酬率,投资方案不可行;若几个投资方案均大于预定投资报酬率,则以大取之。

[例8-23]根据前面[例8-18]的资料,要求采用内含报酬率法来评价甲、乙两方案的孰优。

解:(1)由于甲方案的每年NCF相等,均为140万元,先求其年金现值系数。

$$\text{年金现值系数} = \frac{\text{原始投资额}}{\text{各年}NCF} = \frac{300\,\text{万元}}{140\,\text{万元}} = 2.143$$

查"1元年金现值表"在第5期这一行与2.143相邻近的年金现值系数的相应折现率为36%和40%,所以2.143的折现率应在36%~40%之间。

然后采用插值法:折现率为36%时的年金现值系数为2.181,折现率为40%时的年金现值系数为2.035。

$$\text{甲方案的 IRR} = 36\% + \frac{2.181 - 21.43}{2.181 - 2.035}(40\% - 36\%) = 37.04\%$$

(2)乙方案各年的NCF不等,要采用逐次测试法,第一次先用36%,并编制乙方案净现值的逐次测试计算表,如表8-7所示。

表 8-7　　　　　　　　　乙方案净现值的逐次测试计算表　　　　　　　单位：万元

| 年份 | 各年 NCF | 第一次测试 36% | | 第二次测试 40% | |
|---|---|---|---|---|---|
| | | 现值系数 | 现值 | 现值系数 | 现值 |
| 1 | 130 | 0.735 | 95.55 | 0.714 | 92.82 |
| 2 | 160 | 0.541 | 86.56 | 0.510 | 81.60 |
| 3 | 190 | 0.398 | 75.62 | 0.364 | 69.16 |
| 4 | 140 | 0.292 | 40.88 | 0.260 | 36.40 |
| 5 | 80 | 0.215 | 17.20 | 0.186 | 14.88 |
| 未来报酬率总现值 | | | 315.81 | | 294.86 |
| 原始投资额 | | | 300 | | 300 |
| 净现值 | | | 15.81 | | −5.14 |

第一次测试的结果，净现值为 15.81 万元，说明应再提高折现率进行第二次测试。若改用 40%，其结果净现值为−5.14 万元。

所以乙方案的内含报酬率一定是介于 36%～40%之间，运用插值法：

$$乙方案的\ IRR = 36\% + \frac{15.81 - 0}{15.81 - (-5.14)}(40\% - 36\%) = 39.02\%$$

结论：

甲方案的 IRR 为 37.04%，乙方案的 IRR 为 39.02%，均大大高于资本成本 14%，故均属可行。但两者比较，乙方案较优。

评价：

优点：第一，考虑了货币的时间价值；第二，计算过程不受行业基准收益率高低的影响，比较客观。

缺点：选取折现率的过程较复杂，利用插值法计算出来的内含报酬率，只是一种近似值，计算结果可能不太准确。

## 四、净现值法与内部报酬率法的区别

从指标计算的技术方法角度来看，净现值法和内部报酬率法各有利弊，主要在以下四个方面存在差异：

(1)在计算中，净现值法要考虑四个因素：营业现金流量、初始投资额、项目的寿命周期、资金成本(折现率)；而内部报酬率法只需要考虑三个因素：营业现金流量、初始投资额和项目的寿命周期。

而无论在理论上还是实践中，投资决策应该采用什么样的资金成本以及怎样确定都是较为复杂的问题。内部报酬率的计算不要求事先确定资金成本，所以，对使用者来说较为方便。

(2)在确定了各种基本因素后，内部报酬率的计算往往要求逐步测算，而净现值的计算较为简单。

当然，在计算机得以普及的环境中，计算中的复杂已不再是障碍。

(3)在考虑到资金成本在项目寿命周期内可能的变动以及通货膨胀等因素时，净现值法比内部报酬率法更易于调整。

（4）如前所述，当项目现金净流量的正负符号有多次改变时，净现值不会出现异常情况，而采用内部报酬率法会出现存在多重解的情况。

在实际中，净现值法与内部报酬率法的运用各有利弊。对于独立方案来说，运用净现值法和内部报酬率法，能够做出相同的决策。但是，对于两个互斥投资方案来说，用这两种方法可能会导致相互矛盾的结论。对于一个方案的决策，究竟采用哪种方法，一是看已确定的条件，二是要取决于具体的环境，目前西方企业多采用内部报酬率法，而我国的大多企业采用净现值法。

# 任务四 长期投资决策应用

## 一、固定资产更新决策分析

固定资产更新决策是指决定继续使用旧设备还是购买新设备，如果购买新设备，旧设备将以市场价格出售。这种决策的基本思路是：将继续使用旧设备视为一种方案，将购置新设备、出售旧设备视为另一种方案，并将这两个方案作为一对互斥方案按一定的方法来进行对比选优，如果前一方案优于后一方案，则不应更新改造，而继续使用旧设备；否则，应该购买新设备进行更新。

**【任务实施】**

[例8-24] 长城公司拟更新一套旧设备，其有关数据如表8-8所示。

表8-8　　　　　　　　　　新旧设备数据资料表

| 项目 | 旧设备 | 新设备 |
| --- | --- | --- |
| 原值（万元） | 400 | 700 |
| 预计使用年限（年） | 10 | 8 |
| 已使用年限（年） | 5 | 0 |
| 期末净残值（万元） | 20 | 40 |
| 变现价值（万元） | 220 | 700 |
| 每年可获得的收入（万元） | 350 | 800 |
| 每年付现成本（万元） | 180 | 400 |
| 资金成本 | 12% | 12% |
| 折旧方法 | 直线法 | 直线法 |

要求：作出是继续使用旧设备还是对其进行更新的决策。

解：1.继续使用旧设备方案。

每年计提折旧额=（400-20）÷10=38（万元）

每年净利润=（350-180-38）×（1-25%）=99（万元）

每年营业现金净流量=38+99=137（万元）

旧设备的"现时价值"=220（万元）

则，旧设备 NPV=137×(P/A,12%,5)+20×(P/F,12%,5)-220

　　　　　　　=137×3.604 8+20×0.567 4-220

　　　　　　　=285.21（万元）

旧设备 NPVR=285.21÷220=129.64%

2.更新设备方案。

每年计提的折旧额＝(700－40)÷8＝80(万元)

每年净利润＝(800－400－80)×(1－25％)＝240(万元)

每年营业现金净流量＝80＋240＝320(万元)

新设备的"现时价值"为 700 万元

则，新设备 NPV＝320×(P/A,12％,8)＋40×(P/F,12％,8)－700

$\qquad$＝320×4.967 6＋40×0.4039－700

$\qquad$＝905.79(万元)

新设备 NPVR＝905.79÷700＝129.40％

从以上分析来看，旧设备的净现值率大于新设备的净现值率，所以，不应更新设备。

## 二、固定资产经济寿命的决策

固定资产不仅存在是否更新的决策，还存在何时更新的决策。固定资产何时更新问题就是固定资产的经济寿命确定问题。固定资产的寿命有自然寿命和经济寿命之分。自然寿命是指固定资产从投入使用到完全报废的整个期限，而经济寿命则是固定资产的平均年成本达到最低值时的使用期限，这个使用期限就是固定资产的最优更新期。确定固定资产经济寿命的关键就是测算平均年成本。影响固定资产平均年成本的因素有持有成本和运行成本，这两个因素决定了固定资产的经济寿命。持有成本是固定资产价值成本。固定资产在使用初期，其持有成本较高，但随着固定资产的使用，固定资产的价值逐渐减少，所占用资金的应计利息也会逐渐减少。运行成本是固定资产运行期间的运行费用。固定资产在使用初期，其运行费用相对较低，但由于固定资产的使用和自然损耗，其维护费用、修理费用、能源消耗将逐渐增加。因此，随着时间的递延，固定资产持有成本和运行成本呈反方向变化，两者之和呈马鞍形，这样必然存在一个最经济的使用年限。

计算公式： $UAC = \left[ C - \dfrac{S_n}{(1+i)^n} + \sum \dfrac{C_n}{(1+i)^n} \right] / (P/A, i, n)$

其中：$UAC$ 为设备的年均成本，$C$ 为设备原值，$S_n$ 为第 $n$ 年时的设备余值，$C_n$ 为第 $n$ 年设备的运行成本，$n$ 为设备被更新的年份，$i$ 为投资报酬率。

【任务实施】

[例 8－25]A 设备的购入价格为 100 万元，预计使用 10 年，期末无残值，折现率为 10％，其他数值如表 8－9 所示。

表 8－9

| 项目 | A 设备的其他数值 | | | | | | | | | |
|---|---|---|---|---|---|---|---|---|---|---|
| | 1 | 2 | 3 | 4 | 5 | 6 | 7 | 8 | 9 | 10 |
| 折旧额(万元) | 10 | 10 | 10 | 10 | 10 | 10 | 10 | 10 | 10 | 10 |
| 折余价值(万元) | 90 | 80 | 70 | 60 | 50 | 40 | 30 | 20 | 10 | 0 |
| 运行费用(万元) | 8 | 8 | 8 | 9 | 9 | 10 | 10 | 14 | 16 | 18 |

根据上述资料，计算结果如表 8－10 所示。

表 8-10　　　　　　　　　　A 设备计算结果　　　　　　　　　　单位:万元

| 更新年限 | 1 | 2 | 3 | 4 | 5 | 6 | 7 | 8 | 9 | 10 |
|---|---|---|---|---|---|---|---|---|---|---|
| 原值 | 100 | 100 | 100 | 100 | 100 | 100 | 100 | 100 | 100 | 100 |
| 余额 | 90 | 80 | 70 | 60 | 50 | 40 | 30 | 20 | 10 | 0 |
| 折现率 | 0.909 | 0.826 | 0.751 | 0.683 | 0.621 | 0.565 | 0.513 | 0.467 | 0.424 | 0.386 |
| 余值现值 | 81.81 | 66.08 | 52.57 | 40.98 | 31.05 | 22.60 | 15.39 | 9.34 | 4.24 | 0 |
| 运行成本 | 8 | 8 | 8 | 9 | 9 | 10 | 10 | 14 | 16 | 18 |
| 运行成本现值 | 7.27 | 6.61 | 6.01 | 6.15 | 5.59 | 5.65 | 5.13 | 6.54 | 6.78 | 6.95 |
| 运行成本现值累计 | 7.27 | 13.88 | 19.89 | 26.04 | 31.63 | 37.28 | 42.41 | 48.95 | 55.73 | 62.68 |
| 现值总成本 | 25.46 | 47.80 | 67.32 | 85.06 | 100.58 | 114.68 | 127.02 | 139.61 | 151.49 | 162.68 |
| 年金现值系数 | 0.909 | 1.736 | 2.487 | 3.170 | 3.791 | 4.355 | 4.868 | 5.335 | 5.759 | 6.145 |
| 年均成本 | 28.01 | 27.53 | 27.07 | 26.83 | 26.53 | 26.33 | 26.09 | 26.17 | 26.30 | 26.47 |

注:①余值现值＝余额×折现率;②运行成本现值＝运行成本×折现率;③现值总成本＝原值－余值现值＋运行成本现值累计;④年均成本＝现值总成本÷年金现值系数。

通过以上计算得知,A 设备运行到第 7 年时,年均成本最低,所以,应在设备使用第 7 年后立即更新。

## 三、固定资产购置或经营租赁的决策

如果所需用的固定资产既可以购买,也可以采用经营租赁的方式取得,就需要按照一定方法对这两种取得方式进行决策。

有两种方法可以考虑:

第一种方法:分别计算两个方案的差量净现金流量,然后按差额投资内部收益率进行决策;

第二种方法:直接比较两个方案的折现总费用的大小,然后选择折现总费用低的方案。

### (一)差额内部收益率法

假设:债务资金为 0。

1.购买设备的净现金流量

$$初始现金流量＝－固定资产投资$$

$$运营期净现金流量＝增加的净利＋增加的折旧＋回收余值$$

注:　　　增加的净利＝增加的营业利润×(1－所得税税率)

增加的营业利润＝增加的收入－增加的经营成本－增加的营业税金及附加－增加的折旧

2.租赁设备的净现金流量

$$初始现金流量＝0$$

$$运营期净现金流量＝增加的净利润＋增加的折旧(为 0)$$

注:增加的营业利润＝增加的收入－增加的经营成本－增加的营业税金及附加－增加的租金

3.计算差量净现金流量和差额内部收益率,并进行决策。

## (二)折现总费用比较法

1.购买设备的折现总费用＝投资现值－折旧抵减所得税的现值－回收余值现值
2.租入设备的折现总费用＝租金现值－租金抵税现值
3.决策:选择折现总费用较小的方案

**【任务实施】**

[例8－26]光明公司在生产中需要一台设备,如果购买,需支付30万元,使用期限为10年,预计净残值为1万元;如果公司进行经营租赁,每年需支付5万元的租赁费,期限为10年。假定折现率为10%,所得税税率为25%。其有关数据见表8－11。分析该公司是购置还是租赁该设备。

解:购买设备的年折旧额＝(30－1)÷10＝2.9(万元)

表8－11　　　　　　　　　计算分析表　　　　　　　　单位:万元

| 购置方案 | | 租赁方案 | |
|---|---|---|---|
| 项目 | 金额 | 项目 | 金额 |
| 购买支出 | 30 | 年租赁费 | 5 |
| 折旧税负减少现值 | 2.9×25%×(P/A,10%,10)=4.45 | 租赁费支出现值 | 5×(P/A,10%,10)=30.72 |
| 设备残值变现值 | 1×(P/F,10%,10)=0.39 | 租赁税负减少现值 | 5×25%×(P/A,10%,10)=7.68 |
| 合计 | 25.16 | 合计 | 23.04 |

以上计算结果表明,购置方案的总支出大于租赁方案的总支出,所以,公司应采用租赁设备进行生产。

**【任务实操】**

请登录TTC实训平台,完成模拟实训任务。

**【项目知识点巩固】**

一、单项选择题

1.某企业欲购进一套新设备,要支付400万元,该设备的使用寿命为4年,无残值,采用直线法计提折旧。预计每年可产生税前净利140万元,如果所得税税率为40%,则回收期为( )年。
A.4.5　　　　B.2.9　　　　C.2.2　　　　D.3.2

2.当贴现率与内部报酬率相等时( )。
A.净现值小于零　B.净现值等于零　C.净现值大于零　D.净现值不一定

3.某企业准备新建一条生产线,预计各项支出如下:投资前费用2 000元,设备购置费用8 000元,设备安装费用1 000元,建筑工程费用6 000元,投产时需垫支营运资金3 000元,不可预见费按总支出的5%计算,则该生产线的投资总额为( )元。
A.20 000　　　　B.21 000　　　　C.17 000　　　　D.17 850

4.下列不属于终结现金流量范畴的是( )。
A.固定资产折旧　　　　　　　　B.固定资产残值收入

236

C.垫支流动资金的回收　　　　　　　D.停止使用的土地的变价收入

5.某投资项目原始投资为12万元,当年完工投产,有效期3年,每年可获得现金净流量4.6万元,则该项目内含报酬率为( )。

　　A.6.68%　　　　B.7.33%　　　　C.7.68%　　　　D.8.32%

6.下列各项中,不影响项目内含报酬率的是( )。

　　A.投资项目的预期使用年限　　　B.投资项目的营业现金流量

　　C.企业要求的必要报酬率　　　　D.投资项目的初始投资额

7.若净现值为负数,表明该投资项目( )。

　　A.它的投资报酬率小于零,不可行

　　B.为亏损项目,不可行

　　C.它的投资报酬率不一定小于零,也有可能是可行方案

　　D.它的投资报酬率没有达到预定的贴现率,不可行

8.某投资方案贴现率为18%时,净现值为-3.17万元;贴现率为16%时,净现值为6.12万元,则该方案的内含报酬率为( )。

　　A.14.68%　　　　B.16.68%　　　　C.17.32%　　　　D.18.32%

9.营业现金流量是指投资项目投入使用后,在其寿命周期内由于生产经营所带来的现金流入和现金流出的数量。这里的现金流出是指( )。

　　A.营业现金支出　　B.缴纳的税金　　C.付现成本　　D.营业现金支出和缴纳的税金

10.下列说法中不正确的是( )。

　　A.内部报酬率是能使未来现金流入量现值等于未来现金流出量现值的贴现率

　　B.内部报酬率是方案本身的投资报酬率

　　C.内部报酬率是使方案净现值等于零的贴现率

　　D.内部报酬率是使方案现值指数等于零的贴现率

二、多项选择题

1.在考虑所得税的影响后,用下列( )公式能够计算出现金流量。

　　A.营业现金流量=收入×(1-税率)-付现成本×(1-税率)-折旧×税率

　　B.营业现金流量=税后收入-税后成本+折旧

　　C.营业现金流量=营业收入-付现成本-所得税

　　D.营业现金流量=税后净利+折旧

　　E.营业现金流量=税后净利-折旧

2.下列几个因素中,影响内部报酬率的有( )。

　　A.投资项目的使用年限　B.建设期的长短　C.投资的投入方式　D.资金成本　E.风险

3.对于是否继续使用旧设备的决策方案,其现金流出量包括( )。

　　A.旧设备变现价值　　　　　　　B.旧设备变现损失减税

　　C.每年折旧抵税　　　　　　　　D.残值变现净收入纳税　E.新设备买价

4.贴现的现金流量指标包括( )。

　　A.净现值　　　　B.投资回收期　　　　C.现值指数　　　　D.内部报酬率

5.当一项长期投资方案的净现值大于零时,可以说明( )。

　　A.该方案贴现后现金流入大于贴现后现金流出

B.该方案的内部报酬率大于设定的贴现率

C.该方案的现值指数一定大于1

D.该方案应拒绝,不能接受

6.确定一个投资方案可行的必要条件包括( )。

A.内部报酬率大于1  B.净现值大于零  C.现值指数大于1

D.回收期大于1年  E.内部报酬率大于设定的贴现率

7.对于同一方案、下列表述正确的是( )。

A.资金成本越高,净现值越高

B.资金成本越低,净现值越高

C.资金成本相当于内部报酬率时,净现值为零

D.资金成本高于内部报酬率时,净现值小于零

8.有两个投资方案,投资的时间和数量相同,甲方案从现在开始每年现金流入400元,连续6年;乙方案从现在开始每年现金流入600元,连续4年,假设它们的净现值相等且小于零,则( )。

A.甲方案优于乙方案  B.乙方案优于甲方案

C.甲、乙都不是可行方案  D.甲、乙在经济上等效

三、判断题

1.货币的时间价值,指的是货币经过一定时间的投资后,所增加的价值。( )

2.货币的时间价值是在没有通货膨胀和风险的条件下的社会平均资本利润率。( )

3.由于保留盈余也属于股东权益的一部分,因此其资本成本的计算方法相同。( )

4.因为在整个投资有效年限内,利润总计与现金流量是相等的,所以,在投资决策中,重点研究利润和重点研究现金流量效果是一样的。( )

5.平均年成本法是假设将来设备更新时,可以按原来的平均年成本找到可以替代的设备。( )

6.采用以资金成本为贴现率计算净现值并进行项目评价时,有时会夸大项目的效益。( )

7.由于折旧会使税负减少,所以,计算现金流量时,应将其视为现金流出量。( )

8.机会成本并没有导致现金流的发生,因此,项目投资决策不考虑机会成本的影响。( )

四、计算与分析:

1.现在存入银行10 000元,若年利率为8%,1年复利一次,6年后的复利终值应为多少?

2.如果年利率为10%,1年复利一次,8年后的10 000元其复利现值应为多少?

3.某公司要支付一笔设备款,有甲、乙两种付款方案可供选择。

甲方案:现在支付10万元,一次性付清。

乙方案:分3年支付,1~3年各年年初的付款额分别为3万元、4万元、4万元,假定年利率为10%。

要求:按现值计算,确定优选方案。

4.某人准备通过零存整取方式在5年后得到20 000元,年利率为10%。

要求:

(1)计算每年年末应在银行等额存入资金的数额。

(2)计算每年年初应在银行等额存入资金的数额。

5.某公司拟购置一台设备,有两种方案可供选择:
(1)从现在起每年年初支付 30 万元,连续支付 10 次。
(2)从第 5 年开始,每年年初支付 40 万元,连续支付 10 次。
假设该公司的资金成本率为 10%。
要求:确定优选方案。

6.广大公司拟投资 15 500 元购入一台设备,该设备预计净残值为 500 元,可使用三年,折旧按直线法计算,设备投产后每年销售收入增加额分别为 10 000 元、20 000 元、15 000 元,除折旧外的每年付现成本增加额分别为 4 000 元、12 000 元、5 000 元,公司使用的所得税税率为 25%,要求最低的投资报酬率为 10%,目前税后利润为 10 000 元。
要求:计算该方案的净现值,并做出是否购入该设备的决策。

7.某企业计划进行某项投资活动,有甲、乙两个方案,有关资料如下:
(1)甲方案原始投资为 150 万元,其中固定资产投资 100 万元,流动资金投资 50 万元,全部于建设起点一次投入,该项目经营期 5 年,固定资产残值 5 万元,预计投资后年营业收入 90 万元,年总成本 60 万元。
(2)乙方案原始投资 300 万元,其中固定资产投资 220 万元,于建设起点一次投入,流动资金投资 80 万元,于经营期开始时投入,该项目建设期 1 年,经营期 7 年,固定资产残值 10 万元,预计年营业收入 170 万元,年付现成本 70 万元。
(3)该企业按直线法计提折旧,全部流动资金于终结点一次回收,所得税税率为 40%,资金成本率为 10%。
要求:
(1)计算甲、乙方案各年现金净流量及净现值,评价甲、乙方案是否可行。
(2)采用年回收额法确定企业应选择哪个投资方案。

8.某企业准备新建一条生产线,预计建设期 1 年,所需原始投资 200 万元在建设起点一次投入。该流水线预计使用期为 5 年,期满不计残值,采用直线法计提折旧。该流水线投产后次年可增加净利润 60 万元,该企业的基准投资利润率为 25%。
要求:
(1)计算该项目计算期内各年现金净流量。
(2)计算该项目的静态投资回收期。
(3)计算该项目的投资利润率。
(4)假定适用的行业基准折现率为 10%,计算该项目的净现值、净现值率和现值指数。
(5)计算该项目的内含报酬率并评价其财务可行性。

9.金城公司拟更新一套旧设备,其有关数据如表 8—12 所示。

表 8—12　　　　　　　　　　　新旧设备数据资料表

| 项目 | 旧设备 | 新设备 |
| --- | --- | --- |
| 原值(万元) | 200 | 350 |
| 预计使用年限(年) | 10 | 8 |
| 已使用年限(年) | 5 | 0 |
| 期末净残值(万元) | 10 | 30 |

续表

| 项目 | 旧设备 | 新设备 |
|---|---|---|
| 变现价值(万元) | 110 | 350 |
| 每年可获得的收入(万元) | 250 | 400 |
| 每年付现成本(万元) | 150 | 200 |
| 资金成本 | 12% | 12% |
| 折旧方法 | 直线法 | 直线法 |

要求：作出是继续使用旧设备还是对其进行更新的决策。

10.甲设备的购入价格为200万元，预计使用10年，期末无残值，折现率为10%，其他数值如表8—13所示。

表8—13　　　　　　　　甲设备相关数据

| 更新年份 | 1 | 2 | 3 | 4 | 5 | 6 | 7 | 8 | 9 | 10 |
|---|---|---|---|---|---|---|---|---|---|---|
| 折旧额(万元) | 20 | 20 | 20 | 20 | 20 | 20 | 20 | 20 | 20 | 20 |
| 折余价值(万元) | 90 | 80 | 70 | 60 | 50 | 40 | 30 | 20 | 10 | 0 |
| 运行费用(万元) | 8 | 8 | 8 | 9 | 9 | 10 | 10 | 11 | 12 | 13 |

要求：作出该设备应在哪年更新的决策分析。

11.明元公司在生产中需要一台设备，如果购买，需支付50万元，使用期限为10年，预计净残值为2万元；如果公司进行经营租赁，每年需支付8万元的租赁费，期限10年。假定折现率为10%，所得税税率为25%。

要求：分析该公司是购置还是租赁该设备。

# 项目九 风险管理

【知识目标】
1. 了解风险管理的概念和应用程序。
2. 了解风险矩阵。
3. 了解风险清单。

【能力目标】
1. 能应用风险矩阵的基本理论,评估企业风险的程度。
2. 能应用风险清单的基本理论,辨别、应对企业风险矩阵的应用程序。

【素质目标】
1. 具备运用风险管理工具对企业风险进行辨别、分析的能力。
2. 具备良好的分析和解决问题的能力。
3. 具备良好的沟通与协调能力。

【思维导图】

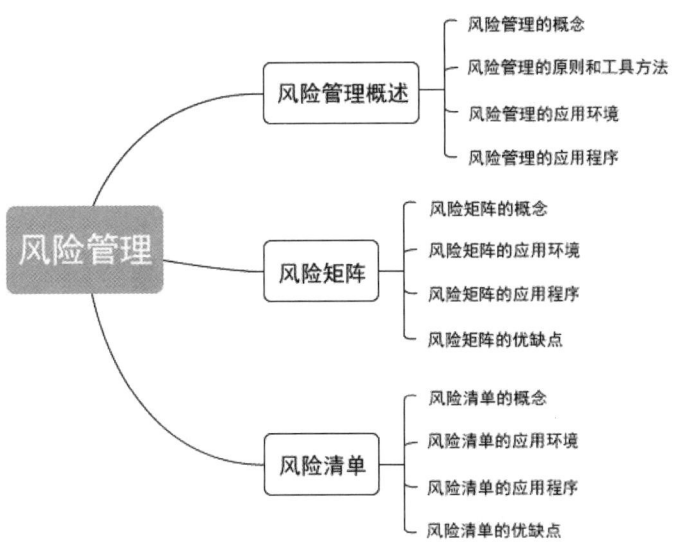

**【引导案例】**

### 蛋壳公寓爆雷事件

蛋壳公寓成立于 2015 年 1 月 21 日,注册资本 1 000 万元,获得八轮融资。2020 年 1 月 17 日成功登陆美国纽交所,成为 2020 年登陆纽交所的第一只中概股,上市总计募集资金超 1.49 亿美元,上市当天市值 27.4 亿美元。2020 年 3 月 25 日,蛋壳公寓(DNK.US)发布了 2019 年第四季度及全年未经审计的财报,2019 年净亏损 34.372 亿元,与 2018 年净亏损 13.697 亿元相比亏损增加了 151%。截至 2020 年 11 月,蛋壳公寓在国内 13 个城市提供长租服务,运营公寓数量超过 40 万间,但市值已经不到 3 亿美元。11 月初,蛋壳公寓传出陷资金链断裂风波,16 日,上百人在位于北京市朝阳门外大街的蛋壳公寓北京总部排队维权。维权人员中,有房东、租客,还有蛋壳公寓的保洁员、维修工!

资料来源:https://mp.weixin.qq.com.

**【任务引例】**

是什么原因让这家在纽交所登陆上市不到一年,曾经登上《2019 胡润全球独角兽榜》榜单的公司出现了严重资金危机,应该如何识别企业风险?

# 任务一 风险管理概述

【任务准备】

## 一、风险管理的概念

### (一)风险

在《现代汉语词典(2002年增厚本)》,"风险"被认为是一种"可能发生的危险"。而《朗文当代英语大词典》则认为,"风险"是"损害性结果发生的概率"。这些定义都认为"风险"是"不好结果发生的可能性",强调其贬义色彩。

从财务角度来看,"风险"则是一个中性词。詹姆斯·范霍恩认为,风险是实际回报偏离预期回报的程度。这也是学术界在"风险"这一概念上普遍接受的一种定义,强调"风险"的不确定性。

"风险"之所以出现,是因为存在着两种或两种以上可能性的后果。其特点具有:

1.客观性

风险是普遍存在的,不可能完全避免。由于企业经营追求的是经济效益的最大化,而收益总是伴随着风险,因此企业不可能避免所有风险。

2.未来性

这意味着任何在过去发生的,或者已经发生的事情,都不是风险。此外,当未来的某一时间点距离现在的时间跨度越大时,风险也越大。

3.可测量性

人们可以运用概率论来测量风险的大小。但是,在测量风险的时候应注意,历史数据往往无法预测未来。此外,尽管可以通过对风险进行测度增强决策的确定性和可靠性,但是风险并未因此消除,未来的不确定性依然存在。

4.损益性

风险在带来损失的同时,也可能会带来高额的回报。因此,在对待风险的时候,不应一味盲目消极地规避风险,而是要积极地认识、计算和管理风险。

### (二)风险管理

风险管理,是指企业为实现风险管理目标,对企业风险进行有效识别、评估、预警和应对等管理活动的过程。企业风险,是指对企业的战略与经营目标实现产生影响的不确定性。需要注意的是,企业风险管理并不能替代内部控制。

企业通过对风险的认识、衡量和分析,选择最有效的方式,主动地、有目的地、有计划地处理风险,以最小成本争取获得最大安全保证的管理方法。良好的风险管理有助于降低决策错误、避免损失、相对提高企业本身价值。

风险管理的根本目的是实现企业价值,因此在理解企业风险管理时,应注意:

1. 风险管理是持续开展、贯穿于整个企业的各种流程;
2. 由企业内各级人员执行;
3. 在战略制定中执行;
4. 在整个企业范围内,也就是在企业的各个层面、各个环节中予以执行,包括从整个公司角度也就是组合的角度来审视风险;
5. 旨在识别可能会对企业产生影响的潜在事件,把风险控制在企业可承受的范围之内;
6. 能够为企业管理层和董事会提供合理保证;
7. 目的是实现一个类别或多个交叉类别的目标,只是实现目标的一种手段,其本身并不是目标。

## 二、风险管理的原则和工具方法

### (一)防范风险管理的原则

企业进行风险管理时要注意以下原则:

1. 融合性原则

企业风险管理应与企业的战略设定、经营管理和业务流程相结合。

2. 全面性原则

企业风险管理应覆盖企业所有的风险类型、业务流程、操作环节和管理层级与环节。

3. 重要性原则

企业应对风险进行评价,确定需要进行重点管理的风险,并有针对性地实施重点风险监测,及时识别、应对。

4. 平衡性原则

企业应权衡风险与业绩和风险管理成本与风险管理收益之间的关系。

### (二)风险分类框架

企业可根据风险的来源、影响、性质、责任主体等不同标准,建立符合风险管理需要的,满足系统性、完整性、层次性、可操作性、可扩展性等要求的风险分类框架。

风险可以分为一级风险和二级风险,一级风险有五类,二级风险有六十类。具体如表9-1所示。

表9-1 风险分类框架

| 一级风险 | 二级风险 |
| --- | --- |
| 战略风险 | 政治风险、政策法规风险、宏观经济风险、行业前景风险、竞争对手风险等 |
| 财务风险 | 计划预算风险、财务核算风险、资金管理风险、现金流风险、应收账款风险等 |
| 运营风险 | 研发管理风险、技术应用风险、人力资源风险、产品设计开发风险等 |
| 市场风险 | 利率风险、汇率风险、证券市场风险、产品价格风险等 |
| 法律风险 | 法律纠纷风险、法律合同风险、报告合规风险、知识产权风险、环境保护风险等 |

### (三)风险管理领域管理会计工具方法

风险管理领域应用的管理会计工具方法,一般包括风险矩阵、风险清单等,企业可结合自身的风险管理目标和实际情况,单独或综合应用不同的风险管理工具方法。

## 三、风险管理的应用环境

### (一)强化风险管理意识

企业应强化风险管理意识,形成与本企业经营状况相适应的风险管理理念,培育和营造良好的风险管理文化,建立风险管理培训、传达、监督和激励约束机制,将风险管理意识转化为员工的共同认识和自觉行动。

### (二)组织机构

企业应根据相关法律法规的要求和风险管理的需要,建立组织架构健全、职责边界清晰的风险管理结构,明确董事会、监事会、管理层、业务部门、风险管理责任部门等在风险管理中的职责分工,建立风险管理决策、执行、监督与评价等职能既相互分离与制约,又相互协调的运行机制。

### (三)制度体系

企业应建立健全能够涵盖风险管理主要环节的风险管理制度体系。通常包括风险管理决策制度、风险识别与评估制度、风险监测预警制度、应急处理制度、风险管理评价制度、风险管理考核制度等。

### (四)信息系统

企业应加强信息技术在风险管理中的应用,建立与财务信息系统和业务信息系统的信息共享机制与方式。

## 四、风险管理的应用程序

企业应用风险管理工具方法,一般按照设定风险管理目标,识别和分析风险因素及事项,风险预警和应对,沟通风险信息,考核和评价风险管理等程序进行。

### (一)设定风险管理目标

风险管理目标是在确定企业风险偏好的基础上,将企业的总体风险和主要风险控制在企业风险容忍度范围之内。每个企业都面临着来自外部和内部的一系列风险,设定目标是有效进行事项识别、风险评估和风险应对的前提。目标设定应与企业的风险偏好相协调,后者决定了企业的风险承受度。

#### 1.战略目标

战略目标是企业高层次的目标,它与企业的使命、愿景相协调,并支持使命和愿景。战略目标反映了企业管理层就企业如何努力为其利益相关者创造价值所做出的选择,管理层要识别与此选择相关的风险点,并考虑它们对企业可能产生的影响。

2.其他目标

在战略目标的基础上须考虑其他目标。尽管不同企业的其他相关目标有所不同,但大致可以分为经营目标、报告目标和合规性目标。

(1)经营目标。经营目标与企业经营的效率和效果有关,包括业绩和盈利目标以及保护资产不受损失等。经营目标需要反映企业所处的特定的市场、行业和外部环境,例如经营目标需要与有质量的竞争压力、缩短新产品投放市场的周期或者生产技术的变革关系。

(2)报告目标。报告目标与报告的可靠性有关,包括内部和外部报告,并且可能涉及财务与非财务信息。

(3)合规性目标。合规性目标与符合相关法律法规有关,取决于外部因素,在有些情况下对所有企业而言都很类似,而在另一些情况下则在一个行业内有共性。

一项行动计划有助于实现多个控制目标。一般来说,报告目标和合规性目标相对比较容易实现,在企业的可控制范围之内;而经营目标比较难以实现,取决于外部因素:①外部竞争对手的状况;②环境因素;③政治因素;④法律因素。而内部控制有助于减轻外部因素的影响。

3.风险偏好与风险承受度

与目标设定相关的两个概念非常重要,即风险偏好与风险容忍度。

(1)风险偏好。风险偏好是指企业愿意承担的风险及相应的风险水平,企业的风险偏好与企业的战略直接相关,企业在制订战略时,应考虑将该战略的既定收益与企业的风险偏好结合起来,目的是要帮助企业的管理者在不同战略选择与企业的风险偏好相一致的战略。在战略制订过程中运用风险管理方法,有助于企业管理层选择一个符合自身风险偏好的企业战略。

(2)风险容忍度。风险容忍度是指企业在风险偏好的基础上,设定的风险管理目标值的可容忍波动范围。风险容忍度与企业的目标相关,是相对于实现一项具体目标而言可接受的偏离程度。风险容忍度的两重含义包括:作为风险偏好的边界和企业采取行动的指标。在风险偏好以外,企业可以设置若干承受度指标,以显示不同的警示级别。

值得注意的是,风险偏好和风险容忍度是针对公司的重大风险制订的,对企业的非重大风险的风险偏好和风险容忍度不一定要十分明确,甚至可以先不提出,企业的风险偏好依赖于企业的风险评估的结果。由于企业的风险不断变化,企业需要持续进行风险评估,并调整自己的风险偏好。

### (二)识别和分析风险因素及事项

企业应根据风险形成机制,识别可能影响风险管理目标实现的内外部风险因素和风险事项,企业应在风险识别的基础上,对风险成因和特征、风险之间的相互关系,以及风险发生的可能性、对目标影响程度和可能持续的时间进行分析。

风险识别需要研究和回答的问题包括:①现在的和潜在的风险有哪些;②哪些风险应予研究;③引起风险事件的主要原因是什么;④这些风险所引起的后果如何;⑤识别风险的各种管理措施是否到位。在识别风险时,企业应当考虑在整个企业范围内的各种可能产生风险和机会的内部和外部因素。

对于风险管理主体来说,凭借其经验和一般知识便可识别和分析其面临的常见风险。但对于新的、潜在的风险,其识别和分析难度较大,需要按照一定的方法,在必要时还要借助外部力量来进行识别与分析。主要方法包括情境分析法、历史事件分析法、流程分析法、风险问卷法和财务报表法等。

1.情境分析法

情境分析法常常以头脑风暴的形式,来发现一系列主要的与政治、经济、技术、文化等相关的影响企业业绩的风险因素。这种方式可以识别世界将来发展的一个趋势。一旦某种趋势被识别出后,就要分析这种趋势对企业将会产生怎样的影响,然后发现一系列存在的或潜在的风险因素。从战略层面看,情境分析法对于识别由于新技术的出现、产业结构变化以及经济状况的变化等这些宏观环境所导致的风险特别有效。情境分析法也能被用在偏策略的层次来发现些现存的风险因素,以及这些风险因素产生的影响。

2.历史事件分析法

历史事件分析法通过分析历史风险事件来总结经验,进而识别将来可能发生的潜在风险,一般情况下,先收集一些产生不良后果的历史事件案例,然后分析总结导致这些事件发生的风险因素。而且这个分析过程也包括对那些在实际中没有导致损失,但却暗示着潜在危机的事件的分析。例如,零部件出现短缺、客户需求突然发生变化、生产和产品质量发现问题等。历史事件分析法的缺点是重大风险事件是很少发生的,实务中并不存在足够的风险事例用来分析。历史事件分析法的另一个缺点是它只能识别那些已经发生过的事件风险因素,容易忽视一些新的还没有出现过的重要风险因素,特别是那些与技术更新、行业实践和产业动态相关而从未出现过的风险因素。

3.流程分析法

企业风险因素也可以通过分析业务流程识别出来。这种方法首先绘制出展现不同业务功能的业务流程图,而且这个流程图必须足够详尽,包括从起点到终点的整个可供分析的业务流程。这个流程图中的每一步都代表一个独立的业务流程,要弄清楚关于这个流程的细节,包括它的目的、如何进行、由谁来进行以及所有可能导致的失误。业务流程图完成后,就可以被用来分析并发现控制缺陷、潜在失效环节以及其他的薄弱环节。要特别留意那些不同的部门或组织的交接处可能产生的潜在风险。这个分析可以识别出那些并没有展示在现有流程中的被遗漏的控制程序,另外,它还可以识别出那些被错置的任务和职责,而它们可能导致流程错误或失控。

流程分析法对于识别那些与不良执行相关的风险因素特别有效。与历史事件分析法不同,流程分析法可以在损失实际发生之前就识别出那些潜在的风险。它也可以帮助弄清这些潜在风险对整个企业运营将会产生的影响。大小不同的风险识别方法适合于识别一定层次的风险。流程分析法和历史事件分析法可以用来识别操作层的风险。市场风险几乎都是通过历史事件分析法识别的,另外,虽然历史事件分析法可能难以用来识别像名誉风险这样的无形风险,但它却可以估计出风险事件的频度和量度。最后,情境分析法可以被灵活地使用,识别战略层面的各种主要风险。

4.风险问卷法

风险问卷法又称为风险因素分析调查表。风险问卷法是以系统论的观点和方法来设计问卷,并由企业内部各类员工去填写,由他们回答本单位所面临的风险和风险因素。一般来说,各企业基层员工亲自参与到企业运作的各个环节,他们熟悉业务运作的细节情况,对企业的影响因素和薄弱环节最为了解,可以为风险管理者提供许多有价值的、有关局部的细节信息,帮助风险管理者系统地识别风险,准确地分析各类风险。

5.财务报表法

财务报表法是根据企业的财务资料来识别和分析企业每项财产和经营活动可能遭遇到的风险。财务报表法是企业使用最普遍,也是最为有效的风险识别与分析方法,因为企业的各种业务流程、经营的好坏最终体现在企业资金流上,风险发生的损失以及企业实行风险管理的各种费用都会作为负面结果在财务报表上体现出来。因此,企业的资产负债表、利润表、现金流量表和各种详细附录就可以成为识别和分析各种风险的工具。

风险识别是一个动态的过程,公司应该定期评估它们的风险管理机制。影响公司的外部因素、公司所在的行业或者总体经济情况都可能导致公司面临风险的变化;新技术、分销渠道、竞争、法律法规都会产生新的风险;企业引进新的产品或技术,实施新的流程和政策,都会导致原来的风险管理机制失效。

### (三)风险预警和应对

企业应在风险评价的基础上,针对需重点关注的风险,设置风险预警指标体系对风险的状况进行监测,并通过将指标值与预警临界值的比较,识别预警信号,并进行预警分级。风险应对是指在确定了决策主体经营活动中存在的风险,并分析出风险概率及风险影响程度的基础上,根据风险性质和决策主体对风险的承受能力而制订的回避、承受、降低或者分担风险等相应的防范计划。

企业应针对已发生的风险或已超过监测预警临界值的风险,采取风险承担、风险规避、风险转移、风险分担、风险转换、风险对冲、风险补偿、风险降低等策略,把风险控制在风险偏好及可容忍度范围之内。

### (四)沟通风险信息

企业应在企业内部各管理级层、责任单位、业务环节之间,以及企业与外部投资者、债权人、客户、供应商、中介机构和监管部门等有关方面之间,将风险管理各环节的相关信息进行传递和反馈。企业应建立风险管理报告制度,明确报告的内容、对象、频率和路径。

### (五)风险管理考核和评价

1.风险管理考核

企业应根据风险管理职责设置风险管理相关机构和人员的风险管理考核指标,并纳入企业绩效管理,建立明确的与权、责、利相结合的奖惩制度,以保证风险管理活动的持续性和有效性。风险管理部门应定期对各职能部门和业务部门的风险管理实施情况和有效性进行考核,形成考核结论并出具考核报告,及时报送企业经营管理层和绩效管理层。

2.风险管理有效性评价

企业应对风险管理制度和工具方法设计的健全性、实施后的有效性,以及风险管理目标的达成情况进行评价,识别是否存在重大风险管理缺陷,形成评价结论并出具评价报告。

# 任务二 风险矩阵

## 一、风险矩阵的概念

风险矩阵,由美国空军电子系统中心(Electronic Systems Center,ESC)采办工程小组于1995年4月提出。是一种简单有效的风险辨识方法,主要应用于项目潜在风险分析中,具有操作便捷、定性分析与定量分析相结合的特点。

风险矩阵(也称风险热度图、风险坐标图等),是指按照风险发生的可能性和风险发生后果的严重程度,将风险绘制在矩阵图中,展示风险及其重要性等级的风险管理工具方法。风险矩阵的基本原理是,根据企业风险偏好,判断并度量风险发生的可能性和后果严重程度,计算风险值,以此作为主要依据在矩阵中描绘出风险重要性等级。

企业应用风险矩阵,应明确应用主体(企业整体、下属企业或部门),确定所要识别的风险,定义风险发生的可能性和后果严重程度的标准,以及定义风险重要性等级及其表现形式。如表9－2所示。

表9－2　　风险矩阵评估表

| 严重级别 | 风险后果 | | | | 概率增加 | | | | |
|---|---|---|---|---|---|---|---|---|---|
| | 人员 | 财产 | 环境 | 名誉 | A | B | C | D | E |
| | P | A | R | E | 从没有发生过 | 本行业发生过 | 本组织发生过 | 本组织易发生 | 本组织常发生 |
| 0 | 无伤害 | 无损失 | 无影响 | 无影响 | | | | | |
| 1 | 轻微伤害 | 轻微损失 | 轻微影响 | 轻微影响 | 一般风险,需要加强管理不断改进 | | | | |
| 2 | 小伤害 | 小损失 | 小影响 | 有限影响 | | | | | |
| 3 | 重大伤害 | 局部损失 | 局部影响 | 很大影响 | | | | | |
| 4 | 一人死亡 | 严重损失 | 重大影响 | 全国影响 | 中度风险,需制订风险削减措施 | | | | |
| 5 | 多人死亡 | 特大损失 | 巨大影响 | 国际影响 | 重大风险,不可忍受的风险,纳入目标管理或制订管理方案 | | | | |

风险矩阵通常作为一种筛查工具用来对风险进行排序,根据其在矩阵中所处的区域,确定哪些风险需要更细致的分析,或是应首先处理哪些风险。设定风险等级的方法和赋予它们的

决策规则应当与企业的风险偏好一致。

风险矩阵适用于表示企业各类风险重要性等级,也适用于各类风险的分析评价和沟通报告。

## 二、风险矩阵的应用环境

企业应用风险矩阵工具方法,应遵循《管理会计应用指引第 700 号——风险管理》中对应用环境的一般要求;应综合考虑企业所处的外部环境、企业内部的财务和业务情况,以及企业风险管理目标、风险偏好、风险容忍度、风险管理能力等。

企业应用风险矩阵工具方法,由风险管理责任部门负责风险矩阵工具方法的培训、组织协调、指导,并根据由相关职能部门和业务部门负责绘制的风险矩阵列示的风险重要性等级,汇总编制企业整体的风险矩阵。

企业可组建由相关职能部门和业务部门组成的跨部门风险管理团队,对风险发生可能性和后果严重程度作出客观、全面的分析和评价。

## 三、风险矩阵的应用程序

企业应用风险矩阵工具方法,一般按照绘制风险矩阵坐标图、制定风险重要性等级标准、分析与评价各项风险、在风险矩阵中描绘出风险点、沟通报告风险信息和持续修订风险矩阵图等程序进行。

### (一)绘制风险矩阵坐标图

风险矩阵坐标图,是以风险后果严重程度为横坐标、以风险发生可能性为纵坐标的矩阵坐标图。企业可根据风险管理精度的需要,确定定性、半定量或定量指标来描述风险后果严重程度和风险发生可能性。

风险后果严重程度的横坐标等级可定性描述为"微小""较小""较大""重大"等(也可采用 1、2、3、4 等 M 个半定量分值),风险发生可能性的纵坐标等级可定性描述为"不太可能""偶尔可能""可能""很可能"等(也可采用 1、2、3、4 等 N 个半定量分值)从而形成 M×N 个方格区域的风险矩阵图(如图 9-1 所示),也可以根据需要通过定量指标更精确地描述风险后果严重程度和风险发生可能性。

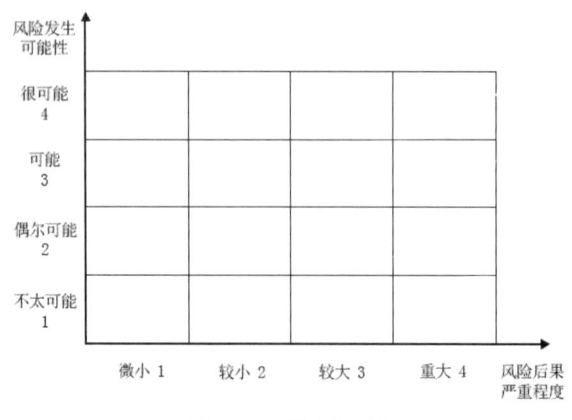

图 9-1 风险矩阵图

## (二)制定风险重要性等级标准

企业在确定风险重要性等级时,应综合考虑风险后果严重程度和发生可能性以及企业的风险偏好,将风险重要性等级划分为可忽视的风险、可接受的风险、要关注的风险和重大的风险等级别。对于使用半定量和定量指标描绘的矩阵,企业可将风险后果严重程度和发生可能性等级的乘积(即风险值)划分为风险重要性等级相匹配区间。风险重要性等级判断参考标准如表9-3所示。

表9-3　　　　　　　　　　风险重要性等级判断参考标准

| 风险值 | 风险等级代码 | 风险级别描述 | 等级含义 |
| --- | --- | --- | --- |
| 1—4 | Ⅰ | 可忽视的风险 | 无须采取控制措施 |
| 5—8 | Ⅱ | 可接受的风险 | 可考虑建立规章制度,定期检查 |
| 9—12 | Ⅲ | 要关注的风险 | 采取明确的预警和应对措施 |
| 13—19 | Ⅳ | 重大的风险 | 需配置资源,积极应对 |

## (三)分析与评价各项风险

企业在逐项分析和评价需在风险矩阵中展示的风险时,注意考虑各风险的性质和企业对该风险的应对能力,对单个风险发生的可能性和风险后果严重程度的量化应注重参考相关历史数据。企业在综合职能部门和业务部门等相关方意见后,得到每一风险发生可能性和后果严重程度的评分结果。

## (四)在风险矩阵中描绘出风险点

企业应将每一风险发生的可能性和后果严重程度的评分结果组成的唯一坐标点标注在建立好的风险矩阵图中,标明各点的含义并给风险矩阵命名,完成风险矩阵的绘制。

## (五)对风险矩阵展示的风险信息进行沟通报告

企业应将绘制完成的风险矩阵及时传递给企业管理层、各职能部门和业务部门。企业还可将风险矩阵纳入企业风险管理报告,以切实指导风险预警和应对活动,提高风险管理效果。

## (六)持续修订

企业应根据风险管理的需要或企业管理层的要求,定期或不定期地更新风险矩阵所展示的各类风险及其重要性等级。

# 四、风险矩阵的优缺点

风险矩阵的主要优点:为企业确定各项风险重要性等级提供了可视化的工具。其主要缺点:一是需要对风险重要性等级标准、风险发生可能性、后果严重程度等做出主观判断,可能影响使用的准确性;二是应用风险矩阵所确定的风险重要性等级是通过相互比较确定的,因而无法将列示的个别风险重要性等级通过数学运算得到总体风险的重要性等级。

# 任务三 风险清单

## 一、风险清单的概念

风险清单,是指企业根据自身战略、业务特点和风险管理要求,以表单形式进行风险识别、风险分析、风险应对措施、风险报告和沟通等管理活动的工具方法。风险清单适用于各类企业及企业内部各个层级和各类型风险的管理。

企业应用风险清单工具方法的主要目标,是使企业从整体上了解自身风险概况和存在的重大风险,明晰各相关部门的风险管理责任,规范风险管理流程,并为企业构建风险预警和风险考评机制奠定基础。

## 二、风险清单的应用环境

企业应用风险清单工具方法,应遵循《管理会计应用指引第700号——风险管理》中对应用环境的一般要求。

风险清单应由企业风险管理部门牵头组织实施,明确风险清单编制的对象和流程,建立培训、指导、协调、考核和监督机制。各部门对与本部门相关的风险清单的有效性负直接责任,有效性包括风险清单使用的效率和效果等。

## 三、风险清单的应用程序

企业应用风险清单工具方法,一般按照编制风险清单、风险识别、风险沟通与报告、风险评价与优化等程序进行。

### (一)编制风险清单

企业一般按企业整体和部门两个层级编制风险清单。企业编制整体风险清单(如表9—4所示)时,一般按照构建风险清单基本框架、识别风险、分析风险、制定重大风险应对措施等程序进行;编制部门风险清单(如表9—5所示)时,应根据企业整体风险清单框架,理出与本部门相关的重大风险,再依照上述流程进行。中小企业编制风险清单时,也可不区分企业整体和部门。

表 9-4  企业整体风险清单

| 风险识别 | | | | | | | 风险分析 | | | | | | 风险应对 |
|---|---|---|---|---|---|---|---|---|---|---|---|---|---|
| 风险类别 | | | | | | 风险描述 | 关键风险指标 | 可能产生的后果 | 关键影响因素 | 风险责任主体 | 风险发生可能性 | 风险后果严重程度 | 风险重要性等级 | 风险应对措施 |
| 一级风险 | | 二级风险 | | … | | | | | | | | | | |
| 编号 | 名称 | 编号 | 名称 | 编号 | 名称 | | | | | | | | | |
| 1 | 战略风险 | 1.1 | | | | | | | | | | | | |
| | | 1.2 | | | | | | | | | | | | |
| | | … | | | | | | | | | | | | |
| 2 | 营运风险 | 1.1 | | | | | | | | | | | | |
| | | 1.2 | | | | | | | | | | | | |
| | | … | | | | | | | | | | | | |
| 3 | 财务风险 | 1.1 | | | | | | | | | | | | |
| | | 1.2 | | | | | | | | | | | | |
| | | … | | | | | | | | | | | | |
| 4 | … | | | | | | | | | | | | | |

表 9-5　　部门风险清单

| 风险识别 | | | | | | | 风险分析 | | | | | | 风险应对 |
|---|---|---|---|---|---|---|---|---|---|---|---|---|---|
| 风险类别 | | | | | | 风险描述 | 关键风险指标 | 可能产生的后果 | 关键影响因素 | 风险责任主体 | 风险发生可能性 | 风险后果严重程度 | 风险重要性等级 | 风险应对措施 |
| 一级风险 | | 二级风险 | | … | | | | | | | | | |
| 编号 | 名称 | 编号 | 名称 | 编号 | 名称 | | | | | | | | |
| 1 | 业务一 | 1.1 | 流程1 | | | | | | | | | | |
|   |   | 1.2 | 流程2 | | | | | | | | | | |
|   |   | … | … | | | | | | | | | | |
| 2 | 业务二 | 1.1 | | | | | | | | | | | |
|   |   | 1.2 | | | | | | | | | | | |
|   |   | … | | | | | | | | | | | |
| 3 | 业务三 | 1.1 | | | | | | | | | | | |
|   |   | 1.2 | | | | | | | | | | | |
|   |   | … | | | | | | | | | | | |
| 4 | … | | | | | | | | | | | | |

企业风险清单基本框架一般包括风险识别、风险分析、风险应对三部分。风险识别部分主要包括风险类别、风险描述、关键风险指标等要素；风险分析部分主要包括可能产生的后果、关键影响因素、风险责任主体(以下简称"责任主体")、风险发生可能性、风险后果严重程度、风险重要性等级等要素；风险应对部分主要包括风险应对措施等要素。企业构建风险清单基本框架时，可根据管理需要，对风险识别、风险分析、风险应对中的要素进行调整。

(二)风险识别

风险管理部门应从全局角度识别可能影响风险管理目标实现的因素和事项，建立风险信息库，在各相关部门的配合下共同识别风险。风险识别过程应遵循全面系统管理、全员参与动态调整的原则，对识别出的风险进行详细描述，明确关键风险指标等。

风险管理部门应对识别出的风险进行归类、编号，根据风险性质、风险指标是否可以量化等进行归类，并以此为基础填制完成风险清单基本框架中风险类别、风险描述、关键风险指标等要素。

## (三)风险沟通与报告

风险管理部门应根据已填列的风险识别部分的内容,在与相关部门沟通后,分析各类风险可能产生的后果,确定引起该后果的关键影响因素及责任主体,并填制完成风险清单基本框架中可能产生的后果、关键影响因素、风险责任主体等要素。

各责任主体可基于风险偏好和风险应对能力,逐项分析风险清单中各类风险发生的可能性和后果严重程度,确定风险重要性等级,并填制风险发生可能性、风险后果严重程度、风险重要性等级等要素。风险重要性等级的确定方法和标准可参见《管理会计应用指引第701号——风险矩阵》。

## (四)风险评价与优化

风险管理部门应以风险重要性等级结果为依据确定企业整体的重大风险,报企业风险管理决策机构批准后反馈给相关责任主体。

风险管理部门应会同各责任主体结合企业的风险偏好、风险管理能力等制定相应的风险管理应对措施,填制风险清单基本框架中风险应对措施要素,由此填制完成企业整体风险清单。

风险管理部门及各责任主体可对企业整体重大风险进行进一步的分析,也可直接对各部门相关的业务流程进行细化分解,形成相关部门的风险清单,各部门应用本部门风险清单进行风险管理的程序与企业整体风险清单类似,但应加强流程细节分析,突出具体应对措施,力求将风险管理切实落实到业务流程和岗位责任人。

风险管理部门应将风险清单所呈现的风险信息及时传递给相关责任主体,确保各责任主体准确地理解相关的风险信息,有效地开展风险管理活动。为提高风险清单应用的有效性,风险管理部门可将其纳入企业风险管理报告。

风险管理部门应会同各责任主体定期或不定期地根据企业内外部环境变化,对风险清单是否全面识别风险并准确分类、是否准确分析风险成因及后果、是否采取恰当的风险应对措施等进行评估,及时对风险清单进行更新调整。

## 四、风险清单的优缺点

风险清单的主要优点:能够直观反映企业风险情况,易于操作,能够适应不同类型企业、不同层次风险、不同风险管理水平的风险管理工作。其缺点:风险清单所列举的风险往往难以穷尽,且风险重要性等级的确定可能因评价的主观性而产生偏差。

【任务实施】

蛋壳运营模式存在明显的不对称风险:(1)高于市场价圈房,低于市场价租赁,这势必造成圈房越多亏损越大,不但不符合经济运行规律,而且势必将租房市场价格人为抬高,扰乱市场价格。(2)蛋壳与房东协议分月支付租金,而与租客协议要求支付一年的租金。房东可以随时收回房屋,租客租期提前结束必须承担违约责任,而且要被赶出已支付租赁费的房屋。

对于租客支付租赁费获取房屋居住权利应该是对等的。蛋壳应该考虑收取了租客的租赁费就要与租客分担房屋不可以居住的风险,而蛋壳将这一风险全部推给了租客,就出现租客支付了租赁费却被赶出房屋的风险。塔勒布在其《不对称风险》中就不对称风险进行了犀利的批判,他认为一个不对称风险的系统或者说没有风险共担的系统会慢慢积累不平衡,最终会垮掉的。

**【任务实操】**

请登录 TTC 实训平台,完成模拟实训任务。

**【项目知识点巩固】**

一、单项选择题

1.下列不属于风险识别方法的是( )。
   A.生产流程分析法    B.财务表格分析法    C.保险调查法    D.结果分析法

2.下列哪种风险分类需要重点考虑产品结构、新产品研发、新市场开发、市场营销策略等因素( )。
   A.市场风险        B.战略风险        C.运营风险        D.机会风险

3.风险管理的对象是( )。
   A.风险           B.风险识别        C.组织或个人       D.资产

4.按照风险发生的可能性和风险发生后果的严重程度,将风险绘制在矩阵图中,展示风险及其重要性等级的风险管理工具方法是( )。
   A.风险清单        B.风险矩阵        C.风险象限        D.风险图表

5.企业为避免承担风险损失,有意识地将可能产生损失的活动或与损失有关的财务后果转嫁给其他方的一种风险应对策略指的是( )。
   A.风险分担        B.风险接受        C.风险降低        D.风险转换

6.风险矩阵坐标,以风险后果严重程度为横坐标,风险后果严重程度的横坐标等级可定性描述为( )。
   A.微小、较小、较大、重大
   B.微小、较小、重大、特大
   C.微小、一般、较小、严重
   D.较小、一般、较大、重大

7.风险管理的基本目标是( )。
   A.以最小的成本收获最大的安全保障
   B.将风险降低为 0
   C.不产生风险
   D.风险控制

8.下列属于按照风险来源和范围进行分类的风险类别是( )。
   A.危险性风险       B.控制性风险       C.外部风险        D.机会风险

9.风险管理最早起源于( )。
   A.中国           B.日本           C.美国           D.英国

10.企业通过战略调整等手段将企业面临的风险转换成另一种风险,使得总体风险在一定程度上降低。此种风险策略是( )。
   A.风险转换        B.风险转移        C.风险对冲        D.风险规避

二、多项选择题
1.风险管理领域应用的管理会计工具方法一般包括(　　)。
A.风险矩阵　　　　B.风险清单　　　　C.风险预警　　　　D.风险棱柱
2.下列有关风险矩阵这种风险管理工具的表述正确的有(　　)。
A.可以对风险重要性等级标准、风险发生可能性、后果严重程度做出客观准确的判断
B.可以将列示的个别风险重要性等级通过数学运算得到总体风险的重要性等级
C.为企业确定各项风险重要性等级提供了可视化的工具
D.应用风险矩阵所确定的风险重要性等级是通过相互比较确定的
3.风险管理目标与(　　)密切相关。
A.企业目标　　　　　　B.企业环境　　　　C.企业发展历史
D.管理者的个性经历　　　　　　　　　　E.企业资产规模等个性特征
4.下列关于风险管理的描述中,错误的是(　　)。
A.风险管理基本流程的第一步是判断企业存在的风险
B.风险评估应由企业组织风险管理部门员工实施
C.对于关键风险指标的分解要注意职能部门和业务单位之间的协调
D.企业内审部门应至少每半年一次对风险管理工作及其工作效果进行监督评价
5.企业编制整体风险清单时,一般按照(　　)程序进行。
A.构建风险清单基本框架　　　　B.识别风险
C.分析风险　　　　　　　　　　D.制定重大风险应对措施
6.风险识别和分析的主要方法包括(　　)
A.情境分析法　　B.历史事件分析法　　C.财务报表法　　D.风险问卷法
7.完整的风险矩阵通常包括以下哪些构成要素(　　)
A.风险矩阵
B.后果严重程度分级规则表
C.发生可能性分级规则表
D.风险清单
E.风险等级说明表
8.企业应用风险清单工具方法,一般按照(　　)程序进行。
A.编制风险清单　　B.风险识别　　C.风险沟通与报告　　D.风险评价与优化
9.企业应用风险矩阵,应综合考虑所处的外部环境、企业内部的财务业务情况,以及(　　)。
A.风险管理目标　　B.风险偏好　　C.风险容忍度　　D.风险管理能力
10.企业在战略目标的基础上还须考虑其他目标,主要包括(　　)。
A.利润目标　　　　B.经营目标　　　　C.报告目标　　　　D.合规性目标

三、判断题
1.一旦不幸发生风险事件,给企业造成了损失,损失发生后风险管理的最基本、最主要的目标就是维持生存。(　　)
2.企业应在风险识别的基础上,对风险成因和特征、风险之间的相互关系,以及风险发生的可能性、对目标影响程度和可能持续的时间进行分析。(　　)
3.控制性风险和机会风险是指既有为企业带来损失的可能性,也有为企业带来盈利的可

能性的风险。（ ）

4.企业构建风险清单基本框架时,对风险识别、风险分析、风险应对中的要素不得调整。（ ）

5.对企业的所有风险,都可以根据情况采取风险承受的策略。（ ）

6.风险管理是社会组织或者个人用以消除风险的手段。（ ）

7.风险应对不应随着组织架构、人员、流程变化等情况变化而导致不再有效,控制活动应保持持续稳定。（ ）

8.风险矩阵适用于表示企业各类风险重要性等级,也适用于各类风险的分析评价和沟通报告。（ ）

9.生产流程分析法是对企业最重要的生产经营过程进行分析,对其中的主要环节逐项分析可能遭遇的风险,找出各种潜在的风险因素。（ ）

10.企业应在风险评价的基础上,针对需重点关注的风险,设置风险预警指标体系对风险的状况进行监测,并通过将指标值与预警临界值的比较,识别预警信号,并进行预警分级。（ ）

四、分析思考

1.请简述你对风险和风险管理的理解。

2.请简述风险管理的应用程序。

3.请思考风险矩阵和风险清单两者之间的关系。

# 项目十 管理会计报告

【知识目标】
1.能解释企业管理会计报告概念；
2.能解释企业管理会计报告的分类及流程；
3.能解释管理会计信息系统的概念、分类。

【能力目标】
1.能根据管理会计报告的编制流程编制管理会计报告；
2.能根据管理信息系统的模块提供的信息进行业务分析。

【素质目标】
1.能初步具备根据已知信息编制管理会计报告的能力；
2.具备良好的分析问题与解决问题的能力；
3.具备良好的沟通与协调能力。

【思维导图】

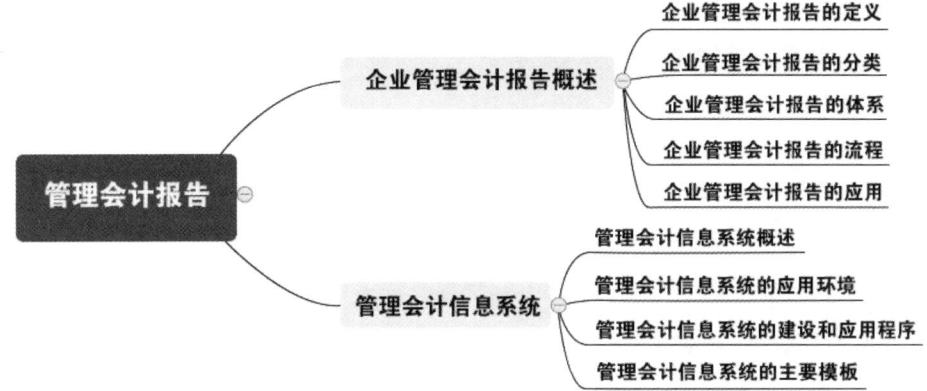

## 管理会计

**【引导案例】**

### G 医院的管理会计信息系统建设

G 医院是一家大型公立三甲医院,开放床位约 2 800 张,年门诊量约 400 万人次,年出院量约 10 万人次。该医院的信息系统建设始于 20 世纪 90 年代中期。1994 年,根据行业要求,医院成立了信息科,并在这一年内正式开通了第一个结算的局域网,成立了由 15 台电脑联网的工作站,其主要功能包括入院、住院和结账的管理及统计。在 2000 年后医院持续加强信息化的投入,到 2003 年,医院的信息系统已全面建成,涵盖了门诊、住院、手术、急诊、检验等子系统。而在财务信息获取方面,此时只有财务核算是有系统支持的,但功能主要是满足会计核算的基本要求。医院各科室的成本核算工作从 1998 年开始建立实施,一直以来均采取手工核算的方式,并没有软件支持。医院的管理会计信息系统建设共经历了以下三个阶段。

第一阶段:实现科室成本核算部分信息化。随着医院业务发展的需要,决策中对各项分析数据的需求凸显,系统的核算信息远不足以满足各项决策应用的需求。以手工方式开展的科室成本核算在精细度、完整性、及时性方面无法满足管理上日渐提升的要求,且大量人力用于核算数据的收集、录入,效率较低,对核算结果的分析、应用较少。此时建设科室成本核算信息系统在医院的信息系统建设申请被正式提出。2004 年,G 医院上线成本核算 1.0 模块,部分数据采集、成本分摊、核算报表等通过系统自动化处理,并实现了科室全成本核算。这一阶段,核算数据开始逐步用于经济分析、决策参考,核算的精细度和工作效率有所提高,同时核算人员开始有意识地了解医院信息管理系统,从成本核算角度提出相应的数据需求。

第二阶段:立足未来进行管理会计信息系统的整体规划,重点优化科室成本核算系统的功能,提高数据的互联互通程度,深入参与其他业务系统的更新改造。在建设科室成本核算 1.0 模块时,主要定位是提高工作效率,减少手工处理数据工作量。但在对核算数据进一步应用分析时,发现系统难以支撑对数据精细度的要求。且因为业务信息管理系统的设计思想是以收费和基础管理为中心,在支持管理决策方面的数据完整性、精细化程度都存在明显的不足。因此,财务部门团队与信息部门团队深入思考、充分沟通,在规划、共享、精细化三个层面开展了具有重大意义的工作。

一是,立足于未来规划整体管理会计信息系统的建设。吸取前期建设科室成本核算 1.0 模块的经验教训,从长远应用的角度思考未来所需的信息模块,形成了长期的管理会计信息系统建设规划,包括管理会计报表模块、项目成本核算模块、病种成本核算模块、绩效评价模块等。

二是,加强系统之间的数据互联互通,提高数据共享度,财务人员深入参与业务系统的建设。一方面,在升级科室成本核算模块 2.0 的同时,信息部门结合成本核算的数据需求,梳理了其他系统可提供的数据情况及数据质量存在的问题,与相关职能部门共同讨论,通过规范系统业务单元名称、规范业务流程、对个别系统局部改造等措施提升数据质量以及实现系统间的数据连接,减少数据多次的手工重复录入。另一方面,对于拟新上线或更新改造的系统模块,财务人员参与调研讨论,从管理会计应用等角度提出相应的需求,不断丰富业务前可提供的数据信息内容。

三是,全面升级科室成本核算系统模块,大力提升成本核算精细度。科室成本核算模块 2.0 上线后,收入实现先按医疗服务环节再按费用类别划分收入核算可追溯至医疗项目;成本实现按成本来源、成本归集方式与成本内容划分,成本核算可追溯到成本明细记录;单个核算单元成本从单一参数发展至多参数分摊,成本分摊参数达100多种;并支持多种核算方法,包括完全成本法、标准成本法等。

第三阶段:依据规划,逐步推进管理会计其他核心模块的系统建设。在科室成本核算模块2.0基础上,依据整体管理会计信息系统的建设规划,医院在后续期间逐步完成了各个信息模块的系统建设,形成目前的医院管理会计信息系统的各个模块。经过多年的建设,管理会计信息系统总体上有效实现了与业务数据的对接与共享,各类管理会计信息为医院的管理提供了大量数据支持。例如,实时业务报表和管理会计报表模块,基于平衡计分卡视角搭建了80多张报表,综合涵盖了财务、内部运行、客户、学习与成长四个维度的相关指标;项目成本核算模块已完成手术及医技类共2 000多个项目的成本核算。

资料来源:巫敏姬,医院管理会计信息系统建设的探索——基于G医院的实践案例,中国总会计师,2018年11月。

案例讨论:

1.分析G医院是基于什么样的原因而不断推进管理会计信息系统建设的。

2.完整的管理会计信息系统应该涵盖哪些模块?

# 任务一 企业管理会计报告概述

**【任务引例】**

请思考管理会计信息系统的概念，理解会计信息系统的应用原则。管理会计信息系统主要包括哪些模块？分别讨论每个模块的功能。

## 一、企业管理会计报告的定义

### (一)企业管理会计报告的定义与目标

企业管理会计报告，是指企业依据《管理会计基本指引》，运用管理会计方法，根据财务和业务的基础信息加工整理形成的，满足企业价值管理和决策支持需要的内部报告。

企业管理会计报告是企业管理会计活动成果的重要表现形式，旨在为报告使用者提供满足管理需要的信息。因此，企业管理会计报告的目标是为企业各层级进行规划、决策、控制和评价等管理活动提供有用信息。

企业应建立管理会计报告组织体系，根据需要设置管理会计报告相关岗位，明确岗位职责。企业各部门都应履行提供管理会计报告所需信息的责任。

### (二)企业管理会计报告形式要件

企业管理会计报告的形式要件包括报告的名称、报告期间或时间、报告对象、报告内容以及报告人等。

1. 企业管理会计报告对象

企业管理会计报告的对象是对管理会计信息有需求的各个层级、各个环节的管理者。

2. 企业管理会计报告期间

企业可根据管理的需要和管理会计活动的性质设定报告期间，一般应以日历期间（月度、季度、年度）作为企业管理会计报告期间，也可根据特定需要设定企业管理会计报告期间。

3. 企业管理会计报告内容

企业管理会计报告的内容应根据管理需要和报告目标而定，易于理解并具有一定灵活性。企业管理会计报告的编制、审批、报送、使用等应与企业组织架构相适应。不同类型的企业，其管理会计报告内容应当有所不同。企业应该考虑成本效益原则，根据自身的管理需要和报告目标确定管理会计报告的内容。企业管理会计报告体系应根据管理活动全过程进行设计，在管理活动各环节形成基于因果关系链的结果报告和原因报告。

## 二、企业管理会计报告的分类

企业管理会计报告可按照多种标准进行分类，包括但不限于以下几类：

1.按照企业管理会计报告使用者所处的管理层级可分为战略层管理会计报告、经营层管理会计报告和业务层管理会计报告。

2.按照企业管理会计报告内容可分为综合企业管理会计报告和专项企业管理会计报告。

3.按照管理会计功能可分为管理规划报告、管理决策报告、管理控制报告和管理评价报告。

4.按照责任中心可分为投资中心报告、利润中心报告和成本中心报告。

5.按照报告主体整体性程度可分为整体报告和部分报告。

## 三、企业管理会计报告体系

为了满足企业管理的需要以及不同层次的信息需求,管理会计报告的信息必须与企业的管理层级相对应,对于应负有决策职责的战略层、负有协调职责的经营层以及负有执行职责的业务层,企业管理会计报告体系的报告主体可分为战略层(高层)、经营层(中层)、业务层(基层),管理会计报告也据此划分为战略层管理会计报告、经营层管理会计报告、业务层管理会计报告。

### (一)战略层管理会计报告

1.战略层管理会计报告的定义

战略层管理会计报告是为战略层开展战略规划、决策、控制和评价以及其他方面的管理活动提供相关信息的对内报告。战略层管理会计报告的报告对象是企业的战略层,包括股东大会、董事会和监事会等。

2.战略层管理会计报告的内容

战略层管理会计报告包括但不限于战略管理报告、综合业绩报告、价值创造报告、经营分析报告、风险分析报告、重大事项报告、例外事项报告等。这些报告可独立提交,也可根据不同需要整合后提交。

(1)战略管理报告。战略管理报告的内容一般包括内外部环境分析、战略选择与目标设定、战略执行及其结果,以及战略评价等。

(2)综合业绩报告。综合业绩报告的内容一般包括关键绩效指标预算及其执行结果、差异分析以及其他重大绩效事项等。

(3)价值创造报告。价值创造报告的内容一般包括价值创造目标、价值驱动的财务因素和非财务因素、内部各业务单元的资源占用与价值贡献,以及提升公司价值的措施等。

(4)经营分析报告。经营分析报告的内容一般包括过去经营决策执行情况回顾、本期经营目标执行的差异及其原因、影响未来经营状况的内外部环境与主要风险分析、下一期的经营目标及管理措施等。

(5)风险分析报告。风险分析报告的内容一般包括企业全面风险管理工作回顾、内外部风险因素分析,主要风险识别与评估、风险管理工作计划等。

(6)重大事项报告。重大事项报告是针对企业的重大投资项目、重大资本运作、重大融资、重大担保事项、关联交易等事项进行的报告。

(7)例外事项报告。例外事项报告是针对企业发生的管理层变更、股权变更、安全事故、自然灾害等偶发性事项进行的报告。

3.战略层管理会计报告的编制要求

战略层管理会计报告应精练、简洁、易于理解、报告主要结果、主要原因,并提出具体的建议。

## (二)经营层管理会计报告

经营层管理会计报告是在企业的决策目标与总体经营方针都已经明确的前提下,为执行既定的决策方案、总体经营方针而实施的有关规划、控制,从而保证实现预期目标,进而满足企业履行规划、控制等相关职责的信息需求。

**1.经营层管理会计报告的定义**

经营层管理会计报告是为经营管理层开展与经营管理目标相关的管理活动提供相关信息的对内报告。经营层管理会计报告的报告对象是经营管理层。

**2.经营层管理会计报告的内容**

经营层管理会计报告主要包括全面预算管理报告、投资分析报告、项目可行性报告、融资分析报告、盈利分析报告、资金管理报告、成本管理报告、绩效评价报告等。

(1)全面预算管理报告。全面预算管理报告的内容一般包括预算目标制定与分解、预算执行差异分析以及预算考评等。

(2)投资分析报告。投资分析报告的内容一般包括投资对象、投资额度、投资结构、投资进度、投资效益、投资风险和投资管理建议等。

(3)项目可行性报告。项目可行性报告的内容一般包括项目概况、市场预测、产品方案和生产规模、厂址选择、工艺与组织方案设计、财务评价、项目风险分析,以及项目可行性研究结论与建议等。

(4)融资分析报告。融资分析报告的内容一般包括融资需求测算、融资渠道与融资方式分析及选择、资本成本、融资程序、融资风险及其应对措施和融资管理建议等。

(5)盈利分析报告。盈利分析报告的内容一般包括盈利目标及其实现程度、利润的构成及其变动趋势、影响利润的主要因素及其变化情况,以及提高盈利能力的具体措施等。企业还应对收入和成本进行深入分析。盈利分析报告可基于企业集团、单个企业,也可基于责任中心、产品、区域、客户等进行。

(6)资金管理报告。资金管理报告的内容一般包括资金管理目标、主要流动资金项目如现金、应收票据、应收账款、存货的管理状况、资金管理存在的问题以及解决措施等,企业集团资金管理报告的内容一般还包括资金管理模式、资金集中方式、资金集中程度、内部资金往来等。

(7)成本管理报告。成本管理报告的内容一般包括成本预算、实际成本及其差异分析,成本差异形成的原因以及改进措施等。

(8)绩效评价报告。绩效评价报告的内容一般包括绩效目标、关键绩效指标、实际执行结果、差异分析、考评结果以及相关建议等。

**3.经营层管理会计报告编制要求**

经营层管理会计报告应做到内容完整、分析深入。

## (三)业务层管理会计报告

业务层管理会计报告是按照分权管理的思想,根据内部管理层次的相应组织、职责以及所承担的相应义务的内容与范围,通过考核各个相关方面的履责情况,满足企业履行考评职能的信息需求。业务层管理会计报告通过反映权、责、利的情况,保障企业的经营管理尽可能沿着正确方向发展。

1.业务层管理会计报告的定义

业务层管理会计报告是为企业开展日常业务或作业活动提供相关信息的对内报告,其报告对象是企业的业务部门、职能部门以及车间、班组等。

2.业务层管理会计报告的内容

业务层管理会计报告应根据企业内部各部门、车间或班组的核心职能或经营目标进行设计,主要包括研究开发报告、采购业务报告、生产业务报告、配送业务报告、销售业务报告、售后服务业务报告、人力资源报告等。

(1)研究开发报告。研究开发报告的内容一般包括研发背景、主要研发内容、技术方案、研发进度、项目预算等。

(2)采购业务报告。采购业务报告的内容一般包括采购业务预算、采购业务执行结果、差异分析及改善建议等。采购业务报告要重点反映采购质量、数量以及时间、价格等方面的内容。

(3)生产业务报告。生产业务报告的内容一般包括生产业务预算、生产业务执行结果、差异分析及改善建议等。生产业务报告要重点反映生产成本、生产数量以及产品质量、生产时间等方面的内容。

(4)配送业务报告。配送业务报告的内容一般包括配送业务预算、配送业务执行结果、差异分析及改善建议等。配送业务报告要重点反映配送的及时性、准确性以及配送损耗等方面的内容。

(5)销售业务报告。销售业务报告的内容一般包括销售业务预算、销售业务执行结果、差异分析及改善建议等。销售业务报告要重点反映销售的数量结构和质量结构等方面的内容。

(6)售后服务业务报告。售后服务业务报告的内容一般包括售后服务业务预算、售后服务业务执行结果、差异分析及改善建议等。售后服务业务报告要重点反映售后服务的客户满意度等方面的内容。

(7)人力资源报告。人力资源报告的内容一般包括人力资源预算、人力资源执行结果、差异分析及改善建议等。人力资源报告要重点反映人力资源使用及考核等方面的内容。

3.业务层管理会计报告的编制要求

业务层管理会计报告应做到内容具体数据充分。企业管理会计报告体系,必须在明确各层次的管理重点与信息需求的基础上,报告符合各层次信息需求的核心内容与重点信息,并且各层次的管理会计报告之间要相互结合、有效配合、共同报告,有效地满足企业管理层的需要,从而实现企业价值最大化的目标。

## 四、企业管理会计报告的流程

### (一)企业管理会计报告流程的内容

企业管理会计报告流程包括报告的编制、审批、报送、使用、评价等环节。

1.企业管理会计报告的编制

企业管理会计报告由管理会计信息归集、处理并报送的责任部门编制。

2.企业管理会计报告的审批

企业应根据报告的内容、重要性和报告对象等,确定不同的审批流程。经审批后的企业管理会计报告方可报出。

3.企业管理会计报告的报送。企业应合理设计报告报送路径,确保企业管理会计报告及时、有效地送达报告对象。企业管理会计报告可以根据报告性质、管理需要进行逐级报送或直接报送。

4.企业管理会计报告的使用。企业应建立管理会计报告使用的授权制度,报告使用人应在权限范围内使用企业管理会计报告。

5.企业管理会计报告的评价。企业应对管理会计报告的质量、传递的及时性、保密情况等进行评价,并将评价结果与绩效考核挂钩。

### (二)企业管理会计报告的信息化

企业应当充分利用信息技术,强化管理会计报告及相关信息集成和共享,将管理会计报告的编制、审批、报送和使用等纳入企业统一信息平台。

### (三)定期优化企业管理会计报告

企业应定期根据管理会计报告使用效果以及内外部环境变化对管理会计报告体系、内容以及编制、审批、报送、使用等进行优化。

## 五、企业管理会计报告的应用

管理会计报告通常根据要解决的问题可以灵活多样,本身并没有形成统一的格式规范。在此,以美食达有限公司全面预算管理会计报告为例来进行具体的介绍。企业经营管理层主要是开展与经营管理目标相关的管理活动,为此,经营管理层需要获得关于全面预算、投资、项目可行性、融资、盈利、资金管理、成本、绩效评价等方面的情况。全面预算报告在项目三中已做了详细的讲解,因此,本部分以美食达公司全面预算管理为例,介绍全面预算执行情况分析报告。

### (一)公司背景

[例10—1]美食达甜品店精选顶级原材料,引进先进的蛋糕制作技术,现已获得饼干类、糕点类等QS认证。产品以其造型美观优雅,口感润滑酥软而深受顾客喜爱,坚持零添加的制作理念,引导健康时尚的消费理念。公司秉承顾客至上的原则,致力于为顾客提供健康、美味的西点和优质的服务。

### (二)全面预算分析

1.销售量预算执行情况(见表10—1)。

表10—1　　　　　　　　　　销售量预算执行情况

| 项目 | 2020年预算/盒 | 2020年实际/盒 | 差异/盒 | 预算完成率 |
| --- | --- | --- | --- | --- |
| 提子面包 | 11 400 | 12 000 | 600 | 105.26% |
| 紫薯面包 | 11 000 | 9 800 | −1 200 | 89.09% |
| 红豆面包 | 12 200 | 14 000 | 1 800 | 114.75% |

从表10—1可以看出,公司提子面包、红豆面包全年实际销售量均超过预算,紫薯面包由

于是本年度新推出的产品,市场尚未完全接受,预算销售 11 000 盒,实际只完成了 9 800 盒,执行了 89.09% 的预算。

2.营业收入、营业成本预算执行情况(见表 10-2)。

表 10-2　　　　　　　营业收入、营业成本预算执行情况表　　　　　　单位:元

| 项目 | 2020 年预算 | 2020 年实际 | 差异 | 预算完成率 |
| --- | --- | --- | --- | --- |
| 营业收入 | 381 000 | 423 100 | 42 100 | 111.05% |
| 营业成本 | 90 130 | 120 800 | 30 670 | 134.03% |
| 毛利 | 290 870 | 302 300 | 11 430 | 103.93% |

从表 10-2 可以看出,公司 2020 年全年营业收入为 423 100 元,比预算 38 100 元多 42 100 元,完成全年预算的 111.05%,且对利润产生了有利的影响;而营业成本比预算多了 30 670 元,是预算的 134.03%,对利润产生较大幅度的不利影响。

3.期间费用预算执行情况(见表 10-3)。

表 10-3　　　　　　　　　期间费用预算执行情况　　　　　　　　单位:元

| 项目 | 2020 年预算 | 2020 年实际 | 差异 | 预算完成率 |
| --- | --- | --- | --- | --- |
| 管理费用 | 46 000 | 43 810 | -2 190 | 95.24% |
| 销售费用 | 49 430 | 182 000 | 132 570 | 368.20% |
| 财务费用 | 30 000 | 20 000 | -10 000 | 66.67% |

从表 10-3 可以看出,全年发生的管理费用为 43 810 元,比预算少了 2 190 元,预算完成率为 95.24%,未超出预算,对利润产生了有利的影响;而销售费用全年发生 182 000 元,是预算的 3.68 倍,过度超支对公司利润产生了极大的负面影响。

4.利润预算执行情况(见表 10-4)。

表 10-4　　　　　　　　　利润预算执行情况　　　　　　　　单位:元

| 项目 | 2020 年预算 | 2020 年实际 | 差异 | 预算完成率 |
| --- | --- | --- | --- | --- |
| 净利润 | 96 840 | 36 901 | -59 939 | 38.11% |
| 成本费用 | 197 580 | 201 920 | 4 340 | 102.20% |
| 成本费用利润率 | 49.01% | 18.28% | -1 381.08% | 37.29% |

从表 10-4 可以看出,全年实现的净利润为 36 901 元,只完成了预算的 38.11%,过高的成本费用,是影响利润的不利因素。

5.现金预算执行情况

主要说明现金收入、现金支出、资金融通和期末现金余缺四个部分的预算执行情况。如果公司为解决资金短缺,从银行借入 15 000 元,为全年预算借款 20 000 元的 75%,未超出预算。

6.资产负债预算执行情况(见表 10-5)。

从表 10-5 可以看出,公司资产总额的完成率为 100.38%,与预算基本一致;因为公司负债项目增加,所以本年负债率超出预算 11.81%。这一结果并未影响企业资金需求。所有者权益完成预算的 84.99%,情况较好。

表 10—5　　　　　　　　　　资产负债预算执行情况表　　　　　　　　　单位:元

| 项　目 | 2020 年预算 | 2020 年实际 | 差异 | 预算完成率 |
|---|---|---|---|---|
| 资产总额 | 289 910.12 | 291 007 | 1 096.88 | 100.38% |
| 负债总额 | 61 115.12 | 72 181.90 | 11 066.78 | 118.11% |
| 所有者权益总额 | 228 795.00 | 218 825.10 | −9 970.00 | 84.99% |

### (三)差异原因分析及建议

1.差异原因

一般而言形成差异的原因,可能为预算编制工作不切实际,或因为预算执行不当,也有可能是预算纠正能力不足及措施不当所致。在美食达公司该年度的销售量、现金收入、现金支出等预算执行情况良好的情况下,营业成本和销售费用的预算执行情况出现了一定的偏差。其主要原因有两点:一是当年材料成本和人工成本的增加,导致生产成本大幅提高;二是为拓展市场、维护现有客户和开发新客户,发生了大笔的业务费用。

2.建议

该部分需要针对差异分析原因,提出相应建议。如果因为预算编制工作所致,则下期进行预算编制时,应做出一定的协调平衡与调整;如果因为纠正能力不足和措施不当,则应建议及时进行纠正;如果是执行方面的问题,则需要根据具体情况,分别采取不同建议。如本案例中,公司利润未达预算目标系成本失控所致,因此建议公司应加大成本费用的控制力度,增收节支。其主要措施为:①人工成本的增长幅度应低于生产效率的增长幅度;②材料成本上涨时,应做好存货的管理工作,以保证生产所需。③如果为维持老客户、开发新客户而需要提高广告宣传费,则需要进一步加强控制,必要时需要经过管理层决议后追加预算。

# 任务二 管理会计信息系统

## 一、管理会计信息系统概述

### (一)管理会计信息系统的概念

管理会计信息系统,是指以财务和业务信息为基础,借助计算机、网络通信等现代信息技术手段,对管理会计信息进行收集、整理、加工、分析和报告等操作处理,为企业有效地开展管理会计活动提供全面、及时、准确信息支持的各功能模块的有机集合。管理会计报告编制的关键是对庞大的财务及非财务信息进行收集,因而信息传递是管理会计报告能够顺利编制的前提。仅仅靠人工进行表格、文字的汇集梳理,会耗费大量的人力物力,而且很容易出现遗漏和错误,在信息化建设的大背景下,企业应当建立一套符合自身需求的管理会计信息系统,通过现代化的信息手段来实现管理会计报告信息的收集、分类、整理、汇总工作,最终形成完整、准确、符合各层管理者需求特点的管理会计报告。

### (二)管理会计信息系统的应用原则

企业建设和应用管理会计信息系统,一般应遵循以下原则:

(1)系统集成原则。管理会计信息系统各功能模块应集成在企业整体信息系统中,与财务和业务信息系统紧密结合,实现信息的集中统一管理及财务和业务信息到管理会计信息的自动生成。

(2)数据共享原则。企业建设管理会计信息系统应实现系统间的无缝对接,通过统一的规则和标准,实现数据的一次采集,全程共享,避免产生信息孤岛。

(3)规则可配原则。管理会计信息系统各功能模块应提供规则配置功能,实现其他信息系统与管理会计信息系统相关内容的映射和自定义配置。

(4)灵活扩展原则。管理会计信息系统应具备灵活扩展性,通过及时补充有关参数或功能模块,对环境、业务、产品、组织和流程等的变化及时做出响应,满足企业内部管理需要。

(5)安全可靠原则。应充分保障管理会计信息系统的设备、网络、应用及数据安全,严格权限授权,做好数据设备建设,具备良好的抵御外部攻击能力,保证系统的正常运行并确保信息的安全、保密、完整。

## 二、管理会计信息系统的应用环境

企业建设管理会计信息系统,一般应具备以下条件:
(1)对企业战略、组织结构、业务流程、责任中心等有清晰定义。
(2)设有具备管理会计职能的相关部门或岗位,具有一定的管理会计工具方法的应用基础以及相对清晰的管理会计应用流程。

(3)具备一定的财务和业务信息系统应用基础,包括已经实现了相对成熟的财务会计系统的应用,并在一定程度上实现了经营计划管理、采购管理、销售管理、库存管理等基础业务管理职能的信息化。目前,我国大部分大中型企业都在逐步实施或建设一些企业内部的业务管理信息系统和财务管理系统,其中使用比较广泛的是ERP管理系统。

### 三、管理会计信息系统的建设和应用程序

管理会计信息系统的建设和应用程序既包括系统的规划和建设过程,也包括系统的应用过程,即输入、处理和输出过程。

#### (一)管理会计信息系统的规划和建设流程

管理会计信息系统规划和建设过程一般包括系统规划、系统实施和系统维护等环节。

1.系统规划

在管理会计信息系统的规划环节,企业应将管理会计信息系统规划纳入企业信息系统建设的整体规划中,遵循整体规划、分步实施的原则,根据企业的战略目标和管理会计应用目标,形成清晰的管理会计应用需求,因地制宜逐步推进。

2.系统实施

在管理会计信息系统实施环节,企业应制订详尽的实施计划,清晰划分实施的主要阶段、有关活动和详细任务的时间进度。实施阶段一般包括项目准备、系统设计、系统实现、测试和上线、运维及支持等过程。

(1)在项目准备阶段,企业主要应完成系统建设前的基础工作,一般包括确定实施目标、实施组织范围和业务范围,调研信息系统需求,进行可行性分析,制订项目计划、资源安排和项目管理标准,开展项目动员及初始培训等。

(2)在系统设计阶段,企业主要应对组织现有的信息系统应用情况、管理会计工作现状和信息系统需求进行调查,梳理管理会计应用模块和应用流程,据此设计管理会计信息系统的实施方案。

(3)在系统实现阶段,企业主要应完成管理会计信息系统的数据标准化建设、系统配置、功能和接口开发及单元测试等工作。

(4)在测试和上线阶段,企业主要应实现管理会计信息系统的整体测试、权限设置、系统部署、数据导入、最终用户培训和上线切换过程。必要时,企业还应根据实际情况进行预上线演练。

3.系统维护

企业应作好管理会计信息系统的运维和支持,实现日常运行维护支持及上线后持续培训和系统优化。

#### (二)管理会计信息系统的应用过程

管理会计信息系统的应用程序一般包括输入、处理和输出三个环节。

(1)输入环节,是指管理会计信息系统采集或输入数据的过程。管理会计信息系统需提供已定义清楚数据规则的数据接口,以自动采集财务和业务数据。同时,系统还应支持本系统其

他数据的手工录入,以利于相关业务调整和补充信息的需要。

(2)处理环节,是指借助管理会计工具模型进行数据加工处理的过程。管理会计信息系统可以充分利用数据挖掘、在线分析处理等商业智能技术,借助相关工具对数据进行综合查询、分析统计,挖掘出有助于企业管理活动的信息。

(3)输出环节,是指提供丰富的人机交互工具、集成通用的办公软件等成熟工具,自动生成或导出数据报告的过程。数据报告的展示形式应注重易读性和可视化。最终的系统输出结果不仅可以采用独立报表或报告的形式展示给用户,也可以输出或嵌入到其他信息系统中,为各级管理部门提供管理所需的相关、及时的信息。

## 四、管理会计信息系统的主要模块

管理会计信息系统的主要模块包括:成本管理、预算管理、绩效管理,以及投资管理模块。

### (一)成本管理模块

1.成本管理模块概述

成本管理模块应实现成本管理的各项主要功能,一般包括对成本要素、成本中心、成本对象等参数的设置,以及成本核算方法的配置,从财务会计核算模块、业务处理模块以及人力资源等模块抽取所需数据,进行精细化成本核算,生成分产品、分批次(订单)、分环节、分区域等多维度的成本信息,以及基于成本信息进行成本分析,实现成本的有效控制,为企业成本管理的事前计划、事中控制、事后分析提供有效的支持。

2.成本核算子模块的主要功能

成本核算主要完成对企业生产经营过程各个交易活动或事项的实际成本信息的收集、归纳、整理,并计算出实际发生的成本数据,支持多种成本计算和分摊方法,准确地度量、分摊和分配实际成本。成本核算的输入信息一般包括业务事项的记录和货币计量数据等,企业应使用具体成本工具方法(如,完全成本法、变动成本法、作业成本法、目标成本法、标准成本法),建立相应的计算模型,以各级成本中心为核算主体,完成成本核算的处理过程。成本核算处理过程结束后,应能够输出实际成本数据、管理层以及各个业务部门所需要的成本核算报告等。

3.成本分析子模块的主要功能

成本分析主要实现对实际成本数据分类比较、因素分析比较等,发现成本和利润的驱动因素,形成评价结论,编制成各种形式的分析、评价指标报告等。成本分析的输入信息一般包括成本标准或计划数据、成本核算子模块生成的成本实际数据等。企业应根据输入数据和规则,选择具体分析评价方法(如差异分析法、趋势分析法、结构分析法),对各个成本中心的成本绩效进行分析比较,汇总形成各个责任中心及企业总体成本绩效,并输出成本分析报告、成本绩效评价报告等。

4.成本预测子模块的主要功能

成本预测主要实现不同成本对象的成本估算预测。成本预测的输入信息一般包括业务计划数据、成本评价结果、成本预测假设条件以及历史数据、行业对标数据等。企业应运用成本预测模型(如算术平均法、加权平均法、平滑指数法),对下一个工作周期的成本需求进行预测,根据经验或行业可比数据对模型预测结果进行调整,并输出成本预测报告。

5.成本控制子模块的主要功能

成本控制主要按照既定的成本费用目标,对构成成本费用的诸要素进行规划、限制和调节,及时纠正偏差,控制成本费用超支,把实际耗费控制在成本费用计划范围内。成本控制的输入信息一般包括成本费用目标和政策、成本分析报告、预算控制等。企业应建立工作流程审批授权机制,以实现费用控制过程,通过成本预警机制实现成本控制的处理过程,输出费用支付清单、成本控制报告等。

## (二)预算管理模块

1.预算管理模块概述

预算管理模块应实现的主要功能包括对企业预算参数设置、预算管理模型搭建、预算目标制定、预算编制、预算执行控制、预算调整、预算分析和评价等全过程的信息化管理。

2.预算目标和计划制定子模块的主要功能

预算目标和计划制定主要完成企业目标设定和业务计划的制订,实现预算的启动和准备过程。预算目标和计划设定的输入信息一般包括企业远景与战略规划、内外部环境信息、投资者和管理者期望、往年绩效数据、经营状况预测以及公司战略举措、各业务板块主要业绩指标等。企业应对内外部环境和问题进行分析,评估预算备选方案,制订详细的业务计划,输出企业与各业务板块主要绩效指标和部门业务计划等。

3.预算编制子模块的主要功能

预算编制主要完成预算目标设定、预算分解和目标下达、预算编制和汇总以及预算审批过程,实现自上而下、自下而上等多种预算编制流程,并提供固定预算、弹性预算、零基预算、滚动预算、作业预算等一种或多种预算编制方法的处理机制。预算编制的输入信息一般包括历史绩效数据、关键绩效指标、预算驱动因素、管理费用标准等。企业应借助适用的预测方法(如趋势预测法、平滑预测法、回归预测法)建立预测模型,辅助企业制定预算目标,依据预算管理体系,自动分解预算目标,辅助预算的审批流程,自动汇总预算,最终输出结果应为各个责任中心的预算方案等。预算管理模块应能提供给企业根据业务需要编制多期间、多情境、多版本、多维度预算计划的功能,以满足预算编制的要求。

4.预算执行控制子模块的主要功能

预算执行控制主要实现预算信息模块与各财务和业务系统的及时数据交换,实现对财务和业务预算执行情况的实时控制等。预算执行控制的输入信息一般包括企业各业务板块及部门的主要绩效指标、业务计划、预算执行控制标准及预算执行情况等。企业应通过对数据的校验、比较和查询汇总,比对预算目标和执行情况的差异;建立预算监控模型,预警和冻结超预算情形,形成预算执行情况报告;执行预算控制审核机制以及例外预算管理等。最终输出结果为预算执行差异分析报告,经营调整措施等。

5.预算调整子模块的主要功能

预算调整主要实现对部分责任中心的预算数据进行调整,完成调整的处理过程等。预算调整的输入信息一般包括企业各业务板块及部门的主要绩效指标、预算执行差异分析报告等。企业对预算数据进行调整,并依据预算管理体系,自动分解调整后的预算目标,辅助调整预算的审批流程,自动汇总预算。最终输出结果为各个责任中心的预算调整报告、调整后的绩效指标等。

6.预算分析和评价子模块的主要功能

预算分析和评价主要提供多种预算分析模型,实现在预算执行的数据基础上,对预算数和实际发生数进行多期间、多层次、多角度的预算分析,最终完成预算的业绩评价,为绩效考核提供数据基础。预算分析和评价的输入信息一般包括预算指标及预算执行情况,以及业绩评价的标准与考核办法等数据。企业应建立差异计算模型,辅助实现差异成因分析过程,最终输出部门、期间、层级等多维度的预算差异分析报告等。

### (三)绩效管理模块

1.绩效管理模块概述

绩效管理模块主要实现业绩评价和激励管理过程中各要素的管理功能,一般包括业绩计划和激励计划的制订、业绩计划和激励计划的执行控制、业绩评价和激励实施管理等,为企业的绩效管理提供支持。

2.业绩计划和激励计划制订子模块的主要功能

业绩计划和激励计划制订主要完成绩效管理目标和标准的设定、绩效管理目标的分解和下达、业绩计划和激励计划的编制过程,以及计划的审批流程。业绩计划和激励计划制订的输入信息一般包括企业及各级责任中心的战略关键绩效指标和年度经营关键绩效指标,以及企业绩效评价考核标准、绩效激励形式、条件等基础数据。处理过程一般包括构建指标体系、分配指标权重、确定业绩目标值、选择业绩评价计分方法以及制定薪酬激励、能力开发激励、职业发展激励等多种激励计划,输出各级考核对象的业绩计划、绩效激励计划等。

3.业绩计划和激励计划的执行控制子模块的主要功能

业绩计划和激励计划的执行控制主要实现预算系统与各业务系统的及时数据交换,实现对业绩计划与激励计划执行情况的实时控制等。

业绩计划和激励计划的执行控制的输入信息一般包括绩效实际数据以及业绩计划和激励计划等。企业应建立指标监控模型,根据指标计算方法计算指标实际值,比对实际值与目标值的偏差,输出业绩计划和激励计划执行差异报告等。

4.业绩评价和激励实施管理子模块的主要功能

业绩评价和激励实施管理主要实现对计划的执行情况进行评价,形成综合评价结果,向被评价对象反馈改进建议及措施等。业绩评价和激励实施管理的输入信息一般包括被评价对象的业绩指标实际值和目标值、指标计分方法和权重等。企业应选定评分计算方法计算评价分值,形成被评价对象的综合评价结果,输出业绩评价结果报告和改进建议等。

### (四)投资管理模块

1.投资管理模块的概述

投资管理模块主要实现对企业投资项目进行计划和控制的系统支持过程,一般包括投资计划的制订和对每个投资项目进行及时管控等。投资管理模块应与成本管理模块、预算管理模块、绩效管理模块和管理会计报告模块等进行有效集成和数据交换。

2.投资计划子模块的主要功能

投资管理模块应辅助企业实现投资计划的编制和审批过程。企业可以借助投资管理模块定义投资项目、投资程序、投资任务、投资预算、投资控制对象等基本信息;在此基础上,制订企业各级组织的投资计划和实施计划,实现投资计划的分解和下达。

3.投资项目管控子模块的主要功能

投资管理模块应实现对企业具体投资项目的管控过程。企业可以根据实际情况,将项目管理功能集成到投资管理模块中,也可以实施单独的项目管理模块来实现项目的管控过程。

项目管理模块主要实现对投资项目的系统化管理过程,一般包括项目设置、项目计划与预算、项目执行、项目结算与关闭、项目报告以及项目后审计等功能。

(1)项目设置。主要完成项目定义(项目名称、项目期间、成本控制范围、利润中心等参数),以及工作分解定义、作业和项目文档等的定义和设置,为项目管理提供基础信息。

(2)项目计划与预算。主要完成项目里程碑计划、项目实施计划、项目概算、项目利润及投资测算、项目详细预算等过程,并辅助实现投资预算的审核和下达过程。项目里程碑计划,一般包括对项目的关键节点进行定义,在关键节点对项目进行检查和控制,以及确定项目各阶段的开始和结束时间等。

(3)项目执行。主要实现项目的拨款申请,投资计量,项目实际发生值的确定、计算和汇总,以及与目标预算进行比对,对投资进行检查和成本管控。

(4)项目结算与关闭。通过定义的结算规则,运用项目结算程序,对项目实现期末结账处理。结算完成后,对项目执行关闭操作,保证项目的可控性。

(5)项目报告。项目管理模块应向用户提供关于项目数据的各类汇总报表及明细报表,主要包括项目计划、项目投资差异分析报告等。

(6)项目后审计。企业可以根据实际需要,在项目管理模块中提供项目后辅助审计功能,依据项目计划和过程建立工作底稿,对项目的实施过程、成本、绩效等进行审计和项目后评价。

【任务实施】

[例10-2]请思考管理会计信息系统的概念,理解会计信息系统的应用原则。

管理会计信息系统是指以财务和业务信息为基础,借助计算机、网络通信等现代信息技术手段,对管理会计信息进行收集、整理、加工、分析和报告等操作处理,为企业有效开展管理会计活动提供全面、及时、准确信息支持的各功能模块的有机集合。

管理会计信息系统一般应遵循以下原则:第一,系统集成原则;第二,数据共享原则;第三,规则可配原则;第四,灵活扩展原则;第五,安全可靠原则。

[例10-3]管理会计信息系统主要包括哪些模块?分别讨论每个模块的功能。

管理会计信息系统的主要模块包括:成本管理、预算管理、绩效管理,以及投资管理模块。每个模块的功能主要为:第一,成本管理模块功能包括成本核算功能、成本分析功能、成本预测功能、成本控制功能;第二,预算管理模块功能包括预算目标和计划制订功能、预算编制子功能、预算执行控制功能、预算调整功能、预算分析和评价功能;第三,绩效管理模块功能包括业绩计划和激励计划制订功能、业绩计划和激励计划执行控制功能、业绩评价和激励实施管理功能;第四,投资管理模块功能包括投资计划功能、投资项目管控功能。项目管理模块主要实现对投资项目的系统化管理过程,一般包括项目设置、项目计划与预算、项目执行、项目结算与关闭、项目报告以及项目后审计等功能。

【任务实操】

请登录 TTC 实训平台,完成模拟实训任务。

【项目知识点巩固】

一、单项选择题

1.管理会计报告所需信息需要由( )提供。
 A. 财务部门　　　　B.公司全部门　　　　C.风险管理部门　　　　D.业务部门
2.战略层管理会计报告的报告对象是企业的战略层,不包括( )。
 A. 股东大会　　　　B. 管理层　　　　C.董事会　　　　D.监事会
3.战略层管理会计报告不包括( )。
 A. 全面预算管理报告　　　　B.风险分析报告　　　　C. 重大事项报告　　　　D.例外事项报告
4.经营层管理会计报告是在企业的决策目标与( )都已经明确的前提下,为执行既定的决策方案、总体经营方针而实施的有关规划、控制。
 A. 战略目标　　　　B.具体经营方针　　　　C. 总体经营方针　　　　D.经营目标
5.下列关于管理会计报告工作流程的说法中,正确的是( )。
 A. 管理会计报告工作流程是由法律法规规定的
 B. 管理会计报告工作流程与企业的组织框架相适应
 C. 管理会计报告工作流程由管理者确定
 D. 企业管理会计报告工作流程由《管理会计指引》确定
6.下列各项中,属于企业战略管理报告中外部环境的是( )。
 A 市场　　　　B 员工　　　　C 财务部门　　　　D 股东大会
7.下列各项中,属于经营层管理会计报告的是( )。
 A. 研究开发报告　　　　B. 成本管理报告　　　　C. 项目可行性报告　　　　D.人力资源报告
8.下列各项中,属于管理会计信息系统的规划与建立子系统的要素是( )。
 A.输入　　　　B. 处理　　　　C.输出　　　　D.实施
9.下列各项中,属于管理会计信息系统安全性原则的是( )。
 A.授权　　　　B. 设置功能模块　　　　C. 补充参数　　　　D.统一标准
10.在管理会计信息系统的规划环节应遵循的原则是( )。
 A. 整体规划　　　　B. 分步实施
 C. 整体规划、分步实施　　　　D. 因地制宜、逐步推进

二、多项选择题

1.企业管理会计报告的目标是为企业各层级进行( )等管理活动提供有用信息。
 A. 规划　　　　B. 决策　　　　C. 控制　　　　D.评价
2.企业管理会计报告的形式要件包括( )。
 A. 报告的名称　　　　B. 报告期间或时间　　　　C. 报告对象　　　　D. 报告人
3.管理会计报告按照管理会计功能可分为( )。
 A. 管理规划报告　　　　B. 管理决策报告　　　　C. 管理控制报告　　　　D. 管理评价报告
4.战略管理报告的内容一般包括( )等。
 A. 内部环境分析　　　　B. 外部环境分析　　　　C. 战略执行　　　　D. 战略评价
5.全面预算管理报告的内容一般包括( )等。
 A. 预算目标制定　　　　B. 预算执行差异分析　　　　C. 预算考评　　　　D. 预算管理总结

6.资金管理报告的内容一般包括( )。
A.资金管理目标　　　　　　B.主要非流动资产项目
C.主要流动资产项目　　　　D.固定资产管理状况

7.业务层管理会计报告对象包括( )。
A.业务部门　　B.职能部门　　C.车间、班组　　D.经营管理层

8.企业管理会计报告流程包括报告的( )等环节。
A.编制　　　　B.评价　　　　C.审批　　　　D.报送

9.从信息论的角度看,下列属于管理会计信息系统信息模块的有( )。
A.成本模块　　B.预算模块　　C.绩效模块　　D.投资模块

10.企业建设和应用管理会计信息系统,一般遵守的原则有( )。
A.数据共享原则　　B.系统集成原则　　C.规则可配原则　　D.安全可靠原则

三、判断题

1.企业管理会计报告,是指企业运用管理会计方法,根据财务基础信息加工整理形成的,满足企业价值管理和决策支持需要的内部报告。( )

2.企业必须以日历期间(月度、季度、年度)作为企业管理会计报告期间。( )

3.企业管理会计报告的内容和格式有固定的模板。( )

4.企业管理会计报告属于企业内部资料,报告使用人可以根据需要随时调阅。( )

5.企业管理会计报告由财务部门编制。( )

6.企业具有相同的管理会计报告审批。( )

7.企业应合理设计报告报送路径,确保企业管理会计报告及时、有效地送达报告对象。( )

8.管理会计信息系统的建设和应用程序既包括系统的规划和建设过程,也包括系统的应用过程。( )

9.投资管理模块与成本管理模块、预算管理模块、绩效管理模块和管理会计报告模块等不存在数据交换问题。( )

10.业绩评价和激励实施管理主要实现对计划的执行情况进行评价。( )

# 附录一　管理会计基本指引

## 第一章　总则

**第一条**　为促进单位(包括企业和行政事业单位,下同)加强管理会计工作,提升内部管理水平,促进经济转型升级,根据《中华人民共和国会计法》《财政部关于全面推进管理会计体系建设的指导意见》等,制定本指引。

**第二条**　基本指引在管理会计指引体系中起统领作用,是制定应用指引和建设案例库的基础。管理会计指引体系包括基本指引、应用指引和案例库,用于指导单位管理会计实践。

**第三条**　管理会计的目标是通过运用管理会计工具方法,参与单位规划、决策、控制、评价活动并为之提供有用信息,推动单位实现战略规划。

**第四条**　单位应用管理会计,应遵循下列原则:

(一)战略导向原则。管理会计的应用应以战略规划为导向,以持续创造价值为核心,促进单位可持续发展。

(二)融合性原则。管理会计应嵌入单位相关领域、层次、环节,以业务流程为基础,利用管理会计工具方法,将财务和业务等有机融合。

(三)适应性原则。管理会计的应用应与单位应用环境和自身特征相适应。单位自身特征包括单位性质、规模、发展阶段、管理模式、治理水平等。

(四)成本效益原则。管理会计的应用应权衡实施成本和预期效益,合理、有效地推进管理会计应用。

**第五条**　管理会计应用主体视管理决策主体确定,可以是单位整体,也可以是单位内部的责任中心。

**第六条**　单位应用管理会计,应包括应用环境、管理会计活动、工具方法、信息与报告四要素。

## 第二章　应用环境

**第七条**　单位应用管理会计,应充分了解和分析其应用环境。管理会计应用环境,是单位应用管理会计的基础,包括内外部环境。

内部环境主要包括与管理会计建设和实施相关的价值创造模式、组织架构、管理模式、资源保障、信息系统等因素。

外部环境主要包括国内外经济、市场、法律、行业等因素。

**第八条**　单位应准确分析和把握价值创造模式,推动财务与业务等的有机融合。

**第九条**　单位应根据组织架构特点,建立健全能够满足管理会计活动所需的由财务、业务等相关人员组成的管理会计组织体系。有条件的单位可以设置管理会计机构,组织开展管理会计工作。

**第十条** 单位应根据管理模式确定责任主体，明确各层级以及各层级内的部门、岗位之间的管理会计责任权限，制定管理会计实施方案，以落实管理会计责任。

**第十一条** 单位应从人力、财力、物力等方面做好资源保障工作，加强资源整合，提高资源利用效率效果，确保管理会计工作顺利开展。单位应注重管理会计理念、知识培训，加强管理会计人才培养。

**第十二条** 单位应将管理会计信息化需求纳入信息系统规划，通过信息系统整合、改造或新建等途径，及时、高效地提供和管理相关信息，推进管理会计实施。

## 第三章 管理会计活动

**第十三条** 管理会计活动是单位利用管理会计信息，运用管理会计工具方法，在规划、决策、控制、评价等方面服务于单位管理需要的相关活动。

**第十四条** 单位应用管理会计，应做好相关信息支持，参与战略规划拟定，从支持其定位、目标设定、实施方案选择等方面，为单位合理制定战略规划提供支撑。

**第十五条** 单位应用管理会计，应融合财务和业务等活动，及时充分提供和利用相关信息，支持单位各层级根据战略规划做出决策。

**第十六条** 单位应用管理会计，应设定定量定性标准，强化分析、沟通、协调、反馈等控制机制，支持和引导单位持续高质高效地实施单位战略规划。

**第十七条** 单位应用管理会计，应合理设计评价体系，基于管理会计信息等，评价单位战略规划实施情况，并以此为基础进行考核，完善激励机制；同时，对管理会计活动进行评估和完善，以持续改进管理会计应用。

## 第四章 工具方法

**第十八条** 管理会计工具方法是实现管理会计目标的具体手段。

**第十九条** 管理会计工具方法是单位应用管理会计时所采用的战略地图、滚动预算管理、作业成本管理、本量利分析、平衡计分卡等模型、技术、流程的统称。管理会计工具方法具有开放性，随着实践发展不断丰富完善。

**第二十条** 管理会计工具方法主要应用于以下领域：战略管理、预算管理、成本管理、营运管理、投融资管理、绩效管理、风险管理等。

（一）战略管理领域应用的管理会计工具方法包括但不限于战略地图、价值链管理等；

（二）预算管理领域应用的管理会计工具方法包括但不限于全面预算管理、滚动预算管理、作业预算管理、零基预算管理、弹性预算管理等；

（三）成本管理领域应用的管理会计工具方法包括但不限于目标成本管理、标准成本管理、变动成本管理、作业成本管理、生命周期成本管理等；

（四）营运管理领域应用的管理会计工具方法包括但不限于本量利分析、敏感性分析、边际分析、标杆管理等；

（五）投融资管理领域应用的管理会计工具方法包括但不限于贴现现金流法、项目管理、资本成本分析等；

（六）绩效管理领域应用的管理会计工具方法包括但不限于关键指标法、经济增加值、平衡计分卡等；

（七）风险管理领域应用的管理会计工具方法包括但不限于单位风险管理框架、风险矩阵模型等。

第二十一条 单位应用管理会计，应结合自身实际情况，根据管理特点和实践需要选择适用的管理会计工具方法，并加强管理会计工具方法的系统化、集成化应用。

## 第五章 信息与报告

第二十二条 管理会计信息包括管理会计应用过程中所使用和生成的财务信息和非财务信息。

第二十三条 单位应充分利用内外部各种渠道，通过采集、转换等多种方式，获得相关、可靠的管理会计基础信息。

第二十四条 单位应有效利用现代信息技术，对管理会计基础信息进行加工、整理、分析和传递，以满足管理会计应用需要。

第二十五条 单位生成的管理会计信息应相关、可靠、及时、可理解。

第二十六条 管理会计报告是管理会计活动成果的重要表现形式，旨在为报告使用者提供满足管理需要的信息。管理会计报告按期间可以分为定期报告和不定期报告，按内容可以分为综合性报告和专项报告等类别。

第二十七条 单位可以根据管理需要和管理会计活动性质设定报告期间。一般应以公历期间作为报告期间，也可以根据特定需要设定报告期间。

## 第六章 附则

第二十八条 本指引由财政部负责解释。

第二十九条 本指引自印发之日起施行。

## 附录二  复利终值系数表

| 期数 | 1% | 2% | 3% | 4% | 5% | 6% | 7% | 8% | 9% | 10% | 11% | 12% | 13% | 14% | 15% |
|---|---|---|---|---|---|---|---|---|---|---|---|---|---|---|---|
| 1 | 1.0100 | 1.0200 | 1.0300 | 1.0400 | 1.0500 | 1.0600 | 1.0700 | 1.0800 | 1.0900 | 1.1000 | 1.1100 | 1.1200 | 1.1300 | 1.1400 | 1.1500 |
| 2 | 1.0201 | 1.0404 | 1.0609 | 1.0816 | 1.1025 | 1.1236 | 1.1449 | 1.1664 | 1.1881 | 1.2100 | 1.2321 | 1.2544 | 1.2769 | 1.2996 | 1.3225 |
| 3 | 1.0303 | 1.0612 | 1.0927 | 1.1249 | 1.1576 | 1.1910 | 1.2250 | 1.2597 | 1.2950 | 1.3310 | 1.3676 | 1.4049 | 1.4429 | 1.4815 | 1.5209 |
| 4 | 1.0406 | 1.0824 | 1.1255 | 1.1699 | 1.2155 | 1.2625 | 1.3108 | 1.3605 | 1.4116 | 1.4641 | 1.5181 | 1.5735 | 1.6305 | 1.6890 | 1.7490 |
| 5 | 1.0510 | 1.1041 | 1.1593 | 1.2167 | 1.2763 | 1.3382 | 1.4026 | 1.4693 | 1.5386 | 1.6105 | 1.6851 | 1.7623 | 1.8424 | 1.9254 | 2.0114 |
| 6 | 1.0615 | 1.1262 | 1.1941 | 1.2653 | 1.3401 | 1.4185 | 1.5007 | 1.5869 | 1.6771 | 1.7716 | 1.8704 | 1.9738 | 2.0820 | 2.1950 | 2.3131 |
| 7 | 1.0721 | 1.1487 | 1.2299 | 1.3159 | 1.4071 | 1.5036 | 1.6058 | 1.7138 | 1.8280 | 1.9487 | 2.0762 | 2.2107 | 2.3526 | 2.5023 | 2.6600 |
| 8 | 1.0829 | 1.1717 | 1.2668 | 1.3686 | 1.4775 | 1.5938 | 1.7182 | 1.8509 | 1.9926 | 2.1436 | 2.3045 | 2.4760 | 2.6584 | 2.8526 | 3.0590 |
| 9 | 1.0937 | 1.1951 | 1.3048 | 1.4233 | 1.5513 | 1.6895 | 1.8385 | 1.9990 | 2.1719 | 2.3579 | 2.5580 | 2.7731 | 3.0040 | 3.2519 | 3.5179 |
| 10 | 1.1046 | 1.2190 | 1.3439 | 1.4802 | 1.6289 | 1.7908 | 1.9672 | 2.1589 | 2.3674 | 2.5937 | 2.8394 | 3.1058 | 3.3946 | 3.7072 | 4.0456 |
| 11 | 1.1157 | 1.2434 | 1.3842 | 1.5395 | 1.7103 | 1.8983 | 2.1049 | 2.3316 | 2.5804 | 2.8531 | 3.1518 | 3.4786 | 3.8359 | 4.2262 | 4.6524 |
| 12 | 1.1268 | 1.2682 | 1.4258 | 1.6010 | 1.7959 | 2.0122 | 2.2522 | 2.5182 | 2.8127 | 3.1384 | 3.4985 | 3.8960 | 4.3345 | 4.8179 | 5.3503 |
| 13 | 1.1381 | 1.2936 | 1.4685 | 1.6651 | 1.8856 | 2.1329 | 2.4098 | 2.7196 | 3.0658 | 3.4523 | 3.8833 | 4.3635 | 4.8980 | 5.4924 | 6.1528 |
| 14 | 1.1495 | 1.3195 | 1.5126 | 1.7317 | 1.9799 | 2.2609 | 2.5785 | 2.9372 | 3.3417 | 3.7975 | 4.3104 | 4.8871 | 5.5348 | 6.2613 | 7.0757 |
| 15 | 1.1610 | 1.3459 | 1.5580 | 1.8009 | 2.0789 | 2.3966 | 2.7590 | 3.1722 | 3.6425 | 4.1772 | 4.7846 | 5.4736 | 6.2543 | 7.1379 | 8.1371 |
| 16 | 1.1726 | 1.3728 | 1.6047 | 1.8730 | 2.1829 | 2.5404 | 2.9522 | 3.4259 | 3.9703 | 4.5950 | 5.3109 | 6.1304 | 7.0673 | 8.1372 | 9.3576 |
| 17 | 1.1843 | 1.4002 | 1.6528 | 1.9479 | 2.2920 | 2.6928 | 3.1588 | 3.7000 | 4.3276 | 5.0545 | 5.8951 | 6.8660 | 7.9861 | 9.2765 | 10.7613 |
| 18 | 1.1961 | 1.4282 | 1.7024 | 2.0258 | 2.4066 | 2.8543 | 3.3799 | 3.9960 | 4.7171 | 5.5599 | 6.5436 | 7.6900 | 9.0243 | 10.5752 | 12.3755 |
| 19 | 1.2081 | 1.4568 | 1.7535 | 2.1068 | 2.5270 | 3.0256 | 3.6165 | 4.3157 | 5.1417 | 6.1159 | 7.2633 | 8.6128 | 10.1974 | 12.0557 | 14.2318 |
| 20 | 1.2202 | 1.4859 | 1.8061 | 2.1911 | 2.6533 | 3.2071 | 3.8697 | 4.6610 | 5.6044 | 6.7275 | 8.0623 | 9.6463 | 11.5231 | 13.7435 | 16.3665 |
| 21 | 1.2324 | 1.5157 | 1.8603 | 2.2788 | 2.7860 | 3.3996 | 4.1406 | 5.0338 | 6.1088 | 7.4002 | 8.9492 | 10.8038 | 13.0211 | 15.6676 | 18.8215 |
| 22 | 1.2447 | 1.5460 | 1.9161 | 2.3699 | 2.9253 | 3.6035 | 4.4304 | 5.4365 | 6.6586 | 8.1403 | 9.9336 | 12.1003 | 14.7138 | 17.8610 | 21.6447 |
| 23 | 1.2572 | 1.5769 | 1.9736 | 2.4647 | 3.0715 | 3.8197 | 4.7405 | 5.8715 | 7.2579 | 8.9543 | 11.0263 | 13.5523 | 16.6266 | 20.3616 | 24.8915 |
| 24 | 1.2697 | 1.6084 | 2.0328 | 2.5633 | 3.2251 | 4.0489 | 5.0724 | 6.3412 | 7.9111 | 9.8497 | 12.2392 | 15.1786 | 18.7881 | 23.2122 | 28.6252 |
| 25 | 1.2824 | 1.6406 | 2.0938 | 2.6658 | 3.3864 | 4.2919 | 5.4274 | 6.8485 | 8.6231 | 10.8347 | 13.5855 | 17.0001 | 21.2305 | 26.4619 | 32.9190 |
| 26 | 1.2953 | 1.6734 | 2.1566 | 2.7725 | 3.5557 | 4.5494 | 5.8074 | 7.3964 | 9.3992 | 11.9182 | 15.0799 | 19.0401 | 23.9905 | 30.1666 | 37.8568 |
| 27 | 1.3082 | 1.7069 | 2.2213 | 2.8834 | 3.7335 | 4.8223 | 6.2139 | 7.9881 | 10.2451 | 13.1100 | 16.7387 | 21.3249 | 27.1093 | 34.3899 | 43.5353 |
| 28 | 1.3213 | 1.7410 | 2.2879 | 2.9987 | 3.9201 | 5.1117 | 6.6488 | 8.6271 | 11.1671 | 14.4210 | 18.5799 | 23.8839 | 30.6335 | 39.2045 | 50.0656 |
| 29 | 1.3345 | 1.7758 | 2.3566 | 3.1187 | 4.1161 | 5.4184 | 7.1143 | 9.3173 | 12.1722 | 15.8631 | 20.6237 | 26.7499 | 34.6158 | 44.6931 | 57.5755 |
| 30 | 1.3478 | 1.8114 | 2.4273 | 3.2434 | 4.3219 | 5.7435 | 7.6123 | 10.0627 | 13.2677 | 17.4494 | 22.8923 | 29.9599 | 39.1159 | 50.9502 | 66.2118 |

附录二 复利终值系数表

续表

| 期数 | 16% | 17% | 18% | 19% | 20% | 21% | 22% | 23% | 24% | 25% | 26% | 27% | 28% | 29% | 30% |
|---|---|---|---|---|---|---|---|---|---|---|---|---|---|---|---|
| 1 | 1.1600 | 1.1700 | 1.1800 | 1.1900 | 1.2000 | 1.2100 | 1.2200 | 1.2300 | 1.2400 | 1.2500 | 1.2600 | 1.2700 | 1.2800 | 1.2900 | 1.3000 |
| 2 | 1.3456 | 1.3689 | 1.3924 | 1.4161 | 1.4400 | 1.4641 | 1.4884 | 1.5129 | 1.5376 | 1.5625 | 1.5876 | 1.6129 | 1.6384 | 1.6641 | 1.6900 |
| 3 | 1.5609 | 1.6016 | 1.6430 | 1.6852 | 1.7280 | 1.7716 | 1.8158 | 1.8609 | 1.9066 | 1.9531 | 2.0004 | 2.0484 | 2.0972 | 2.1467 | 2.1970 |
| 4 | 1.8106 | 1.8739 | 1.9388 | 2.0053 | 2.0736 | 2.1436 | 2.2153 | 2.2889 | 2.3642 | 2.4414 | 2.5205 | 2.6014 | 2.6844 | 2.7692 | 2.8561 |
| 5 | 2.1003 | 2.1924 | 2.2878 | 2.3864 | 2.4883 | 2.5937 | 2.7027 | 2.8153 | 2.9316 | 3.0518 | 3.1758 | 3.3038 | 3.4360 | 3.5723 | 3.7129 |
| 6 | 2.4364 | 2.5652 | 2.6996 | 2.8398 | 2.9860 | 3.1384 | 3.2973 | 3.4628 | 3.6352 | 3.8147 | 4.0015 | 4.1959 | 4.3980 | 4.6083 | 4.8268 |
| 7 | 2.8262 | 3.0012 | 3.1855 | 3.3793 | 3.5832 | 3.7975 | 4.0227 | 4.2593 | 4.5077 | 4.7684 | 5.0419 | 5.3288 | 5.6295 | 5.9447 | 6.2749 |
| 8 | 3.2784 | 3.5115 | 3.7589 | 4.0214 | 4.2998 | 4.5950 | 4.9077 | 5.2389 | 5.5895 | 5.9605 | 6.3528 | 6.7675 | 7.2058 | 7.6686 | 8.1573 |
| 9 | 3.8030 | 4.1084 | 4.4355 | 4.7854 | 5.1598 | 5.5599 | 5.9874 | 6.4439 | 6.9310 | 7.4506 | 8.0045 | 8.5948 | 9.2234 | 9.8925 | 10.6045 |
| 10 | 4.4114 | 4.8068 | 5.2338 | 5.6947 | 6.1917 | 6.7275 | 7.3046 | 7.9259 | 8.5944 | 9.3132 | 10.0857 | 10.9153 | 11.8059 | 12.7614 | 13.7858 |
| 11 | 5.1173 | 5.6240 | 6.1759 | 6.7767 | 7.4301 | 8.1403 | 8.9117 | 9.7489 | 10.6571 | 11.6415 | 12.7080 | 13.8625 | 15.1116 | 16.4622 | 17.9216 |
| 12 | 5.9360 | 6.5801 | 7.2876 | 8.0642 | 8.9161 | 9.8497 | 10.8722 | 11.9912 | 13.2148 | 14.5519 | 16.0120 | 17.6053 | 19.3428 | 21.2362 | 23.2981 |
| 13 | 6.8858 | 7.6987 | 8.5994 | 9.5964 | 10.6993 | 11.9182 | 13.2641 | 14.7491 | 16.3863 | 18.1899 | 20.1752 | 22.3588 | 24.7588 | 27.3947 | 30.2875 |
| 14 | 7.9875 | 9.0075 | 10.1472 | 11.4198 | 12.8392 | 14.4210 | 16.1822 | 18.1414 | 20.3191 | 22.7374 | 25.4207 | 28.3957 | 31.6913 | 35.3391 | 39.3738 |
| 15 | 9.2655 | 10.5387 | 11.9737 | 13.5895 | 15.4070 | 17.4494 | 19.7423 | 22.3140 | 25.1956 | 28.4217 | 32.0301 | 36.0625 | 40.5648 | 45.5875 | 51.1859 |
| 16 | 10.7480 | 12.3303 | 14.1290 | 16.1715 | 18.4884 | 21.1138 | 24.0856 | 27.4462 | 31.2426 | 35.5271 | 40.3579 | 45.7994 | 51.9230 | 58.8079 | 66.5417 |
| 17 | 12.4677 | 14.4265 | 16.6722 | 19.2441 | 22.1861 | 25.5477 | 29.3844 | 33.7588 | 38.7408 | 44.4089 | 50.8510 | 58.1652 | 66.4614 | 75.8621 | 86.5042 |
| 18 | 14.4625 | 16.8790 | 19.6733 | 22.9005 | 26.6233 | 30.9127 | 35.8490 | 41.5233 | 48.0386 | 55.5112 | 64.0722 | 73.8698 | 85.0706 | 97.8622 | 112.4554 |
| 19 | 16.7765 | 19.7484 | 23.2144 | 27.2516 | 31.9480 | 37.4043 | 43.7358 | 51.0737 | 59.5679 | 69.3889 | 80.7310 | 93.8147 | 108.8904 | 126.2422 | 146.1920 |
| 20 | 19.4608 | 23.1056 | 27.3930 | 32.4294 | 38.3376 | 45.2593 | 53.3576 | 62.8206 | 73.8641 | 86.7362 | 101.7211 | 119.1446 | 139.3797 | 162.8524 | 190.0496 |
| 21 | 22.5745 | 27.0336 | 32.3238 | 38.5910 | 46.0051 | 54.7637 | 65.0963 | 77.2694 | 91.5915 | 108.4202 | 128.1685 | 151.3137 | 178.4060 | 210.0796 | 247.0645 |
| 22 | 26.1864 | 31.6293 | 38.1421 | 45.9233 | 55.2061 | 66.2641 | 79.4175 | 95.0413 | 113.5735 | 135.5253 | 161.4924 | 192.1683 | 228.3596 | 271.0027 | 321.1839 |
| 23 | 30.3762 | 37.0062 | 45.0076 | 54.6487 | 66.2474 | 80.1795 | 96.8894 | 116.9008 | 140.8312 | 169.4066 | 203.4804 | 244.0538 | 292.3003 | 349.5935 | 417.5391 |
| 24 | 35.2364 | 43.2973 | 53.1090 | 65.0320 | 79.4968 | 97.0172 | 118.2050 | 143.7880 | 174.6306 | 211.7582 | 256.3853 | 309.9483 | 374.1444 | 450.9756 | 542.8008 |
| 25 | 40.8742 | 50.6578 | 62.6686 | 77.3881 | 95.3962 | 117.3909 | 144.2101 | 176.8593 | 216.5420 | 264.6978 | 323.0454 | 393.6344 | 478.9049 | 581.7585 | 705.6410 |
| 26 | 47.4141 | 59.2697 | 73.9490 | 92.0918 | 114.4755 | 142.0429 | 175.9364 | 217.5369 | 268.5121 | 330.8722 | 407.0373 | 499.9157 | 612.9982 | 750.4685 | 917.3333 |
| 27 | 55.0004 | 69.3455 | 87.2598 | 109.5893 | 137.3706 | 171.8719 | 214.6424 | 267.5704 | 332.9550 | 413.5903 | 512.8670 | 634.8929 | 784.6377 | 968.1044 | 1192.5333 |
| 28 | 63.8004 | 81.1342 | 102.9666 | 130.4112 | 164.8447 | 207.9651 | 261.8637 | 329.1115 | 412.8642 | 516.9879 | 646.2124 | 806.3140 | 1004.3363 | 1248.8546 | 1550.2933 |
| 29 | 74.0085 | 94.9271 | 121.5005 | 155.1893 | 197.8136 | 251.6377 | 319.4737 | 404.8072 | 511.9516 | 646.2349 | 814.2276 | 1024.0187 | 1285.5504 | 1611.0225 | 2015.3813 |
| 30 | 85.8499 | 111.0647 | 143.3706 | 184.6753 | 237.3763 | 304.4816 | 389.7579 | 497.9129 | 634.8199 | 807.7936 | 1025.9267 | 1300.5038 | 1645.5046 | 2078.2190 | 2619.9956 |

## 附录三　复利现值系数表

| 期数 | 1% | 2% | 3% | 4% | 5% | 6% | 7% | 8% | 9% | 10% | 11% | 12% | 13% | 14% | 15% |
|---|---|---|---|---|---|---|---|---|---|---|---|---|---|---|---|
| 1 | 0.9901 | 0.9804 | 0.9709 | 0.9615 | 0.9524 | 0.9434 | 0.9346 | 0.9259 | 0.9174 | 0.9091 | 0.9009 | 0.8929 | 0.8850 | 0.8772 | 0.8696 |
| 2 | 0.9803 | 0.9612 | 0.9426 | 0.9246 | 0.9070 | 0.8900 | 0.8734 | 0.8573 | 0.8417 | 0.8264 | 0.8116 | 0.7972 | 0.7831 | 0.7695 | 0.7561 |
| 3 | 0.9706 | 0.9423 | 0.9151 | 0.8890 | 0.8638 | 0.8396 | 0.8163 | 0.7938 | 0.7722 | 0.7513 | 0.7312 | 0.7118 | 0.6931 | 0.6750 | 0.6575 |
| 4 | 0.9610 | 0.9238 | 0.8885 | 0.8548 | 0.8227 | 0.7921 | 0.7629 | 0.7350 | 0.7084 | 0.6830 | 0.6587 | 0.6355 | 0.6133 | 0.5921 | 0.5718 |
| 5 | 0.9515 | 0.9057 | 0.8626 | 0.8219 | 0.7835 | 0.7473 | 0.7130 | 0.6806 | 0.6499 | 0.6209 | 0.5935 | 0.5674 | 0.5428 | 0.5194 | 0.4972 |
| 6 | 0.9420 | 0.8880 | 0.8375 | 0.7903 | 0.7462 | 0.7050 | 0.6663 | 0.6302 | 0.5963 | 0.5645 | 0.5346 | 0.5066 | 0.4803 | 0.4556 | 0.4323 |
| 7 | 0.9327 | 0.8706 | 0.8131 | 0.7599 | 0.7107 | 0.6651 | 0.6227 | 0.5835 | 0.5470 | 0.5132 | 0.4817 | 0.4523 | 0.4251 | 0.3996 | 0.3759 |
| 8 | 0.9235 | 0.8535 | 0.7894 | 0.7307 | 0.6768 | 0.6274 | 0.5820 | 0.5403 | 0.5019 | 0.4665 | 0.4339 | 0.4039 | 0.3762 | 0.3506 | 0.3269 |
| 9 | 0.9143 | 0.8368 | 0.7664 | 0.7026 | 0.6446 | 0.5919 | 0.5439 | 0.5002 | 0.4604 | 0.4241 | 0.3909 | 0.3606 | 0.3329 | 0.3075 | 0.2843 |
| 10 | 0.9053 | 0.8203 | 0.7441 | 0.6756 | 0.6139 | 0.5584 | 0.5083 | 0.4632 | 0.4224 | 0.3855 | 0.3522 | 0.3220 | 0.2946 | 0.2697 | 0.2472 |
| 11 | 0.8963 | 0.8043 | 0.7224 | 0.6496 | 0.5847 | 0.5268 | 0.4751 | 0.4289 | 0.3875 | 0.3505 | 0.3173 | 0.2875 | 0.2607 | 0.2366 | 0.2149 |
| 12 | 0.8874 | 0.7885 | 0.7014 | 0.6246 | 0.5568 | 0.4970 | 0.4440 | 0.3971 | 0.3555 | 0.3186 | 0.2858 | 0.2567 | 0.2307 | 0.2076 | 0.1869 |
| 13 | 0.8787 | 0.7730 | 0.6810 | 0.6006 | 0.5303 | 0.4688 | 0.4150 | 0.3677 | 0.3262 | 0.2897 | 0.2575 | 0.2292 | 0.2042 | 0.1821 | 0.1625 |
| 14 | 0.8700 | 0.7579 | 0.6611 | 0.5775 | 0.5051 | 0.4423 | 0.3878 | 0.3405 | 0.2992 | 0.2633 | 0.2320 | 0.2046 | 0.1807 | 0.1597 | 0.1413 |
| 15 | 0.8613 | 0.7430 | 0.6419 | 0.5553 | 0.4810 | 0.4173 | 0.3624 | 0.3152 | 0.2745 | 0.2394 | 0.2090 | 0.1827 | 0.1599 | 0.1401 | 0.1229 |
| 16 | 0.8528 | 0.7284 | 0.6232 | 0.5339 | 0.4581 | 0.3936 | 0.3387 | 0.2919 | 0.2519 | 0.2176 | 0.1883 | 0.1631 | 0.1415 | 0.1229 | 0.1069 |
| 17 | 0.8444 | 0.7142 | 0.6050 | 0.5134 | 0.4363 | 0.3714 | 0.3166 | 0.2703 | 0.2311 | 0.1978 | 0.1696 | 0.1456 | 0.1252 | 0.1078 | 0.0929 |
| 18 | 0.8360 | 0.7002 | 0.5874 | 0.4936 | 0.4155 | 0.3503 | 0.2959 | 0.2502 | 0.2120 | 0.1799 | 0.1528 | 0.1300 | 0.1108 | 0.0946 | 0.0808 |
| 19 | 0.8277 | 0.6864 | 0.5703 | 0.4746 | 0.3957 | 0.3305 | 0.2765 | 0.2317 | 0.1945 | 0.1635 | 0.1377 | 0.1161 | 0.0981 | 0.0829 | 0.0703 |
| 20 | 0.8195 | 0.6730 | 0.5537 | 0.4564 | 0.3769 | 0.3118 | 0.2584 | 0.2145 | 0.1784 | 0.1486 | 0.1240 | 0.1037 | 0.0868 | 0.0728 | 0.0611 |
| 21 | 0.8114 | 0.6598 | 0.5375 | 0.4388 | 0.3589 | 0.2942 | 0.2415 | 0.1987 | 0.1637 | 0.1351 | 0.1117 | 0.0926 | 0.0768 | 0.0638 | 0.0531 |
| 22 | 0.8034 | 0.6468 | 0.5219 | 0.4220 | 0.3418 | 0.2775 | 0.2257 | 0.1839 | 0.1502 | 0.1228 | 0.1007 | 0.0826 | 0.0680 | 0.0560 | 0.0462 |
| 23 | 0.7954 | 0.6342 | 0.5067 | 0.4057 | 0.3256 | 0.2618 | 0.2109 | 0.1703 | 0.1378 | 0.1117 | 0.0907 | 0.0738 | 0.0601 | 0.0491 | 0.0402 |
| 24 | 0.7876 | 0.6217 | 0.4919 | 0.3901 | 0.3101 | 0.2470 | 0.1971 | 0.1577 | 0.1264 | 0.1015 | 0.0817 | 0.0659 | 0.0532 | 0.0431 | 0.0349 |
| 25 | 0.7798 | 0.6095 | 0.4776 | 0.3751 | 0.2953 | 0.2330 | 0.1842 | 0.1460 | 0.1160 | 0.0923 | 0.0736 | 0.0588 | 0.0471 | 0.0378 | 0.0304 |
| 26 | 0.7720 | 0.5976 | 0.4637 | 0.3607 | 0.2812 | 0.2198 | 0.1722 | 0.1352 | 0.1064 | 0.0839 | 0.0663 | 0.0525 | 0.0417 | 0.0331 | 0.0264 |
| 27 | 0.7644 | 0.5859 | 0.4502 | 0.3468 | 0.2678 | 0.2074 | 0.1609 | 0.1252 | 0.0976 | 0.0763 | 0.0597 | 0.0469 | 0.0369 | 0.0291 | 0.0230 |
| 28 | 0.7568 | 0.5744 | 0.4371 | 0.3335 | 0.2551 | 0.1956 | 0.1504 | 0.1159 | 0.0895 | 0.0693 | 0.0538 | 0.0419 | 0.0326 | 0.0255 | 0.0200 |
| 29 | 0.7493 | 0.5631 | 0.4243 | 0.3207 | 0.2429 | 0.1846 | 0.1406 | 0.1073 | 0.0822 | 0.0630 | 0.0485 | 0.0374 | 0.0289 | 0.0224 | 0.0174 |
| 30 | 0.7419 | 0.5521 | 0.4120 | 0.3083 | 0.2314 | 0.1741 | 0.1314 | 0.0994 | 0.0754 | 0.0573 | 0.0437 | 0.0334 | 0.0256 | 0.0196 | 0.0151 |

续表

| 期数 | 16% | 17% | 18% | 19% | 20% | 21% | 22% | 23% | 24% | 25% | 26% | 27% | 28% | 29% | 30% |
|---|---|---|---|---|---|---|---|---|---|---|---|---|---|---|---|
| 1 | 0.8621 | 0.8547 | 0.8475 | 0.8403 | 0.8333 | 0.8264 | 0.8197 | 0.8130 | 0.8065 | 0.8000 | 0.7937 | 0.7874 | 0.7813 | 0.7752 | 0.7692 |
| 2 | 0.7432 | 0.7305 | 0.7182 | 0.7062 | 0.6944 | 0.6830 | 0.6719 | 0.6610 | 0.6504 | 0.6400 | 0.6299 | 0.6200 | 0.6104 | 0.6009 | 0.5917 |
| 3 | 0.6407 | 0.6244 | 0.6086 | 0.5934 | 0.5787 | 0.5645 | 0.5507 | 0.5374 | 0.5245 | 0.5120 | 0.4999 | 0.4882 | 0.4768 | 0.4658 | 0.4552 |
| 4 | 0.5523 | 0.5337 | 0.5158 | 0.4987 | 0.4823 | 0.4665 | 0.4514 | 0.4369 | 0.4230 | 0.4096 | 0.3968 | 0.3844 | 0.3725 | 0.3611 | 0.3501 |
| 5 | 0.4761 | 0.4561 | 0.4371 | 0.4190 | 0.4019 | 0.3855 | 0.3700 | 0.3552 | 0.3411 | 0.3277 | 0.3149 | 0.3027 | 0.2910 | 0.2799 | 0.2693 |
| 6 | 0.4104 | 0.3898 | 0.3704 | 0.3521 | 0.3349 | 0.3186 | 0.3033 | 0.2888 | 0.2751 | 0.2621 | 0.2499 | 0.2383 | 0.2274 | 0.2170 | 0.2072 |
| 7 | 0.3538 | 0.3332 | 0.3139 | 0.2959 | 0.2791 | 0.2633 | 0.2486 | 0.2348 | 0.2218 | 0.2097 | 0.1983 | 0.1877 | 0.1776 | 0.1682 | 0.1594 |
| 8 | 0.3050 | 0.2848 | 0.2660 | 0.2487 | 0.2326 | 0.2176 | 0.2038 | 0.1909 | 0.1789 | 0.1678 | 0.1574 | 0.1478 | 0.1388 | 0.1304 | 0.1226 |
| 9 | 0.2630 | 0.2434 | 0.2255 | 0.2090 | 0.1938 | 0.1799 | 0.1670 | 0.1552 | 0.1443 | 0.1342 | 0.1249 | 0.1164 | 0.1084 | 0.1011 | 0.0943 |
| 10 | 0.2267 | 0.2080 | 0.1911 | 0.1756 | 0.1615 | 0.1486 | 0.1369 | 0.1262 | 0.1164 | 0.1074 | 0.0992 | 0.0916 | 0.0847 | 0.0784 | 0.0725 |
| 11 | 0.1954 | 0.1778 | 0.1619 | 0.1476 | 0.1346 | 0.1228 | 0.1122 | 0.1026 | 0.0938 | 0.0859 | 0.0787 | 0.0721 | 0.0662 | 0.0607 | 0.0558 |
| 12 | 0.1685 | 0.1520 | 0.1372 | 0.1240 | 0.1122 | 0.1015 | 0.0920 | 0.0834 | 0.0757 | 0.0687 | 0.0625 | 0.0568 | 0.0517 | 0.0471 | 0.0429 |
| 13 | 0.1452 | 0.1299 | 0.1163 | 0.1042 | 0.0935 | 0.0839 | 0.0754 | 0.0678 | 0.0610 | 0.0550 | 0.0496 | 0.0447 | 0.0404 | 0.0365 | 0.0330 |
| 14 | 0.1252 | 0.1110 | 0.0985 | 0.0876 | 0.0779 | 0.0693 | 0.0618 | 0.0551 | 0.0492 | 0.0440 | 0.0393 | 0.0352 | 0.0316 | 0.0283 | 0.0254 |
| 15 | 0.1079 | 0.0949 | 0.0835 | 0.0736 | 0.0649 | 0.0573 | 0.0507 | 0.0448 | 0.0397 | 0.0352 | 0.0312 | 0.0277 | 0.0247 | 0.0219 | 0.0195 |
| 16 | 0.0930 | 0.0811 | 0.0708 | 0.0618 | 0.0541 | 0.0474 | 0.0415 | 0.0364 | 0.0320 | 0.0281 | 0.0248 | 0.0218 | 0.0193 | 0.0170 | 0.0150 |
| 17 | 0.0802 | 0.0693 | 0.0600 | 0.0520 | 0.0451 | 0.0391 | 0.0340 | 0.0296 | 0.0258 | 0.0225 | 0.0197 | 0.0172 | 0.0150 | 0.0132 | 0.0116 |
| 18 | 0.0691 | 0.0592 | 0.0508 | 0.0437 | 0.0376 | 0.0323 | 0.0279 | 0.0241 | 0.0208 | 0.0180 | 0.0156 | 0.0135 | 0.0118 | 0.0102 | 0.0089 |
| 19 | 0.0596 | 0.0506 | 0.0431 | 0.0367 | 0.0313 | 0.0267 | 0.0229 | 0.0196 | 0.0168 | 0.0144 | 0.0124 | 0.0107 | 0.0092 | 0.0079 | 0.0068 |
| 20 | 0.0514 | 0.0433 | 0.0365 | 0.0308 | 0.0261 | 0.0221 | 0.0187 | 0.0159 | 0.0135 | 0.0115 | 0.0098 | 0.0084 | 0.0072 | 0.0061 | 0.0053 |
| 21 | 0.0443 | 0.0370 | 0.0309 | 0.0259 | 0.0217 | 0.0183 | 0.0154 | 0.0129 | 0.0109 | 0.0092 | 0.0078 | 0.0066 | 0.0056 | 0.0048 | 0.0040 |
| 22 | 0.0382 | 0.0316 | 0.0262 | 0.0218 | 0.0181 | 0.0151 | 0.0126 | 0.0105 | 0.0088 | 0.0074 | 0.0062 | 0.0052 | 0.0044 | 0.0037 | 0.0031 |
| 23 | 0.0329 | 0.0270 | 0.0222 | 0.0183 | 0.0151 | 0.0125 | 0.0103 | 0.0086 | 0.0071 | 0.0059 | 0.0049 | 0.0041 | 0.0034 | 0.0029 | 0.0024 |
| 24 | 0.0284 | 0.0231 | 0.0188 | 0.0154 | 0.0126 | 0.0103 | 0.0085 | 0.0070 | 0.0057 | 0.0047 | 0.0039 | 0.0032 | 0.0027 | 0.0022 | 0.0018 |
| 25 | 0.0245 | 0.0197 | 0.0160 | 0.0129 | 0.0105 | 0.0085 | 0.0069 | 0.0057 | 0.0046 | 0.0038 | 0.0031 | 0.0025 | 0.0021 | 0.0017 | 0.0014 |
| 26 | 0.0211 | 0.0169 | 0.0135 | 0.0109 | 0.0087 | 0.0070 | 0.0057 | 0.0046 | 0.0037 | 0.0030 | 0.0025 | 0.0020 | 0.0016 | 0.0013 | 0.0011 |
| 27 | 0.0182 | 0.0144 | 0.0115 | 0.0091 | 0.0073 | 0.0058 | 0.0047 | 0.0037 | 0.0030 | 0.0024 | 0.0019 | 0.0016 | 0.0013 | 0.0010 | 0.0008 |
| 28 | 0.0157 | 0.0123 | 0.0097 | 0.0077 | 0.0061 | 0.0048 | 0.0038 | 0.0030 | 0.0024 | 0.0019 | 0.0015 | 0.0012 | 0.0010 | 0.0008 | 0.0006 |
| 29 | 0.0135 | 0.0105 | 0.0082 | 0.0064 | 0.0051 | 0.0040 | 0.0031 | 0.0025 | 0.0020 | 0.0015 | 0.0012 | 0.0010 | 0.0008 | 0.0006 | 0.0005 |
| 30 | 0.0116 | 0.0090 | 0.0070 | 0.0054 | 0.0042 | 0.0033 | 0.0026 | 0.0020 | 0.0016 | 0.0012 | 0.0010 | 0.0008 | 0.0006 | 0.0005 | 0.0004 |

## 附录四 年金终值系数表

| 期数 | 1% | 2% | 3% | 4% | 5% | 6% | 7% | 8% | 9% | 10% | 11% | 12% | 13% | 14% | 15% |
|---|---|---|---|---|---|---|---|---|---|---|---|---|---|---|---|
| 1 | 1.0000 | 1.0000 | 1.0000 | 1.0000 | 1.0000 | 1.0000 | 1.0000 | 1.0000 | 1.0000 | 1.0000 | 1.0000 | 1.0000 | 1.0000 | 1.0000 | 1.0000 |
| 2 | 2.0100 | 2.0200 | 2.0300 | 2.0400 | 2.0500 | 2.0600 | 2.0700 | 2.0800 | 2.0900 | 2.1000 | 2.1100 | 2.1200 | 2.1300 | 2.1400 | 2.1500 |
| 3 | 3.0301 | 3.0604 | 3.0909 | 3.1216 | 3.1525 | 3.1836 | 3.2149 | 3.2464 | 3.2781 | 3.3100 | 3.3421 | 3.3744 | 3.4069 | 3.4396 | 3.4725 |
| 4 | 4.0604 | 4.1216 | 4.1836 | 4.2465 | 4.3101 | 4.3746 | 4.4399 | 4.5061 | 4.5731 | 4.6410 | 4.7097 | 4.7793 | 4.8498 | 4.9211 | 4.9934 |
| 5 | 5.1010 | 5.2040 | 5.3091 | 5.4163 | 5.5256 | 5.6371 | 5.7507 | 5.8666 | 5.9847 | 6.1051 | 6.2278 | 6.3528 | 6.4803 | 6.6101 | 6.7424 |
| 6 | 6.1520 | 6.3081 | 6.4684 | 6.6330 | 6.8019 | 6.9753 | 7.1533 | 7.3359 | 7.5233 | 7.7156 | 7.9129 | 8.1152 | 8.3227 | 8.5355 | 8.7537 |
| 7 | 7.2135 | 7.4343 | 7.6625 | 7.8983 | 8.1420 | 8.3938 | 8.6540 | 8.9228 | 9.2004 | 9.4872 | 9.7833 | 10.0890 | 10.4047 | 10.7305 | 11.0668 |
| 8 | 8.2857 | 8.5830 | 8.8923 | 9.2142 | 9.5491 | 9.8975 | 10.2598 | 10.6366 | 11.0285 | 11.4359 | 11.8594 | 12.2997 | 12.7573 | 13.2328 | 13.7268 |
| 9 | 9.3685 | 9.7546 | 10.1591 | 10.5828 | 11.0266 | 11.4913 | 11.9780 | 12.4876 | 13.0210 | 13.5795 | 14.1640 | 14.7757 | 15.4157 | 16.0853 | 16.7858 |
| 10 | 10.4622 | 10.9497 | 11.4639 | 12.0061 | 12.5779 | 13.1808 | 13.8164 | 14.4866 | 15.1929 | 15.9374 | 16.7220 | 17.5487 | 18.4197 | 19.3373 | 20.3037 |
| 11 | 11.5668 | 12.1687 | 12.8078 | 13.4864 | 14.2068 | 14.9716 | 15.7836 | 16.6455 | 17.5603 | 18.5312 | 19.5614 | 20.6546 | 21.8143 | 23.0445 | 24.3493 |
| 12 | 12.6825 | 13.4121 | 14.1920 | 15.0258 | 15.9171 | 16.8699 | 17.8885 | 18.9771 | 20.1407 | 21.3843 | 22.7132 | 24.1331 | 25.6502 | 27.2707 | 29.0017 |
| 13 | 13.8093 | 14.6803 | 15.6178 | 16.6268 | 17.7130 | 18.8821 | 20.1406 | 21.4953 | 22.9534 | 24.5227 | 26.2116 | 28.0291 | 29.9847 | 32.0887 | 34.3519 |
| 14 | 14.9474 | 15.9739 | 17.0863 | 18.2919 | 19.5986 | 21.0151 | 22.5505 | 24.2149 | 26.0192 | 27.9750 | 30.0949 | 32.3926 | 34.8827 | 37.5811 | 40.5047 |
| 15 | 16.0969 | 17.2934 | 18.5989 | 20.0236 | 21.5786 | 23.2760 | 25.1290 | 27.1521 | 29.3609 | 31.7725 | 34.4054 | 37.2797 | 40.4175 | 43.8424 | 47.5804 |
| 16 | 17.2579 | 18.6393 | 20.1569 | 21.8245 | 23.6575 | 25.6725 | 27.8881 | 30.3243 | 33.0034 | 35.9497 | 39.1899 | 42.7533 | 46.6717 | 50.9804 | 55.7175 |
| 17 | 18.4304 | 20.0121 | 21.7616 | 23.6975 | 25.8404 | 28.2129 | 30.8402 | 33.7502 | 36.9737 | 40.5447 | 44.5008 | 48.8837 | 53.7391 | 59.1176 | 65.0751 |
| 18 | 19.6147 | 21.4123 | 23.4144 | 25.6454 | 28.1324 | 30.9057 | 33.9990 | 37.4502 | 41.3013 | 45.5992 | 50.3959 | 55.7497 | 61.7251 | 68.3941 | 75.8364 |
| 19 | 20.8109 | 22.8406 | 25.1169 | 27.6712 | 30.5390 | 33.7600 | 37.3790 | 41.4463 | 46.0185 | 51.1591 | 56.9395 | 63.4397 | 70.7494 | 78.9692 | 88.2118 |
| 20 | 22.0190 | 24.2974 | 26.8704 | 29.7781 | 33.0660 | 36.7856 | 40.9955 | 45.7620 | 51.1601 | 57.2750 | 64.2028 | 72.0524 | 80.9468 | 91.0249 | 102.4436 |
| 21 | 23.2392 | 25.7833 | 28.6765 | 31.9692 | 35.7193 | 39.9927 | 44.8652 | 50.4229 | 56.7645 | 64.0025 | 72.2651 | 81.6987 | 92.4699 | 104.7684 | 118.8101 |
| 22 | 24.4716 | 27.2990 | 30.5368 | 34.2480 | 38.5052 | 43.3923 | 49.0057 | 55.4568 | 62.8733 | 71.4027 | 81.2143 | 92.5026 | 105.4910 | 120.4360 | 137.6316 |
| 23 | 25.7163 | 28.8450 | 32.4529 | 36.6179 | 41.4305 | 46.9958 | 53.4361 | 60.8933 | 69.5319 | 79.5430 | 91.1479 | 104.6029 | 120.2048 | 138.2970 | 159.2764 |
| 24 | 26.9735 | 30.4219 | 34.4265 | 39.0826 | 44.5020 | 50.8156 | 58.1767 | 66.7648 | 76.7898 | 88.4973 | 102.1742 | 118.1552 | 136.8315 | 158.6586 | 184.1678 |
| 25 | 28.2432 | 32.0303 | 36.4593 | 41.6459 | 47.7271 | 54.8645 | 63.2490 | 73.1059 | 84.7009 | 98.3471 | 114.4133 | 133.3339 | 155.6196 | 181.8708 | 212.7930 |
| 26 | 29.5256 | 33.6709 | 38.5530 | 44.3117 | 51.1135 | 59.1564 | 68.6765 | 79.9544 | 93.3240 | 109.1818 | 127.9988 | 150.3339 | 176.8501 | 208.3327 | 245.7120 |
| 27 | 30.8209 | 35.3443 | 40.7096 | 47.0842 | 54.6691 | 63.7058 | 74.4838 | 87.3508 | 102.7231 | 121.0999 | 143.0786 | 169.3740 | 200.8406 | 238.4993 | 283.5688 |
| 28 | 32.1291 | 37.0512 | 42.9309 | 49.9676 | 58.4026 | 68.5281 | 80.6977 | 95.3388 | 112.9682 | 134.2099 | 159.8173 | 190.6989 | 227.9499 | 272.8892 | 327.1041 |
| 29 | 33.4504 | 38.7922 | 45.2189 | 52.9663 | 62.3227 | 73.6398 | 87.3465 | 103.9659 | 124.1354 | 148.6309 | 178.3972 | 214.5828 | 258.5834 | 312.0937 | 377.1697 |
| 30 | 34.7849 | 40.5681 | 47.5754 | 56.0849 | 66.4388 | 79.0582 | 94.4608 | 113.2832 | 136.3075 | 164.4940 | 199.0209 | 241.3327 | 293.1992 | 356.7868 | 434.7451 |

续表

| 期数 | 16% | 17% | 18% | 19% | 20% | 21% | 22% | 23% | 24% | 25% | 26% | 27% | 28% | 29% | 30% |
|---|---|---|---|---|---|---|---|---|---|---|---|---|---|---|---|
| 1 | 1.0000 | 1.0000 | 1.0000 | 1.0000 | 1.0000 | 1.0000 | 1.0000 | 1.0000 | 1.0000 | 1.0000 | 1.0000 | 1.0000 | 1.0000 | 1.0000 | 1.0000 |
| 2 | 2.1600 | 2.1700 | 2.1800 | 2.1900 | 2.2000 | 2.2100 | 2.2200 | 2.2300 | 2.2400 | 2.2500 | 2.2600 | 2.2700 | 2.2800 | 2.2900 | 2.3000 |
| 3 | 3.5056 | 3.5389 | 3.5724 | 3.6061 | 3.6400 | 3.6741 | 3.7084 | 3.7429 | 3.7776 | 3.8125 | 3.8476 | 3.8829 | 3.9184 | 3.9541 | 3.9900 |
| 4 | 5.0665 | 5.1405 | 5.2154 | 5.2913 | 5.3680 | 5.4457 | 5.5242 | 5.6038 | 5.6842 | 5.7656 | 5.8480 | 5.9313 | 6.0156 | 6.1008 | 6.1870 |
| 5 | 6.8771 | 7.0144 | 7.1542 | 7.2966 | 7.4416 | 7.5892 | 7.7396 | 7.8926 | 8.0484 | 8.2070 | 8.3684 | 8.5327 | 8.6999 | 8.8700 | 9.0431 |
| 6 | 8.9775 | 9.2068 | 9.4420 | 9.6830 | 9.9299 | 10.1830 | 10.4423 | 10.7079 | 10.9801 | 11.2588 | 11.5442 | 11.8366 | 12.1359 | 12.4423 | 12.7560 |
| 7 | 11.4139 | 11.7720 | 12.1415 | 12.5227 | 12.9159 | 13.3214 | 13.7396 | 14.1708 | 14.6153 | 15.0735 | 15.5458 | 16.0324 | 16.5339 | 17.0506 | 17.5828 |
| 8 | 14.2401 | 14.7733 | 15.3270 | 15.9020 | 16.4991 | 17.1189 | 17.7623 | 18.4300 | 19.1229 | 19.8419 | 20.5876 | 21.3612 | 22.1634 | 22.9953 | 23.8577 |
| 9 | 17.5185 | 18.2847 | 19.0859 | 19.9234 | 20.7989 | 21.7139 | 22.6700 | 23.6690 | 24.7125 | 25.8023 | 26.9404 | 28.1287 | 29.3692 | 30.6639 | 32.0150 |
| 10 | 21.3215 | 22.3931 | 23.5213 | 24.7089 | 25.9587 | 27.2738 | 28.6574 | 30.1128 | 31.6434 | 33.2529 | 34.9449 | 36.7235 | 38.5926 | 40.5564 | 42.6195 |
| 11 | 25.7329 | 27.1999 | 28.7551 | 30.4035 | 32.1504 | 34.0013 | 35.9620 | 38.0388 | 40.2379 | 42.5661 | 45.0306 | 47.6388 | 50.3985 | 53.3178 | 56.4053 |
| 12 | 30.8502 | 32.8239 | 34.9311 | 37.1802 | 39.5805 | 42.1416 | 44.8737 | 47.7877 | 50.8950 | 54.2077 | 57.7386 | 61.5013 | 65.5100 | 69.7800 | 74.3270 |
| 13 | 36.7862 | 39.4040 | 42.2187 | 45.2445 | 48.4966 | 51.9913 | 55.7459 | 59.7788 | 64.1097 | 68.7596 | 73.7506 | 79.1066 | 84.8529 | 91.0161 | 97.6250 |
| 14 | 43.6720 | 47.1027 | 50.8180 | 54.8409 | 59.1959 | 63.9095 | 69.0100 | 74.5280 | 80.4961 | 86.9495 | 93.9258 | 101.4654 | 109.6117 | 118.4108 | 127.9125 |
| 15 | 51.6595 | 56.1101 | 60.9653 | 66.2607 | 72.0351 | 78.3305 | 85.1922 | 92.6694 | 100.8151 | 109.6868 | 119.3465 | 129.8611 | 141.3029 | 153.7500 | 167.2863 |
| 16 | 60.9250 | 66.6488 | 72.9390 | 79.8502 | 87.4421 | 95.7799 | 104.9345 | 114.9834 | 126.0108 | 138.1085 | 151.3766 | 165.9236 | 181.8677 | 199.3374 | 218.4722 |
| 17 | 71.6730 | 78.9792 | 87.0680 | 96.0218 | 105.9306 | 116.8937 | 129.0201 | 142.4295 | 157.2534 | 173.6357 | 191.7345 | 211.7230 | 233.7907 | 258.1453 | 285.0139 |
| 18 | 84.1407 | 93.4056 | 103.7403 | 115.2659 | 128.1167 | 142.4413 | 158.4045 | 176.1883 | 195.9942 | 218.0446 | 242.5855 | 269.8882 | 300.2521 | 334.0074 | 371.5180 |
| 19 | 98.6032 | 110.2846 | 123.4135 | 138.1664 | 154.7400 | 173.3540 | 194.2535 | 217.7116 | 244.0328 | 273.5558 | 306.6577 | 343.7580 | 385.3227 | 431.8696 | 483.9734 |
| 20 | 115.3797 | 130.0329 | 146.6280 | 165.4180 | 186.6880 | 210.7584 | 237.9893 | 268.7853 | 303.6006 | 342.9447 | 387.3887 | 437.5726 | 494.2131 | 558.1118 | 630.1655 |
| 21 | 134.8405 | 153.1385 | 174.0210 | 197.8474 | 225.0256 | 256.0176 | 291.3469 | 331.6059 | 377.4648 | 429.6809 | 489.1098 | 556.7173 | 633.5927 | 720.9642 | 820.2151 |
| 22 | 157.4150 | 180.1721 | 206.3448 | 236.4385 | 271.0307 | 310.7813 | 356.4432 | 408.8753 | 469.0563 | 538.1011 | 617.2783 | 708.0309 | 811.9987 | 931.0438 | 1067.2796 |
| 23 | 183.6014 | 211.8013 | 244.4868 | 282.3618 | 326.2369 | 377.0454 | 435.8607 | 503.9166 | 582.6298 | 673.6264 | 778.7707 | 900.1993 | 1040.3583 | 1202.0465 | 1388.4635 |
| 24 | 213.9776 | 248.8076 | 289.4945 | 337.0105 | 392.4842 | 457.2249 | 532.7501 | 620.8174 | 723.4610 | 843.0329 | 982.2511 | 1144.2531 | 1332.6586 | 1551.6400 | 1806.0026 |
| 25 | 249.2140 | 292.1049 | 342.6035 | 402.0425 | 471.9811 | 554.2422 | 650.9551 | 764.6054 | 898.0916 | 1054.7912 | 1238.6363 | 1454.2014 | 1706.8031 | 2002.6156 | 2348.8033 |
| 26 | 290.0883 | 342.7627 | 405.2721 | 479.4306 | 567.3773 | 671.6330 | 795.1653 | 941.4647 | 1114.6336 | 1319.4890 | 1561.6818 | 1847.8358 | 2185.7079 | 2584.3741 | 3054.4443 |
| 27 | 337.5024 | 402.0323 | 479.2211 | 571.5224 | 681.8528 | 813.6759 | 971.1016 | 1159.0016 | 1383.1457 | 1650.3612 | 1968.7191 | 2347.7515 | 2798.7061 | 3334.8426 | 3971.7776 |
| 28 | 392.5028 | 471.3778 | 566.4809 | 681.1116 | 819.2233 | 985.5479 | 1185.7440 | 1426.5719 | 1716.1007 | 2063.9515 | 2481.5860 | 2982.6444 | 3583.3438 | 4302.9470 | 5164.3109 |
| 29 | 456.3032 | 552.5121 | 669.4475 | 811.5228 | 984.0680 | 1193.5129 | 1447.6077 | 1755.6835 | 2128.9648 | 2580.9394 | 3127.7984 | 3788.9583 | 4587.6801 | 5551.8016 | 6714.6042 |
| 30 | 530.3117 | 647.4391 | 790.9480 | 966.7122 | 1181.8816 | 1445.1507 | 1767.0813 | 2160.4907 | 2640.9164 | 3227.1743 | 3942.0260 | 4812.9771 | 5873.2306 | 7162.8241 | 8729.9855 |

## 附录五  年金现值系数表

| 期数 | 1% | 2% | 3% | 4% | 5% | 6% | 7% | 8% | 9% | 10% | 11% | 12% | 13% | 14% | 15% |
|---|---|---|---|---|---|---|---|---|---|---|---|---|---|---|---|
| 1 | 0.9901 | 0.9804 | 0.9709 | 0.9615 | 0.9524 | 0.9434 | 0.9346 | 0.9259 | 0.9174 | 0.9091 | 0.9009 | 0.8929 | 0.8850 | 0.8772 | 0.8696 |
| 2 | 1.9704 | 1.9416 | 1.9135 | 1.8861 | 1.8594 | 1.8334 | 1.8080 | 1.7833 | 1.7591 | 1.7355 | 1.7125 | 1.6901 | 1.6681 | 1.6467 | 1.6257 |
| 3 | 2.9410 | 2.8839 | 2.8286 | 2.7751 | 2.7232 | 2.6730 | 2.6243 | 2.5771 | 2.5313 | 2.4869 | 2.4437 | 2.4018 | 2.3612 | 2.3216 | 2.2832 |
| 4 | 3.9020 | 3.8077 | 3.7171 | 3.6299 | 3.5460 | 3.4651 | 3.3872 | 3.3121 | 3.2397 | 3.1699 | 3.1024 | 3.0373 | 2.9745 | 2.9137 | 2.8550 |
| 5 | 4.8534 | 4.7135 | 4.5797 | 4.4518 | 4.3295 | 4.2124 | 4.1002 | 3.9927 | 3.8897 | 3.7908 | 3.6959 | 3.6048 | 3.5172 | 3.4331 | 3.3522 |
| 6 | 5.7955 | 5.6014 | 5.4172 | 5.2421 | 5.0757 | 4.9173 | 4.7665 | 4.6229 | 4.4859 | 4.3553 | 4.2305 | 4.1114 | 3.9975 | 3.8887 | 3.7845 |
| 7 | 6.7282 | 6.4720 | 6.2303 | 6.0021 | 5.7864 | 5.5824 | 5.3893 | 5.2064 | 5.0330 | 4.8684 | 4.7122 | 4.5638 | 4.4226 | 4.2883 | 4.1604 |
| 8 | 7.6517 | 7.3255 | 7.0197 | 6.7327 | 6.4632 | 6.2098 | 5.9713 | 5.7466 | 5.5348 | 5.3349 | 5.1461 | 4.9676 | 4.7988 | 4.6389 | 4.4873 |
| 9 | 8.5660 | 8.1622 | 7.7861 | 7.4353 | 7.1078 | 6.8017 | 6.5152 | 6.2469 | 5.9952 | 5.7590 | 5.5370 | 5.3282 | 5.1317 | 4.9464 | 4.7716 |
| 10 | 9.4713 | 8.9826 | 8.5302 | 8.1109 | 7.7217 | 7.3601 | 7.0236 | 6.7101 | 6.4177 | 6.1446 | 5.8892 | 5.6502 | 5.4262 | 5.2161 | 5.0188 |
| 11 | 10.3676 | 9.7868 | 9.2526 | 8.7605 | 8.3064 | 7.8869 | 7.4987 | 7.1390 | 6.8052 | 6.4951 | 6.2065 | 5.9377 | 5.6869 | 5.4527 | 5.2337 |
| 12 | 11.2551 | 10.5753 | 9.9540 | 9.3851 | 8.8633 | 8.3838 | 7.9427 | 7.5361 | 7.1607 | 6.8137 | 6.4924 | 6.1944 | 5.9176 | 5.6603 | 5.4206 |
| 13 | 12.1337 | 11.3484 | 10.6350 | 9.9856 | 9.3936 | 8.8527 | 8.3577 | 7.9038 | 7.4869 | 7.1034 | 6.7499 | 6.4235 | 6.1218 | 5.8424 | 5.5831 |
| 14 | 13.0037 | 12.1062 | 11.2961 | 10.5631 | 9.8986 | 9.2950 | 8.7455 | 8.2442 | 7.7862 | 7.3667 | 6.9819 | 6.6282 | 6.3025 | 6.0021 | 5.7245 |
| 15 | 13.8651 | 12.8493 | 11.9379 | 11.1184 | 10.3797 | 9.7122 | 9.1079 | 8.5595 | 8.0607 | 7.6061 | 7.1909 | 6.8109 | 6.4624 | 6.1422 | 5.8474 |
| 16 | 14.7179 | 13.5777 | 12.5611 | 11.6523 | 10.8378 | 10.1059 | 9.4466 | 8.8514 | 8.3126 | 7.8237 | 7.3792 | 6.9740 | 6.6039 | 6.2651 | 5.9542 |
| 17 | 15.5623 | 14.2919 | 13.1661 | 12.1657 | 11.2741 | 10.4773 | 9.7632 | 9.1216 | 8.5436 | 8.0216 | 7.5488 | 7.1196 | 6.7291 | 6.3729 | 6.0472 |
| 18 | 16.3983 | 14.9920 | 13.7535 | 12.6593 | 11.6896 | 10.8276 | 10.0591 | 9.3719 | 8.7556 | 8.2014 | 7.7016 | 7.2497 | 6.8399 | 6.4674 | 6.1280 |
| 19 | 17.2260 | 15.6785 | 14.3238 | 13.1339 | 12.0853 | 11.1581 | 10.3356 | 9.6036 | 8.9501 | 8.3649 | 7.8393 | 7.3658 | 6.9380 | 6.5504 | 6.1982 |
| 20 | 18.0456 | 16.3514 | 14.8775 | 13.5903 | 12.4622 | 11.4699 | 10.5940 | 9.8181 | 9.1285 | 8.5136 | 7.9633 | 7.4694 | 7.0248 | 6.6231 | 6.2593 |
| 21 | 18.8570 | 17.0112 | 15.4150 | 14.0292 | 12.8212 | 11.7641 | 10.8355 | 10.0168 | 9.2922 | 8.6487 | 8.0751 | 7.5620 | 7.1016 | 6.6870 | 6.3125 |
| 22 | 19.6604 | 17.6580 | 15.9369 | 14.4511 | 13.1630 | 12.0416 | 11.0612 | 10.2007 | 9.4424 | 8.7715 | 8.1757 | 7.6446 | 7.1695 | 6.7429 | 6.3587 |
| 23 | 20.4558 | 18.2922 | 16.4436 | 14.8568 | 13.4886 | 12.3034 | 11.2722 | 10.3711 | 9.5802 | 8.8832 | 8.2664 | 7.7184 | 7.2297 | 6.7921 | 6.3988 |
| 24 | 21.2434 | 18.9139 | 16.9355 | 15.2470 | 13.7986 | 12.5504 | 11.4693 | 10.5288 | 9.7066 | 8.9847 | 8.3481 | 7.7843 | 7.2829 | 6.8351 | 6.4338 |
| 25 | 22.0232 | 19.5235 | 17.4131 | 15.6221 | 14.0939 | 12.7834 | 11.6536 | 10.6748 | 9.8226 | 9.0770 | 8.4217 | 7.8431 | 7.3300 | 6.8729 | 6.4641 |
| 26 | 22.7952 | 20.1210 | 17.8768 | 15.9828 | 14.3752 | 13.0032 | 11.8258 | 10.8100 | 9.9290 | 9.1609 | 8.4881 | 7.8957 | 7.3717 | 6.9061 | 6.4906 |
| 27 | 23.5596 | 20.7069 | 18.3270 | 16.3296 | 14.6430 | 13.2105 | 11.9867 | 10.9352 | 10.0266 | 9.2372 | 8.5478 | 7.9426 | 7.4086 | 6.9352 | 6.5135 |
| 28 | 24.3164 | 21.2813 | 18.7641 | 16.6631 | 14.8981 | 13.4062 | 12.1371 | 11.0511 | 10.1161 | 9.3066 | 8.6016 | 7.9844 | 7.4412 | 6.9607 | 6.5335 |
| 29 | 25.0658 | 21.8444 | 19.1885 | 16.9837 | 15.1411 | 13.5907 | 12.2777 | 11.1584 | 10.1983 | 9.3696 | 8.6501 | 8.0218 | 7.4701 | 6.9830 | 6.5509 |
| 30 | 25.8077 | 22.3965 | 19.6004 | 17.2920 | 15.3725 | 13.7648 | 12.4090 | 11.2578 | 10.2737 | 9.4269 | 8.6938 | 8.0552 | 7.4957 | 7.0027 | 6.5660 |

附录五 年金现值系数表

续表

| 期数 | 16% | 17% | 18% | 19% | 20% | 21% | 22% | 23% | 24% | 25% | 26% | 27% | 28% | 29% | 30% |
|---|---|---|---|---|---|---|---|---|---|---|---|---|---|---|---|
| 1 | 0.8621 | 0.8547 | 0.8475 | 0.8403 | 0.8333 | 0.8264 | 0.8197 | 0.8130 | 0.8065 | 0.8000 | 0.7937 | 0.7874 | 0.7813 | 0.7752 | 0.7692 |
| 2 | 1.6052 | 1.5852 | 1.5656 | 1.5465 | 1.5278 | 1.5095 | 1.4915 | 1.4740 | 1.4568 | 1.4400 | 1.4235 | 1.4074 | 1.3916 | 1.3761 | 1.3609 |
| 3 | 2.2459 | 2.2096 | 2.1743 | 2.1399 | 2.1065 | 2.0739 | 2.0422 | 2.0114 | 1.9813 | 1.9520 | 1.9234 | 1.8956 | 1.8684 | 1.8420 | 1.8161 |
| 4 | 2.7982 | 2.7432 | 2.6901 | 2.6386 | 2.5887 | 2.5404 | 2.4936 | 2.4483 | 2.4043 | 2.3616 | 2.3202 | 2.2800 | 2.2410 | 2.2031 | 2.1662 |
| 5 | 3.2743 | 3.1993 | 3.1272 | 3.0576 | 2.9906 | 2.9260 | 2.8636 | 2.8035 | 2.7454 | 2.6893 | 2.6351 | 2.5827 | 2.5320 | 2.4830 | 2.4356 |
| 6 | 3.6847 | 3.5892 | 3.4976 | 3.4098 | 3.3255 | 3.2446 | 3.1669 | 3.0923 | 3.0205 | 2.9514 | 2.8850 | 2.8210 | 2.7594 | 2.7000 | 2.6427 |
| 7 | 4.0386 | 3.9224 | 3.8115 | 3.7057 | 3.6046 | 3.5079 | 3.4155 | 3.3270 | 3.2423 | 3.1611 | 3.0833 | 3.0087 | 2.9370 | 2.8682 | 2.8021 |
| 8 | 4.3436 | 4.2072 | 4.0776 | 3.9544 | 3.8372 | 3.7256 | 3.6193 | 3.5179 | 3.4212 | 3.3289 | 3.2407 | 3.1564 | 3.0758 | 2.9986 | 2.9247 |
| 9 | 4.6065 | 4.4506 | 4.3030 | 4.1633 | 4.0310 | 3.9054 | 3.7863 | 3.6731 | 3.5655 | 3.4631 | 3.3657 | 3.2728 | 3.1842 | 3.0997 | 3.0190 |
| 10 | 4.8332 | 4.6586 | 4.4941 | 4.3389 | 4.1925 | 4.0541 | 3.9232 | 3.7993 | 3.6819 | 3.5705 | 3.4648 | 3.3644 | 3.2689 | 3.1781 | 3.0915 |
| 11 | 5.0286 | 4.8364 | 4.6560 | 4.4865 | 4.3271 | 4.1769 | 4.0354 | 3.9018 | 3.7757 | 3.6564 | 3.5435 | 3.4365 | 3.3351 | 3.2388 | 3.1473 |
| 12 | 5.1971 | 4.9884 | 4.7932 | 4.6105 | 4.4392 | 4.2784 | 4.1274 | 3.9852 | 3.8514 | 3.7251 | 3.6059 | 3.4933 | 3.3868 | 3.2859 | 3.1903 |
| 13 | 5.3423 | 5.1183 | 4.9095 | 4.7147 | 4.5327 | 4.3624 | 4.2028 | 4.0530 | 3.9124 | 3.7801 | 3.6555 | 3.5381 | 3.4272 | 3.3224 | 3.2233 |
| 14 | 5.4675 | 5.2293 | 5.0081 | 4.8023 | 4.6106 | 4.4317 | 4.2646 | 4.1082 | 3.9616 | 3.8241 | 3.6949 | 3.5733 | 3.4587 | 3.3507 | 3.2487 |
| 15 | 5.5755 | 5.3242 | 5.0916 | 4.8759 | 4.6755 | 4.4890 | 4.3152 | 4.1530 | 4.0013 | 3.8593 | 3.7261 | 3.6010 | 3.4834 | 3.3726 | 3.2682 |
| 16 | 5.6685 | 5.4053 | 5.1624 | 4.9377 | 4.7296 | 4.5364 | 4.3567 | 4.1894 | 4.0333 | 3.8874 | 3.7509 | 3.6228 | 3.5026 | 3.3896 | 3.2832 |
| 17 | 5.7487 | 5.4746 | 5.2223 | 4.9897 | 4.7746 | 4.5755 | 4.3908 | 4.2190 | 4.0591 | 3.9099 | 3.7705 | 3.6400 | 3.5177 | 3.4028 | 3.2948 |
| 18 | 5.8178 | 5.5339 | 5.2732 | 5.0333 | 4.8122 | 4.6079 | 4.4187 | 4.2431 | 4.0799 | 3.9279 | 3.7861 | 3.6536 | 3.5294 | 3.4130 | 3.3037 |
| 19 | 5.8775 | 5.5845 | 5.3162 | 5.0700 | 4.8435 | 4.6346 | 4.4415 | 4.2627 | 4.0967 | 3.9424 | 3.7985 | 3.6642 | 3.5386 | 3.4210 | 3.3105 |
| 20 | 5.9288 | 5.6278 | 5.3527 | 5.1009 | 4.8696 | 4.6567 | 4.4603 | 4.2786 | 4.1103 | 3.9539 | 3.8083 | 3.6726 | 3.5458 | 3.4271 | 3.3158 |
| 21 | 5.9731 | 5.6648 | 5.3837 | 5.1268 | 4.8913 | 4.6750 | 4.4756 | 4.2916 | 4.1212 | 3.9631 | 3.8161 | 3.6792 | 3.5514 | 3.4319 | 3.3198 |
| 22 | 6.0113 | 5.6964 | 5.4099 | 5.1486 | 4.9094 | 4.6900 | 4.4882 | 4.3021 | 4.1300 | 3.9705 | 3.8223 | 3.6844 | 3.5558 | 3.4356 | 3.3230 |
| 23 | 6.0442 | 5.7234 | 5.4321 | 5.1668 | 4.9245 | 4.7025 | 4.4985 | 4.3106 | 4.1371 | 3.9764 | 3.8273 | 3.6885 | 3.5592 | 3.4384 | 3.3254 |
| 24 | 6.0726 | 5.7465 | 5.4509 | 5.1822 | 4.9371 | 4.7128 | 4.5070 | 4.3176 | 4.1428 | 3.9811 | 3.8312 | 3.6918 | 3.5619 | 3.4406 | 3.3272 |
| 25 | 6.0971 | 5.7662 | 5.4669 | 5.1951 | 4.9476 | 4.7213 | 4.5139 | 4.3232 | 4.1474 | 3.9849 | 3.8342 | 3.6943 | 3.5640 | 3.4423 | 3.3286 |
| 26 | 6.1182 | 5.7831 | 5.4804 | 5.2060 | 4.9563 | 4.7284 | 4.5196 | 4.3278 | 4.1511 | 3.9879 | 3.8367 | 3.6963 | 3.5656 | 3.4437 | 3.3297 |
| 27 | 6.1364 | 5.7975 | 5.4919 | 5.2151 | 4.9636 | 4.7342 | 4.5243 | 4.3316 | 4.1542 | 3.9903 | 3.8387 | 3.6979 | 3.5669 | 3.4447 | 3.3305 |
| 28 | 6.1520 | 5.8099 | 5.5016 | 5.2228 | 4.9697 | 4.7390 | 4.5281 | 4.3346 | 4.1566 | 3.9923 | 3.8402 | 3.6991 | 3.5679 | 3.4455 | 3.3312 |
| 29 | 6.1656 | 5.8204 | 5.5098 | 5.2292 | 4.9747 | 4.7430 | 4.5312 | 4.3371 | 4.1585 | 3.9938 | 3.8414 | 3.7001 | 3.5687 | 3.4461 | 3.3317 |
| 30 | 6.1772 | 5.8294 | 5.5168 | 5.2347 | 4.9789 | 4.7463 | 4.5338 | 4.3391 | 4.1601 | 3.9950 | 3.8424 | 3.7009 | 3.5693 | 3.4466 | 3.3321 |